普通高等教育"十一五"国家级规划教材

经济统计学

第 2 版

王莹　徐颖　王军　编著

张青山　主审

机械工业出版社

本书通过大量的实例，对经济生活中经济信息的搜集、整理的统计技术原理和方法进行了介绍。具体内容包括统计调查、统计整理、综合指标、时间数列、统计指数、抽样调查、假设检验、相关与回归分析、国民经济核算体系、国民经济生产总量核算等。本书内容简明扼要，深入浅出，紧密结合我国国情和统计实践经验，吸收了国内外统计研究的最新成果，突出简洁、实用的特点，有利于提高经济、管理类学生分析问题和解决问题的综合能力。

本书可作为高等院校经济、管理类专业本、专科教材，也可作为MBA、EMBA教材，还可供从事经济管理的实际工作者参考。

图书在版编目（CIP）数据

经济统计学/王莹，徐颖，王军编著 . —2 版 . —北京：机械工业出版社，2009. 5（2024. 1 重印）

普通高等教育"十一五"国家级规划教材
ISBN 978-7-111-26591-7

Ⅰ. 经… Ⅱ.①王…②徐…③王… Ⅲ. 经济统计学-高等学校-教材 Ⅳ. F222

中国版本图书馆 CIP 数据核字（2009）第 037461 号

机械工业出版社（北京市百万庄大街 22 号 邮政编码 100037）
责任编辑：曹俊玲 版式设计：霍永明 责任校对：肖 琳
封面设计：马精明 责任印制：郜 敏
北京富资园科技发展有限公司印刷
2024 年 1 月第 2 版第 13 次印刷
169mm×239mm · 21.5 印张 · 392 千字
标准书号：ISBN 978-7-111-26591-7
定价：42. 00 元

前　　言

　　"经济统计学"是经济、管理类专业的核心基础课程，是以社会经济现象为研究对象，搜集、整理、描述和分析统计现象的方法论科学。

　　本教材是基于我国经济体制的改革和统计制度的改革，为适应新形势的要求而编写的。它以经济管理专业的培养目标为指导，从统计方法论的视角出发，强调定量分析与定性研究相结合，着力培养学生对社会经济现象的系统思维方式与分析能力，侧重统计方法在社会经济领域里的应用，突出内容的针对性、应用性和实践性。

　　本教材通过对大量具有代表性的实例进行剖析，紧密结合我国现代经济建设与改革的实际，从经济统计学与社会经济现象的结合点上阐述统计理论与方法的应用，力求在编写上有所创新。

　　本教材主要有以下特点：

　　（1）从统计工作过程的角度，以统计数据的处理和分析为核心，根据统计教学的实际需要构建本教材的内容体系，从统计调查、统计整理、统计分析和国民经济统计等方面组织教材内容。

　　（2）充分考虑了在市场经济条件下，社会对统计信息的需求日益增大，信息资源的采集和分析趋于复杂的特点，顺应了国际经济统计科学发展的趋势。本教材力求把数理统计方法和社会经济统计紧密结合，解决"数理统计"和"统计学"两门课程内容重复和理论脱离实际、方法脱离对象的问题。

　　（3）注意把理论体系的严密性同教学上由浅入深、循序渐进的连贯性统一起来，努力反映长期教学实践的经验，在内容编排、概念阐述、图表配备、例题选择、附表应用等方面都能符合课程教学法的要求。

　　（4）从国外教材中吸收精髓，特别在内容紧凑性、例题实践性等方面进行创新，使本书成为统计思想的入门教材。

　　全书共十一章，第五、八、十、十一章由王莹编写，第一、四、九章由徐颖编写，第二、三、六、七章由王军编写。在本书编写过程中，张汇、王婷婷、傅书勇、张斌、赵炯、韩洪等同学在资料收集、书稿校对等方面做了大量工作。张青山教授审阅了全稿，提出了很多宝贵意见。同时，编者还参考了国内外有关教材、出版物的相关内容，在此向它们的作者一并表示感谢。

我们根据多年来的教学经验、制作了与教材配套的电子课件，凡使用本书作为教材的教师，可登录机械工业出版社教材服务网 www. cmpedu. com 注册后下载。

由于学识水平有限，书中难免会有一些不当及错误之处，衷心希望得到专家、同仁及读者的批评指正。

编　者
2009 年 2 月

目　　录

第一章

绪 论

本章要点：了解统计的起源与统计学派的发展，掌握统计的含义和特点，对统计研究的基本方法有一定的认识，掌握统计学的基本概念。

第一节 统计学的起源与发展

统计的实践活动先于统计学的产生。统计从产生到形成为一门完整的知识体系至今已有四五千年的历史。它的实践活动可以追溯到我国原始社会末期，当时人们按部落、氏族居住在一起，打猎、捕鱼、分配食物都要进行最简单的计数，所以从结绳记事开始，就有了对社会现象的简单计量活动，出现了统计的萌芽活动。

据《尚书》记载，奴隶社会的夏、禹时期，即公元前两千多年前，在国家所进行的天文观测和居民生活条件的调查中，在国家建立的贡赋制度和劳役制度中，已有"四极"调查点的选择和年、季、月与365日的划分，已有"九州"地理区划、"九山九水"治理方案和"上中下三等九级"等贡赋标准，数量和分组的初步概念已经形成。在国外的历史上，如古埃及、希腊和罗马的历史中，在有关国情国力的调查中，也已经有了人口数量和居民财产的统计工作。

统计广泛地应用和迅速地发展是在资本主义社会。随着经济文化的发展，社会分工日益发达，人们对客观世界认识的程度也随之提高，对社会现象的描述，对信息的搜集和利用的需求更为强烈。统计方法的运用已经扩展到工业、农业、商业、贸易、交通等社会各个领域，并且逐渐形成了各专业的经济统计。

17 世纪末，随着统计实践的快速发展，客观上要求统计理论进一步系统和丰富，并进而指导统计实践活动，统计学作为一门独立的学科自此创立。欧洲各国也出现了一些统计理论的相关著作。"statistics"源自拉丁语"state"，意为"国家、状态"，原指一个国家所搜集的国情资料。最早使用"统计学"一词的是德国教授阿亨瓦尔（G. Achenwall, 1719—1772），他在 1749 年出版的《近代欧洲各国国势学概论》一书中，首次使用"统计学"，并代替了"国势学"，一直沿用至今。

在统计学的发展中，由于研究领域、历史条件的不同，产生了不同的统计学派。

1. "国势学派"

"国势学派"亦称"记述学派"，创始人是德国的赫尔曼·康令（H. Conring, 1606—1681）。国势学派主要采用文字记述的形式，记述各个国家的显著事件和国家领土、人口、财政、军事、政治和法律等方面的内容。康令在德国哥丁根大学开设了"国势学"的课程，深受学者的欢迎。"国势学派"研究的目的主要是向国家统治者提供一些有关各国国情的知识，缺少数字的手段，因而与今天的统计学对比而言，可谓名不副实。

2. "政治算术学派"

"政治算术学派"的创始人是英国的威廉·配第（W. Petty, 1623—1687）。他的代表作是《政治算术》（1690 年出版），政治算术学派也因此得名。书中运用了大量的统计资料，对英、法、荷三国的人口、土地、资本、军事等情况进行了比较和分析，首创了研究政治经济问题的数量对比分析方法，即"用数字、重量和尺度来表达"和"借以考察在自然中有可见的根据的原因"，并配以朴素的图表。马克思对配第评价很高："威廉·配第——政治经济学之父，在某种程度上可以说是统计学的创始人。"

政治算术学派的另一代表人物是约翰·格朗特（John Graunt, 1620—1674）。格朗特 1662 年发表的《关于死亡表的自然与政治的观察》一文，运用数量对比的方法分类、计算和分析了英国伦敦市人口的出生率和死亡率等重要的指标，发现了其中的数量规律性，并编制了世界上第一张"死亡率"统计表，因而政治算术学派可谓现代统计学的真正开端。

政治算术学派和国势学派的共同点在于，二者都以社会经济作为研究对象，都以社会经济的实际调查资料作为立论的基础，都认为这门科学是具体阐明国情、国力的社会科学。不同之点在于，是否把数量方面的研究作为基本特征。两

个学派共同存在和发展达 200 年之久，直到 19 世纪中叶，统计学应具有数量特征的论点才被确立下来。

3. 数理统计学派

18 世纪中末叶以后，概率论的发展和数学方法在社会经济统计方面的运用，促进了概率论与政治算术的结合，从而形成了数理统计学派。数理统计学派的创始人和最杰出的贡献者是比利时的生物学家、数学家和统计学家阿道夫·凯特勒（A. Quetelet，1796—1874），他把古典概率引入社会经济统计学，使统计方法在"政治算术"所建立的"算术"的基础上，在科学化的道路上大大跨进了一步，形成了一门独立的应用数学分支——数理统计学。他对社会经济统计学的形成和发展产生了重要的作用，主要表现在：首先，他把自然科学的研究精神和研究方法，如实验法、归纳法，带到社会现象的研究中来，真正广泛、深入地进行了社会现象的研究。其次，为社会经济统计学的发展指明了道路，即从性质上说，它是一门实质的社会科学；从对象上说，包括静态和动态的社会现象，既研究统计规律，也研究统计方法；从方法上说，是对同性质的社会现象进行大量观察。再次，他使大量观察法更精密、科学化，并把概率论、大数法则、误差法则、正态分布等概念和计算方法引进社会经济统计学，从而丰富了社会经济统计的方法。

4. 社会统计学派

社会统计学派也是统计学中比较有影响的学派。它的代表人物是德国学者恩格尔（L. E. Engel，1841—1925）和梅尔（C. G. V. Mayer，1821—1896）。这一学派融合了政治算术学派和国势学派的观点，继承和发扬了凯特勒强调的研究社会现象的传统，并把政府统计与社会调查结合起来，形成了自己的研究体系。该学派认为统计学是一门实质性的社会科学，是探索社会整体数量方面的规律性的科学，强调以事物的质作为方法论研究的前提。

这些统计学派构成了统计学历史的主体。随着经济统计在知识体系、研究方法上的不断完善，使其涉及领域从人口统计、经济统计向更多方面不断拓展。同时，统计在治国与管理中的重要作用，引起了各国政府对统计的重视，许多国家都建立了统计调查和统计报告制度，成立了国家统计机关。由于各国政府的重视和支持，1853 年，第一次国际统计会议在比利时的布鲁塞尔召开，由著名的统计学家凯特勒主持，出席会议的有 26 个国家或团体的代表 153 人。1885 年成立了国际统计学会，在伦敦召开预备会议。1887 年在罗马召开第一届大会，此后每两年召开一次，1995 年在北京召开了第 50 届会议。这一百多年，是社会经济统计学成熟和发展的重要阶段。

第二节 统计与统计学

一、统计的含义

"统计"一词一般具有三层不同的含义,即统计工作、统计资料和统计学。

统计工作即统计实践,是指对社会经济现象的数量方面进行搜集、整理和分析的全部活动过程,它是一种社会调查研究活动。它的基本任务是对经济发展状况进行统计调查和分析,提供统计资料,实行统计监督。对统计工作的基本要求是准确、及时、完整地提供统计资料。

统计资料是指通过统计工作所取得的反映各种社会经济现象的状况和过程的统计数字和文字分析说明,即统计信息。它是统计工作的成果。统计资料包括原始的调查资料以及经过加工处理的综合统计资料。

统计学是指系统地论述统计的理论、原则和方法的一门独立的社会科学。统计学是统计实践的科学总结,它来源于实践,同时又是指导实践的原则和方法。

这三层含义是对统计理解的三个方面,三者之间具有密切的联系,缺一不可。在认识上,必须把三者统一起来,只有这样才能得出关于统计的完整概念,即统计是统计工作、统计资料和统计学的统一体。统计资料作为统计工作的成果,是否客观地反映社会经济现象的状况和变动过程,取决于统计工作的过程;科学的统计工作当然离不开统计学所阐述的理论、原则和方法的指导。反过来,从历史发展的角度来看,统计理论来源于统计实践,是对统计工作经验的科学总结和概括。总之,可以把上述三层含义理解为统计的三大支柱,支撑着统计理论的不断发展和统计实践活动的不断完善。

二、经济统计学的研究对象和作用

经济统计学的研究对象是大量社会经济现象的数量方面,包括数量概念、数量界限、数量关系和数量分析方法等。通过对社会经济现象在一定时间、地点和条件下的数量方面的研究,可以揭示社会经济现象的规模、水平、结构、速度、趋势、各种比例关系和依存关系,达到对社会经济现象的本质特征和规律性的认识。

1. 经济统计是认识社会的有力武器

马克思在《资本论》第1卷(第1版)的序言中曾说:"德国和西欧大陆其他国家的社会统计,与英国相比是很贫乏的,然而它还是把帷幕稍稍揭开,使我们刚刚能够窥见幕内美杜莎的头。"其意思是,尽管德国的统计比英国差很多,但通过它还是揭开了德国社会的黑幕,使人们看见这个社会像魔鬼美杜莎的头那样可怕。所以,列宁把社会经济统计看作认识社会的最有力武器之一。其关键在于统计能给人们一个准确的数量概念,能够探求事物变化的数量界限,描述客观事物之间的数量关系,在质与量的联系中,观察并研究社会经济现象的数量方面的特征。

2. 经济统计是治国和管理的重要手段

人们认识世界的目的在于能动地改造世界。统计既然是人们认识社会的有力武器,就必然成为人们治国、管理、改造社会的手段。从历史的角度考察,实际上统计也是随着人类社会经济活动的发展,随着治国和管理的需要而产生和发展起来的。现在大至国际政治经济形势的分析,小至企业的业务经营和班组核算,从宏观到微观,统计已无处不在,须臾不离。

统计是社会主义经济建设的一项重要基础工作。没有标准的统计,就没有科学的决策,经济建设就难以顺利进行。经济越发展,越需要强化统计的手段作用,越需要发挥统计的监督作用。在当今的信息时代,在我国社会主义市场经济的历史条件下,统计在治国和管理中的重要作用,比以往任何时候都显得更加重要。不仅国家对整个国民经济实行宏观调控要依赖于统计,地方、部门和企业的管理,同样也离不开统计。

3. 经济统计是科学研究的有效工具

任何科学研究都是一个认识过程。要在这个过程中有所发现、有所发明、有所创造、有所前进,使我们从某个必然王国走向自由王国,就必须运用一切可以运用的认识武器。在社会科学领域,统计正是这些认识武器中的最有力的武器之一。通过它,我们可以反映事物的现状,揭示事物的内部构成和相互关系,掌握事物运动的规律,比较事物的优劣,挖掘事物的发展潜力,预测事物发展的前景。

当前,我国正处于一个新的历史发展阶段,在我国经济建设与经济体制改革的过程中,有许多现实问题需要我们去研究。如果没有充分、准确的统计资料去反映经济与社会发展的过程和特点,去比较不同体制下经济与社会发展水平的高低、速度的快慢、结构的优劣和效益的好坏,就无法得出正确的结论,甚至会使研究无法进行。

综上所述,可以用世界著名的我国学者马寅初先生所说的一段话加以概括:"人类社会日臻繁复,耳目有所未周,则不能无赖于统计焉。盖个人动作,在于社会有关,倘于社会事实,未尽了了,则闭门造车,难期合辙。自然界现象,变化万端,亦非一二人力所能穷,则综合统计又为必要。是故学者不能离统计而研

学，政治家不能离统计而施政，事业家不能离统计而执业也。"

三、经济统计的特点

经济统计在研究社会经济现象的数量方面，具有如下几方面的特点：

1. 数量性

经济统计最基本的特点就是以数字为语言，用数字说话。具体地说，是用规模、水平、速度、结构和比例关系，去描述和分析社会经济现象的数量表现、数量关系和数量变化，揭示事物的本质，反映事物发展的规律，推断事物发展的前景。例如国家统计局在 2009 年 2 月 26 日发布的 2008 年国民经济和社会发展统计公报中指出：初步核算，全年国内生产总值 300 670 亿元，比上年增长 9.0%。分产业看，第一产业增加值 34 000 亿元，增长 5.5%；第二产业增加值 146 183 亿元，增长 9.3%；第三产业增加值 120 487 亿元，增长 9.5%。第一产业增加值占国内生产总值的比重为 11.3%，比去年上升 0.2 个百分点；第二产业增加值占国内生产总值的比重为 48.6%，比去年上升 0.1 个百分点；第三产业增加值占国内生产总值的比重为 40.1%，比去年下降 0.3 个百分点。居民消费价格比上年上涨 5.9%；固定资产投资价格上涨 8.9%；工业品出厂价格上涨 6.9%；原材料、燃料、动力购进价格上涨 10.5%；农产品生产价格上涨 14.1%；农业生产资料价格上涨 20.3%；70 个大中城市房屋销售价格上涨 6.5%。全年农村居民人均纯收入 4 761 元，扣除价格上涨因素，比上年实际增长 8.0%；城镇居民人均可支配收入 15 781 元，实际增长 8.4%。农村居民家庭食品消费支出占家庭消费总支出的比重为 43.7%，城镇居民家庭为 37.9%。这些统计数字表明我国国民经济增长较快，运行质量明显提高，经济活力进一步增强，城乡居民生活不断得到改善。

统计学是在质与量的密切联系中研究现象的数量方面，两者是辩证统一关系。这种质与量的相互关系的哲学观点，是统计学研究社会现象数量关系的准则。

2. 具体性

经济统计所研究的不是抽象的量，而是与社会经济现象的质密切相关的量，是体现各种社会经济关系的量，具有明显的社会性。任何社会现象都是质量和数量的统一。研究社会经济现象的量，目的在于认识社会经济现象的质及其发展变化的规律。经济统计不研究抽象的量，必须遵守客观现象量变的规律，联系其质的内容，研究现象的具体内容。

3. 总体性

作为认识武器的经济统计，是从总体上研究社会经济现象的。它虽然也研究

个体，但只是为了综合个体去认识总体。社会现象是各种社会规律相互交错作用的结果。不与总体密切联系的量，不从个体过渡到总体的量，不具有体现事物质的特征的普遍性，不具有体现事物运动规律的重复性和稳定性，不是统计研究的量。对足够大量的个体进行研究，使它综合到总体的数量方面，从而把握社会现象的总规模及其变化发展的总趋势。

四、统计工作过程

统计工作的全过程可以分为四个阶段：统计设计、统计调查、统计整理和统计分析。

统计设计就是根据研究对象、研究目的，对研究对象的内容和工作的各个环节作全面系统的考虑，制订出各种可行方案，以指导实际活动。由于统计设计是统计工作各环节的通盘考虑，因此它与统计工作各阶段的工作内容密切联系。为避免在内容上的简单重复，本书将统计设计不单设章，其内容分解在相应章节中进行介绍。

统计调查是统计工作全过程中获取真实数据的重要环节。它是根据统计设计方案，有组织、有计划地搜集统计资料的工作过程。它是统计工作的基础，是保证统计工作质量的首要环节。

统计整理是对统计调查所取得的分散的、表面的、个别的资料进行加工处理，使其系统化的工作过程。它是从对社会经济现象个别单位的观察到对社会经济现象总体认识的连接点，在整个统计工作中起到承上启下的重要作用。

统计分析是统计工作的最后一个环节，即运用统计所特有的分析方法来揭示社会经济现象的数量关系和规律性，以便更深入地认识客观事实。

我们把统计工作的全过程划分为四个阶段，并非是机械地划分。这四个环节间密切联系，如在统计整理中发现资料不足，就要回到统计调查阶段进行补充调查；在统计分析时，还需对资料进行重新整理等。统计是经济信息的主体，是治国管理的重要手段。《中华人民共和国统计法》第二条规定："统计的基本任务是对国民经济和社会发展情况进行统计调查、统计分析，提供统计资料，实行统计监督。"统计的基本任务概括了统计两个方面的职能：一是服务，即通过统计工作，提供统计资料，为各级领导从事决策、施政和管理服务；二是监督，即运用这些统计资料对国民经济的各个部门和社会生活的各个领域实行统计监督，及时发现问题，揭露矛盾，以便采取措施解决这些问题和矛盾，促进经营管理的改善，保证社会经济稳定协调地发展。

第三节　统计研究的基本方法

统计学研究的基本方法主要有大量观察法、统计分组法、综合指标法和归纳推断法。

一、大量观察法

经济统计研究的对象错综复杂，具有大量性和变异性的显著特点，并且受到多种因素的综合影响。大量观察法是指对研究总体中的大多数单位进行观察研究的方法。统计单位容易受到大量偶然因素的影响而表现出不同的外在特征，各统计单位之间存在着差异是大量观察法的客观理论基础。在研究经济事物的数量特征时，要从总体上加以观察。大量观察法的作用主要在于通过对统计总体中的大量单位进行观察，可以把大量个体中非本质的偶然因素的影响相互抵消或削弱，从而将统计总体的本质特征显示出来，达到正确认识客观事物发展规律的目的。

大量观察法是统计研究的基本方法之一。大量观察法的运用，为人们认识事物总体的数量特征提供了基本途径。偶然性是事物的非本质联系，必然性是事物的本质联系，而只有在充分大量观察的基础上，通过对偶然性的总结和分析才会看到在具体环境条件中具有代表性的主要特征。大量观察法就是通过对同类社会经济现象进行调查和综合分析，将其中的次要、偶然的因素作用排除掉，以研究主要的因素对现象总体的影响，反映客观规律性。

二、统计分组法

统计分组法是指根据统计研究的目的和统计总体的内在特点，按一定的统计标志将总体划分为性质不同的组或类的方法。统计总体的变异性是统计分组的前提条件。社会经济现象具有多层次性和多种类性，通过统计分组，将社会经济现象进行分类，确定所研究现象的同质总体，为统计整理和统计分析奠定良好的基础。统计分组法的实质是确定可变标志，把统计单位的变异表现进行区分，保持组内的同质性和组间的差异性。统计分组是统计整理的基础工作，对统计分析进一步研究事物总体的数量特征起到承前启后的作用。经过统计分组后的每一个组或类可以看作是若干个子总体，同样是同质性和差异性的辩证统一体。

正确地运用统计分组法，有利于揭示统计单位之间存在的差异，为人们准确地认识统计总体的内部特征，对总体进行科学划分，从而为统计研究获得正确的结论提供依据。

三、综合指标法

综合指标法是指利用各种综合指标的计算和对比，对被研究的经济总体进行综合分析说明的研究方法。综合指标法是统计分析的基本方法之一。统计研究都要以统计指标作为基础工具，对统计资料进行综合处理和分析，反映客观经济现象在水平、结构、速度、相关性等方面的状况，把现象之间的相互联系进行全面、综合的分析，从而避免片面性和主观性，显示普遍的、主要的、必然的因素产生的作用，达到正确认识事物本质的目的。

在应用综合指标法时，必须谨慎选择统计指标的分析方法，例如权数如何确定、指标综合评价的方法等，以实现正确、深入地研究经济总体特征的目的。

四、归纳推断法

归纳推断法是指通过对总体单位的特征进行研究，从而归纳推断总体特征的方法。归纳推断法包括归纳和推断两个方面。所谓"归纳"，是指由个别到一般，由事实到原理的描述方法。所谓"推断"，是指以一定的样本数据来判断总体相应特征的方法。这种方法具有显著的经济性和可控性等特点，在实践中得到广泛的应用，成为很多国家经济领域里现代统计的基础研究方法之一。值得注意的是，当以样本数据推断客观现象的总体数据时，不可避免地存在代表性误差，利用归纳推断法时，要注意对其正确性进行检验。

在统计实践中运用较多的不完全归纳推断是随机抽样推断法。随机抽样推断法以概率论为理论基础，运用随机变量的中心极限定理和大数定律，以样本特征推算总体特征。研究理论要求样本单位应当是随机变量，即样本单位的选择是完全随机的，各单位在总体中均匀分布。例如，对企业产品质量进行检验，可以通过在流水线上随机抽取样本的方法，判断此批次产品的质量特征。

上述四种统计方法并不是相互独立的，而是相互联系、相辅相成的，从而构成一个完整的统计研究方法体系。统计分组为正确地运用综合指标研究经济现象创造了前提条件；综合指标法和统计分组法又是以对统计单位的大量观察为基础而建立的。归纳推断法是统计研究的进一步深化，通过归纳推断所得到的对总体的结论也是建立在其他三种基本方法的研究基础上。

第四节　统计学的几个基本概念

统计学是一门方法论的科学，它和其他学科一样，在阐述其理论和方法时会

涉及一些专门的术语和概念。如统计总体与统计单位、统计标志与标志表现、变异与变量以及统计指标与指标体系等，它们是统计学中的几个最常用和最重要的基本概念。切实理解和正确掌握这些概念，是学习统计学相关内容的基础。

一、统计总体与统计单位

统计总体简称为总体，是指在一定的研究目的下，由具有某种共同性质的许多个别事物构成的整体，它是客观存在的。例如，当研究我国工业企业的规模、类型时，全部的工业企业便构成了一个统计总体；当研究某个企业职工队伍的素质状况时，该企业的全部职工也构成一个总体等。这里，全部工业企业中的每一个企业或某一企业中的每一职工，都是客观存在的，是组成统计总体的基本单位。在统计上，把这些组成总体的基本单位称为统计单位或总体单位，简称单位。这些单位之所以构成一个总体，是因为在一定统计研究目的之下，在某方面它们具有相同的性质。如前例中的每一个工业企业，它们都从事工业生产活动，是采掘或制造工业产品的基层单位；企业中的每个职工，都在同一企业范围内从事生产或经营管理活动，他们是构成该企业职工队伍的基本单位，是原始数据的承担者。

统计总体具有以下三方面的特征：

（1）同质性。这种构成统计总体的单位一定要在某一方面具有相同性质的特征，称为统计总体的同质性。如果个别单位之间在特定的统计研究目的之下，不具备这种同质性，则这些个别单位不能构成一个总体。例如，在研究工业企业的规模等情况时，就不能把农场、商店等包括进来。这里，我们之所以强调特定的目的，是因为并不是工业企业总不能与农场、商店构成一个总体，在其他的统计研究目的下，比如在研究某地区经济结构时，它们完全可以成为一个总体中的统计单位。

（2）大量性。它是指总体中统计单位的大量性，即总体是由客观存在的许多个别单位组成，而不是仅仅由个别或少数单位组成。因为统计正是从大量事物的普遍联系中揭示现象变化规律的，也只有从对大量单位的观察研究中，才能得出对总体客观规律的认识。

（3）差异性。即总体各单位之间，除了必须在某一方面具有共性之外，在其他方面（如工业普查中，企业的经济类型、行业性质、职工人数、资本金总额、产值等方面）必然存在差异。这些差异是统计研究的基础。如果总体各单位之间不存在任何差异，统计研究也就失去了意义。

另外，关于统计总体和统计单位还必须说明的是：总体和单位的概念不是绝

对的，而是相对的，即总体和单位不是固定不变的，随着统计研究目的不同，有时它们可以相互转化。如：为了研究全球的工业生产情况，则全世界的各个国家构成一个总体，每个国家是一个统计单位；为了研究一个国家的工业生产情况，则全国的全部工业企业组成一个统计总体，每个企业为一个统计单位；为了研究某工业企业的职工队伍状况，则该工业企业的全体职工便成为总体，每个职工是统计单位。

二、统计标志与标志表现

统计标志简称标志，是反映统计单位某种属性或特征的名称。例如，人有男女之别，体现人的这种特征的名称，叫做"性别"；人还有 20 岁、30 岁等大小之分，体现人的这种特征，用"年龄"表示。这里的"性别"、"年龄"就是标志。类似的反映人的属性特征的标志还有体重、身高、文化程度、工龄、工资等；反映设备属性特征的标志有种类、型号、规格、价值、能力等。很显然，统计标志是对统计单位而言的，即标志的承担者是统计单位。但是，标志仅仅是表明统计单位某种属性的一个名称，当标志针对每个具体的单位时，将在各个单位上体现为具体的表现。例如：年龄具体到某人是 25 岁；工资具体到某人是 1 000元；某人的性别是男；某企业的性质属股份有限公司，其某年的利润是 200 万元等。这种标志在统计单位上的具体表现称为标志表现。

标志按其特征或其表现的不同分为两种，即品质标志和数量标志。品质标志是表明统计单位品质特征的，其标志表现通常不能用数量来表示，而是用文字表述。例如人的性别、籍贯、民族等，它们的表现分别为：男、女；北京、上海、山东、吉林等；汉族、回族等。再如企业的所有制形式、隶属关系等，均是品质标志。数量标志是表明统计单位数量特征的标志，其标志表现是以数值表示的。例如，人的年龄、工资，企业的生产能力，企业的职工总人数等，它们的标志表现，如 30 岁、1 000 元、24 小时和 2 987 人等一些数值。但在区分这两类标志时，并不是说只要标志表现是一个数，就认为该标志是数量标志。例如，反映产品质量特征的等级数标志，其标志表现为 1 等、2 等、3 等，是一个数，作为等级标志，是反映产品品质的，仍然属于品质标志；再如，当我们用 1 和 2 来代表性别的男性和女性时，则性别的标志表现为 1 或 2，但这并不意味着性别就由品质标志转变成了数量标志。

标志按变异情况不同分为不变标志和可变标志。不变标志是指在各个总体单位上的标志表现都相同的标志；可变标志是指在各个总体单位上的标志表现有差别的标志。例如研究我国男性人口的年龄结构时，统计总体为我国全部的男性人

口,总体单位是我国的每一个男性人口。在性别这一标志上的表现都为男性,则性别在此例中为不变标志。而各个总体单位在年龄这一标志上的表现是各不相同的,所以年龄在此例中是可变标志。

三、变异与变量

总体中各单位在某一方面具有同质性,但在其他方面,总体中不同单位在品质标志和数量标志上的表现往往是不同的,如人的性别,有的人是男性,有的人是女性;年龄,有的人 20 岁,有的人 25 岁等。这种总体各单位在某一品质标志或数量标志上所表现出来的差异,称为变异。

在统计学上,通常把可变的数量标志和指标称为变量,并把数量标志的标志表现即数量标志的取值称为变量值或标志值。例如,企业的总产值是变量,企业的总产值分别为 1 000 万元、2 000 万元等则是变量值(标志值);其他如工人的年龄、工资、工龄,工厂的职工人数、产量、劳动生产率等都是变量,这些变量的具体数量表现均为变量值(标志值)。

变量可以分为连续变量和离散变量。离散变量也称非连续变量,其变量值之间通常是以整数位断开的,因而可以按一定顺序一一列举出来。例如一个工厂的设备台数、工人人数,一个地区的企业个数、学校数等。连续变量的变量值是连续不断的,在任意两个变量值包围的区间内,都有可能有无限多个其他变量值,因而变量值无法一一列举。例如日光灯管的寿命,人的身高、体重,工厂的总产值等,均属连续变量。在实际工作中,有些变量在性质上虽然属于连续变量,但计算时通常取整数,所以可以把它们当作非连续变量来看待。如年龄、考试成绩等严格来讲是属于连续变量的,但一般按整数计算,可以按离散变量来处理。

四、统计指标和指标体系

(一)统计指标

统计指标是反映同类社会经济现象某种综合数量特征的科学概念。例如,企业个数、职工人数、工业产值、成本、利润、劳动生产率、资金利润率等,当它们被用于反映总体的数量特征时,就是指标。由于总体的数量特征总是由统计单位的数量特征综合而成,所以指标具有一定的综合性。

一个完整的统计指标是由六要素组成的,即时间、空间、指标名称、指标数值、计量单位、计算方法。一定时间、地点条件下的社会经济现象对应于一定的总体。指标名称是反映社会经济现象综合数量特征的科学概念,规定着指标的含义、范围和计算方法;指标数值是这一概念在一定时间、地点条件下的具体数量表现，是根据一定方法对总体各单位的具体标志值进行登记、分类、汇总的结果，该结果在形式上可以是绝对数、相对数或平均数。比如某汽车制造厂2008年的工业增加值是4.7亿元，比2007年增长10%，这里：①时间是2008年；②空间是某汽车制造厂；③指标名称是工业增加值和工业增加值增长速度；④指标数值是4.7和10%；⑤计量单位是亿元和无量纲；⑥工业增加值和增长速度有其各自的一套经过检验和测算的固定计算方法，在利用这个指标时，可以不必特别说明该指标的计算方法。任何一个完整的统计指标都是由这六个基本要素构成的。

正确理解统计指标，还要注意不要把它同统计标志混为一谈，统计指标和统计标志是两个既有区别又有联系的概念。

指标与标志有以下区别：

（1）指标是对总体而言，说明总体数量特征的，具有综合性质；而标志是对统计单位而言，说明单位的属性或特征的，一般不具有综合性质。例如，在研究企业职工收入状况时，职工个人的工资是标志，企业全体职工的工资总额或平均工资是指标；以某地区全部企业为总体，各个企业的产值是标志，地区内全部企业的总产值是指标。所以，区别指标与标志，就看它是否经过了数量上的综合。

（2）如前所述，指标一定是可量的；而标志则因为有品质标志和数量标志之分，不一定可量，其中的品质标志不是直接可量的。

指标与标志有以下联系：

（1）指标是由标志的标志表现汇总而来的。例如，工业企业职工总数是由各工业企业职工人数汇总而得；工业增加值由各工业企业的增加值汇总而得。品质标志虽然本身不具有数值，但有些指标是按品质标志分组计算出来的。例如，工业企业总数中，国有、集体、私营等性质的企业各有多少；人口总数中，男、女的人数各有多少等。

（2）由于承担指标的总体和承担标志的单位，在不同研究目的下可以转换，指标和标志之间也有变换关系。如调查了解一个工业局的职工状况时，整个工业局为总体，局内的各企业、各单位为统计单位，企业的职工人数为标志，全局的职工总数为指标；而当研究企业内部的职工状况时，企业内部各部门的人数为标志，企业的职工总数则成了指标。

（二）统计指标体系

1. 统计指标体系的含义

社会经济现象是一个多方面、多角度的复杂总体，依赖个别的统计指标难以全面描述和反映社会经济总体。统计指标体系是以同一经济现象为研究目的，由一系列相互联系的指标所构成的有机整体。为了实现统计研究的目的，统计指标体系将各种统计指标相互结合运用，反映事物总体的多方面特征，了解现象的普遍联系，获得实际需要的有关信息。统计指标体系是社会经济现象间数量联系的一种体现。

2. 设计统计指标体系的基本内容与要求

统计指标体系的设计，关系到统计结果的科学性、准确性和可比性，关系到能否正确地反映经济总体特征及其相互依存关系。一般来讲，在统计指标体系设计时应考虑如下基本原则：

（1）根据研究目的，充分考虑指标之间的相互联系。由于研究目的不同，对信息的要求不同，指标体系的设计也不相同。基本指标体系反映国民经济和社会发展以及自然现象变化的基本情况；专题指标体系反映某一个社会经济或自然方面的专门问题。只有具有明确的研究目的，才能确定需要的统计信息框架，确定核心指标。为了避免统计信息的遗漏，在设计指标体系时，目的明确、树立全局观念、综合考虑是十分重要的原则。指标体系的设计还应注意有适当的稳定性和灵活性。稳定性是为了便于动态对比分析，灵活性是为了易于根据变化了的情况进行更新。

（2）依据科学原理确定指标的含义和统计口径。指标体系的设计必须以科学的理论为依据，确定每一指标的含义，使指标体系与客观事物的性质、特点和相互关系相吻合；同时必须考虑客观经济现象的复杂多样性，用于分析比较的综合指标统计口径要一致，统计口径包括经济内容、总体范围、计算方法、计量单位与计价基础等。

（3）兼顾实际，使指标的计算实用可行。指标体系的设计要以实际需要为根本出发点，充分考虑指标计量手段的特点和计算方法是否实用和简便可行。指标的计算一方面要符合相关的学科理论和数学原理，另一方面还必须考虑在实际工作中是否具有可操作性，是否与实际管理水平、统计部门实际力量等条件相适应。

3. 统计指标体系的表达形式

统计指标体系的表达形式有两种：一种是通过数学形式来表达，如产品销售收入＝产品销售量×销售单价；另一种是不通过数学形式表达，而是表达成相互联系、相互补充的指标系列。例如，工业企业的生产经营过程，既是一个产品效益的产出过程，也是一个人力、物力和财力的占用及消耗过程，是一个多方面相互联系的整体运动，完整反映这一整体运动，就需要设置一系列的指标。例如，

反映各种占用和消耗的指标：固定资产原值、资金占用额、职工人数、生产成本等；反映劳动成果的指标：产品产量、总产值、增加值和品种数等；反映经营效益的指标：利润额、资本金利润率、销售利润率等，从而形成了较完整的工业企业指标体系。图 1-1 为企业生产经营状况指标体系。

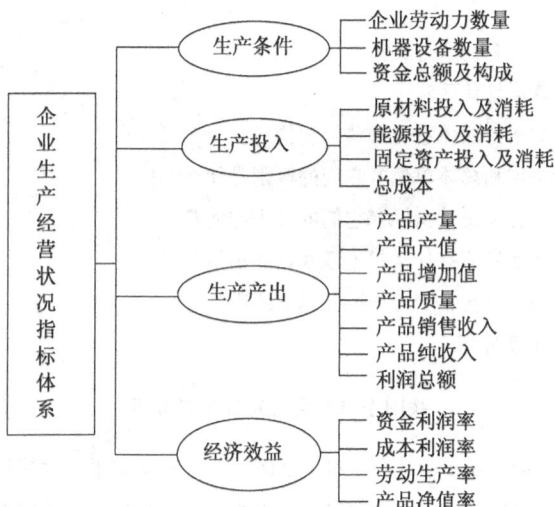

图 1-1　企业生产经营状况指标体系

建立指标体系的意义是明显的。通过指标体系来研究社会经济现象，才能全面深刻地认识现象的全貌和发展的全过程，才能完整地揭示和把握事物间的矛盾。而且，还可以通过指标体系揭示现象之间的相互联系，从而分析影响结果的原因，并预测未来等。总之，指标体系在统计研究和工作中起着重要的作用。

本 章 小 结

（1）在统计学的发展中，有不同的统计学派。国势学派和政治算术学派是两大创始学派。其后发展的数理统计学派和社会统计学派对现代统计产生了深远的影响。

（2）统计包含有三层含义，即统计工作、统计资料和统计学。

（3）统计研究的基本方法包括大量观察法、统计分组法、综合指标法和归纳推断法。

重 要 概 念

统计总体　统计单位　变量　统计标志　统计指标　指标体系

练 习 题

一、简答题

1. 在统计学历史上产生过哪些具有代表性的学术流派？它们的创始人及主要观点是什么？

2. 统计的完整概念有几层含义？

3. 经济统计的特点是什么？

4. 经济统计的基本方法体系由哪些内容构成？

5. 什么是统计总体和总体单位？它们的区别是什么？

6. 什么是统计标志和统计指标？它们的关系如何？

7. 什么是变量和变量值？什么是连续变量和离散变量？

8. 统计指标体系设计时，应考虑哪些基本原则？

二、统计资料阅读分析

我国小康社会的定性定量分析⊖

如何正确理解全面建设小康社会，对于全面贯彻落实党的十六大精神具有十分重要的意义。更高水平小康的定性分析：实现全面建设小康社会的目标后，我国的经济发展将跃上一个新台阶。到 2020 年 GDP 总量将达到 43 200 亿美元，在世界占第三位，仅次于美国和日本。到 2050 年比 2020 年再翻两番，我国的 GDP 将超 17 万亿美元。届时，我国的经济总量将超过日本，居世界第二位，我国经济占世界经济的比重将达到 12% ~ 16% 之间。

实现全面建设小康社会的奋斗目标，一个很重要的标志是基本实现工业化。目前我国仍处于工业化的中期阶段。到 2020 年，我国的经济发展水平（人均 GDP）、产业结构（工业增加值占 GDP 比重）、贸易结构（机电产品出口额占出口总额比重）可以达到或超过高级阶段的参考标准，而就业结构（非农从业人员比重）和城乡结构（城镇化率）则会达到中期阶段而低于高级阶段的参考标准，可以说，基本实现工业化。实现全面建设小康社会的奋斗目标，将建成完善的社会主义市场经济体制。市场在资源配置中起基础性作用，产品市场进一步健全，要素市场得到发展，90% 以上的商品和服务价格由市场形成，更多的要素价格由市场决定；中国特色社会主义的基本经济制度将得到进一步巩固；宏观调控体系不断完善。

20 年后，不仅经济建设和经济改革会有历史性的跨越，而且在其他各方面都会发生重大变化。届时，将形成比较完善的国民教育体系、科技和文化创新体系、全民健身和医疗卫生体系；人民享有接受良好教育的机会，基本普及高中阶段教育，消除文盲，形成全民学习、终身学习的学习型社会，促进人的全面发展；全民族的思想道德素质、科学文化素质和健康素质明显提高；人民生活更加殷实，社会保障体系比较健全，社会就业比较充分，家庭财产

⊖ 摘自《经济日报》2002 年 12 月 23 日第 10 版。

普遍增加，人民过上更加富足的生活。全面建设小康社会，应该是发展比较均衡的小康。工农差别、城乡差别和地区差别扩大的趋势逐步扭转。城镇人口比重较大幅度提高，城镇化率达到 50% 以上。西部大开发在基础设施和生态环境建设等方面将取得突破性进展。东部地区有条件的地方会发展得更快，在全面建设小康社会的基础上，率先基本实现现代化。

全面小康社会的定量指标：从定量的角度看，实现全面建设小康社会的目标应该有一个指标体系。鉴于政治文化上的一些因素很难量化，参照国际上常用的衡量现代化的指标体系，考虑我们的国情，"全面建设小康社会"的基本标准应当是：

（1）人均国内生产总值。2000 年我国为 854 美元。按照 2000～2020 年国内生产总值翻两番的发展速度测算，到 2020 年，我国人均国内生产总值将超过 3 000 美元，达到当时中等收入国家的平均水平。

人均国内生产总值是整个指标体系中的一个根本性、标志性的指标。这个指标达到 800 美元成为人民生活总体达到小康水平的重要标志。同时，也标志着达到了中等收入国家的下限。全面建设小康社会的根本性标志应是开始跨入上中等收入国家的行列。根据世界银行 1999 年的划分：低收入国家为 760 美元以下，下中等收入国家为 761～3 030 美元，上中等收入国家为 3 031～9 360 美元，高收入国家为 9 361 美元以上。以此标准衡量，目前我国已经跨入下中等收入国家的门槛。下中等收入国家的标准跨度相当大，下限为 761 美元，上限为 3 030 美元。从我国目前所处的发展阶段、可能实现的经济增长率水平，以及人口增长率等因素预测来看，由人均 854 美元达到上中等收入国家的进入门槛 3 030 美元，大约需要经过 20 年的努力奋斗。从 2001 年至 2010 年，我国经济总量翻一番，人口增长率年平均 0.7%，2010 年人均国内生产总值接近 1 600 美元；2011～2020 年国内生产总值再翻一番，人口增长率下降为 0.5%，2020 年人均国内生产总值约为 3 050 美元，刚刚达到上中等收入国家的下限水平。也就是说，可以跨入上中等收入国家的门槛。

（2）城镇居民人均可支配收入。2000 年为 6 280 元。过去 20 年我国城镇居民人均可支配收入年均增长 5.9%。今后 20 年，我国经济继续快速发展，同时提高人民生活水平被作为工作的出发点，城镇居民收入水平基本可以保持过去 20 年的增长势头。预计到 2010 年，城镇居民人均可支配收入达到 12 000 元，2020 年达到 18 000 元。

（3）农村居民家庭人均纯收入。2000 年为 2 253 元。过去 20 年我国农村居民家庭人均纯收入年均增长 6.4%。前些年，增速放慢，但近年来，中央出台了一系列促进农民增收的政策，农民收入已经开始出现恢复性增长。今后 20 年，随着农村改革的深化和农业现代化水平的提高，农民非农收入大幅度增加，特别是城镇化的巨大推动，农民收入将较快增长，按年均增长 6% 计算，2010 年农村居民家庭人均纯收入为 4 000 元，2020 年为 7 300 元，距 8 000 元的标志值还有一定差距，城乡居民收入差距从目前的 2.79 减少到 2.47，略有缩小。

（4）恩格尔系数。即食品消费支出在总消费支出中所占的比重。一般来说，随着收入的增加，恩格尔系数趋向下降，居民生活水平相应提高。联合国粮农组织依据恩格尔系数，将生活水平划分为如下标准：恩格尔系数在 59% 以上者为绝对贫困状态；50%～59% 为勉强度日状态；40%～50% 为小康水平；30%～40% 为富裕状态；30% 以下为绝对富裕。我国城镇和乡村的恩格尔系数，1980 年分别为 56.9% 和 61.8%；2000 年分别为 39.2% 和 49.1%；2001 年分别为 37.9% 和 47.7%。这表明，我国的恩格尔系数呈加快下降态势。按一年下降 1 个百分点计算，到 2010 年城乡的恩格尔系数应分别为 30% 和 40%，2020 年分别为 25% 和 35%。

思考题：

文中运用了统计学的哪些基本概念和统计指标来分析中国小康社会的进程和目标？并对这些指标的类型加以分析。

第二章

统 计 调 查

本章要点：了解统计调查的意义和方式分类，了解统计调查方案，掌握统计调查组织方式的特点，掌握统计调查误差的种类和产生原因。

第一节　统计调查的意义和方式分类

一、统计调查的意义

调查活动是正确认识事物的基础。统计调查是调查活动的一种，它是按照预定的研究任务和目的，采用相应的方式和方法，对某一社会经济现象进行有计划、有组织的搜集资料的过程。

统计调查有别于一般社会调查。其主要特征是：统计调查是对社会经济现象总体中全部或足够多的单位进行调查，搜集大量以数字为主的信息资料，借以反映总体的数量特征。

统计调查是统计工作的开始阶段，是统计整理和统计分析的前提。统计调查在整个统计工作中担负着提供基础资料的任务，是一切统计资料的来源。统计工作的各个环节是紧密衔接、相互依存的。一般情况下，统计研究是从统计调查开始，通过接触实际情况，占有原始资料，取得感性认识，再经过对资料的系统整理和综合分析，提高到理性认识。统计调查工作的质量如何，会直接影响到整个统计工作成果的质量。所以统计调查是统计工作的起点和基础环节，在统计工作

中占有特别重要的地位。

二、统计调查的基本要求

准确、及时、全面、系统地提供统计资料，是对整个统计工作的基本要求。具体到统计调查阶段，对其各项基本内容可作如下阐述：

（1）准确性。准确性是指统计调查所搜集的资料必须准确可靠，符合实际情况。统计调查所取得的资料的准确性是衡量统计调查工作质量的重要标志。统计调查必须准确地反映实际情况，保证各项调查资料真实可靠。统计工作能否顺利地完成任务，在很大程度上取决于所搜集的资料是否准确。如果调查所搜集的资料不准确，情况失实，那么根据这样的资料进行整理和分析，必将得出错误的结论。因此可以说统计资料的准确性是统计工作的生命。

为了保障统计资料的准确性，《中华人民共和国统计法》第三条规定："国家机关、社会团体、企业事业单位组织和个体工商户以及在中国境内的外资、中外合资和中外合作经营的企事业组织，必须按照本法和国家规定，提供统计资料，不得虚报、瞒报、拒报、迟报，不得伪造、篡改。"因此，统计机构和统计人员必须实事求是，如实提供统计资料，遵守职业道德，杜绝虚报、瞒报等违法行为发生。统计工作者还应该具有强烈的责任感、事业心，不断提高业务水平，把调查过程中产生的差错降低到最低限度。

（2）及时性。及时性是指提供统计资料的时间性限制，即要按照调查方案所要求的呈报统计资料的时间，及时调查、及时上报，以满足各部门对统计资料的需求。搜集的统计资料即使是准确的，但如果提供不及时，犹如"雨后送伞"，起不到应有的作用，将会大大降低统计资料的使用价值。同时，统计资料的及时性，也是一个全局性的问题。一项统计任务的完成，往往是许多单位共同努力的结果，任何一个调查资料上报不及时，都会影响到全面的综合工作，甚至贻误整个统计工作。为了提高统计调查的及时性，各个调查单位必须共同增强全局观念，严格遵守统计制度和统计纪律，及时地提供统计资料。

（3）全面性。全面性是指按照调查计划的规定，对要调查的单位和项目的资料毫无遗漏地进行搜集。如果调查资料残缺不全，就不能反映被调查事物的全貌，从而给统计整理和统计分析带来困难，这将直接影响统计工作的进程和质量。

（4）系统性。系统性是指搜集的统计资料要符合事物的逻辑，不能杂乱无章，即所提供的统计资料，应该是便于整理、便于汇总的资料。

三、统计调查方式的分类

社会经济现象是错综复杂的。由于统计研究对象的性质和统计研究任务的不同，要具体情况具体分析，采用各种不同的调查方式（在此，有一点需要说明，即在有的教科书上统计调查方式和方法不加以区分，但是在本书是加以区别的），这是统计调查的一个重要问题。统计调查的方式按照不同的标志有不同的分类。若将这些分类进行排列，可以归纳为统计调查方式体系，如图 2-1 所示。

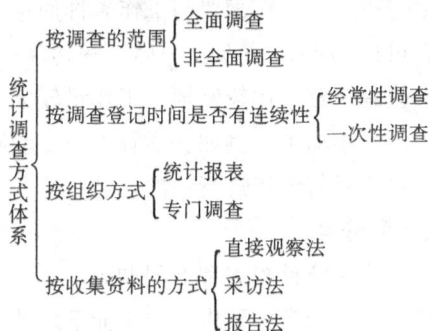

图 2-1 统计调查方式体系

（一）按统计调查对象包括的范围不同分类

按统计调查对象包括的范围不同，可分为全面调查和非全面调查。

（1）全面调查是对构成调查对象总体的所有单位逐一进行登记调查。例如，要知道全国的人口状况，就要对全国人口进行普遍登记调查，要消耗很多的人力、物力和财力。全面调查只适用于有限总体，调查内容应限于反映国情国力的重要统计指标。

（2）非全面调查是对总体中的一部分单位进行登记或观察，包括抽样调查、重点调查和典型调查等。例如，为了了解民营企业经济效益状况以及经营管理的新情况、新问题，不必对民营企业一一调查，只需选择部分企业调查就可以了。这种调查方式，调查单位少，可以用较少的人力、财力和时间，调查较多的内容，搜集到较深入、细致的情况和资料。但它未包括全面资料，因此常常需要与全面调查结合起来应用。

（二）按调查登记时间是否有连续性分类

按调查登记时间是否有连续性，可分为经常性调查和一次性调查。

经常性调查是指在一定时期内对客观事物的发展变化情况进行连续不断的登记。其目的是取得某种事物在一定时期的发展变化过程中所累积的总量，如工业

产品产量、原材料、燃料和动力的消耗量、商品销售量等。凡属反映一定时期事物发展过程总量的时期指标，其资料都需要通过经常性调查来取得。

一次性调查是指对事物在某一时点的状况进行一次性登记。一次性调查的目的是反映事物在某一时点（时刻或瞬间）存在的状况，如人口数、学校数、企业数、职工人数、商品库存量、设备数量等。凡属时点指标都可通过一次性调查取得资料。一次性调查并非对某种事物登记一次以后就不再登记了，而是间隔一段时间调查登记一次，所以，准确一点说，它应当叫间断性调查。至于间隔多长，应视事物发展变化的特点、工作需要与工作条件而定。变动频繁、工作需要而又可能办到的，间隔可以短些，一天、一周、一旬、一月均可；变动不很频繁，或变动虽然频繁，但调查登记比较麻烦，工作量较大者，间隔则可长些，一季、半年、一年、五年、十年均可。例如，尽管人口变动频繁，但不可能每天每月都搞一次人口普查，只能隔若干年进行一次。

（三）按组织方式不同分类

按组织方式不同，可分为统计报表和专门调查。

统计报表是按照统一规定的表式要求，自上而下地统一布置、自下而上地逐级汇总上报的一种调查组织方式。我国建立了统计报表制度：所有企业、事业单位都有责任按照规定的表式、项目、日期和程序，向上级领导机关提交报表。在这些报表中就包括了国家的政治、经济、文化生活各个方面的基本指标。统计工作通过对报表中反映的这些指标进行观察和分析，为各级领导制定各项方针、政策提供基础和依据，为领导日常工作提供资料或建议。它包括国民经济基本统计报表、部门统计报表和地方统计报表。

专门调查是为研究某些专门问题，由进行调查的单位专门组织的调查。这种调查属一次性调查。为什么要进行专门调查呢？这是因为统计报表反映的是社会、经济、科技发展状况的基本指标，而这些指标在一定时间之内是相对稳定的。但是，客观形势总是在不断地发展和变化，并且不断地产生新的情况和新的问题。因此在统计报表之外，还需要对经济情况组织专门的统计调查，以满足工作的需要。例如，为了解全国人口状况而进行的人口调查，为掌握粮食和其他农作物产量而进行的农业产量调查以及物资库存调查、工业设备调查等，都是大型的专门组织的调查。也可只依靠本部门的力量，作一些小型的专门调查，如某方面的民意调查、居民储蓄动机调查等。

（四）按收集资料的方式不同分类

按收集资料的方式不同，可分为直接观察法、采访法和报告法三种。

直接观察法是指调查人员亲自到现场对调查单位的调查项目进行清点、测

定、计量，以取得资料的一种统计方法。如为了及时了解农作物产量而进行的实割实测、脱粒、晾晒、过秤计量；又如为了了解工业企业期末的在制品数量，调查人员到生产现场进行观察、计数、测量等。直接观察法取得的资料，具有较高的准确性，但需要大量的人力、物力、财力和时间，因此，它的应用受到很大限制。

采访法是由调查人员向被调查者提问，根据被提问者的答复来搜集统计资料的一种调查方法。它又分为个别访问和开调查会两种。

报告法是由报告单位根据一定的原始记录和台账，依据统计报表的格式和要求，按照隶属关系，逐级向有关部门提供统计资料的一种调查方法。我国现在各企业、机关向上级填报统计报表采用的就是报告法。这种调查是各地方、各部门、各单位按照有关法规的规定，必须对国家履行的一种义务。报告法的特点是，具有统一项目、统一表式、统一要求和统一上报程序，其资料来源于原始记录，可以同时进行大量的调查。如果报告系统、健全，原始记录和核算工作完整，采用报告法也可以取得比较精确的资料。

上述各种分类并不是相互排斥的，而是从不同的角度对同一调查进行不同的分类，它们是相互联系、互相交叉的。例如，普查是一种专门组织的调查，又是一次性调查和全面调查。各种分类相互交叉，统计调查的方式方法就更加显得多种多样了。统计人员只有熟悉各种统计调查方式方法，才能在实际应用时，根据调查对象的特点和调查任务的要求，结合具体情况加以选择。

第二节　统计调查方案

统计调查是一项复杂、细致、科学性很强的工作。为了使这项工作有计划、有步骤、有组织地顺利进行，取得预期的效果，在组织调查之前，必须首先设计一个周密的调查方案，以便使整个调查工作统一认识、统一内容、统一方法、统一步调。统计调查方案包括确定调查目的、确定调查对象和调查单位，确定调查项目，确定调查时间、调查期限、调查地点、调查方法，拟定调查的组织实施计划等。

一、确定调查目的

明确调查目的，是统计调查的首要问题。它决定着整个调查工作的内容、范围、方法和组织工作。目的不同，调查的内容和取得资料的方法以及资料的详细程度也不一样。有了明确的调查目的才能有的放矢地确定调查范围、形式和内

容。如果调查目的不明确，就无法确定向谁调查、调查什么、用什么样的方式方法进行调查等。如果盲目进行调查，其结果可能会造成调查来的资料有很多是无用的，而需要了解的情况又得不到充分反映，既浪费了人力、物力和时间，又延误了整个工作。因此，制定调查方案，首先要确定调查的目的和任务，明确进行调查要解决的问题。

二、确定调查对象和调查单位

调查对象就是指根据调查目的，需要进行调查的社会经济现象总体，即统计总体。它是由性质相同的许多调查单位所构成的。确定调查对象，要明确总体的界限，划清调查的范围，以防在调查工作中产生重复或遗漏。

调查单位就是调查对象中的每个个别事物，即统计总体中的每个个体，也就是在调查过程中应该登记其标志的那些具体单位。如调查目的是要了解所有工业企业的生产情况，那么，调查对象就是所有工业企业这一总体，而调查单位就是每个工业企业；如调查目的是了解企业职工的情况，那么，调查对象就是企业职工这一总体，每个职工就是一个调查单位。由此可见，确定调查对象、调查单位，主要是解决调查的界限和向哪些单位登记调查的问题。

实际工作中需要注意的是，不要把调查单位和填报单位相混淆。调查单位是调查项目的承担者，而填报单位则是负责上报调查资料的单位。例如，调查目的是了解企业职工的状况，则每个职工就是一个调查单位，全部职工的调查资料由企业汇总上报，则该企业就是填报单位。但有时二者又可能是一致的，例如工业普查，每个工业企业既是一个调查单位，又是填报单位。

三、确定调查项目

在调查目的、调查对象、调查单位确定之后，必须确定具体的调查项目。调查项目是所要调查的具体内容，即总体单位所承担的基本标志。换句话说，就是向被调查者调查什么，需要被调查者回答什么问题。调查项目完全由调查对象的性质、调查目的和任务所决定，它是包括一系列品质标志和数量标志构成的标志体系。例如，1997年全国城市居民生活时间分配调查，目的是了解我国城市居民各种群体的生活时间分配和利用状况，研究城市居民的生活方式。根据调查项目拟定了姓名、性别、年龄、民族、文化程度、职业、行业、婚姻状况及工作时间、生活必需时间、家务劳动时间和闲暇时间等调查项目。列入调查项目的标志名称必须明确、具体，使人一看就懂，切忌模棱两可、含糊不清。

在确定调查项目时还须注意以下四个问题：

（1）调查项目应是为实现调查目的所需要的项目，可有可无和备而不用的项目一律不要列入。

（2）调查项目应是能够取得实际资料的项目。有些虽属需要，但实际上没有条件取得实际资料的项目，不要列入。

（3）调查项目要注意彼此衔接，避免重复和相互矛盾。

（4）列出调查项目的表格形式就是调查表。调查表是搜集原始资料常用的基本工具。调查表有单一表和一览表两种形式。单一表是在一张表上只登记一个调查单位，如职工卡片等，其优点是可以比较详细地列出各种标志；一览表是在一张表上登记若干个调查单位的资料。当调查项目不多时适合用一览表，如人口普查表就是一种一览表。

调查表确定以后，需要编写填表说明和指标解释，主要说明每一调查项目的统计范围、指标含义、计算方法、资料时间及其他注意事项。

四、确定调查时间、调查期限、调查地点和调查方法

调查时间是指调查资料所属的时间（时期或时点）。明确规定调查的时期或时点，是保证调查资料准确性的重要条件。如果所要调查的资料是某一时期的总量，就要规定报告期的起止日期；如果调查资料是某一时点上的水平，就要规定统一的标准时点。

调查期限是指进行调查工作的时间，包括搜集资料和报送资料的整个工作所需要的时间。例如，全国企业1998年产品产量报表，呈报时间规定在1999年1月7日，此处调查时间为1998年全年，调查期限为7天。2007年某市外来人口普查，将5月10日零时定为普查登记的标准时点，要求在2007年5月15日以前完成普查登记工作，此处的调查时间为5月10日零时，调查期限为5天。任何调查都应尽可能缩短调查期限，及时上报相关部门。

在调查方案中，还要明确规定调查地点。例如，人口普查时，如果是调查常住人口，则规定在每人的常住地点进行登记。另外，调查方案中也要明确规定调查采用的方式方法。这主要取决于调查的目的、内容和调查的对象。但应注意，能用非全面调查取得资料的，就不要制定全面报表，以节省人力、物力、财力和时间。必须制定全面报表时，要慎重从事，不要滥发。

五、拟定调查的组织实施计划

严密细致的组织工作，是使统计调查顺利进行的保证。调查工作的组织计划主要包括下列内容：

（1）建立调查工作的组织领导机构，做好调查人员的分工。

（2）做好调查前的准备工作，包括宣传教育、人员培训、文件资料的准备、调查方案的传达布置、经费预算和开支办法等。

（3）制定调查工作的检查、监督方法。

（4）调查成果的公布时间及调查工作完成后的工作总结等。

随着统计工作的现代化，调查方案也要求日趋周密，并且要运用系统工程的原理和运筹学的方法实行各个环节的质量控制，层层把关，以保证调查工作顺利进行。

第三节　统计调查的组织方式

一、统计报表

（一）统计报表的意义

统计报表是依照国家有关法规的规定，自上而下地统一布置，以一定的原始记录为依据，按照统一的表式、统一的指标项目、统一的报送时间和报送程序，自下而上地逐级提供基本统计资料的一种重要调查方式。统计报表所包括的范围比较全面，项目比较系统，指标的内容相对稳定。因此，它是我国统计调查中取得统计资料的一种重要调查方式。

统计报表与其他统计调查方式比较，有其显著的特点和优点：

（1）统计报表可以事先布置到基层填报单位，基层单位可以根据报表的要求，建立和健全各种原始记录，使统计报表的资料来源有可靠的基础，保证统计资料的准确、及时、完整。基层单位也可以利用统计报表的资料，对生产、经营活动进行科学管理。

（2）由于这是逐级上报、汇总，各级领导部门都能得到管辖范围内的统计报表资料，可以经常了解本地区、本部门的经济和社会发展情况。

（3）它是经常性调查，内容又相对稳定，有利于积累资料和历史对比，如编制时间数列。

全国统一的统计报表制度是我国统计调查的主要方式。在资本主义国家，由于生产资料的私人占有性质，没有实行全国统一的自下而上地填报统计报表的社会基础，统计报表制度只能在一个资本集团、一个企业内部实行，不能成为全国的主要统计调查方式。

统计是计划的基础。没有科学的统计，就不可能有真正的计划。我国国民经

济和社会发展计划的编制离不开统计报表提供的统计数字。至于检查监督计划的执行，更需要通过统计报表，及时了解计划的执行情况及存在的问题和问题产生的原因，以便采取有效措施，保证计划实现。

（二）统计报表的种类

按不同的标志，统计报表可以分为以下几类（见图 2-2）：

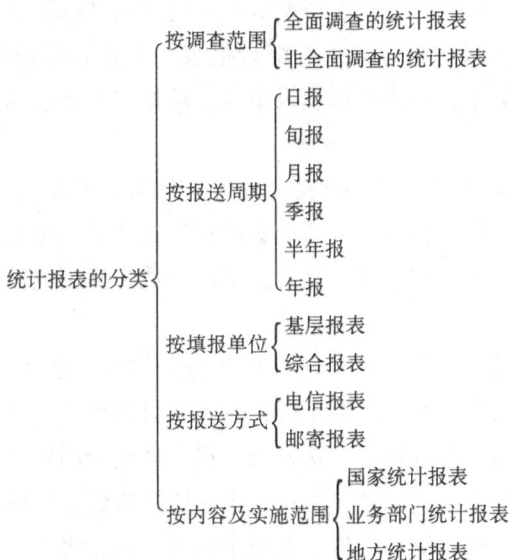

图 2-2　统计报表的分类

（1）按调查范围不同，统计报表分为全面调查的统计报表和非全面调查的统计报表。全面调查的统计报表，是调查对象的全部单位均要填报；非全面调查的统计报表，只是调查对象中部分单位填报。

统计报表担负着为计划的制定和检查及其执行情况提供资料的任务，这就决定了统计报表必须以全面调查为主。现阶段，我国绝大多数统计报表是全面调查的统计报表。非全面调查的统计报表又可采用重点的、抽样的方式。属于重点调查的如统计报表中的工业主要技术经济指标、主要工业产品单位成本等。统计报表也可采用抽样调查或典型调查的方式选出调查对象的少数单位，要它们定期填报。如农村经济调查，就曾用抽样调查或典型调查方式选出调查单位，将统计报表布置给基层单位定期填报。

（2）按报送周期不同，统计报表分为定期统计报表和年报。日报、旬报、月报、季报、半年报均属于定期统计报表。报送的周期越短，花费的人力、物力、财力就越多，因此，指标项目可以少一些，粗一些；报送周期长的，指标项

目可以多一些，细一些。年报的周期最长，它的内容比较详尽；日报、旬报周期最短，其内容只限于填报少量最主要的指标。在报表中，原则是凡一年、半年报告一次能满足需要的，就不用季报、月报；月报能满足要求的，就不要用日报、旬报。

（3）按填报单位不同，统计报表分为基层报表和综合报表。基层报表主要由基层企事业单位填报，它提供的原始资料是统计的基础资料。由主管部门根据基层报表逐级汇总填报的统计报表为综合报表，汇总后得到各级的基本统计指标。填报基层报表的单位称为基层填报单位，填报综合报表的单位称为综合填报单位。

（4）按报送方式不同，统计报表又分为电信报表和邮寄报表两种。电信报表又可分为电报、电话和传真等方式。日报和旬报要求迅速上报，通常用电信报送。月报、季报、半年报和年报，除月报中的少数指标用电信报告外，一般都通过邮寄报送。

（5）按内容及实施范围不同，统计报表分为国家、业务部门和地方统计报表。国家统计报表是根据有关的国家统计调查项目和统计调查计划制定的统计报表，也叫国民经济基本统计报表。这种统计报表从整个国民经济的角度出发并按照国民经济的部门划分，如农业、工业、固定资产投资、物质、国内商业、对外贸易、劳动工资、交通运输、物价、人民生活等。这些报表在全国范围内的各行各业实施，主要用来搜集整个国民经济和社会发展情况的统计资料。业务部门统计报表是根据有关的部门统计调查项目和统计调查计划制定的统计报表，实施范围限于各业务主管部门系统内，一般用来搜集各级主管部门所需的专门统计资料。地方统计报表是根据有关地方统计调查项目和统计调查计划相应制定的统计报表。其实施范围是各省、市、自治区，主要用来满足地方专门需要。部门和地方统计报表都是国家统计报表的补充。

二、普查

（一）普查的意义

普查是根据统计任务的特定目的而专门组织的一次性全面调查。它主要用来搜集某些不能够或者不适宜用定期全面统计报表搜集的统计资料，一般用来调查属于一定时点的社会经济现象的总量，如全国人口普查、经济普查、生产设备普查、科技人员普查等。普查也可以用来反映一定时期的现象的总量，如出生人口总数、死亡人口总数等。

普查是一种很重要的调查方式和方法，是统计报表不可代替的。虽然有些情况可以通过统计报表搜集全面的基本统计资料，但它不能代替普查。因为有些社会经济现象，如人口年龄（与性别结合在一起的）构成变化、物资库存、耕地面积、工业设备等情况不可能也不需要组织经常性的全面调查，而在我国经济建设中，又必须掌握这方面比较全面详细的资料，这就需要通过普查来解决。为了搞清有关国情、国力的重要数字，需分期分批地进行专项普查。根据社会主义现代化建设的需要，我国于 1977 年进行了全国科学技术人员和基本建设项目普查，1982 年 7 月 1 日进行了第三次全国人口普查，1990 年 7 月 1 日进行了第四次全国人口普查，2000 年 11 月 1 日进行了第五次全国人口普查的登记工作。

2004 年国务院发布了《全国经济普查条例》，明确规定了我国在 2004 年 12 月 31 日标准时点，举行第一次全国经济普查工作，并每五年进行一次，把国家的"家底"摸清，这不仅有利于政府部门有效地开展宏观调控、科学编制"十一五"规划，还有利于企业经营者和其他投资人分析市场，预测行情，把握投资方向，改善经营管理；有利于理论和教学研究人员依据大量最新的第一手资料，分析研究改革实践中的经验、问题，建立和完善中国特色社会主义市场经济理论体系，为继续推进改革和加快发展更好地谏言献策。从根本上说，经济普查有利于全面建设小康社会的宏伟事业，是一项利国利民的重要基础性工作。

有组织、有计划、有准备、有步骤地根据需要与可能，进行重大的全国性的国情、国力普查，有如下好处：①领导重视，声势浩大，调查经费较容易解决；②有利于各部门之间相互配合，共同协作；③能够较快地制定出各种分类标准、目录等；④统一行动，限期完成；⑤可为普查后搞经常性统计报表和开展抽样调查打下较好的基础。

（二）普查的组织方式

普查的组织方式基本上有两种：一种是通过专门组织的普查机构，配备一定数量的普查人员，对调查单位直接进行登记；一种是利用调查单位的原始记录和核算资料，颁发一定的调查表格，由调查单位进行核实填报来进行。但是，即使后一种方式，也需组织一定的普查机构、配备一定的专门人员，对整个普查工作进行组织领导。

普查是一次性全面调查，多在全国或很大范围内进行，涉及面广，工作量大，调查内容要求高、时效性强，通常需要许多人力、物力和财力。因而，组织工作十分繁重，且意义重大。其具体内容包括：

（1）建立统一的组织领导机构，并进行广泛的宣传。

（2）设计详细的调查方案。

（3）组织培训专门的调查队伍。

（4）作好物资准备和经费预算。

（5）系统有序地组织登记与汇总。

（6）严格审核普查资料，进行整理和分析。

（7）公布资料并进行总结。

组织普查的要求是：①统一规定调查资料所属的标准时点，避免因为自然变动或机械变动而产生搜集资料的重复或遗漏。例如，我国 2000 年的全国人口普查统一规定以 11 月 1 日零时作为标准时点。它反映该时刻人口的实际状况。②在普查范围内对调查单位或调查点尽可能同时进行调查，并尽可能在最短期限内完成，以便在方法上、步调上取得一致，保证普查资料的真实性和时效性。③调查项目一经统一规定，不能任意改变或增减，以免影响综合汇总，降低资料质量。同一种普查，每次调查项目的规定也应力求一致。此外，普查工作尽可能按一定周期进行，以便对历次普查资料进行对比分析。

三、重点调查

（一）重点调查的意义

重点调查是专门组织的一次性非全面调查，是在所研究的全部单位中选择部分重点单位进行的调查。这里所谓的重点单位，是指从着眼于现象的数量而言，虽然被调查的这些单位在调查对象的全部单位中只是一小部分，但它们的标志总量在被研究的总体全部标志总量中却占有很大的比重，因此，对这些重点单位的标志进行调查，就可以在数量方面说明总体在该标志总量方面的基本情况。例如，大庆油田、胜利油田和辽河油田等几个大油田，虽然在全国的石油企业中只是少数，但它们的原油产量却占了全国原油产量的绝大部分，所以，对这几个重点油田进行调查，就可以了解我国原油生产的基本情况，而不需对所有的石油企业进行全面调查。

由于通过调查重点单位，可以了解总体的基本情况，所以重点调查可以节省大量人力、物力和财力，并能使调查工作做得更加及时。重点调查的组织也较灵活，既可以组织一次性专门调查，也可以颁发定期统计报表组织经常性调查。

（二）重点单位的选择

（1）重点单位选多选少，要根据调查任务来确定。一般说来，选出的单位应尽可能少些，而其标志值在总体标志总量中所占比重应该尽可能大些。

（2）选中的单位，管理应比较健全，统计力量应比较充实，统计基础应比较巩固，这样才能准确、及时地取得资料。

（三）重点调查的特点

（1）重点单位的选择是客观的。由于重点单位的选择是着眼于这些单位的标志值在总体标志总量中的比重，而不是因为这些单位在技术、管理或其他方面先进等意义上的重点，所以，重点单位的选择不带有主观的因素。

（2）重点调查的目的是获得反映总体基本情况的统计资料，但不能推断总体。由于重点单位的标志值在总体标志总量中占有绝大比重，所以掌握了它们的情况，就基本掌握了总体的特征。但它毕竟不能完整反映总体总量，因而重点调查的资料不具备推断总体总量的条件。

四、抽样调查

抽样调查也是专门组织的一次性非全面调查，是按随机原则，从总体中抽选部分单位进行观察，并根据部分单位的调查资料，从数量方面推断总体指标的一种非全面调查。抽样调查虽然是一种非全面调查，但是，它的目的却在于取得反映全面情况的统计资料，所以，在一定意义上说，它可以起到全面调查的作用。本书将在第七章对此专门讲述，在此从略。

五、典型调查

（一）典型调查的概念和特点

典型调查是根据调查的目的和要求，在对研究总体作全面分析后，有意识地从中选择少数具有代表性的单位进行深入调查研究的一种非全面调查。辩证唯物主义认为，就人类认识运动的顺序来说，总是由认识个别和特殊事物开始，逐步扩大到认识一般事物。所以从研究对象中，只要选择有代表性的典型单位，作深入细致的调查研究，了解事物的本质及其发展过程，就可以认识同类事物的本质和发展规律。典型调查是一种比较灵活的调查方式，它具有如下特点：①调查单位是根据调查目的有意识选择出来的少数具有代表性的单位，便于从典型入手，逐步扩大到认识事物的一般性和普遍性，调查方法可以机动灵活，省时、省力，提高调查效果。②典型调查是一种深入、细致的调查。通过深入细致的调查研究，既可以搜集有关数字资料，又可以掌握具体、生动的情况，研究事物发生、发展的过程和结果，探索事物发展变化的规律性。

根据认识社会经济现象的需要，典型调查既可以研究量的方面，也可以研究质的方面；既可以同时研究几个单位，也可以就一个单位深入探讨。

（二）典型调查的作用

在统计工作中，典型调查既可以作为统计搜集资料的一种调查方式，也可以

作为分析研究问题的一种工作方法。它具有以下主要作用：

（1）典型调查可以补充全面和其他非全面调查的不足。所谓"补充不足"有三个方面的含义：①可以利用典型调查方法搜集全面调查和其他非全面调查无法取得的统计资料；②利用典型调查可以搜集到不能用数字反映的各种情况；③利用典型调查资料，验证全面调查数字的真实性，以便有针对性地采取措施，提高统计数字质量。

（2）在一定条件下，可以利用典型调查资料，结合基本统计数，估计总体指标数值。一般来说，典型调查的结果并不用来推算总体指标。但当总体单位差异程度不大且又要及时掌握全面情况，而又不便采用其他调查方式取得全面资料时，则可利用典型调查资料进行估计。

（3）典型调查可以用以研究新生事物。在社会主义现代化建设中，新生事物层出不穷，刚出现时总是少数，但它具有代表性。当新事物还处在萌芽状况时，采用典型调查，就能抓住苗头，通过认真调查研究，探索它们的发展方向，总结经验，加以推广。

总之，全面调查和其他非全面调查搜集的数据着眼于普遍，典型调查搜集的数据和情况则着眼于深入。应两者兼顾，做到搜集资料既普遍又深入，既有数字又有情况。这是经过多年实践经验而形成的具有中国特色的统计工作的特点。

（三）典型单位的选择

在典型调查的整个过程中，准确地选择典型单位是作好典型调查，保证调查质量的关键问题。根据调查的目的和任务，选择典型单位的根本要求是：通过全面分析、综合比较，掌握市场的全面情况和一般水平，从事物的相互联系中分析研究全部事实，然后从各个可供选择的单位中选出富有代表性的典型单位。而反对随意抽取个别事物、个别单位的错误做法。典型单位的具体选择方法比较灵活。

（1）划类选典。在调查统计工作中，有时是为了近似地估算总体的指标数值，而总体又十分复杂，这时可以在了解总体大略情况的基础上，把总体划分为若干类，从每一类型在总体中所占比例的大小，选出若干典型单位进行调查。

（2）了解总体的一般情况，选中等典型。典型调查的目的，通常是了解总体的一般情况，掌握总体的一般数量表现。麻雀虽小，五脏俱全，通过"解剖麻雀"，可以认识总体内部构成、一般水平和发展变化规律，揭示事物的本质。中等典型可以代表总体的平均水平。

（3）选先进、后进或新生事物典型。这是为了总结成功的经验，吸取失败的教训，宣传各种榜样，以促进社会经济事业的发展。

六、各种调查方式的结合运用

以上分别介绍了各种不同的统计调查方式方法，这些方式方法各有其特点和作用。在实际统计工作中，并非单用一种方式方法，而是多种统计调查方式方法结合运用。这主要有以下两点理由：①国民经济和社会发展情况复杂，国民经济门类众多，变化多端，必须用多种多样的统计调查方法，才能搜集到丰富的统计资料；②任何一种统计调查方法，都有它的优越性与局限性，各有不同的实施条件，只用一种统计调查方法，不能满足多种需要。

如何结合运用？这是一个非常灵活的问题，很难规定几项原则，更难列出几种结合运用的种类，只能列举几个实例说明之。

例如，粮食产量预计就是全面调查与抽样调查（实割实测）相结合。又如，人口有经常统计，但是还需要进行人口普查，两者都是全面的，区别在于一个是经常性的，一个是专门组织的一次性调查。再如，在人口普查时，当需要测定一下人口普查资料的准确程度，用来衡量普查工作的质量如何时，常用抽样调查对其质量作出判断。

还有，铁路部门要及时了解货车的运转情况，虽然各车站按规定时间上报，但时效性差，所以与重点调查相结合，由全国各枢纽站来报告，站少而车多，可以及时满足需要。

在分析与研究时，可能觉得缺少某些非常必要的数据，这时可以选一个或几个典型，调查了解有关数据，加以估计、判断，以代替总体的指标。这种典型调查与估计是很有用的，能补充全面统计的不足。

第四节　统计调查误差

一、统计调查误差的概念与种类

统计调查误差是指调查所得的统计数字与调查对象的实际数量之间的差异，即调查所得的数量大于或小于调查对象的实际数量之差。

统计调查误差有两种情况：一种是由于调查工作中的失误所造成的误差，叫工作误差；另一种是以部分推断总体时必然存在的误差，叫代表性误差。

二、产生调查误差的原因

产生工作误差的原因有以下几个方面：

（1）因调查过程中记录不准和转抄有误而产生的登记误差。

（2）因计量器具不准、计量单位折算和数据汇总有误而产生的计算误差。

（3）因调查方案规定不妥而产生的设计误差。

（4）因被调查者故意弄虚作假而产生的立意误差。

工作误差，无论在全面调查还是非全面调查中都可能发生。但这些都是人为的误差，是可以避免的。

代表性误差是由于部分与总体之间存在结构和水平上的差异，在用部分来代表总体和推断总体时所必然存在的误差。所以，代表性误差只有在非全面调查中才会出现。代表性误差是不可避免的，只能设法减少。

三、防止与减少误差的办法

为了防止与减少调查误差，提高统计资料的质量，应当做好以下几项工作：

1. 要正确周密地制定统计调查方案

统计调查方案是统计调查的纲领性文件，涉及统计调查的各个方面，无论内容还是文字都要准确而周密。要明确规定调查对象和调查单位，界定统计范围；要有一套科学的调查提纲和调查表，以完整地体现统计调查的内容；要准确、简明地解释调查项目的含义，包括范围和计算方法等，以防止因误解而可能产生的错误；要统一规定调查的方式方法，以避免因调查方式与方法的不同而产生的误差。

2. 健全原始记录，完善统计台账

原始记录是业务核算、会计核算和统计核算的基础，定期统计报表和许多重要的专门调查，其资料都来自原始记录。没有健全的原始记录，经济核算就无法进行。统计台账是统计工作的一种特有的记录。编制统计报表和提供其他统计资料都少不了统计台账。只有健全原始记录，完善统计台账，才能为统计工作打下坚实的基础，为减少误差和提高统计质量创造良好的条件。

3. 加强对统计人员的培训，提高统计人员的素质

完善的统计调查方案要靠广大统计人员去贯彻执行。因此，必须加强对统计人员（特别是那些临时抽调来参加某项统计调查的人员）的培训，提高他们的素质。统计人员的素质包括政治素质和业务素质两方面。既要使统计人员能够准确理解和掌握有关的统计方法制度，又要使他们有高度的政治责任感和职业道德，敢于同一切弄虚作假的违法犯罪行为作斗争。

4. 要加强对调查资料的审核

统计调查从取得原始资料到汇总上报，中间要经过许多环节，登记、转录、

编码、分类汇总，可能还有计量单位的折算。每个环节都可能出现人为的差错，只要一个环节出现差错，就会产生调查误差。因此，一定要环环审核，层层把关。

5. 要科学地抽取样本和选择典型

在非全面调查中，代表性误差是必然存在的。但如果能科学地抽取样本单位或挑选典型单位，使样本或典型的水平与结构尽可能接近总体，便可以缩小甚至大大缩小代表性误差。

6. 加强统计司法，严惩弄虚作假的行为

在统计调查误差中，因故意弄虚作假而造成的占相当大的比重。对于那些无视党纪国法，为了猎取荣誉、地位和金钱而利用统计弄虚作假的人，必须根据《中华人民共和国统计法》给予应有的惩处。在统计调查中一定要有法可依，执法必严，违法必究，只有这样才能杜绝弄虚作假的违法犯罪行为。

本 章 小 结

（1）统计调查是统计工作的开始阶段，是统计整理和统计分析的前提。准确、及时、全面、系统地提供统计资料，是对统计工作的基本要求。可以按照统计调查对象包括的范围、调查登记时间是否有连续性、组织方式不同、收集资料的方式不同对统计调查进行分类。

（2）统计调查方案包括确定调查目的，确定调查对象和调查单位，确定调查项目，确定调查时点、调查期限、调查地点、调查方法，拟定调查的组织实施计划等。

（3）统计调查的组织方式有统计报表、普查、重点调查、抽样调查、典型调查等。

（4）统计调查误差包括：工作误差和代表性误差。

重 要 概 念

统计调查　统计报表　普查　重点调查　典型调查　统计调查误差

练 习 题

一、简答题

1. 统计调查在统计工作中具有什么地位？

2. 统计调查方式有哪些分类？是按什么标志区分的？各分为几种？

3. 什么是统计报表？它有何特点和作用？

4. 什么是普查？普查与统计报表有何区别？

5. 在普查时应该遵循什么原则？

6. 什么是重点单位？重点单位是如何确定的？

7. 什么是典型调查？典型单位是如何确定的？

8. 什么是抽样调查？

9. 什么是统计调查误差？其种类有哪些？

10. 为什么要设计统计调查方案？统计调查方案包括哪些内容？

二、讨论分析题

艾得公司是一家生产经营型企业，产品以家用电器为主。由于存在两个主要的竞争对手，近来在经营中遇到困难，产品销售不畅，企业资金效益也明显不佳。因此，公司决定对企业的生产经营作一次全面统计研究，了解公司的经营环境，判断自己的市场地位，为企业进行正确的经营和投资决策提供依据。

请设计简单的调查大纲，并说明应采取何种资料搜集方法与调查组织形式。

第三章

统 计 整 理

本章要点： 了解统计整理的意义和内容，掌握统计分组的方法，了解统计资料汇总的组织形式和方法，熟练掌握分布数据的编制方法，掌握统计表的结构、种类和编制应注意的问题。

第一节　统计整理的概念

一、统计整理的意义

统计整理是统计工作的第二阶段。它是根据统计研究的任务，对统计调查阶段所搜集到的大量原始资料进行加工汇总，使其系统化、条理化、科学化，以得出反映事物总体综合特征的资料的工作过程。

通过统计调查所搜集到的资料，只是一些个别单位的、分散的、不系统的原始资料，所反映的问题常常是事物的表面现象，不能深刻揭示事物的本质，更不能从量的方面反映事物发展变化的规律性，这就有必要对统计调查所获得的原始资料进行科学的整理。统计资料整理是人们对社会经济现象从感性认识上升到理性认识的过渡阶段，是统计工作中一个十分重要的中间环节，起着承前启后的作用。它既是统计调查阶段的继续和深入，又是统计分析阶段的基础。

统计整理在统计研究中占有重要的地位，它决不是一个简单的综合汇总工作。像报表的汇总也是包括在整理的概念和过程之中的，但整理还有一个对调查

资料进行加工、补充和推算的问题。比如，我们去一个县或者一个地区进行调查，得到了许多资料，而把这些资料整理成我们研究问题所需要的资料，决不是按汇总表简单汇总所能解决的。统计整理在统计研究中起着十分重要的作用，因为统计调查所得到的大量原始资料，即使是丰富的、完善的，但若整理时所依据的原则和应用的方法不正确、不科学，那么，根据整理的结果进行统计分析，就不可能得到正确的结论。可见，统计资料整理直接决定着整个统计研究任务能否顺利完成。

二、统计整理的内容

在某一次调查中，对调查来的资料应该整理些什么内容，这要依据事先拟定的整理纲要所要求的项目来确定。一般在制定调查表的同时，就要事先拟定好综合表，以便按照预定的纲要对统计资料进行系统的加工整理。整理纲要是否科学，对于统计资料的整理乃至统计分析的质量都具有重要影响。

整理纲要的内容包括一整套空白的综合表和编制说明。这种综合表就是根据统计研究任务的要求，密切联系调查表的内容而设计的表式。在编制说明中叙述整理资料的地区范围（省、市、县等）、程序、负责汇总的各级机关，主栏各组的含义，宾栏指标的计算方法等。由此可见，统计整理阶段最主要的工作内容在调查工作开始之前就应该做好，统计整理作为一个阶段来说，它所做的实际上多是一些具体工作。

综合表的基本内容包括两部分：一部分是分组，一部分是相应的统计指标，现举例说明综合表的格式，如表3-1所示。

表3-1 2001年各地区按家庭户类别分组的户数

地区	家庭户（户数）	一代户	二代户	三代户	四代户	五代及以上
（甲）	（1）	（2）	（3）	（4）	（5）	（6）
北京						
天津						
┊						

在表3-1中，甲栏就是分组，其他（1）～（6）栏皆为统计指标。

统计整理是根据综合表的要求进行的。一般来说，一张综合表的内容不宜太多，否则编制和阅读都不方便。内容多也可分若干张表。

统计整理阶段的工作内容大致可包括以下五个方面：①对调查来的材料首先要进行审核；②按照综合表的要求进行分组或分类；③对各单位的指标进行汇总和做必要的加工计算；④将汇总整理的结果编制成统计表；⑤做好统计资料的系统

积累工作。在以上几方面中，重要的问题在于确定对总体进行分组和如何分组，即确定分组体系，力求分组方法科学，能反映现象的客观过程。此外，综合结果要正确。这取决于两方面：一方面是被综合的资料要完整、正确，并且在进行综合时不能粗心大意；另一方面要坚持实事求是的原则，对被综合的资料不允许任意篡改。

第二节 统 计 分 组

一、统计分组的意义

统计分组就是根据统计研究的需要将统计总体按照一定的标志区分为若干个组成部分的一种统计方法。其目的就是把同质总体中的具有不同性质的单位分开，把性质相同的单位合在一起，保持各组内统计资料的一致性和组与组之间资料的差异性，以便进一步运用各种统计方法，研究现象的数量表现和数量关系，从而正确地认识事物的本质及其规律性。例如，在工业企业这一同质总体中，就存在着所有制不同的差别，存在着生产方向上的差别和规模大小的差别等，为了研究问题的需要，就必须对总体进行各种分组，以便从数量方面深入了解和研究总体的特征。

统计分组是基本的统计方法之一，在资料整理和统计分析中都要广泛应用分组。分组的好坏直接关系到统计能否整理出正确的、中肯的统计资料，关系到统计能否得出正确的结论。即从某种意义上讲，没有统计分组，就没有科学的统计资料的整理，也就没有科学的统计分析。统计分组决不是一个单纯的技术问题，而是具有高度原则性和理论性的问题。

二、统计分组的作用

统计分组在统计研究中占有重要地位，其基本作用有以下三个方面：

（一）划分现象的类型

社会经济现象存在着复杂多样的类型，各种不同的类型有着不同的特点以及不同的发展规律。在整理大量统计资料时，有必要运用统计分组法将所研究的现象总体划分为不同的类型组来进行研究。

社会经济现象的类型各异，其中最重要的类型是指直接反映社会生产关系的类型，因为它可以直接反映一定社会经济结构的特点。比如，我国经济成分分为公有经济和非公有经济两大类型，公有经济包括国有经济和集体经济，非公有经济包括私有经济、港澳台经济和外商经济；工业划分为重工业和轻工业两大类型；社会产品划分为生产资料和消费资料两大类；农业划分为农、林、牧、渔四大类型；轻工业又可分为以农产品为原料的轻工业和以非农产品为原料的轻工业；等等。举例见表3-2。

表3-2　我国第三产业增加值　　　　　　　　单位：亿元

年 份 类 型	2002	2003	2004	2005	2006
交通运输、仓储和邮政业	7 492.9	7 913.3	9 304.4	10 835.7	12 032.4
批发和零售业	9 995.4	11 169.5	12 453.8	13 534.5	15 158.4
住宿和餐饮业	2 724.8	3 126.1	3 665.0	4 193.4	4 833.0
金融业	4 612.8	4 989.4	5 393.0	6 307.2	7 586.6
房地产业	5 346.4	6 172.7	7 174.1	8 243.8	9 483.9
其他	19 726.7	22 633.9	26 571.0	30 318.1	33 877.7
合　　计	49 898.9	56 004.7	64 561.3	73 432.9	82 972.0

（二）揭示现象内部结构

社会经济现象所包括的大量单位，不但在性质上不尽相同，而且在总体中所占比重也不一样。各组比重数大小不同，说明它们在总体中所处的地位不同，对总体分布特征的影响也不同，其中比重数相对大的部分，决定着总体的性质或结构类型。例如，假设一个国家或地区的工农业总产值中，农业总产值所占比重在百分之八九十，则说明这个国家或地区的经济性质是农业经济。可见，研究总体的结构是十分重要的。

将总体的结构分组资料按时间的移动联系起来进行分析，可以反映由于各组比重变化速度不同而引起各组地位改变的状况，从而认识现象发展变化的规律。从下例我国国内生产总值的结构变化资料中，大致可以看出1978年以来我国国民经济的调整情况，如表3-3所示。

表3-3　我国国内生产总值构成

产业类别	1978 年		1985 年		1995 年		2006 年	
	绝对数/亿元	比重（%）	绝对数/亿元	比重（%）	绝对数/亿元	比重（%）	绝对数/亿元	比重（%）
第一产业	1 027.5	28.2	2 564.4	28.4	12 135.8	19.9	24 737.0	11.7
第二产业	1 745.2	47.9	3 866.6	42.9	28 679.5	47.2	103 162.0	48.9
第三产业	872.5	23.9	2 585.5	28.7	19 978.5	32.9	82 972.0	39.4
合　　计	3 645.2	100.0	9 016.0	100.0	60 793.7	100.0	210 871.0	100.0

（三）分析现象之间的依存关系

社会经济现象之间存在着广泛的相互联系和制约关系。但现象之间发生联系的方向和程序各不相同。关系比较紧密的一种联系就是现象之间的依存关系。研究现象之间依存关系的统计方法很多，如相关与回归分析法、指数因素分析法、分组分析法等，其中统计分组分析法是最基本的方法，是进行其他分析法的基础。

用统计分组法确定现象之间的依存关系，通常是把那些表现为事物变化发展原因的因素叫做影响因素，而把表现事物发展结果的因素称为结果因素。表 3-4 是假设的表示某种农作物的耕作深度与收获率之间依存关系的分组资料，它反映了该作物的平均收获率随耕作深度的加深而提高，表现为正依存关系。

表 3-4　某乡某种农作物的耕种深度与收获率的关系

耕地按耕作深度分组/cm	地块数	平均收获率/（kg/亩①）
10 ~ 12	7	200
12 ~ 14	10	230
14 ~ 16	16	270
16 ~ 18	12	310
18 ~ 20	5	340

① 1 亩 = 666.7m²。

在社会经济现象中，比如，收入和消费之间有一定的联系，一般来讲，收入越高，消费也越多；又比如，商店规模与其经营效果之间也有一定的联系，商店规模的扩大一般可增加商店的营业额。这些现象之间的依存关系表现为正依存关系。此外，例如在商品流转额、商品流转速度与流通费水平之间也存在着一种依存关系，一般地说，商品流转额越大的商店，其流通费水平也就越低，这种关系称负依存关系。职工家庭生活水平与家庭人口数之间的关系、人口的文化程度与生育率水平之间的关系等，均表现为负依存关系。

统计分组的上述三方面作用是分别从类型分组、结构分组和分析分组角度来说明的，它们不是彼此孤立的，而是相辅相成、相互补充、配合运用的。

三、分组标志的选择

分组标志是统计分组的依据。正确选择分组标志，能使分组的作用得以充分发挥，也是统计研究获得正确结论的前提。正确选择分组标志，必须考虑到以下

三点:

1. 根据研究问题的目的来选择

任何事物都有许多标志,标志选择不当,分组结果必然不能正确反映总体的性质特征。这就要我们根据统计研究的目的,采取不同的分组标志。例如,对工业企业进行研究,目的是了解工业企业生产计划的完成情况,那就以工业企业计划完成的程度作为分组标志;如果目的是要了解工业企业生产的内部结构,那就以生产部门作为分组标志;如果目的是了解工业企业的盈亏情况,那就以盈亏作为分组标志;如果目的是为了解工业生产技术力量的状况,那就以职工技术等级、技术装备水平等为分组标志。

2. 要选择最能反映被研究现象本质特征的标志作为分组标志

这就需以马克思主义经济理论分析和对客观事物的分析为依据,在相同的研究目的下选择好分组标志。比如,在研究国民经济的现状、发展和平衡关系时,像按所有制的分组、按国民经济部门的分类都是最基本的分组或分类。又比如,划分工业企业规模时,统一按销售收入、资产总额和营业收入将企业归类。

3. 要结合现象所处的具体历史条件或经济条件来选择

社会经济现象随着时间、地点、条件的变化而变化。历史条件不同,事物的特征也会有变化。因此,随着历史条件的变化,分组标志也应作相应改变。例如,列宁在研究俄国资本主义的发展时,将俄国粮食作物地区按耕地面积对农户进行分组;而对经济作物地区的农产品进行分组时,除主要考虑耕地面积之外,还参照其他一些情况。列宁以耕地面积作为分组标志是符合俄国当时的历史条件的,因为当时俄国农业生产力水平较低,是粗放经营,耕地面积的大小正好能反映农户的生产经营规模;但列宁在研究美国农业发展时,针对美国集约化经营的特点,不再选用耕地面积这个标志,改用单位面积的投资作为分组标志。

四、统计分组的方法

分组标志一经选定必然突出总体在此标志下的性质差异,而把总体在其他标志下的性质差异掩盖起来划分各组界限,就是要在分组标志的变异范围内,划定各相邻组间的性质界限和数量界限。

根据分组标志的特征不同,统计总体可以按品质标志分组,也可以按数量标志分组。

(一)按品质标志分组

按品质标志分组是指选择反映事物属性差异的品质标志作为分组标志进行分组,并在品质标志的变异范围内划定各组界限,将总体划分为若干个性质不同的

组成部分。例如，研究国民经济总体时，可以按经济类型、隶属关系、地区、国民经济部门等品质标志进行分组。再如，人口按性别分组、按文化程度分组等也是按品质标志进行的分组。

按品质标志分组，有些情况下很简单。分组标志一经确定，各组的名称也同时确定，组与组的界限十分分明。如人口按性别分为男女两组，企业按组织形式分为股份公司、合伙企业、合资企业等，均属此类。但按品质标志进行的分组，在有些情况下组界不易划分，所以使分组变得很复杂。对这些复杂问题的分组，统计上也常称为分类，如国民经济部门分类、产品分类、人口职业分类等。它们不仅涉及复杂的分组技术，而且也涉及国家的政策等，因而在进行分组时要十分慎重。为了保证各种分类的统一性和完整性，国家制定了统一的分类目录，如商品分类目录、工业产品目录等。

（二）按数量标志分组

按数量标志分组是指选择反映事物数量差异的数量标志作为分组标志进行分组，在数量标志的变异范围内划定各组界限，将总体分为性质不同的若干组成部分。如企业按固定资产价值分组、人口按年龄分组、工人按工资分组等。按数量标志分组，并不是单纯地确定各组间的数量差异，而是要通过分组体现的数量变化来确定不同类型及不同性质。所以，按数量标志的分组不像大多数按品质标志的分组那样，标志一经确定，就能体现不同组的不同性质，要想使按数量标志的分组真正能通过数量表现反映总体真正的特征，需要考虑的问题较多，包括组数及组距的确定、组限的确定等。

根据总体各单位某一数量标志值的变动特征，可供选择的分组方式有以下两种：

1. 单项式分组

单项式分组即按每一具体的变量值分组。如工人按看管设备台数分组，如表3-5所示。

表3-5　某工厂工人看管设备台数情况表

按工人看管设备台数分组/台	工人数/人
1	20
2	40
3	15
4	15
合　计	90

单项式分组一般在变量值不多，变量值的变动范围不大的条件下采用。否则，当离散型变量变动范围比较大，统计单位数又很多的情况下，若采用单项式分组形式，把每一变量值作为一组，则必然会使得分组组数太多，从而失去统计分组的真正意义。特别是对于连续型变量，由于其变量值无法一一列举，所以更不能采用单项式分组，这种情况需要采用组距式分组。

2. 组距式分组

组距式分组即在变量值的变动范围内，将其划分成几个区间，把变量区间内的所有变量值作为一个组，这种用变量的一定区间代表一个组的分组方法称为组距式分组。如将某地区工业企业按总产值计划完成情况分组，如表3-6所示。

表3-6 某地区工业企业总产值计划完成情况

按计划完成程度分组（%）	企业数/个	比重（%）
90 以下	4	7.41
90 ~ 100	8	14.29
100 ~ 110	32	57.14
110 以上	12	21.16
合　计	56	100.00

组距式分组一般在变量值变动幅度大的条件下采用。

在组距式分组中，涉及组限、组数、组距、组中值等分组要素。

组限是用来表示各组间界限的变量值。其中，在每组中较小的变量值为下组限，简称为下限；较大的变量值为上组限，简称为上限。如表3-6中，90%、100%、110%都是组限，在第二组中90%是下限，100%是上限。

组限的表达形式与变量的特点密切相关。如果分组标志是连续变量，组限一般用重合式表达；如果分组标志是离散变量，组限一般用不重合式表达。

所谓重合式，就是相邻两组中，前一组的上限与后一组的下限数值相重叠。如表3-6中90%以下、90% ~ 100%、100% ~ 110%、110%以上。100%既作为第二组的上限，又作为第三组的下限，数值重叠。那么变量值100%的统计单位应归属哪一组呢？这个问题的解决一般按"上限不在内"原则处理，反过来说，就是下限在内。即作为下限的100%应归属于第三组。其余类推。

所谓不重合式，是指前一组的上限与后一组的下限，两变量值紧密相连而又不相重叠。例如，企业按职工人数分为99人以下、100 ~ 499人、500 ~ 999人、1 000人及以上几组，组与组之间变量值紧密衔接，但又不重叠。

组距是指一组变量区间的长度。也就是每组的上限与下限间的差额。即组

距＝上限－下限。如表3-6中，第二组的组距为：100%－90%＝10%。

在组距式分组中，常常会遇见首末两组"开口"的情况，即用"×××以下"表示首组，用"×××以上"表示末组，这些有上限无下限或有下限无上限的组，称为开口组。如表3-6中，90%以下和110%以上两组。

在组距式分组中，根据各组的组距是否相等可以有等距分组和异距分组。各组组距都相等的分组称为等距分组；各组组距不相等的分组称为异距分组。采用等距分组还是异距分组，要根据研究目的和现象的特点来决定。等距分组由于组距相等，各组次数分布不受组距大小的影响，便于比较，有利于现象间的依存关系的研究。异距分组各组次数的多少受组距大小影响，为了比较需借助于次数密度指标。

组数即分组个数。在所研究总体一定的情况下，组数的多少和组距的大小是密切联系的。一般说来，组数和组距成反比关系，即组数少，则组距大；组数多，则组距小。如果组数太多，组距过小，会使分组资料繁琐、庞杂，难以将总体内部的特征分布规律显现；如果组数太少，组距过大，可能会失去分组的意义，达不到正确反映客观事实的目的。在确定组距和组数时，应注意保证各组都能有足够的单位数，组数既不能太多，也不宜太少，应以能充分准确体现现象的分布特征为宜。

组中值是各组变量的代表水平。它用各组上限与下限之间的中点数值表达，即

$$组中值 = \frac{上限 + 下限}{2}$$

当遇到缺少上限或缺少下限的开口组时，其组中值以相邻组组距为依据计算，即

$$组中值 = 上限 - \frac{邻组组距}{2}$$

或

$$组中值 = 下限 + \frac{邻组组距}{2}$$

组中值因为适应统计分析的需要而被广泛采用。

五、分组形式

（一）简单分组

简单分组就是对被研究的社会经济现象只按一个标志进行分组。这种分组比较简单，它只说明社会现象某一方面的分配状况或联系。如全部国有及规模以上非国有工业企业按大中小型分组，如表3-7所示。

表 3-7　全部国有及规模以上非国有工业企业按大中小型分组（2006 年）[①]

项　　目	企业单位数/个	工业总产值/亿元
总计	301 961	316 588.96
其中：大型企业	2 685	112 339.41
中型企业	30 245	95 383.60
小型企业	269 031	108 865.95

① 资料来源：《中国统计年鉴 2007》表 14-1，中国统计出版社。

（二）复合分组

复合分组就是对同一总体同时按两个或两个以上的标志进行分组。分组表的形式可以是层叠式或交叉式。例如，全国高等学校在校学生按学历、学科性质分组，如表 3-8、表 3-9 所示。

表 3-8　全国高等学校分科在校学生数[①]

按学历、学科性质分组	在校学生/人	按学历、学科性质分组	在校学生/人
总计	7 190 658	本科学生	36 504
哲学	5 372	专科学生	16 864
本科学生	4 975	理学	716 276
专科学生	397	本科学生	480 290
经济学	359 888	专科学生	235 986
本科学生	222 000	工学	2 491 193
专科学生	137 888	本科学生	1 573 665
法学	387 880	专科学生	917 528
本科学生	213 278	农学	186 022
专科学生	174 602	本科学生	126 579
教育学	374 450	专科学生	59 443
本科学生	141 998	医学	529 410
专科学生	232 452	本科学生	361 084
文学	1 059 300	专科学生	168 326
本科学生	554 018	管理学	1 027 499
专科学生	505 282	本科学生	529 353
历史学	53 368	专科学生	498 146

① 资料来源：《中国统计年鉴 2002》第 676 页，中国统计出版社。

表3-9　全国高等学校分科在校学生数　　　　　　单位：人

	总计	哲学	经济学	法学	…
合计	7 190 658	5 372	359 888	387 880	…
本科	4 243 744	4 975	222 000	213 278	…
专科	2 946 914	397	137 888	174 602	…

以上两个分组表的总体是一个，而表式不同，表3-8是层叠式，表3-9是交叉式。分组标志有两个，即学科性质、本科还是专科。在分组总体是一个（即全部本、专科在校学生数）的情况下，采用交叉式比较恰当。两张表在形式上有区别，而在内容上是完全相同的。但是有时会出现形式与内容都不一致的情况。如我们在前面曾提到的关于国民收入的积累额的分组（见表3-10、表3-11）。

表3-10　分组方法1

	积累额
总　额	
按用途分组	
生产性	
非生产性	
按性质分组	
固定资产	
流动资产	

表3-11　分组方法2

按性质分＼按用途分	生产性	非生产性	合　计
固定资产			
流动资产			
合　计			

（三）分组体系

分组体系就是采用一系列相互联系、相互补充的标志对社会经济现象分别进行分组，这些相互联系和相互补充的分组，就构成一个分组体系。应用分组体系，可以从不同角度、不同方面对某一社会经济现象作出比较全面的说明。

六、对统计分组资料的再分组

统计资料的再分组就是把统计分组资料按某种要求，重新划定各组界限，再将资料中的单位数或比重分布作相应调整的过程。这种再分组有其实用价值，因为对绝大多数人来说，他们只能使用已经整理、分组好的综合统计指标数值，而不能获得原始资料，在研究问题时，会觉得有些分组资料不够理想，而要根据已经得到的综合统计资料进行重新分组。

例如，某工业部门按劳动生产率分组（见表3-12），对这个分组表资料，研究者觉得各组之间的差异过小，不适合需要，决定重新划组并再分组。规定劳动生产率在12 500 元/人以上为最优企业，在10 000 ~ 12 500 元/人之间者为良好企业，在7 500 ~ 10 000 元/人之间者为一般企业，在7 500 元/人以下者为落后企业的标准。对表3-12 的分组资料重新分组，再分组的方法概述如下：

表3-12　某工业部门按劳动生产率分组表（一）

组　号	按劳动生产率分组/ （元/人）	企业数比重 （%）	职工数比重 （%）	总产值比重 （%）
1	14 000 以上	3	4.72	2.93
2	13 000 ~ 14 000	2	2.69	1.84
3	12 000 ~ 13 000	4	5.40	3.82
4	11 000 ~ 12 000	12	11.54	9.04
5	10 000 ~ 11 000	9	12.93	10.98
6	9 000 ~ 10 000	20	20.00	19.12
7	8 000 ~ 9 000	15	16.26	16.78
8	7 000 ~ 8 000	10	10.78	13.00
9	6 000 ~ 7 000	14	9.48	12.83
10	6 000 以下	11	6.20	9.66
合　计	—	100.00	100.00	100.00

新的第1 组是12 500 元/人以上，它包括表3-12 中的第1、2 组，第3 组中有本组的一部分，这部分有多大，只能估计而不能准确地确定下来。以12 500 在12 000 ~ 13 000 中的位置来估计，12 000 ~ 13 000 中间距离为1 000，12 500 与上下限的距离都是500，处于中间，以50%的比例把第3 组分开，一半在本组，一半在下组。新的第一组为3% +2% +4% ×0.5 =7%，4.72% +2.69% +5.40% ×0.5 =10.11%，2.93% +1.48% +3.82% ×0.5 =6.68%。这就是新表第一组的各项数值。其他各组依此类推，重新分组后得到表3-13。

表 3-13　某工业部门按劳动生产率分组表（二）

按劳动生产率分组 / （元/人）	企业数比重 （%）	职工人数比重 （%）	总产值比重 （%）
12 500 以上	7	10.11	6.68
10 000 ~ 12 500	23	27.17	21.93
7 500 ~ 10 000	40	41.65	42.40
7 500 以下	30	21.07	28.99
合　计	100.00	100.00	100.00

第三节　统计资料汇总

一、统计资料汇总的意义

在统计分组的基础上，将统计资料归并到各组中去，并计算各组和总体的合计数（包括单位总数和标志总量）的工作过程，称为统计资料汇总。通过统计资料汇总，将各个调查单位的情况汇总成总体情况，使我们能够看到全体，进而揭示出总体在多方面的数量特征。统计调查往往是大规模的调查，对其汇总也是一项繁重的任务，只有采用一套科学的统计汇总技术，才能节约人力、物力、财力，保证汇总准确迅速，并为统计分析打下良好的基础。

二、统计资料汇总的组织形式

统计资料汇总有逐级汇总和集中汇总两种组织形式。

逐级汇总是按照一定的统计管理系统，由各级统计机构自下而上地逐级将调查资料汇总上报。我国的定期统计报表一般都属于逐级汇总，有些专门调查也采用这种汇总形式。逐级汇总便于就地审核和订正统计调查资料，并在满足上级领导部门需要的同时，及时为各级领导提供资料，充分发挥各级统计部门的作用。但逐级汇总层次较多，所需时间较长，从而产生汇总差错的可能性较大。

集中汇总是把统计调查资料集中在组织调查的最高机关或由它指定的机构进行汇总。它的特点是不经中间环节，可以大大缩短汇总时间，便于贯彻统一的汇总纲要，并可使用现代化的汇总手段来提高汇总效率和质量。因此，对时效性强的快速普查和对汇总要求很高的一些重要调查，常常采用集中汇总的形

式。但集中汇总不能及时满足地方或基层领导的需要，审核和订正资料也较困难。

上述两种汇总形式各有利弊，因此在实际工作中常将两种组织形式结合使用。结合的形式有以下两种：

（1）汇审汇编。即把下级统计工作人员集中到上级机关，共同审核和汇总统计资料。如工作量较大的年报，往往采用这种方式。汇审汇编比一般的逐级汇总快，而且还可以随时纠正资料中的差错，交流经验，提高统计人员的业务水平。

（2）综合汇总。即对各级都需要的基本资料实行逐级汇总，对调查所得的其他资料则实行集中汇总。如我国第三次人口普查，就是首先将地方急需的总户数和总人口，以及按性别、民族和文化程度分组的人口资料进行逐级汇总，再将人口普查所得的其他资料交由省市和中央两级，利用电子计算机进行集中汇总。

三、统计资料汇总方法

统计资料汇总是一项技术性很强的工作，其汇总技术主要有两种：手工汇总和电子计算机汇总。

（一）手工汇总

手工汇总是指以算盘和小型计算器为手段，通过手工操作对统计资料进行的汇总。实际工作中常用的方法有以下四种：

（1）点线法。点线法也称划记法，即通过划点或划线为记号来汇总各组和总体单位数。常用的点线符号有"正"、"圭"、"※"等。点线法简便易行，但只能汇总单位数，不能汇总标志值。

（2）过录法。过录法即先将统计资料过录到整理表上，然后再按整理表汇总。这种方法既可汇总单位数，也可汇总标志值。但过录的工作量较大，会延长汇总时间，而且可能会产生转录的差错。

（3）折叠法。折叠法即把所有调查表的相同项目和数值折在边上，一张一张地错叠起来，露出需要汇总的项目和数值，然后汇总。这种方法无需过录，省时省力，但若有差错，难于查找。

（4）卡片法。在汇总大量统计资料时，首先将每一调查单位的资料摘录到一张特制的卡片上，然后用卡片进行分组汇总。其基本程序如下：

1）编号。根据分组要求，按分组标志（如按部门、地区、主管系统和企业规模等标志）将所有调查单位的调查表编上各种组号，同时还要将所有的调查

单位按一定顺序编上顺序号。各种组号用于分组和汇总，顺序号则用于存放和查阅卡片。

2）摘录。在调查表上注明"组号"和"标志值"，摘录在卡片上。

3）分组计数。根据分组要求，将卡片按组号分组，计算每组的单位总数（卡片张数）和标志总量，并填写到综合表中。

卡片法兼有过录法和折叠法的优点，而且便于保存和查考资料。但需要花费大量的人力，只适用于其原始资料有较长时期的保存价值的重要调查。

（二）电子计算机汇总

运用电子计算机进行自动化汇总，快速准确，计算容量大且省时省力，并可以进行编审、分组分析和数据存储。用电子计算机进行统计汇总的基本程序如下：

（1）制表编序。根据汇总方案编制汇总表，再按汇总表的要求用某计算机语言编制程序。编好程序输入计算机，计算机则按此程序进行操作和打印，所以这是一步重要的工作。

（2）输入数据。把需要汇总加工的数据按照算法语言输入计算机，记载到存储介质上，以备电子计算机操作时调用。

（3）逻辑检查。这是按照事先规定的一套逻辑检查规则对输入计算机的原始数据进行分析、比较、筛选和整理等，将误差超过允许范围的数据退回审改，允许误差范围以内的个别错误则由计算机按编辑规则自行改正。

（4）打印结果。经过逻辑检查后，电子计算机将自动按照规定的汇总表式和汇总程序进行汇总与制表，并将结果打印出来。

第四节　分　布　数　列

分布数列是统计整理的一种重要形式，也是统计描述和统计分析的一种重要方法。它可以表明总体的分布特征和内部结构，并据以研究总体中某种标志的平均水平及其变动规律。

一、分布数列的概念和种类

在统计分组的基础上，将总体中的所有单位进行归类，形成总体各单位在各组间的分布，称为次数分布或次数分配。各组中分配的统计单位数叫做次数，又称频数；各组单位数（即次数、频数）与总体单位数（也称总次数）的比值称为频率。次数和频率从不同角度反映了标志值出现的频繁程度。

将统计分组后各组的次数按照一定顺序进行排列而形成的数列，称为次数分布数列，简称分布数列。编制分布数列是统计描述的一种重要方法。

根据分组标志的不同，分布数列可分为两种：品质分布数列（简称品质数列）、变量分布数列（简称变量数列）。

按品质标志分组形成的数列为品质数列。由表3-14可看出，这个车间的性别构成特点是，男职工占的比重大于女职工。对于品质数列来讲，如果分组标志选择得好，分组标准定得恰当，则事物质的差异表现得就比较明确。品质数列一般也较稳定，通常均能准确地反映总体的分布特征。

表3-14 某工业企业生产车间职工的性别构成情况

按性别分组	绝对数/人	比重（%）
男	35	70
女	15	30
合计	50	100

按数量标志分组形成的数列为变量数列。按数量标志分组时，可分为单项式和组距式两种，因此，变量数列也分为单项数列和组距数列两种。

（1）单项数列是总体按单项式分组而形成的变量数列，每个变量值是一个组，顺序排列，在组数不多和组值变动幅度不大时采用，如表3-15所示。

（2）组距数列是总体按组距式分组而形成的变量数列，每个组由若干个变量值形成的区间表示，在变量个数较多变动幅度较大时采用，如表3-16所示。

表3-15 2002年某工业企业工人平均日产量

工人平均日产量/件	工 人 数	
	绝对数/人	比重（%）
2	20	11.8
3	30	17.6
4	40	23.5
5	50	29.4
6	30	17.7
合计	170	100.0

表 3-16　2002 年某工业企业工人完成定额情况表

工人生产定额完成情况（%）	工　人　数	
	绝对数/人	比重（%）
80～90	30	17.7
90～100	40	23.5
100～110	50	29.4
110～120	30	17.6
120～130	20	11.8
合　　计	170	100.0

由此可见，变量数列也是由各组名称（由变量值表示）和次数（或频率）组成的。频率大小表明各组标志值对总体的相对作用程度，也可以表明各组标志值出现的概率大小。变量的具体数值即变量值通常用符号 x 表示；各组单位数即次数或频数（其相对形式即频率）通常用符号 y 表示。

二、分布数列的编制

次数分布有简单次数分布和累计次数分布之分，它们的表现形式是次数分布表和次数分布图。

（一）简单次数分布表的编制

这是编制分布数列的主要内容。由于品质数列和单项式变量数列的次数分布表相对比较简单，所以着重研究组距数列次数分布表的编制方法和步骤。

在组距数列中，用变量变动的一定范围代表一个组，每个组的最大值为组的上限，最小值为组的下限。每个组上限和下限之间的距离称为组距。

编制组距数列必须确定组距和组数。首先要找出全部变量的最大值和最小值的距离（即全距），以及大多数变量集中在什么范围内，然后才能据以考虑组距和组数的问题，务必使分组的结果尽可能反映出总体分布的特点。

组数的确定和组距有密切联系。组距大则组数少，组距小则组数多，两者成反比例变化。在具体确定组距时，应使组距能体现组内资料的同质性和组与组资料的差异性。

例　按百分制记分，某班 40 位学生"统计学"课程考试成绩分别如下：

52	70	78	84	55	71	78	85	58	72
79	85	87	79	73	60	61	73	79	89
62	74	81	92	65	75	82	94	66	75
82	95	66	76	83	96	77	68	98	83

将上述资料先按数值大小排列如下：

52	55	58	60	61	62	65	66	66	68
70	71	72	73	73	74	75	75	76	77
78	78	79	79	79	81	82	82	83	83
84	85	85	87	89	92	94	95	96	98

经初步加工，大致可看出资料的集中趋势。资料的最小值为 52 分，最大值为 98 分，则全距 = 98 分 – 52 分 = 46 分，即数列中最大值与最小值之差。根据考试成绩性质的不同，在 60 分的数量界限的基础上分为不及格、及格、中等、良好、优秀五个类型，并将每组组距定为 10 分，编制如表 3-17 所示的组距数列。这一组距数列基本上能反映学生成绩的分布特征。

表 3-17　某班学生"统计学"课程考试成绩表

考分/分	人数/人	比重（%）
50 ~ 60	3	7.5
60 ~ 70	7	17.5
70 ~ 80	15	37.5
80 ~ 90	10	25.0
90 ~ 100	5	12.5
合　　计	40	100.0

本例视研究对象本身的特点和研究的目的，确定组距为 10 分，组数为 5。按经验的看法，组数过多过少都不妥，一般情况下可分 5 ~ 7 组，组数尽可能取奇数，避免偶数。

（二）简单次数分布图的绘制

分布数列所表示的次数分布状况，还可通过次数分布图来反映。次数分布图的绘制因单项式数列和组距式数列而有所不同，组距式数列又因等距数列和不等距数列而异。

单项式数列次数分布图的绘制比较简单，它是以变量为横轴，以次数为纵轴，在坐标上描出各组的变量值和相应的分布次数所对应的坐标点，并用折线连接各坐标点，即得分布曲线（折线）图。

组距数列次数分布图有直方图和曲线图两种，而且曲线图是在直方图的基础上绘制的。具体绘制步骤如下：

（1）以横轴代表变量，并在上面标出各组组限值所在位置，这样各位置之

间的距离就是各组组距，在等距分组的条件下它们是相等的；以纵轴代表次数，并按需要标出各组次数所在位置。

（2）以各组组距为宽，以各组次数为高，绘出各组所对应的矩形，这样各组矩形面积的百分数与该组的频率值相同，则各组矩形连在一起构成的直方图就表明了总体次数分布的特征。

（3）将各组矩形上端的中点（即各组组中值与各组次数的交点）连成一条折线，就形成次数分布曲线（折线）图。从面积的角度讲，折线与横轴所包括的面积与直方图的面积是相等的，故它们所包含的统计单位数是一样的。现绘制前例某班学生"统计学"考试成绩次数分布图，如图3-1所示。

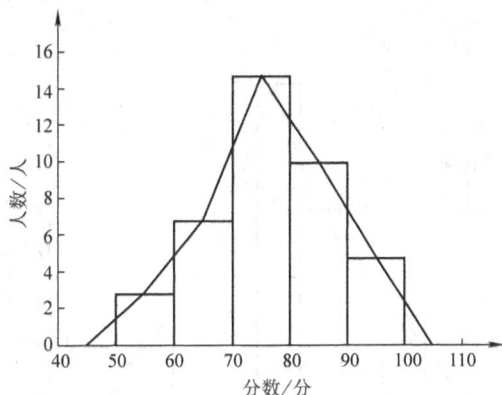

图 3-1　某班学生"统计学"考试成绩次数分布图

上面绘制的是等距数列的次数分布图。对不等距数列，其分布图的绘制稍为复杂些，不能直接按照不等距数列的资料绘制分布图，因为不等距数列的次数分布受变量值和组距两种因素影响，不经过加工整理而直接绘制的图形，不能正确反映次数分布特征。为了使图形能够充分反映总体次数的分布状况，就必须消除组距大小不等的影响，将不等组距的次数换算为统一的标准组距次数（标准组距通常是组距数列中的最小组距）。换算公式如下：

$$标准组距次数 = 某组单位组距次数 \times 标准组距$$

$$= \frac{某组次数}{某组组距} \times 标准组距$$

$$= 某组频数密度 \times 标准组距$$

再以横轴代表各组变量值，以纵轴代表各组标准组距次数（或频数密度），就可绘出能够正确反映总体次数分布状况的分布图。现以某厂工人年龄分布情况为例，将这两种方法的换算结果列成表3-18和图3-2。

表3-18 某厂工人年龄分布情况

工人按年龄分组/岁	组距/岁	人数/人	标准组距次数	次数密度
15～20	5	17	17	3.4
20～25	5	28	28	5.6
25～30	5	40	40	8
30～35	5	70	70	14
35～45	10	65	32.5	6.5
45～50	5	10	10	2
合　计	—	230	—	—

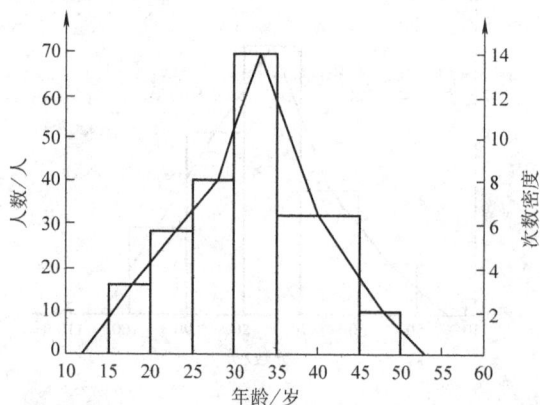

图3-2 某厂工人年龄次数分布图

（三）累计次数分布

简单次数分布数列可以表示每个变量组出现的次数，以及在整个数列中次数分布的规律。如果我们想知道分布数列中各组的次数以及总体单位数的分布特征，只从简单次数分布表中一眼就可以看出来。但如要知道截止到某一组变量值以下或以上的对应的分布次数是多少，以及事物发展进程等情况，则需要将有关组的分布次数进行累加后才能说明问题。所以，要全面深入地分析分布数列，还应研究累计次数分布。

累计次数分布需要计算累计次数和累计频率，它们又有两种计算方法：一种是向下累计，即从低组到高组累计，此时每组的累计次数或累计频率表示该组上限以下的次数或频率共有多少；一种是向上累计，即从高组到低组累计，此时每组的累计次数或累计频率表示该组下限以上的次数或频率共有多少。下面以家庭人均月生活费收入累计次数分布表为例来说明，如表3-19所示。

表3-19　家庭人均月生活费收入累计次数分布表

人均月收入/元	家庭数/户	频率（%）	向下累计		向上累计	
			次数	频率（%）	次数	频率（%）
300～500	5	9.26	5	9.26	54	100.00
500～700	7	12.96	12	22.22	49	90.74
700～900	10	18.52	22	40.74	42	77.78
900～1 100	13	24.07	35	64.81	32	59.26
1 100～1 300	8	14.82	43	79.63	19	35.19
1 300～1 500	6	11.11	49	90.74	11	20.37
1 500～1 700	3	5.56	52	96.30	5	9.26
1 700～1 900	2	3.70	54	100.00	2	3.70
合　　计	54	100.00	—	—	—	—

　　根据家庭人均月生活费收入累计次数分布表的资料，可以绘制累计次数分布图，如图3-3所示。图中由左下角至右上角的曲线为向上累计曲线，由左上角至右下角的曲线为向下累计曲线。

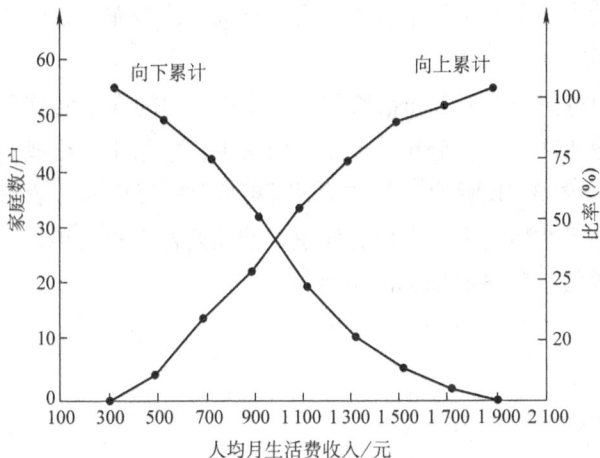

图3-3　累计次数分布图

　　累计次数分布在经济分析中具有以下作用：

　　（1）可表明各组变量在该组上限值以下或下限值以上的次数或频率共有多少。如本例子中，家庭人均月生活费收入在1 100元以下的有35户，占家庭总数的64.81%，同时说明只有35.19%的家庭人均月生活费收入在1 100元以上；

人均月生活费收入在 1 500 元以上的只有 5 户，仅占家庭总数的 9.26%，同时 90% 以上的家庭人均月生活费收入在 1 500 元以下。

（2）在图上可直观地看到中位数等数值的近似值。如本例中，从向下累计和向上累计的两条曲线的交点所对应的坐标可知，中位数的位置是 27 户，中位数是 990 元左右（中位数的问题将在第四章讲述）。

（3）借助各组标志总量占总体标志总量的比重累计数，还可以图示集中曲线，表示社会经济现象的集中水平。比如著名的洛伦茨曲线图，就是在累计次数分布的基础上绘制的，常用来研究财富、土地和收入的分配是否公平，以及劳动者和产值的集中状况。

三、次数分布的一般特征

社会经济现象的次数分布曲线多种多样，变换多端，通过人们的长期观察和总结，将其归纳为以下三种类型。

1. 钟形分布

如果一个次数分布数列呈现这样的特征：较大变量值和较小变量值的分布次数较少，中间变量值分布次数较多，绘制成曲线图，形状宛如一口古钟，这时就可以称该现象的次数分布为钟形分布，有时称为丘形分布，如图 3-4a 所示。

2. U 形分布

U 形分布的特征与钟形分布恰恰相反，靠近中间的变量值分布次数少，靠近两端的变量值分布次数多，分布特征是：两头大，中间小。绘成曲线图，形如英文字母"U"，如图 3-4b 所示。人口在不同年龄上的死亡率一般表现为近似的 U 形分布。因为在正常情况下，人口总体中，幼儿死亡率和老年人死亡率较高，而中年人死亡率较低（特殊时期如战争例外）。

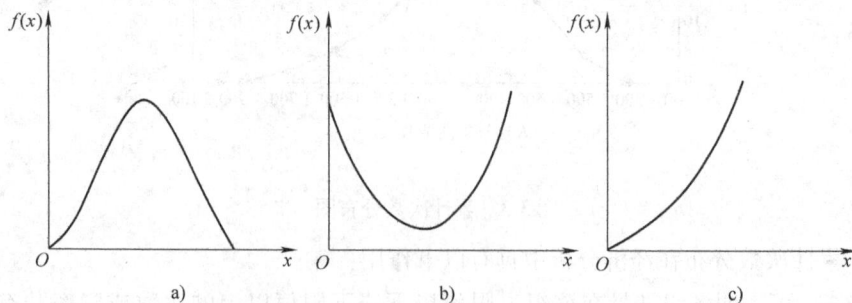

图 3-4　次数分布类型

3. J形分布

J形分布有正反两种情况。次数随变量值增大而增多，绘成曲线图，形若英文字母"J"，称为正J形分布，如图3-4c所示；次数随变量值增大而减少，绘成曲线图，形若反写的英文字母"J"，因而称为反J形分布。

钟形分布在社会经济现象中最为常见，也最符合人们认识问题的习惯。例如，一个班级某课程的考试成绩，差的和好的总是少数，居于中游者人数最多；不同地块上的产量，假如其他条件无太大差异，产量很高和很低者都是少数，大部分地块的产量处于中等水平；一般社会居民收入的分布，"富有万石"者和"衣不遮体"者人数较少，大部分人处于二者之间。

钟形分布也有不同形态。从钟形曲线的最高点作垂直线至横轴，将曲线及曲线下面积分为两部分。如果两边曲线对称，面积相等，此分布为对称分布，通常称为正态分布（或常态分布）；如果不对称，此分布为偏态分布，如图3-5所示。

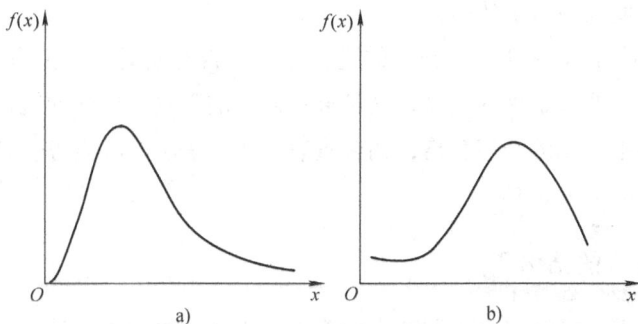

图3-5　偏态分布

正态分布在统计理论和应用上具有极重要的地位。究其原因，一方面是由于大部分社会经济现象呈现为正态分布或接近于正态分布；另一方面在于，根据中心极限定理，无论现象总体是否为正态分布，只要选出足够大的样本，则其各样本均数的分布都具有正态分布的性质。这就是说，对非正态分布也可以通过一定方式转化为正态分布加以统计处理。

次数分布的数量特征包括集中趋势和离中趋势。反映集中趋势需要计算平均指标，反映离中趋势则要计算标志变异度指标，在偏态分布下还可计算偏度指标等。

第五节 统 计 表

一、统计表的作用

统计表是统计用数字说话的一种最常用的形式。把统计调查得来的数字资料，经过汇总整理后，得出一些系统化的统计资料，将其按一定顺序填列在一定的表格内，这个表格就是统计表。统计表有以下作用：

（1）能使大量的统计资料系统化、条理化，因而能更清晰地表述统计资料的内容。

（2）利用统计表便于比较各项目（指标）之间的关系，而且也便于计算（如有些计算表比用公式更简易、明了）。

（3）采用统计表格表述统计资料比用叙述的方法表述统计资料显得紧凑、简明、醒目，使人一目了然。

（4）利用统计表易于检查数字的完整性（是否有遗漏）和正确性。

统计表既是调查整理的工具，又是分析研究的工具。广义的统计表包括统计工作各个阶段中所用的一切表格，如调查表、整理表、计算表等，它们都是用来提供统计资料的重要工具。

二、统计表的结构

从内容上看，统计表由主词和宾词两部分组成。主词是统计表所要说明的总体及其分组；宾词用来说明总体指标。通常情况下，表的主词排列在表的左方，列于横栏；表的宾词排列在表的右方，列于纵栏。但有时为了更好地编排表的内容，也可以将主宾词更换位置或合并排列。

从构成要素看，统计表包括以下三部分：

（1）总标题。总标题就是统计表的名称，简要说明全表的内容，一般都写在表的上端中央。

（2）分标题。分标题又叫标目，是指总体名称或分类名称及说明总体的各种项目，分横行标题（横标目）和纵栏标题（纵标目）。横行标题（横标目）写在表的左方，纵栏标题（纵标目）写在表的上方。

（3）纵、横栏组成的本身及表中的数字。

另外，还应有必要的附注，注明资料来源。现以表 3-20 为例说明统计表的结构。

由表 3-20 可知,全国工业总产值代表总体;横行标题是对总体进行的分组(即主词);其他各栏是反映总体规模和说明总体数量特征的统计指标(即宾词指标)。

总标题

表3-20　2007年全国工业总产值

项目	工业总产值	
	产值/亿元	比重(%)
轻工业	119 640	29.53
重工业	285 537	70.47
合　计	405 177	100.00

（纵栏标题）纵标目

统计数字

（横行标题）横标目

主词栏　　　宾词栏

资料来源:《中国统计年鉴 2008》,中国统计出版社。

三、统计表的种类

统计表按照总体分组情况不同,可分为简单表、分组表和复合表三类。

1. 简单表

表的主词未经任何分组的统计表称为简单表。简单表的主词一般按时间顺序排列,或按总体各单位名称排列。通常是对调查来的原始资料初步整理所采用的形式,表 3-21 即为按总体各单位名称排列的简单表。

表 3-21　2007 年某公司所属两企业电视机产量表

厂　　别	电视机产量/台
一分厂	8 000
二分厂	6 000
合　计	14 000

2. 分组表

表的主词按照某一标志进行分组的统计表称为分组表。利用分组表可以揭示不同类型现象的特征，说明现象内部的结构，分析现象之间的相互关系等，如表3-19所示。

3. 复合表

表的主词按照两个或两个以上标志进行复合分组的统计表称为复合表，如表3-22所示。

表3-22　2007年某大学在校学生人数

项　　目		学生人数/人
本科	男生	5 000
	女生	3 000
专科	男生	1 000
	女生	500

复合表能更深刻、更详细地反映客观现象，但使用复合表并不是分组越细越好。因为复合表中多进行一次分组，组数将成倍增加，分组太细反而不利于研究现象的特征。

统计表是按宾词指标进行设计的。宾词指标的设计与统计表内容的繁简关系很大。大致有两种设计方式：一种是简单设计，将宾词指标作平行配置，一一排列（见表3-23）；另一种是复合设计，把各个指标结合起来，作层叠配置，分层排列（见表3-24）。

表3-23　某地区工业企业的工人性别和工龄（2007年底）

企业按所有制形式分组	企业数	工人人数	工人按性别分		工人按工龄分				
			男	女	1年以下	1~3年	3~5年	5~10年	10年以上
（甲）	(1)	(2)	(3)	(4)	(5)	(6)	(7)	(8)	(9)
国有经济									
集体经济									
合　计									

表 3-24　某地区工业企业的工人性别和工龄（2007 年底）

按所有制形式分组	企业数	工人总数		工　　龄									
				1 年以下		1～3 年		3～5 年		5～10 年		10 年以上	
		男	女	男	女	男	女	男	女	男	女	男	女
（甲）	（1）	（2）	（3）	（4）	（5）	（6）	（7）	（8）	（9）	（10）	（11）	（12）	（13）
国有经济													
集体经济													
合　　计													

四、编制统计表应注意的问题

统计表表述资料应力求做到简明、清晰、准确、醒目，便于人们阅读、比较和分析。编制时应具体注意以下六点：

（1）统计表的标题（包括总标题和分标题）应十分简明地概括所要反映的内容。总标题应标明资料所属的地区和时间；纵横各栏的排列要注意表达资料的逻辑关系，反映现象的内在联系。

（2）表中主词各行和宾词各栏，一般应按先局部后整体的原则排列，即先列各个项目，后列总体。若无必要列出所有项目时，就要先列总体，后列其中一部分重要项目。

（3）表中必须注明数字资料的计量单位。当全表只有一种计量单位时就写在表的右上方。若有多种计量单位时，横行的计量单位，可以专设"计量单位"一栏；纵栏的计量单位，要与纵栏标目写在一起，用小字标写。

（4）表中数字上下位置要对齐。遇有相同数字应照写，不能用"同上"、"同左"等字样。无数字的空格，用符号"—"表示；当缺乏某项资料时，用符号"…"表示，以免使人误认为漏项，表内还应列出合计数，便于核对和运用。

（5）统计表的表式一般是开口式，即表的左右两端不画纵线，表的上下通常用粗线封口。对于栏数较多的统计表，通常加以编号。主词栏和计量单位栏用甲、乙等文字标明；宾词栏各栏用（1）、（2）、（3）等标明栏号。

（6）必要时，统计表应加以注解，连同数字的资料来源等一般都写在表的下端。

本 章 小 结

（1）统计整理是统计工作的第二阶段，统计整理纲要的内容包括综合表和编制说明。

（2）统计分组是根据统计研究的需要，将统计整体按照一定的标志区分为若干个组成部分的一种统计方法。统计分组可以划分现象的类型、揭示现象的内部结构、分析现象之间的依存关系。根据分组标志的不同，统计总体可以按品质标志分组，也可以按数量标志分组。数量标志分组可以分为单项式分组和组距式分组。

（3）统计资料汇总是在统计分组的基础上，将统计资料归并到各组中去，并计算各组和总体的合计数的工作过程。其汇总技术主要有两种：手工汇总和电子计算机汇总。

（4）分布数列是将统计分组后的次数按照移动顺序进行排列而形成的数列。次数分布有简单次数分布和累计次数分布之分，次数分布的曲线有钟形分布、U形分布和J形分布等三种。

（5）统计表是统计用数字说话的一种最常用的形式。从构成要素看，统计表包括三部分：总标题、分标题和数据资料。按总体分布情况不同，统计表可以分为简单表、分组表和复合表。

重 要 概 念

统计整理　统计分组　次数　分布数列　统计表

练 习 题

一、简答题

1. 什么是统计整理？统计整理的内容是什么？

2. 什么是统计分组？统计分组的作用是什么？

3. 简单分组和复合分组的区别在哪里？

4. 单项式分组和组距式分组如何应用？

5. 如何确定组数和组距？组限的表示方法有何具体要求？

6. 什么是分布数列？分布数列的组成要素是什么？

7. 如何编制变量分布数列？

8. 什么是向上累计和向下累计？其意义如何？

9. 统计表在结构与内容上包括哪几个方面？

10. 统计表的编制规则是什么？

二、计算题

1. 根据表 3-25 资料，绘制直方图和次数分布曲线图。

表 3-25　资料表

工人按完成生产定额百分比分组	工人数/人	比率（％）
80～90	3	3.75
90～100	15	18.75
100～110	36	45.00
110～120	20	25.00
120～130	6	7.50
合计	80	100.00

2. 某班 44 名学生的"经济统计学"考试成绩如表 3-26 所示。

表 3-26　某班学生的"经济统计学"考试成绩

学号	考分/分	学号	考分/分	学号	考分/分	学号	考分/分
1	70	12	65	23	93	34	95
2	76	13	71	24	68	35	54
3	78	14	68	25	68	36	77
4	78	15	76	26	93	37	80
5	71	16	72	27	87	38	76
6	81	17	80	28	72	39	49
7	66	18	83	29	82	40	65
8	74	19	72	30	83	41	67
9	70	20	93	31	80	42	66
10	62	21	94	32	84	43	69
11	81	22	87	33	85	44	66

试根据以上资料进行分组汇总，编制反映该班学生学习成绩的统计表。具体要求：

（1）按学习成绩分组，分为不及格（60 分以下）、及格（60～70 分）、中（70～80 分）、良（80～90 分）和优（90 分以上）五个组。

（2）汇总各组学生人数、比率和平均成绩。

3. 某年某市 24 个工业企业的资料如表 3-27 所示。

表 3-27　某工业企业资料

企业编号	经济类型	企业规模	职工人数/人	全年总产量/万元
1	国有	中	3 200	3 500
2	国有	中	8 500	11 000
3	国有	中	2 400	2 200
4	国有	小	300	200
5	国有	中	800	740
6	国有	小	160	120
7	集体	小	80	35
8	集体	小	65	30
9	集体	小	120	80
10	国有	中	1 000	1 200
11	集体	中	1 800	2 000
12	集体	小	400	250
13	集体	小	130	94
14	国有	中	900	2 100
15	集体	小	270	300
16	国有	小	460	220
17	国有	大	5 600	30 000
18	国有	大	4 700	28 000
19	集体	小	300	350
20	集体	小	280	300
21	集体	小	160	200
22	集体	小	200	170
23	集体	小	140	97
24	国有	小	90	100

试根据上述资料按经济类型与企业规模进行简单分组和复合分组，计算各组企业数、职工人数和总产值，并编制统计表。

第四章

综合指标

本章要点：了解指标的类型，掌握总量指标的含义和分类，熟练掌握相对指标的类型和计算方法，熟练运用算术平均数、调和平均数、几何平均数、众数和中位数分析社会经济现象，正确利用变异度指标揭示经济现象的变化规律。

综合指标包括总量指标、相对指标、平均指标和变异度指标。总量指标是社会经济统计指标的基本指标，反映现象的规模和水平。相对指标是两个有联系的指标对比的比值，反映现象的数量特征、数量关系和变动程度，用以评价社会经济现象。平均指标是反映现象总体一般水平的代表值和描述数据分布集中趋势的重要特征值，主要用于反映在消除偶然因素的影响后，事物发展变化的共性。变异度指标反映现象分布的离散程度，是经常与平均指标匹配使用的特征值。

第一节　总量指标

一、总量指标的概念

总量指标是反映社会经济现象在一定时间、地点条件下所达到的规模或绝对水平的综合指标，是统计分析中最基本的统计指标。它用一个绝对数来说明总体某一数量的大小、多少或差额，也称为绝对指标。如一个国家或地区的国内生产总值，全国城乡居民储蓄存款余额等。

在社会经济统计中，统计总量指标具有十分重要的意义，主要表现在：

（1）总量指标是从数量上认识社会经济现象的起点。要了解一个国家的国情、国力，一个省的省情、省力，首先要掌握这个地区的人口、资源、生产、流通、分配和消费等统计绝对数。总量指标是反映客观现象基本状况的重要指标，表明一个国家或地区的基本情况、建设规模和水平，以及一个部门或单位的经济活动的成果和总量。因此，要想了解某一事物的数量特征，首先要从掌握统计绝对数开始。

（2）总量指标是实行社会经济管理的依据。总量指标是国家制定政策、编制和检查计划必不可少的基本依据，是实行经营管理的主要依据。各项政策和计划，都是从客观实际出发反映客观情况的，需要用总量指标来说明。例如，计划管理要通过量变来调整各种经济关系，以总量的形式来规定具体数字，虽然可以用相对数、平均数表示计划目标，但归根到底还是调整总量指标的变化。

（3）总量指标是计算相对指标和平均指标的基础。总量指标是统计基本指标，相对指标和平均指标都是派生指标，平均指标和相对指标大多是由总量指标对比而来的。如果总量指标计算得不科学、不准确，必然会直接影响相对指标和平均指标的准确性。

二、总量指标的种类

总量指标从不同角度考察有以下不同种类：

（一）总量指标按反映的内容不同分类

总量指标按反映的内容不同，分为总体单位总量和总体标志总量。

总体单位总量，表明总体单位数的多少，它是总体单位总数，又称总体总量或总体单位数，说明总体本身的规模。例如调查了解学生的情况，学校的学生总数就是总体总量，它说明了这家学校的办学规模。

总体标志总量，是指总体单位某一数量标志值的总和，简称为标志总量。例如以全部工业企业为总体的职工人数、工业增加值、工资总额等都是标志总量，它们分别是由各个工业企业职工人数之和、企业增加值之和、企业工资额之和所构成。一个总量指标究竟属于总体单位总量还是总体标志总量，应随着研究目的和研究对象的不同而变化。如学生人数，在以学校作为总体时，它是总体标志总量；当把学生作为研究总体时，它是总体单位总量。明确总体单位总量和总体标志总量之间的差别，对计算和区分相对指标和平均指标具有重要意义。

（二）总量指标按其反映的时间状况不同分类

总量指标按其反映的时间状况（时间规定性）不同，分为时期指标和时点指标。

时期指标反映社会经济现象在一定时期内所达到的总规模。它是将一定时期内每一统计单位的数量累计起来所得的总数量。例如，产品产量、产值、商品销售额、人口出生数等。

时点指标反映社会经济现象在某一时点（或瞬间）所达到的规模或水平。它表达了现象在某一时点上具有的状态，例如，年末人口数、储蓄存款余额、商品库存量等。

时期指标和时点指标主要有以下区别：

（1）时期指标的数值是通过连续登记取得的，它的每个数据都说明社会经济现象在相应的时期内发生的总量。如一年的商品零售额，是一年中每天零售额的累计。时点指标不需要连续登记，只需在必要的时点上进行一次性登记。如年末人口数，只要经常登记出生、死亡、迁出、迁入人口数就可以了。

（2）性质相同的时期指标的各时期数值可以相加，而多数时点指标数值相加没有实际意义，即时期指标的数值累加可以表示现象在较长时期内社会经济现象的总量；而时点指标不具有累加性，除了在有关指标的运算过程中需要运用外，时点数值相加是没有经济意义的。如某地区 2008 年 11 月 1 日零时企业数为 2 003 家，同年 12 月 1 日，企业数为 2 000 家，这两个数值一般不能相加，相加后没有实际意义。

（3）一般说来，时期指标数值的大小与时期长短有直接关系，一年的总产值必然大于一个季度的总产值，一年内的出生人口总数总是多于该年的某月出生人口数。时点指标数值的大小与时点的间隔长短没有直接关系，如年末生猪存栏头数不一定比 9 月末存栏头数高。

时期指标与时点指标最根本的区别在于各自反映的现象在时间规定性上不同。

三、总量指标的计算

（一）总量指标的计量单位

1. 实物单位

它是根据事物的属性和特点而采用的计量单位。它包括自然单位、度量衡单位和标准实物单位等。

自然单位是按照被研究现象的自然属性来计量其数量的一种计量单位。如人口以人为单位，汽车以辆为单位等。

度量衡单位是按照统一的度量衡制度的规定来计量客观事物数量的一种计量

单位。如公路用公里，钢铁用千克、吨，布匹按米计量等。

标准实物单位是按照统一的折算标准来计量被研究现象数量的一种计量单位，主要是针对那些性质相同和用途相同，而品种规格不同的同类产品的计量而使用的。如含量不同的某种化肥按100%的含量折算等。

实物单位的最大特点就是它直接反映产品的使用价值或现象的具体内容，因而能够具体地表明事物的规模和水平；其最明显的局限性就是指标的综合性能比较差。不同的实物，内容性质不同，计量单位不同，无法进行汇总。如企业生产不同产品的总成果、不同商品的总销售量等，这些都不能用某一项实物指标来反映，必须借助价值指标来反映。

2. 货币单位

货币单位是用货币作为价值尺度对社会财富或劳动成果进行计量的单位。按货币单位计算的总量指标称为价值指标。如工农业总产值、国民总收入等。由于货币单位是以价值量来反映社会财富或劳动成果的，因此具有最广泛的综合性和概括能力，这是它优于实物单位的一面。但是，由于它抽象了物质的内容，所以不如实物单位那样具体，而且计量范围也是有限的。如国土面积、人口、河流等都不能用货币单位计量。货币单位有现行价格和不变价格之分。现行价格是各个时期的实际价格；不变价格是在综合不同产品产量并反映它们的总动态时，为了消除不同时期价格的影响所采用的固定价格。

计量单位可以单独使用，也可以结合使用。两种单位并列结合使用时，称为复合计量单位，如货物周转量用"吨公里"为计量单位；两种单位上下结合使用时称为双重计量单位，如电动机用"台/千瓦"表示。还有一种叫多重计量单位，如船舶用"艘/千瓦/吨位"表示。

在实际工作中，统计绝对数的计量单位，有时用的是基本计量单位，有时用的是按进位制扩大了的计量单位，如工业总产值可以用元、万元表示，这取决于数值所要求的精确程度。

3. 劳动单位

它是用劳动时间来表示的一种计量单位，如工时、工日等。借助劳动单位计算的劳动总消耗量指标可以确定劳动规模，并作为评价劳动时间利用程度和计算劳动生产率的依据。劳动单位主要用于编制和检查基层单位企业的生产作业计划以及实行劳动定额管理。

（二）计算与运用总量指标应注意的问题

总量指标的计算往往是一个求和与计算差额的过程。如用 x（或 a）代表统计单位或统计单位标志值，则总量指标表示为 $\sum x$（或 $\sum a$）。$\sum x$ 的写法是把数

学上的写法 $\sum\limits_{i=1}^{n} x$（$i=1$，2，3，…，n）进行了简化，其中 n 是 x 的总个数。统计上所包括的都是全部统计单位，因此，一般不需要注明 n、i 等符号，而直接写成 $\sum x$。从计算方法来看，总量指标的计算绝非单纯的计算技术问题，因为统计绝对指标是具有一定经济内涵的，而不是抽象的数字，所以计算与运用总量指标必须首先明确总量指标的口径，当指标口径一致时，才能汇总、求和，或加以比较去计算差额；否则，将失去实际意义。

指标口径由五个要素构成，包括指标的经济内容、总体范围、计算方法、计量单位与计价基础，后三个要素构成了指标的计算口径。只有当上述指标口径一致的情况下，计算与运用总量指标才有意义。如果在某一方面指标口径不一致，需首先将其加以调整，使其满足一致性条件后再计算与运用。

第二节　相　对　指　标

总量指标表明和反映了社会经济现象的发展水平和规模以及社会经济现象的绝对效果。但是，社会经济现象不是孤立的，现象间是相互联系、相互依存、相互影响的，这种相互关系表现在时间、空间、事物内部和现象之间的联系上，体现为一种数量关系。因此，要想深入了解、研究现象间发展变化的关系，仅靠总量指标是难以办到的，必须借助于相对指标的计算和运用。

一、相对指标的概念和作用

（一）相对指标的概念

相对指标又称相对数，它是两个有联系的指标对比的比值，反映某些相关现象之间数量的联系程度和对比关系。如反映现象的发展程度、普及程度、差异程度、总体构成、强度、密度、速度等。

两个有联系的指标之间的比较有两种情况：一种是绝对比较，即计算指标间的差额，以反映出两个指标在绝对水平上的差异；另一种是相对比较，即计算两个指标的比值，以反映指标之间相互差异的相对程度。相对指标属于后一种相对比较。在对比中，把两个对比的具体数值加以抽象化，而相对比的两个数值一般是绝对数和平均数，只有个别情况下是由两个相对数对比再求另一相对数。如人口的性别比例、年龄构成、死亡率和人口密度等都是相对指标。通常可以将相对指标划分为结构相对指标、比较相对指标、比例相对指标、计划完成程度相对指标、动态相对指标和强度相对指标六种。在社会经济统计工作中，相对指标发挥着重要作用。

（二）相对指标的作用

（1）相对指标具体地说明社会经济现象之间的数量对比关系，为人们判断计划完成的好坏，认识事物的构成、发展变化、普及程度或密度以及进行空间比较分析提供依据。例如，把实际数与计划数对比，可以具体说明计划完成的好坏；把部分数与总体数对比，可以说明事物内部的构成，进而判断事物的本质；把报告期数值与基期数值对比，可以说明事物的发展变化；把这个单位的某一指标值与另一单位对比，可说明同一现象在不同单位之间的差别，从而发现先进与落后；把人口与土地面积对比，可以说明人口的密度，等等。

（2）相对指标把社会经济现象的绝对数的具体差异抽象化，使不能直接对比的总量指标变为可以进行对比。例如，不同工业企业，由于职工人数不同，生产设备不同，产品产量和产值也不同，不能把它们的总量指标直接对比，用来说明企业成绩的大小，效率、效益的高低；但通过计算各个企业计划完成的相对数、设备利用率、资金产值率等相对指标，则可说明各个企业计划完成的好坏、成绩的大小、效益的高低。

（3）相对指标是进行经济活动分析的重要依据。经济活动分析的内容之一就是要分析经济现象之间的相互联系，如因果关系、比例关系等，这时大多也要以相对指标为依据。

（三）相对指标的表现形式

相对指标除强度相对数用复合计量单位表示外，一般都用成数、系数、倍数、百分数和千分数表示。

（1）成数。它是把对比的基数化为 10 进行计算的结果。例如粮食产量增长一成，即增长 10%。这里的成数是对十分数的一种习惯叫法。

（2）系数和倍数。它是将对比的基数化为 1 进行计算的结果。两个数对比，分子与分母数值相差不大，常用系数表示，如工资等级系数、结构比例系数等；若分子与分母相差较大，常用倍数表示，如 2002 年全国普通高等教育在校生 903 万人，1998 年在校生 341 万人，则系数为 264.8%，用倍数表示为 2.648。

（3）百分数（用符号表示为%）。它是以对比的基数化为 100 计算的结果，是相对数中最常用的一种表示形式。它适用于分子与分母对比数值相差不大的情况。例如某地工业产值计划完成 8 亿元，实际完成 8.3 亿元，则计划完成相对指标为 103.75%。

（4）千分数（用符号表示为‰）。它是以对比的基数化为 1 000 计算的结果。它适用于分子与分母对比时两者数值相差很小的情况。例如，我国人口的出生

率、死亡率、发病率、自然增长率一般用‰表示。我国2002年末全国总人口为
128 453万人，比2001年有所增长，自然增长率为6.45‰。

二、相对指标的种类与计算方法

（一）结构相对指标

结构相对指标是在分组的基础上，以各个分组指标与总体指标对比的相对
数。它是部分数值与总体数值的对比，可以反映现象中各个部分在总体中所占的
比重。其计算公式为

$$结构相对数 = \frac{总体部分数值}{总体全部数值} \times 100\%$$

结构相对数表现为无量纲，可以用系数、成数或百分数表示。各组比重之和
等于1或100%。结构相对数是统计分析中常用的指标，科学分组是计算结构相
对指标的基础。

结构相对指标的作用主要如下：

（1）利用结构相对数可以反映总体内部的构成情况，从而揭示现象的性质
和特征。例如，从表4-1可以看出，我国2006年财政支出总额为40 422.73亿元，
用于社会文教费的支出占总支出额的26.83%，占有的比重最大，这说明了我国
政府对社会文化教育事业的重视，并给予了最大的投入。其次，用于经济建设的
支出为10 734.63亿元，占总支出额的26.56%，排在第二位，这是我国以经济
建设为中心的重要表现。

表4-1 我国2006年财政支出状况[①]

	绝对数/亿元	比重（%）
支出合计	40 422.73	100.00
其中：社会文教费	10 846.20	26.83
经济建设	10 734.63	26.56
行政管理费	7 571.05	18.73
国防费	2 979.38	7.37
其他累计	8 291.47	20.51

① 资料来源：中华人民共和国国家统计局 http：//www.stats.gov.cn。

（2）把不同时期的结构相对数加以比较，可以反映某一现象总体结构的变
化，从而揭示现象的发展过程及其规律性。

例如，消费结构是指各类消费支出在消费总支出中所占的比重。19 世纪德国统计学家恩格尔根据对英国、法国、德国、比利时等国的居民家庭收支的分析研究，指出：随着家庭收入的增加，家庭中用于食品方面的支出比重越来越小，即恩格尔定律。反映这个定理的系数，即恩格尔系数。

$$恩格尔系数 = \frac{食品支出总额}{家庭消费支出总额} \times 100\%$$

表 4-2 的资料表明，我国居民的恩格尔系数正在逐年下降，食品支出的比重下降，而用于其他如教育、交通、娱乐等的支出上升，说明了我国居民的生活水平在不断提高。

表 4-2　我国恩格尔系数的变化情况

年　　份	1985	1990	1995	2000	2004	2005	2006
城镇居民（%）	52.2	54.2	49.9	39.2	33.0	32.0	31.0
农村居民（%）	57.8	58.8	58.6	49.1	44.8	42.2	40.6

（3）根据各组总量占全部总量的比重研究总体内部构成的合理程度。例如，通过各个成本项目支出费用占产品成本比重的大小，分析成本构成是否合理，从而找出影响产品成本上升或下降的原因，为加强成本管理，改进工作提供依据。

用结构相对数描述经济状态可以有以下几种情况：

（1）向极端值 1 或 0 逼近的现象，例如产品销售率、就业率、文盲率、婴儿死亡率等。这种数值易于判断，标准明确。

（2）事物内部固有的结构比率，具有自然属性或技术属性，如男女婴儿出生比率、人体摄入营养成分的最佳比率等。它具有一定的固有属性，也可以参照一定的标准或经验。

（3）事物优劣程度有经验性的公认标准，如前面所列举的恩格尔系数、基尼系数等。根据实际的经验，各国在遵循自身发展规律的基础上，确定公认的标准。

（4）无固定标准。有些经济现象，在利用结构相对数时没有可供参照的标准，如城乡人口比重、三次产业的比重等。这是使用结构相对数时遇到的最多且最容易出现偏差的情况。在实际使用时，需要综合利用各种关联的经济指标加以判断。

（二）比较相对指标

客观事物的发展是不平衡的，对事物在不同地区、不同单位之间即不同空间发展的差异程度进行研究，需要采用比较相对数。比较相对指标是指不同地区（部门、单位、事物）同期、同类指标进行对比的相对数，说明某一种现象在同一时间内各单位发展的不平衡程度。其计算公式为

$$比较相对指标 = \frac{某地区（或单位）某现象的指标值}{另一地区（或单位）同类现象的指标值} \times 100\%$$

在计算比较相对指标时，要注意对比的两个相对指标必须具有可比性，即指标含义、计算口径、计算方法、计量单位、所属时间等一致。比较相对数可以用倍数表示，也可以用百分数表示。例如，国土面积，中国为 960 万 km^2，美国为 936.3 万 km^2，中国为美国的 1.025 倍或 102.5%。

比较相对数具有如下特点：

（1）比较的两个指标可以是绝对数、相对数或平均数。

（2）用以对比的两个指标是可比的，即必须是同性质或同类型的。

（3）比较的基数（分母）有两种：一种是一般基数，即不同国家、地区、单位之间的对比，分子、分母可以互换位置；另一种是典型基数，即以国内外同行业先进水平或者国家规定的有关标准水平为基数，此时分子分母的位置不能互换。

利用比较相对数不仅可以在国际间对同类现象进行比较分析，而且在不同的地区、不同的部门、不同的企业以及企业内部不同单位都可以对同类现象进行比较分析，揭示同类现象之间数量上的差异，为企业提高生产和管理水平提供依据。

（三）比例相对指标

比例相对指标是同一总体内不同组成部分的指标数值对比的结果，用来表示总体的内部比例关系。

$$比例相对指标 = \frac{总体中的某部分数值}{总体中另一部分数值} \times 100\%$$

比例相对指标可以用百分数表示，也可以以比例的形式出现。如人口性别比，是指男性人口数比女性人口数，并且以女性人口数为基数表示的人口性别比例。人口统计学家根据对不同时间、不同国家、不同地区人口性别比例进行分析后得出结论：在一般情况下，在出生婴儿中，男性婴儿稍多于女性婴儿，正常比例大体是 105:100。这个比例为后来研究全体人口的男女性别比例是否协调提供了一个参考依据。世界各国人口统计学家的研究表明，一国的男女性别比例在 104~106 之间大致是均衡的。表 4-3 表明了我国历次人口普查的性别比例状况。

表 4-3 我国人口性别比例（以女性为 100）

	第一次人口普查 （1953 年）	第二次人口普查 （1964 年）	第三次人口普查 （1982 年）	第四次人口普查 （1990 年）	第五次人口普查 （2000 年）
性别比例	107.5	105.1	106.3	106.6	106.74

反映总体中若干部分之间的比例关系，也可以用连比的形式。例如我国 2001 年年末就业人口为 73 025 万人，其中第一产业为 36 513 万人，第二产业为 16 284 万人，第三产业为 20 228 万人，三个产业就业人数比例为 100∶45∶55。

比例相对指标对于国民经济宏观调控具有重要意义。利用比例相对指标，可以分析国民经济建设中的各种比例关系，从而研究构成比例的协调和平衡程度，以便调整不合理的结构，促进市场经济稳步协调发展。

（四）计划完成相对指标

1. 计划完成相对指标的概念

计划完成相对指标是指某种社会经济现象在一定时期内的实际完成数值与计划任务数值对比，用以表明计划完成程度。它是实行计划管理、检查监督计划执行情况的重要指标，通常以百分数表示，一般公式为

$$计划完成相对指标 = \frac{实际完成数}{计划完成数} \times 100\%$$

计划完成程度指标的子项是根据实际完成情况进行统计而得的数据，母项是下达的计划指标。由于计划数总是用来衡量计划完成情况的标准，所以该公式的子项和母项不得互换计算，而且公式中子项和母项指标的经济含义、总体范围、计算口径、计算方法、计量单位和空间范围等方面都要一致。

2. 计划完成相对指标计算

（1）根据绝对数计算计划完成程度。其计算公式为

$$计划完成相对指标 = \frac{实际完成绝对数}{计划完成绝对数} \times 100\%$$

计划指标一般是时期绝对数。检查这类计划指标的执行情况时，实际完成数与计划数时期的长短可以是相同的，也可以是不同的。当时期长短相同时，对比的结果能直接表示计划是否完成；当时期长短不同时，可以检查计划执行的进度，监督计划执行的均衡性，预计计划完成的可能性，便于及时采取措施，保证完成或超额完成计划。

例 4-1 某企业计划 2000 年生产 A 产品 100 万 t，实际完成 120 万 t，则

$$计划完成相对指标 = \frac{120 \ 万}{100 \ 万} \times 100\% = 120\%$$

超额的绝对值 = 120 万 t – 100 万 t = 20 万 t

计算结果说明，该企业生产计划完成情况为 120%，超额完成 20%，超额完成的绝对数为 20 万 t。

（2）根据相对数计算计划完成相对指标。在实际工作中，有时计划任务是用提高或降低百分比来规定的，如计划成本降低率、人口自然增长率、劳动生产增长率等。这时，计划完成相对指标的计算，要注意不能用实际增长率与计划增长率直接进行对比，而应该用包括基数在内的实际完成相对数与计划完成相对数进行对比。

$$计划完成相对指标 = \frac{实际完成相对数}{计划完成相对数} \times 100\%$$

例 4-2 某企业生产 A 产品，计划节约成本 10%，实际节约成本 15%，求成本计划的完成程度。

解

$$计划完成相对指标 = \frac{实际完成相对数}{计划完成相对数} \times 100\% = \frac{85}{90} \times 100\% = 94.4\%$$

计算结果说明，成本计划完成程度为 94.4%，成本降低率比计划多完成 5.6%。

（3）根据平均数计算计划完成程度

$$计划完成相对指标 = \frac{实际完成平均数}{计划完成平均数} \times 100\%$$

此公式主要用来检查单位平均成本计划完成情况、平均工资计划完成情况等。

例 4-3 某企业某月生产 A 系列产品，计划每人每日平均产量为 100 件，实际每人每日平均完成产量 122 件，则

$$计划完成相对指标 = \frac{实际完成平均数}{计划完成平均数} \times 100\% = \frac{122}{100} \times 100\% = 122\%$$

计算结果说明，该企业的实际劳动生产率比计划提高 22%。

3. 计划执行进度的考核

如果只在计划执行过程中统计计划完成情况，这种计划完成程度的考核被称为计划执行进度，它是在计划执行的过程中来进行的，一般适用于对时期指标的检查，可以用来检查计划的执行进度和计划执行的均衡性。

$$计划执行进度 = \frac{累计完成数}{全期计划数} \times 100\%$$

累计完成数是指从计划执行的初始至报告期止的实际完成累计数。全期计划

数是指全年的计划任务数。对计划执行进度的考核,可以检查计划执行的均衡程度,以便及时采取必要的措施,保证如期完成或超额完成计划,如表4-4所示。

表4-4 某企业三个分公司销售计划完成情况表

	全年计划销售额/万元	截止到第三季度累计完成销售额/万元	计划执行进度(%)
A公司	600	459	76.5
B公司	400	298	74.5
C公司	100	68	68.0
合　计	1 100	825	75.0

从计划执行进度来看,截止到第三季度,各公司的计划执行情况应当进行到75%才算均衡发展。从表4-4可以看出,整个企业的计划执行情况达到了75%的进度要求,但从三个公司各自来看,发展是不均衡的。B公司、C公司尚未完成累计进度计划,尤其是C公司,只有68%,与均衡发展的要求还有相当大的差距。因此,该企业通过进度执行情况的检查,发现C公司目前需查找原因,加大营销力度,以便于保证该企业顺利地完成全年销售计划。

4. 长期计划的检查

长期计划是指五年或五年以上的计划。根据客观现象的不同性质,计划指标数值的规定有水平法和累计法两种方法,即有的规定计划期末应达到的水平,有的规定全期应完成的累计总数,因而在统计方法上检查长期计划的完成情况,亦有水平法和累计法之分。

(1)水平法。在长期计划中,对某些在各年度之间呈递增或递减趋势的现象,一般只规定计划期最后一年应达到的总量,需要采用水平法来计算计划完成的相对数,即用计划期最后一年实际达到的水平与相应的计划任务相对比。用水平法检查计划执行情况的公式为

$$计划完成程度 = \frac{计划末年实际完成水平}{计划规定的最末一年水平} \times 100\%$$

采用水平法检查计划执行情况,只要有连续一年时间(不论是否在一个日历年度)实际完成数达到了计划数,就算完成了计划,从而计算出提前完成计划的时间。例如,某市第九个五年计划规定最末一年的国内生产总值为420亿元,在实际执行过程中,从1998年12月到1999年11月的连续12个月时间里恰好达到420亿元,完成了计划,实际所用时间为3年零11个月,用它去减计划时间五年,得到完成计划节省时间为1年零1个月。

以五年计划为例。如检查五年计划的执行和完成情况,在五年中顺次考察,

只要有连续一年时间（不论是否在一个日历年度，只要连续 12 个月即可），实际完成的水平达到了计划规定的最后一年的水平，就算完成了长期计划，所余时间即为提前完成五年计划的时间。

例 4-4　某企业 A 产品计划规定第五年应完成产量 56 万 t，实际第五年产量 63 万 t，则

$$\text{五年计划完成程度} = \frac{63}{56} \times 100\% = 112.5\%$$

所以五年计划的完成程度为 112.5%，超额完成 12.5%。那么，提前多少时间完成五年计划？现假定第四年、第五年各月完成情况如表 4-5 所示。

从表 4-5 中可以看出，第四年 9 月 ~ 第五年 8 月，产量合计为 57 万 t；第四年 8 月 ~ 第五年 7 月，产量合计为 55 万 t。因此可以判断，当产量达到计划的 56 万 t 时，时间应当是在第五年 8 月的某一天。

表 4-5　A 产品第四年、第五年完成情况　　　　　单位：万 t

月　份	1	2	3	4	5	6	7	8	9	10	11	12	合计
第四年	3.5	3.5	4	3.8	4	3.8	4	4	5	5	5	4	49.6
第五年	4	4	4	5	5	5	6	6	6	6	6	7	63

设第五年的 8 月提前 X 天完成任务（指从后往前数的 X 天），则

$$\frac{4}{31}X + 51 + \frac{6}{31}(31 - X) = 56$$

（51 万 t 为第四年 9 月 ~ 第五年 7 月的产量合计）

解得　　　　　　　　　　　　$X = 15.5$ 天

计算结果表明，提前 4 个月零 15 天完成五年计划。

（2）累计法。在长期计划时，对某些在各年度之间变化不太稳定的现象，一般规定整个计划期内累计应达到的总量，这时，就需要采用累计法计算计划完成相对数，如基本建设投资额、新增生产能力等。用累计法检查计划执行情况的公式为

$$\text{计划完成程度} = \frac{\text{计划期内实际累计完成量}}{\text{计划规定的累计完成量}} \times 100\%$$

提前完成计划的时间是将计划期的全部时间减去自计划开始执行之时，至累计实际完成数已达到计划任务的时间，即为提前完成长期计划的时间。

例 4-5　某城市"九五"计划的基本建设投资总额为 200 亿元，五年末累计完成 214 亿元，则

$$五年计划完成程度 = \frac{214}{200} \times 100\% = 107\%$$

从 1996 年开始，截止到 2000 年 6 月底，已经累计完成投资 200 亿元，则五年基本建设投资计划提前 6 个月完成。

（五）**动态相对指标**

动态相对指标是在同一空间内某种社会经济现象在不同时间上的两个数值之比，用以说明某一现象在不同时间上发展变化的相对程度。通常将作为对比基础的时期叫做基期，所研究的时期叫做报告期。动态相对指标的计算公式为

$$动态相对指标 = \frac{报告期水平}{基期水平} \times 100\%$$

动态相对数在统计工作中习惯地称为发展速度，其应用很广泛。关于动态相对数将在第五章时间数列中作详细介绍。

（六）**强度相对指标**

1. 强度相对指标的概念

强度相对指标是两个性质不同但有一定联系的总量指标相互对比，用来表明现象的强度、密度和普遍程度的综合指标，通常用复合单位表示。其计算公式为

$$强度相对指标 = \frac{某一总量指标数值}{另一有联系但性质不同的总量指标} \times 100\%$$

"强度"是指现象作用力的大小程度。它可以表现一个现象在另一现象中的分布密度或普遍化程度，也可以表现现象变化间相互影响的程度或关联程度。人口与土地面积对比可计算人口密度；产值（产量）与人口对比，可计算每人可分摊到的产值（产量），或称人均产值（产量）。强度相对数虽有"平均"的含义，但它不是同质总体的标志总量与总体单位数之比，所以不同于平均数。强度相对数在社会经济统计中运用十分广泛。

强度相对数的数值表示有两种方法：①一般用复名数表示，如"人/平方公里"、"部/百人"；②少数用百分数或千分数表示，如流通费用率用百分数表示，产值利润率、人口自然增长率则用千分数表示。

例 4-6　2000 年我国国内生产总值为 102 398 亿元，平均人口为 128 453 万人，则 2000 年

$$人均国内生产总值 = \frac{102\ 398\ 亿元}{12.845\ 3\ 亿人} = 7\ 971.6\ 元/人$$

人均国内生产总值的结果越大，表明经济实力越强。

2. 强度相对指标的正、逆指标

强度相对指标是两个有联系的不同事物的总量指标数值的对比，根据对比

角度的不同,有正指标与逆指标之分。正指标的计算结果数值越大,强度就越高。

$$商业网点密度 = \frac{某地商业零售机构数(个)}{某地人口数(千人)}(正指标)$$

或

$$商业网点密度 = \frac{某地人口数(千人)}{某地商业零售机构数(个)}(逆指标)$$

正指标的数值越大,说明每千人拥有的零售商店数越多,表示零售商业网点密度也越大;逆指标的计算结果数值越大,表示零售商业网点密度越小。前者是从正方向说明现象的密度,后者是从相反方向说明现象的密度。

例4-7 某市区零售商业网点1993年1 847个,2003年51 032个,平均人口1993年278.85万人,2003年345.42万人,则

$$1993年该市区商业网点密度 = \frac{1\ 847\ 个}{278.85\ 万人} = 6.6\ 个/万人 = 0.66\ 个/千人$$

$$2003年该市区商业网点密度 = \frac{51\ 032\ 个}{345.42\ 万人} = 147.7\ 个/万人 = 14.77\ 个/千人$$

计算结果表明,该市区1993年每千人不到一个零售商店为他们服务,但到了2003年增加到14个,这反映了该市区商业网的发展速度很快,从而方便了市民购物。这个指标数值越大,说明零售商业网密度越大,它从正面反映了零售商业网点的发展,所以是正指标。也可把分子项与分母项互换计算,则

$$1993年该市区商业网点密度 = \frac{278.85\ 万人}{1\ 847\ 个} = 0.151\ 0\ 万人/个 = 1\ 510\ 人/个$$

$$2003年该市区商业网点密度 = \frac{345.42\ 万人}{51\ 032\ 个} = 6.8×10^{-3}\ 万人/个 = 68\ 人/个$$

计算结果表明,1993年该市区每个零售商店要为1 510个市民服务,到了2003年减少到为68个市民服务。这个指标越大,反映了商业零售网密度越小,它从反面反映了商业零售网密度,所以是逆指标。

3. 强度相对指标的作用

强度相对指标主要有以下作用:

(1)可用于分析事物间相互影响、相互联系的程度,变动敏感程度及其变化规律,用以研究一个国家(或地区)的经济实力和为社会服务的能力。如经济大国与小国,若从总量指标进行比较是不合理的,也不便于分析,而用强度相对指标(如人均的主要经济量)进行比较,则可以提高其可比性。

(2)可用于研究生产经营管理水平的高低和生产要素的利用效率,反映和

考核社会经济效益。例如，流通费用率、资金利润率等都是两个不同现象的数量对比的强度相对数，这些经济指标的数值大小反映着企业管理工作的好坏。

（3）为编制计划和长远规划以及检查国策、决策的实施效果提供依据。例如，在研究移民计划时，各地人口密度指标就是一个很重要的参考资料。

（4）分析客观事物中某一变量的增减变化所产生的连锁反应的大小。如：

$$边际收入 = \frac{总收入的增量}{产量的增量} \times 100\%$$，表示产量每增加一个单位时，使总收入增加的数量；$$需求价格弹性 = \frac{需求量的增长速度}{价格的增长速度} \times 100\%$$，表示当价格每上升（或下降）1%时，需求量所下降（或上升）的百分比。

（七）计算和运用相对指标的原则

1. 计算的指标具有可比性

相对指标是两个有联系的指标的比值，说明现象之间的数量对比关系。因此，指标的可比性是计算和应用相对指标的前提条件。指标的可比性涉及的方面很多，归纳起来主要有以下几个方面：分子项与分母项的经济内容和内部联系是否可以比较，口径范围和所属时间、计算方法、计算价格是否一致，以及对比国家（地区）的具体历史条件是否可比等。如果比较的对象选择不当，将直接导致错误的认识和结论。当遇到分子项和分母项不可比时，可以通过调整方法使其可比。如对比两个国家的人均国内生产总值，应注意两国 GDP 统计范围是否一致，并且要按着与当年两国物价水平比率相一致的货币比率换算后，才可以进行比较，正确分析两国人民生活水平的对比关系。

2. 正确选择对比标准

对比标准是指相对指标的分母项。如果对比标准选择不当，通过相对指标的比较则难以得到正确的对比分析结论，因此对比标准的选择一般要结合研究目的以及研究对象的性质特征来加以确定，使其能够真实反映客观经济情况。

例如，已知某企业 A、B 两个车间进行技能考核，A 车间 50 人，其中不及格 10 人；B 车间 80 人，其中不及格 15 人。试用结构相对指标分析哪个车间考核好一些。

利用两种对比标准来进行分析说明。一种对比标准是各车间的人数，分别求得 A 车间不及格率为 20%，B 车间不及格率为 18.75%；另一种对比标准是不及格总人数，分别求得 A 车间不及格人数比重为 40%，B 车间不及格人数比重为 60%。

如果从第一种对比标准的结构相对指标来看，考核情况是 B 车间好于 A 车

间；如果从第二种对比标准的结构相对指标来看，考核情况则是 A 车间好于 B 车间，但是这种对比标准没有考虑各车间参考人数的多少，不能准确反映各车间考核状况。因此，第一种对比标准是正确的。

3. 相对指标应与总量指标结合运用

相对指标一般是两个有关的绝对数对比的比值，通过对比把原来的绝对数抽象化了，从而掩盖了绝对数之间的差别。计算相对指标时，由于作为基数的绝对数大小不一，常常会出现两种情形：一个不大的相对数，所代表和说明的绝对数却很大；在相应的情况下，相对数很大，而代表和说明的绝对数却很小。若仅满足于分析相对指标而不与绝对指标结合运用，就容易受"很大"或"很小"的百分比所迷惑，作出错误的结论。所以，在应用相对指标对社会经济现象进行研究时，为了正确认识事物总体的性质和特征，还应注意运用分组法，把组相对指标和总相对指标结合起来进行分析，以得出正确的评价。

4. 各种相对指标结合运用

各种相对指标作用不同，每种相对指标只能说明事物现象的某一方面。要全面正确认识事物，必须把各种相对指标结合起来运用。例如，我们要研究某年某一市或县国民经济运行状况，就要看它的国民经济主要计划指标是否完成；与上年比较是否增长，主要比例是否协调，经济效益是否提高；与经济条件基本相同的市或县比较，是先进还是落后。而要对这些问题看得准，作出正确的判断，就要同时计算计划完成相对数、结构相对数、动态相对数、强度相对数和比较相对数，这样才能全面说明这个市或县该年国民经济运行的状况。

在运用相对指标作对比分析时，还应特别注意：如果对比的分子与分母指标值出现符号不同（如一个为正数，一个为负数），甚至有一个为零时，一般情况下不宜计算相对指标，因为此时的对比结果往往缺乏实际意义，甚至没有意义。如：甲企业利润为 10 万元，乙企业利润为 - 2 万元，两者对比计算相对指标，无法解释其意义。

第三节 平均指标

一、平均指标的概念与特点

（一）平均指标的概念

统计是通过对大量社会经济现象数量方面的研究，来反映基本特征和规律性，主要是通过综合指标来反映的。在事物的发展变化过程中，由于各总体单位

受特殊条件的影响，在变量值上表现出大小的差别有其偶然性。通过大量观察，计算平均指标可以消除偶然因素的影响。在社会经济管理工作中，人们经常使用平均工资、平均价格、平均收入水平等，这些都是统计中重要的平均指标。平均指标是认识社会经济现象的常用综合指标之一，被广泛应用于经济统计活动之中。

平均指标是指同质总体某一标志值在一定时间、地点条件下所达到的一般水平，是总体的代表值，习惯上称为平均数。在次数分布中，多数变量聚集于平均数的周围，因而平均数总是处在次数分布集中的位置或附近，反映事物的集中趋势。平均指标把同质总体内各单位某一数量标志的差异抽象化，用以反映总体在具体条件下的一般水平，反映事物发展变化的必然性和共性。

（二）平均指标的特点

根据平均指标的概念，可以看出它具有如下三个特点：

1. 同质性

在计算平均指标的总体中，包含着许多个体单位，这些个体单位必须是同质的，才能构成一个同质总体。只有同质总体计算平均数，才有经济意义。计算平均指标的各单位必须具有同类性质，这是计算平均指标的前提。由不属于同质总体的个体单位标志值计算出来的平均指标，不能正确反映被研究总体某一标志值的一般水平，是没有意义的。例如，在研究全国职工货币工资平均收入时，不能把农民收入和个体户收入包括在内计算，否则就会夸大或缩小全国职工的平均工资水平，以致作出错误的判断和分析。

2. 代表性

平均指标是被研究总体某一标志值的一般水平，是总体的代表值，具有代表性，能反映总体变量值的集中趋势。从总体变量分布的情况看，多数现象的分布服从钟型分布，即不管用什么技术方法求得的平均数，都靠近分布的中间，这就说明多数标志值集中在平均数附近，所以平均指标是标志值集中趋势的测度数，是反映总体变量集中倾向的代表值。在社会经济活动中，只利用总体的某一个体标志值，不能代表总体的综合特征。例如，我国某地区 2000 年粮食作物播种面积 110 060hm^2，总产量 46 661.8 万 t，从组成看，谷物平均每公顷产量最高达 6 217.6kg，最低 2 418.7kg。这里，用最高产量或最低产量，都不能代表该地区粮食生产的一般水平，只有求出平均每公顷产量，用平均每公顷产量 4 240kg，才能代表该地区粮食生产的一般水平。

3. 抽象性

平均指标是总体各单位标志值综合平均的结果。它把总体各单位标志值的差异抽象化,具有抽象性,从而说明总体的一般水平。如某企业的平均工资就是把职工之间不同工资的差异抽象化,用以说明该企业职工工资的一般水平,使人们看不到高收入与低收入的差别。因此,我们应当一分为二地看待和运用平均数,要用组平均数和绝对数作为补充。大多数情况下,只对数量标志计算平均数。当以虚拟变量来表示品质标志时,如产品质量等级用自然数表示,也可求其平均数指标,用来反映其平均变动情况。

(三) 平均指标的作用

平均指标体现着个别与一般的辩证统一关系,在统计实务中具有以下作用:

(1) 平均指标可以度量统计分布的集中趋势或中心位置。总体中各总体单位的变量值存在差异,并形成一定的统计分布,具有一定的分布特征。在大多数情况下,事物总体的统计分布通常是以平均指标为中心而左右波动。因此,在统计分析中,为了反映同一总体某种事物一般水平在不同时期的发展变化情况,可以运用平均数。平均指标作为同类事物一般水平的代表值,可用来描述总体分布的集中趋势或中心位置。例如,企业生产齿轮,测量其直径时会发现绝大多数齿轮直径靠近平均直径的周围,因此平均直径反映了齿轮直径的中心位置,这个中心位置可作为分析产品质量的一个重要依据。

(2) 平均指标可以作为对比分析的基础。平均指标可用来比较同一时间里几个同类事物总体的水平,分析它们在发展中的差距,此时的平均数称为静态相对数。在同一时间里,同类事物总体之间常常表现出差异,而由于总体范围有大小之别,我们不能用两个绝对数直接比较。采用平均指标来比较可以消除总体规模大小不同的影响,正确评价经济现象。例如,我们要比较甲、乙两地的工资水平,既不能用工资总额,也不能用个别职工的工资,而只能用平均工资进行比较。

平均指标还可以用来比较同一事物总体在不同时间的水平,分析事物发展变化的基本趋势,此时的平均指标称为动态平均数。同一事物在不同时间上的数量表现往往有差异,在分析事物发展变化趋势时,应用平均指标消除总体规模大小影响和偶然因素的影响,反映其本质特征。例如,由于不同时期同一总体职工人数可能发生变化,要观察职工工资水平的变化,只能用平均工资。

(3) 平均指标可以作为论断事物的一种数量标准或参考,研究事物之间的依存关系。事物都是在一定的条件下或一定的环境中相互依存。在进行统计推断和分析现象之间的相互依存关系时,为了能较好地把握个体与总体之间的关系以及现象与现象之间的关系,研究事物之间相互依存关系的数量表现,也常常需要运用平均数。例如,收入水平与劳动生产率之间、农作物的施肥量与产量之间、

费用水平与商品流转规模之间，都存在一定的依存关系。在分析这种关系时，需要使用平均数。

（4）平均指标可以进行推算和预测。平均指标是统计推断最常用的指标。例如，在利用样本资料来描述总体指标时，就常用样本平均数来推断总体平均数和推算总体总量指标。在统计预测中有时也使用平均发展速度来预测未来。平均指标可用于同类现象在不同空间条件下的对比。例如，劳动生产率、单位产品成本等平均数，由于消除了企业规模大小的影响，所以能真实地反映不同规模企业的工作业绩，正确分析企业的经济活动。

二、算术平均数

（一）算术平均数的基本形式

算术平均数是最常用的一种平均数，它是总体各单位某一数量标志的平均值，适用于满足标志总量等于总体各单位标志值之和的现象的平均。所以，算术平均数的基本计算公式应是总体标志总量与总体单位总量对比，表示为

$$算术平均数 = \frac{总体标志总量}{总体单位总量} \times 100\%$$

在统计与各项经济核算中，总体的单位数目与标志总量的资料可以直接从有关的报表中得到，因此可直接代入公式计算平均数。例如，某企业的月工资总额为 300 000 元，职工总数为 600 人，则该企业职工月平均工资 = 300 000 元/600 = 500 元。

因此，可以得出算术平均数的以下特点：

（1）适用于标志总量等于总体各单位标志值之和的现象的平均。

（2）算术平均数分子、分母来源于同一总体。

（3）分子是由分母确定的总体各单位所具有的某种标志值汇总得到的。

计算平均数具有两个要点。首先，对比的分子、分母两个指标来自同一总体，其分母项指标是反映总体规模的总体单位数，分子项是总体各单位某一数量标志值的代数和，二者是同一总体中两个性质不同的指标。其次，对比的两个指标存在着依存汇总关系，其分子是由分母所确定的总体各单位本身所具有的某种标志值汇总而取得的。或者说，分子中的每一个标志值都由分母的每个单位来承担。这是算术平均数的基本要点，也是算术平均数与相对指标，特别是强度相对数最本质的区别，只有清楚这一点才能有效地区分平均数和强度相对数。如我国人均钢产量指标是强度相对数，分子的钢产量不是通过分母所确定的总体（我国的所有人口）各单位所具有的标志值汇总而得到；又如，出生率（出生人口/

总人口）也是强度相对数，出生人口不是每个人口所承担的标志，它是两个总体单位总量的对比。因此，上述两指标不具备上述特点，就不是平均数。

（二）算术平均数的计算方法

在统计实务中，由于所掌握的统计资料不同，算术平均数的计算方法又可分为简单算术平均法和加权算术平均法。这两种不同的算术平均法，都源于基本公式，都是标志总量与单位总量之比。按简单算术平均法和加权算术平均法计算的平均数，称为简单算术平均数和加权算术平均数。

1. 简单算术平均法

这一方法适用于根据未分组资料计算算术平均数。

当掌握总体每一单位的标志值 X_1，X_2，X_3，$\cdots$，X_n 时，标志总量为

$$X_1 + X_2 + X_3 + \cdots + X_n = \sum_{i=1}^{n} X_i$$

则简单算术平均数为

$$\overline{X} = \frac{X_1 + X_2 + X_3 + \cdots + X_n}{n} = \frac{\sum_{i=1}^{n} X_i}{n}$$

式中，$\overline{X}$ 代表算术平均数；X_i 代表总体各单位标志值；n 代表总体单位总量。

上式可以简写成

$$\overline{X} = \frac{\sum X}{n}$$

例4-8 某车间6名工人月加工零件数分别为：20、22、24、25、26、28，求月平均加工零件数。

解 这6名工人平均月加工零件数应为

$$\overline{X} = \frac{\sum_{i=1}^{n} X_i}{n} = \frac{(20 + 22 + 24 + 25 + 26 + 28)\,件}{6} = 24.17\,件$$

2. 加权算术平均法

这一方法适用于根据分组资料计算算术平均数。

当掌握各组次数不等的变量数列时，各组标志总量等于各组变量与次数的乘积，则加权算术平均数为

$$\overline{X} = \frac{X_1 f_1 + X_2 f_2 + X_3 f_3 + \cdots + X_n f_n}{\sum_{i=1}^{n} f_i} = \frac{\sum_{i=1}^{n} X_i f_i}{\sum_{i=1}^{n} f_i}$$

式中，X_i 代表各组标志值；f_i 代表各组次数，也称权数；n 代表组数。

上式可以简写为

$$\bar{X} = \frac{\sum Xf}{\sum f}$$

该式仍然满足算术平均数的基本公式，标志总量 $\sum Xf$ 与单位总量 $\sum f$ 对比。

例 4-9 某厂按工人的操作水平分为两个组，即熟练工和学徒工，入厂时工资水平如表 4-6 所示。

表 4-6　工人工资水平表

	工资/元	人数/人	比重（%）	平均工资/元	工资总额/元
熟练工	3 000 ~ 5 000	70	70%	3 400	340 000
学徒工	1 000 ~ 3 000	30	30%		
合　计		100	100%		

经过一段时期之后，厂里的工人工资水平普遍上涨，那么工厂是否为之支付的总工资额也一定会上涨呢（见表 4-7）？

表 4-7　调整后的工人工资表

	工资/元	人数/人	比重（%）	平均工资/元	工资总额/元
熟练工	3 500 ~ 5 500	40	40%	3 060	306 000
学徒工	1 200 ~ 3 000	60	60%		
合　计		100	100%		

通过以上计算可以得出以下结论：

（1）加权平均数的大小受两个因素的影响，它既受变量水平 X 的影响，也受次数 f 的影响。在这两个因素中，变量自身水平 X 起决定性作用，它决定着平均数的变化大小，限定了平均数的存在区间。

（2）加权算术平均数的大小也受到各变量值出现的次数的影响。某一组变量值出现的次数越多，平均数受该组变量值的影响就越大；反之，影响就越小。可见，次数对变量值在平均数中的影响起着某种权衡轻重的作用，因此被称为权数。用变量值乘以权数（次数）在统计中叫加权，用这种方法计算出来的算术平均数叫做加权算术平均数。

加权算术平均数的一般公式还可以表示为如下形式：

$$\overline{X} = \frac{\sum Xf}{\sum f} = \sum X \frac{f}{\sum f}$$

式中，$\dfrac{f}{\sum f}$ 为频率，又称比重。频率（比重）反映了加权的实质，即权数对平均

数的影响，不在于绝对次数的大小，而在于相对次数所确定的频率（比重）的

大小。

例 4-10 某车间160名工人日产零件数如表4-8所示，计算平均日产量。

表 4-8 日产零件数分组表

日产量 X	工人数 f	$\dfrac{f}{\sum f}$	$X \dfrac{f}{\sum f}$	$X \dfrac{f}{\sum f} \div 18.2$
15	10	0.062 5	0.937 5	0.052
16	15	0.093 75	1.5	0.082
17	25	0.156 25	2.656 25	0.146
18	30	0.187 5	3.375	0.185
19	50	0.312 5	5.937 5	0.326
20	30	0.187 5	3.75	0.206
合　计	160	1	18.2	1

解 日平均产量 $\overline{X} = \dfrac{\sum Xf}{\sum f}$

$$= \frac{15 \times 10 + 16 \times 15 + 17 \times 25 + 18 \times 30 + 19 \times 50 + 20 \times 30}{10 + 15 + 25 + 30 + 50 + 30} 件 = 18.2 件$$

或
$$\overline{X} = \sum X \frac{f}{\sum f} = 18.2 件$$

计算结果两者保持一致。

若当各组比重都相同时，亦即各组权数都相等时，比重就失去了权数的作用，加权算术平均数就转变为简单算术平均数了。即 当 $f_1 = f_2 = f_3 = f_4 = \cdots = f_n$ 时，则有

$$\overline{X} = \frac{\sum Xf}{\sum f} = \frac{f \sum X}{nf} = \frac{\sum X}{n}$$

因此，当各组次数相等时，可直接采用简单算术平均数计算。

在计算分组资料的平均数时，还常常会遇到由组距式分组资料计算平均数的

问题。这时，应首先求出各组的代表值，经常用组中值来代替，然后再利用上述方法计算加权算术平均数。

例4-11 某国有企业职工工资资料如表4-9所示，计算该企业职工平均工资。

表4-9 企业职工工资资料

按日工资额分组/元	组中值/元	职工人数/人	工资总额/元
50～60	55	100	5 500
60～70	65	130	8 450
70～80	75	170	12 750
80～90	85	200	17 000
90～100	95	184	17 480
100～110	105	140	14 700
110～120	115	76	8 740
合　　计	—	1 000	84 620

解 $\overline{X} = \dfrac{\sum Xf}{\sum f} = \dfrac{84\ 620\ 元}{1\ 000} = 84.62\ 元$

因为变量值在各组内的分配不可能完全均匀，所以这种以组中值作为各组的代表值存在着假定性，所求得的平均数只是一种近似值。上述计算结果只是该企业职工平均工资的近似值，这是由组距分组资料决定的。组距越小越接近于实际的平均数，即平均数近似程度取决于组距的大小。

（三）加权算术平均法的特殊应用

加权算术平均数不仅可用于计算数量标志的平均数，还可用于计算某些品质标志的平均数，在实际统计工作中常把这些品质标志性质上的差别转变为数量上的差异，然后计算平均数，反映其一般质量水平。

1. 计算交替标志平均数

在社会经济现象中，有时把某种社会经济现象的全部单位划分为具有某种属性和不具有某种属性两种表现形式。如将企业的全部产品按是否达到技术质量标准，划分为合格品与不合格品两类；将全部人口分为男性、女性两组等。这种只将总体划分为"是"与"否"两类的标志，叫做交替标志，也称是非标志。交替标志是一种品质标志，只存在质的属性差别，不能直接计算平均数，若要计算平均数，首先要将它们的表现形式量化，使其质量差别转化为数量差异，即可用符号 X 来表示，视它为变量。定义在总体 N 中具有某种属性的单位标志值，取值为"1",具有这一属性的总体单位数目用 N_1 表示,其比重(又称成数)用 P 表示;而不具有某种属性的单位标志值,取值为"0",不具有这一属性的单位数用 N_0 表示,其比重(成数)用 Q 表示,即

$$X_i = \begin{cases} 1, & \text{具有某种属性的单位} \\ 0, & \text{不具有某种属性的单位} \end{cases}$$

总体单位数 $N = N_1 + N_0$,其中,$N_1 = \sum X_i$。

全部总体中具有所研究属性的单位数所占的比重,称为成数,表示为

$$P = \frac{N_1}{N} = \frac{1}{N} \sum X_i$$

全部总体中不具有所研究属性的单位数所占比重(成数)表示为

$$Q = \frac{N - N_1}{N} = \frac{N_0}{N}$$

这样,把交替的质量标志转换为(0,1)数量标志,就可以运用算术平均法计算平均数了。

例 4-12 某企业生产的产品总量中,合格品 9 500 件,不合格品 500 件(即合格品率 $P = 95\%$,不合格品率 $Q = 5\%$),依据表 4-10 计算该企业产品合格与否的平均数。

表 4-10 产品质量统计

	标志值 X	次数 f	Xf
合格品	1	9 500	9 500
不合格品	0	500	0
合 计	—	10 000	9 500

解 权数 f 分别是合格品数 N_1 和不合格品数 N_0,也可用相应的成数代入计算,用符号表示为

$$\bar{X} = \frac{\sum Xf}{\sum f} = \frac{1 \times 9\ 500 + 0 \times 500}{9\ 500 + 500} = 0.95$$

由此可见,在交替标志的总体中,具有某种性质的成数 P 也就是这一总体标志的加权算术平均数。这一方法,对于计算交替标志标准差是十分必要的。

2. 计算各种产品的平均等级

在实际工作中,往往依据一系列的质量标准和技术条件把合格品划分为不同质量的等级,生产工人也根据技术水平划分不同的技术等级。这些等级的划分,不是单纯的数量差别,而是质量的区分。在实际统计工作中,也要通过计算平均

等级指标，来综合反映不同等级的构成变化，反映产品质量上升或工人技术水平提高等情况。

例4-13 某工厂生产的产品依据质量标准划分为三个等级，2006年和2007年产品等级资料如表4-11所示，请分析该厂的产品质量是否提高了？

表4-11 产品质量等级表

产品等级 X	产量 f/ 万件		Xf	
	2006 年	2007 年	2006 年	2007 年
1	11	7	11	7
2	16	6	32	12
3	3	1	9	3
合　计	30	14	52	22

解 2007 年产品平均等级 $= \dfrac{\sum Xf}{\sum f} = \dfrac{22}{14} = 1.57$

$\quad$ 2006 年产品平均等级 $= \dfrac{\sum Xf}{\sum f} = \dfrac{52}{30} = 1.73$

计算结果表明，2007 年产品的平均质量等级有所提高。

（四）算术平均数的数学性质

算术平均数的计算公式比较符合数学原理，它本身具有一些数学性质。掌握了这些性质，有助于正确运用平均数，简化计算过程，还可为以后有关标志变异指标、时间数列、相关回归、抽样等内容的学习提供便利。

1. 各个变量值与平均数离差之和等于零

$X - \overline{X}$ 称为变量值与平均值的离差。$\overline{X}$ 是依据所有 X 变量值计算得到的。X 的数值，有的大于 $\overline{X}$，有的小于 $\overline{X}$，将 X 所有数值与 $\overline{X}$ 的离差加总起来，结果应为零。其推导过程如下：

简单算术平均数：

因为 $\qquad\qquad \overline{X} = \dfrac{\sum X}{n}, \quad \sum X = \overline{X}n$

所以 $\qquad\qquad \sum (X - \overline{X}) = \sum X - \overline{X}n = 0$

加权算术平均数：

因为 $\qquad\qquad \overline{X} = \dfrac{\sum Xf}{\sum f}, \quad \sum Xf = \overline{X} \sum f$

所以 $\qquad \sum (X - \bar{X})f = \sum Xf - \bar{X}\sum f = 0$

2. 各个变量值与平均数离差平方和为最小值

这就是说：

（1） $\sum (X - \bar{X})^2 = \min$

（2） $\sum (X - \bar{X})^2 f = \min$

$(X - \bar{X})^2$ 称为变量值与平均值的离差平方。此性质的意思是说，以 $\bar{X}$ 为中心求离差平方和，与以其他任何值为中心求离差平方和相比较，计算结果数值最小。这是一条非常重要的性质。其证明过程如下：

设 A 为不等于算术平均数 $\bar{X}$ 的任意常数。即

$$A = \bar{X} \pm C (C \neq 0)$$

首先求证 （1） $\sum (X - \bar{X})^2 = \min$。

$$\sum (X - A)^2 = \sum [X - (\bar{X} \pm C)]^2 = \sum [(X - \bar{X}) \mp C]^2$$
$$= \sum (X - \bar{X})^2 + nC^2 \mp 2C \sum (X - \bar{X})$$

运用上述性质 1，即

$$\sum (X - \bar{X}) = 0$$

所以 $\qquad \sum (X - A)^2 = \sum (X - \bar{X})^2 + nC^2$

因为 $\qquad nC^2 > 0$

所以 $\qquad \sum (X - \bar{X})^2 < \sum (X - A)^2$

即 $\qquad \sum (X - \bar{X})^2 = \min$

再求证 （2） $\sum (X - \bar{X})^2 f = \min$。

$$\sum (X - A)^2 f = \sum [X - (\bar{X} \pm C)^2]f$$
$$\sum [(X - \bar{X}) \mp C]^2 f = \sum [(X - \bar{X})^2 f \mp 2C \sum (X - \bar{X})f + C^2 \sum f]$$
$$= \sum (X - \bar{X})^2 f + C^2 \sum f$$

因为 $\qquad C^2 \sum f > 0$

所以 $\qquad \sum (X - \bar{X})^2 f < \sum (X - A)^2 f$

即 $\qquad \sum (X - \bar{X})^2 f = \min$

由此可见，变量 X 与算术平均数 $\bar{X}$ 的离差平方和，比用一不等于 $\bar{X}$ 的任意 A

计算的离差平方和要小一个常数值 nC^2 或者 $C^2 \sum f$。

三、调和平均数

(一) 调和平均数的概念

调和平均数是根据变量值的倒数计算的，它是变量值倒数的算术平均数的倒数，又称倒数平均数。在社会经济统计中，往往由于缺乏总体的单位资料，不能直接采用算术平均数方法，而以变量值推算出总体单位数，因此调和平均数往往作为算术平均数的变形形式来使用。和算术平均数一样，调和平均数也有简单调和平均数和加权调和平均数两种。

(二) 调和平均数的计算公式

(1) 对于未分组资料，计算简单调和平均数。简单调和平均数是将各标志值的倒数计算算术平均数，再取这一平均数的倒数。其计算公式为

$$H = \cfrac{1}{\cfrac{\left(\cfrac{1}{X_1} + \cfrac{1}{X_2} + \cdots + \cfrac{1}{X_n}\right)}{n}} = \cfrac{n}{\sum \cfrac{1}{X}}$$

式中，X_i ($i = 1, 2, \cdots, n$) 代表总体各单位标志值；n 代表总体单位总量。

(2) 对于分组资料，计算加权调和平均数。加权调和平均数为各变量值倒数的加权算术平均数的倒数。其计算公式为

$$H = \cfrac{1}{\cfrac{\cfrac{m_1}{X_1} + \cfrac{m_2}{X_2} + \cdots + \cfrac{m_n}{X_n}}{m_1 + m_2 + m_3 + \cdots + m_n}} = \cfrac{\sum m}{\sum \cfrac{m}{X}}$$

式中，m_i 代表各组权数；X_i 代表各组标志值。当各组 $m_1 = m_2 = \cdots = m_n$ 时，该式转化为简单调和平均数。

(三) 调和平均数的特点

(1) 调和平均数也是根据总体（或样本）的变量值计算的结果，在统计调查资料缺损的情况下，仍然无法计算。

(2) 调和平均数作为一种数值平均数，也受到标志值的影响，但它受极小值的影响大于受极大值的影响。这是因为调和平均数中变量值 X 采取的是倒数形式，小数字的倒数值将大于大数字的倒数值。但较之算术平均数而言，调和平均数受极端值的影响要小。

(3) 调和平均数的应用范围小。如果变量数列中有一项为 0，则无法计算调

和平均数。

从下列推导公式可以看出，调和平均数与算术平均数的关系为

$$\overline{X} = \frac{\sum Xf}{\sum f}, \quad \diamondsuit\ m = Xf, \quad \text{则}\ f = \frac{m}{X}$$

$$\overline{X} = H = \frac{\sum X \dfrac{m}{X}}{\sum \dfrac{m}{X}} = \frac{\sum m}{\sum \dfrac{m}{X}}$$

从上述公式推导可以看出，算术平均数的变形即为调和平均数的基本公式，m 称为权数，但与权数 f 的内容不同，m 是各组标志总量，即 $m = Xf$。实质上加权算术平均数以各组单位数（f）为权数，加权调和平均数以各组标志总量（m）为权数，但计算内容和结果是相同的。在实际工作中，由于受统计资料的限制，在缺少总体单位数而掌握各组的标志总量时，可以用标志总量作为权数，应用加权调和平均数计算，所得结果与算术平均数相同。

（四）调和平均数的应用

例 4-14　在市场上常有 1 元货，比如某种蔬菜，早晨 1 元 3kg，即每千克 0.33 元；中午 1 元 4kg，即每千克 0.25 元；傍晚 1 元 5kg，即每千克 0.20 元。要计算这一天早、中、晚各买 1 元该种蔬菜的平均价格是多少，这时有以下两种方法：

（1）先求每千克价格，然后平均，即

$$\overline{X} = \frac{(0.33 + 0.25 + 0.20)}{3} \text{元/kg} = 0.26\ \text{元/kg}$$

（2）采用采购额除以采购量的计算方法，即

$$\overline{X} = \frac{3}{3 + 4 + 5} \text{元/kg} = 0.25\ \text{元/kg}$$

这两种方法的计算结果不同，我们不妄加评价谁对谁错，稍加分析就可明白。前者是对早、中、晚三个单价计算的简单算术平均数，其分子是三个单价之和。而后者是用早、中、晚各买 1 元的采购额之和，即一天的采购额，分母是一天的采购量，采购额与采购量对比，即为这一天早、中、晚各买一元某种蔬菜的平均采购价格。显然，后者比前者的经济意义更加明确。若将前者的计算方法转换为加权调和平均数的形式，则可认为 0.26 元/kg 是早、中、晚各买 1kg 某种蔬菜的平均价格。

$$H = \frac{0.33 + 0.25 + 0.2}{\dfrac{0.33}{0.33} + \dfrac{0.25}{0.25} + \dfrac{0.2}{0.2}} \text{元/kg} = 0.26\ \text{元/kg}$$

由于采购量不同，使平均价格的计算结果出现差异。由此我们得出后者平均价格 0.25 元/kg 是原问题的正确结果。

我们将后者的计算过程加以转换，得出按简单调和平均数的计算过程。

$$H = \frac{3}{\frac{1}{0.33} + \frac{1}{0.25} + \frac{1}{0.2}} \ \text{元/kg} = 0.25 \ \text{元/kg}$$

该式是以每种价格为变量，假设每种价格蔬菜采购额相等时，计算的平均价格。

例 4-15 设甲、乙、丙三人进行自行车接力赛，全行程为 600km，各行 200km，甲每小时时速 30km，乙每小时时速 28km，丙每小时时速 20km，求三人平均每小时车速。

解 据此，应采用加权调和平均数或简单调和平均数（三人行程相等）计算。

$$H = \frac{200 + 200 + 200}{\frac{200}{30} + \frac{200}{28} + \frac{200}{20}} \text{km/h} = 25.2\text{km/h}$$

如果将本题改为三人都骑行 2h，求平均每小时车速，则应采用算术平均数计算。三人共骑行（30 + 28 + 20）km × 2 = 156km，共 6 小时，则平均每小时骑行 156km/6 = 26km，而不是 25.2km。

例 4-16 某系统所属生产同一产品的企业，统计资料如表4-12所示，求该系统平均劳动生产率。

表 4-12　生产统计资料表

按劳动生产率分组 / （kg/人）	组中值 X	企业数/个	产量/kg	$\frac{m}{X}$
50 ~ 60	55	2	82 500	1 500
60 ~ 70	65	8	65 000	1 000
70 ~ 80	75	18	52 500	700
80 ~ 90	85	10	25 500	300
90 ~ 100	95	4	15 200	160
合　计	—	42	240 700	3 660

因缺少权数 f 项，因此应采用变换式调和平均数计算。

先求出各组组中值，用组中值作为各组劳动生产率 X，然后再按公式计算平

均劳动生产率。

解 $H = \dfrac{\sum m}{\sum \dfrac{m}{X}} = \dfrac{240\ 700}{3\ 660} \text{kg/人} = 65.8 \text{kg/人}$

例 4-17   艾得公司在某年一季度三个系列的产品价格和销售情况如表4-13所示，计算三个系列商品的平均价格。

表 4-13   销售情况统计表

系　　列	平均价格/元	销量/台
A	2 000	300
B	2 500	200
C	2 400	250
合　　计	—	750

解   根据资料，平均价格的计算可以根据算术平均数的公式来计算：

总平均价格 $\overline{X} = \dfrac{\sum Xf}{\sum f} = \dfrac{1\ 700\ 000\ \text{元}}{750} \approx 2\ 267\ \text{元}$

如果公司在另一年度一季度的资料如表 4-14 所示。

表 4-14   销售情况统计表

系　　列	平均价格/元	销售额/万元
A	2 000	60
B	2 500	50
C	2 400	60
合　　计	—	170

根据资料，由于缺少项数，平均价格的计算只能根据调和算术平均数的公式来计算：

总平均价格 $H = \dfrac{\sum m}{\sum \dfrac{m}{X}} = \dfrac{1\ 700\ 000\ \text{元}}{750} \approx 2\ 267\ \text{元}$

计算结果与表4-13的资料结果完全一致。由此例可以看出，算术平均数与调和平均数是同一计算状态的两个不同形式，基本计算内容和结果是相同的，只

是由于实际工作中受到统计资料的限制而选择使用。在掌握总体单位数而缺少各组总体标志总量时，选择算术平均数计算；在缺少总体单位数而掌握各组的标志总量时，应用加权调和平均数计算，所得结果完全相同。

四、几何平均数

（一）几何平均数的特点

几何平均数不同于算术平均数和调和平均数，它是变量连乘积的 n 次方根，是一种具有特殊意义的平均指标，适用于计算具有环比现象的平均比率与平均速度。这是因为，几何平均数的计算结果和社会经济现象发展的平均比率和平均速度形成的客观过程相一致，符合人们的认识。

例如，某商品在第一次调价时，价格从 200 元上涨到 250 元，其价比为 250/200 = 1.25，上涨率为 25%；而在第二次调价时，价格则从 250 元下降到 200 元，其价比为 200/250 = 0.8，即下降了 20%。如果单纯从价格变动来看，经过两次调价，该商品价格一涨一降又回到原来水平，应当是没有变动。但是如果根据两次调价的价比按算术平均法计算，平均比价为（1.25 + 0.80）/ 2 = 1.025，即上涨了 2.5%。如果根据两次调价的价比按调和平均数方法计算，平均价比为 2/（1/1.25 + 1/0.8）= 2/2.05 = 0.975 6，即下降了 2.44%。很明显，由于该商品在第一次调价中的涨幅（25%）超过第二次调价中的跌幅（20%），所以按算术平均法计算结果偏高，按调和平均法计算结果偏低，都不符合实际。因为该商品在第一次调价中实际上涨了 50 元，在第二次调价中下跌了 50元，从绝对数来说，50 +（-50）= 0。这就是说，该商品在两次调价中平均来说没涨没跌。用什么办法才能和实际相符合呢？计算表明，用几何平均法最合适，即平均价比 = $\sqrt{1.25 \times 0.8}$ = 1。这个结果表明，两次调价的价格平均没涨没降。

概括起来，几何平均法的特点和运用条件如下：

（1）适用于解决等比数列或接近等比现象的平均。

（2）适用于变量值的连乘积等于被平均的总比率或总速度（总速度的平均属于动态平均指标，将在时间序列一章中介绍）这类现象的平均。

（3）几何平均数也是根据所有的变量值计算的，如果资料不完整或变量值中有一项为 0，则无法计算；如果变量值中有负值，计算的结果也可能出现负数或虚数。

（4）几何平均数受极端值的影响比算术平均数和调和平均数小。

（二）几何平均数的计算方法

由于掌握资料的差异，几何平均数也分为简单几何平均数和加权几何平均数两种。本节列举了在经济统计中几何平均数的几个主要应用领域，即车间产品合格率的计算、银行复利率的计算以及国民经济发展速度的计算等。

1. 简单几何平均数

简单几何平均数是 n 个变量值（比率）连乘积的 n 次方根。其计算公式为

$$G = \sqrt[n]{X_1 X_2 X_3 \cdots X_n} = \sqrt[n]{\prod X}$$

式中，G 代表几何平均数；X 代表各个变量值；n 代表变量值的个数。

例 4-18　某机械厂设有毛坯车间、粗加工车间、精加工车间、装配车间四个流水连续作业的车间。本月份毛坯车间制品合格率为 97%，粗加工车间制品合格率为 93%，精加工车间制品合格率为 91%，装配车间产品合格率为 87%，求该机械厂该月平均车间产品合格率。

解　这个问题属于求平均比率。因为流水作业的车间产品合格率之间有相乘的关系，后一车间必须在前一车间生产的合格品的基础上进行加工，各车间制品的合格率总和不等于全厂产品的总合格率，所以不能采用算术平均数法和调和平均数法。

$$平均合格率 \neq \frac{0.97 + 0.93 + 0.91 + 0.87}{4} = 0.92$$

由于后序车间的合格率是在前一车间全部合格制品的基础上计算的，所以全厂产品总合格率等于各车间制品合格率的连乘积，应当采用几何平均数法计算平均车间合格率。这个例子要用下式计算，即平均车间产品合格率

$$G = \sqrt[n]{\prod X} = \sqrt[4]{97\% \times 93\% \times 91\% \times 87\%} = 91.93\%$$

即该厂平均车间产品合格率为 91.93%。

2. 加权几何平均数

当计算几何平均数的每个变量值（比率）的次数不相同时，则应用加权几何平均数。其计算公式为

$$G = \sqrt[\sum f]{X_1^{f_1} X_2^{f_2} X_3^{f_3} \cdots X_n^{f_n}} = \sqrt[\sum f]{\prod X^f}$$

式中，G 代表几何平均数；X 代表各个变量值；f 代表变量值的次数；$\sum f$ 为次数总和。

例 4-19　某建设银行某项贷款的年利率为 i，12 年的贷款利率依次分别为：1～2 年 7%，3～5 年 8.5%，6～9 年 10.6%，10～12 年 12.1%，求贷款期间的平均年利率。

解 如果按复利考虑，每年的本利和为 $(1+i)$，n 年本利和 = 本金 $(1+$ 利率$)^{期限}$，利率总计为 $(1+i)^n$，n 为存款年数。当各年利率不同时，如本例则为

$$G = \sqrt[12]{(1+0.07)^2 \times (1+0.085)^3 \times (1+0.106)^4 \times (1+0.121)^3}$$
$$= 1.098\ 35$$

即平均利率为 $i = 1.098\ 35 - 1 = 9.835\%$

如果不是复利，利息不转为本金，按单利考虑时，利息 = 本金 × 利率 × 期限，所以不能用几何平均数，而是加权算术平均数则为

$$i = \frac{0.07 \times 2 + 0.085 \times 3 + 0.106 \times 4 + 0.121 \times 3}{12} = 0.098\ 5 = 9.85\%$$

例 4-20 2000～2002年，我国某省的 GDP 增长速度分别是 8.6%、8.7%、8.5%，则此期间的平均增长速度是多少？

解 $G = \sqrt[n]{\prod X} = \sqrt[3]{1.086 \times 1.087 \times 1.085} = 1.086\ 0$，则

平均增长速度 = $1.086\ 0 - 1 = 8.60\%$

3. 运用几何平均数应注意的问题

（1）在数列的变量值中，若有一项为零，则几何平均数必等于零，此时失去了计算的意义。

（2）在数列的变量值中，若有奇数个项为负数，其结果就会成为负数或虚数。

（3）用等比数列计算几何平均数不会受端值的影响，而用环比数列计算几何平均数，则受最初水平和最末水平的影响。

五、众数

当数列分布很不对称，且数列极端值影响很大时，一般平均数就会失去代表意义。如下例：

A 部门月工资（百元）：18、19、20、20、20、22、24、28

A 部门月平均工资 = 21.4 百元

B 部门月工资（百元）：18、19、20、20、20、22、24、240

B 部门月平均工资 = 47.9 百元

B 部门由于存在极端值 240，在其他组成人员工资均相等的情况下，由于受到极端值的影响，所以平均水平趋向极端值。因此数据呈明显偏态时，均值不能代表一般（中间）水平，这时位置平均数具有良好的代表性。

（一） 众数的意义

所谓众数，是指变量数列中出现次数最多或频率最大的变量值，用它来作为该变量数列的代表值，反映变量分布的集中趋势，一般以 M_o 表示。众数的次数越多，集中趋势越显著；反之，若众数的次数较少，众数的代表性就较差。因此，只有集中趋势显著时，才能用众数作为总体的代表值。

众数是一种特殊的平均指标，属于位置平均数。它与算术平均数、调和平均数和几何平均数都不同，不是根据所有总体各单位的变量值和次数计算的，而是由各个变量在次数分布数列中的特殊位置来确定的，如常用价格众数代表某种商品的市价。当求产品质量平均等级时，当某一等级产品的数量远远超过其他等级产品数量时，用众数作为平均质量等级有其独特的意义。

众数有如下特点：

（1） 众数不受极端数值和开口组的影响。当变量的分布为偏态时，更能代表一般水平。但它不受各变量值大小的影响。

（2） 当众数难以确定，如次数分配呈现了对称 U 形状态时，总体中出现次数最多的标志值不是一个，而是两个，这时称为双众数。一般认为，此时众数的确定没有实际意义。

（3） 众数适用于总体单位数较多，并有明显集中趋势的现象。当各个总体单位的标志值很少相同，众数对总体缺乏代表性，这时的众数没有意义。

综上所述，众数存在的条件是：总体的单位数多，各标志值的次数分配有明显集中趋势时，才存在众数；如果总体单位数多，但次数分配不集中，即各单位的标志值在总体中出现的比重比较均匀时，则不存在众数。如果总体单位数很少，尽管次数分布比较集中，众数的确定意义依然不大。

（二） 众数的计算方法

众数是通过发生次数的多少来确定的，数据项数太少时，不宜使用众数。因此，确定众数所使用的资料大多是分组数列。分组数列有两种：一种是单项式分组数列，一种是组距式分组数列。

1. 根据单项数列确定众数

根据单项数列求众数不需任何计算，可直接从分配数列中找到出现次数最多或频率最大一组的标志值，这就是所求的众数。

例 4-21　某车间工人按工龄分组的资料如表4-15所示，求车间工人工龄的众数。

解　因为工龄为 5 年的人数最多，有 32 人，故该车间工人工龄的众数为 5 年。

表 4-15　工人工龄分组表

按工人工龄分组/年	工人数/人
3	10
5	32
8	4
10	3
合　计	49

2. 根据组距数列确定众数

对组距数列求众数，则要采用公式计算。因为众数所在组的变量不是单项值，而是组距内所包含的一组值，而众数是众数所在组某一点的值，要找出众数点的标志值，就需借助众数计算公式进行。确定众数的一般步骤是：

（1）确定众数所在组。

（2）假定组内单位均匀分布，利用比例推算法确定众数的近似值。

众数的计算公式有以下两种：用众数所在组的组限上限为起点值的计算公式，称为上限公式；用众数所在组的组限下限为起点值的计算公式，称为下限公式。众数的下限公式和上限公式是等价的，两种方法的计算结果完全一致，但一般习惯采用下限公式。

下限公式：
$$M_o = X_L + \frac{\Delta_1}{\Delta_1 + \Delta_2}d$$

上限公式：
$$M_o = X_U - \frac{\Delta_2}{\Delta_1 + \Delta_2}d$$

式中，M_o 代表众数；X_L 为众数所在组的下限；X_U 为众数所在组的上限；Δ_1 为众数所在组次数与上一组次数之差；Δ_2 为众数所在组次数与下一组次数之差；d 为众数所在组组距。

例 4-22　根据表4-16所示工人完成生产定额资料，计算众数。

表 4-16　工人完成生产定额数

工人按完成生产定额百分比分组（%）	各组工人比重（%）
90 ~ 100	4
100 ~ 110	12
110 ~ 120	15
120 ~ 130	26
130 ~ 140	19

（续）

工人按完成生产定额百分比分组（%）	各组工人比重（%）
140～150	15
150～160	9
合　计	100

解 （1）首先确定众数所在组。120%～130%一组比重最大，为26%，故众数在120%～130%一组内，$X_L = 120\%$，$X_U = 130\%$，$d = 130\% - 120\% = 10\%$，$\Delta_1 = 26\% - 15\% = 11\%$，$\Delta_2 = 26\% - 19\% = 7\%$。

（2）由计算公式得

下限公式：　　$M_o = 120\% + \dfrac{11\%}{11\% + 7\%} \times 10\% = 126.1\%$

上限公式：　　$M_o = 130\% - \dfrac{7\%}{11\% + 7\%} \times 10\% = 126.1\%$

故工人完成生产定额的众数为126.1%。

需要说明的是，这样计算的结果确定了众数的具体数值，以代表总体的一般水平。但在实际工作中，用一段区间（即组距式表示）来说明问题更加有效。如本例中，该厂比较多的工人完成生产定额在120%～130%之间，如果说该厂比较多的工人完成生产定额126.1%，反倒令人不容易理解。

用组距式公式计算众数，以下几点需要注意。①利用公式计算众数，是真实众数的近似值。因为从理论上说，它是以组内单位均匀分布为研究前提条件的。②利用组距数列计算众数，有一基础条件，即各组的组距必须相等，因为组距与各组次数密切相关，组距越大，包含的次数也就可能越多。如果所掌握的资料是一不等距数列，则需把它整理为等距数列后再计算众数。③从众数的计算公式可知，它需要众数所在组的上下限及组距的数字资料，而一旦分组方法改变了，所计算的众数就将改变。④只有当分配数列有明显集中趋势时，才能够计算众数，或者说此时众数的确定才有意义。当分配数列出现两个或多个众数组时，可以对数列重新分组，求得一个具有明显集中趋势的分配数列，然后再确定众数。

六、中位数

（一）中位数的意义

中位数是将研究总体中的各个单位，按其标志值的大小顺序排列起来，处于中间位置的那个单位的标志值就是中位数，即中位数是正居各标志值中心的数

值，以 M_e 表示。例如，22、24、25、30、38 五个数中，25 便是该数列的中位数。中位数处于次数分布数列的中点，总体中有一半单位的标志值大于中位数，另一半单位的标志值小于中位数，所以它的大小受极端值的影响较小。中位数是对偏斜度不灵敏的平均数，当变量分布偏斜很大时（总体标志变异较大），中位数较平均数有更好的代表性。由于大量社会经济现象的分布呈正态分布或近似正态分布，因此，中位数可以从另一侧面反映次数分布的集中趋势。

（二）中位数的确定方法

根据中位数的概念，确定中位数的关键在于计算累计次数的中点，即中间项次，它所对应的标志值即为中位数。由于统计实务中所掌握的计算资料不同，所以计算中位数的方法也有所不同。分述如下：

1. 由未分组资料求中位数

要确定未分组资料的中间项次，首先把不规则的原始资料按变量大小依次排列，则：

若有 n 个数据且有 $\qquad X_1 \leqslant X_2 \cdots \leqslant X_n$

则
$$M_e = \begin{cases} X_{\frac{n+1}{2}}, & n \text{ 为奇数} \\ \dfrac{X_{\frac{n}{2}} + X_{\frac{n}{2}+1}}{2}, & n \text{ 为偶数} \end{cases}$$

即当 n 为奇数时，中间项次所对应标志值，即为中位数；当 n 为偶数时，则居中间位置的相邻两个变量值的算术平均数即为中位数。

例4-23 有6名工人日产零件数依次为 5 件、6 件、7 件、9 件、10 件、12 件，确定中位数。

解
$$中间项次 = \frac{6+1}{2} = 3.5$$

即中位数位于第三项与第四项之间。

$$M_e = \frac{(7+9) \text{ 件}}{2} = 8 \text{ 件}$$

2. 由单项式分组资料求中位数

对单项式分组资料首先计算 $\dfrac{\sum f + 1}{2}$，其次对各组次数按某一顺序作累计（向上累计或向下累计），确定中位数所在的位置，进而确定中位数的数值。

应当注意，当总体单位数 $\sum f$ 为奇数时，可以找到一个对应中点的总体单位，则该单位对应的数值即为中位数；当总体单位数 $\sum f$ 为偶数时，如果居于

中点位置两侧的第 $\dfrac{\sum f}{2}$ 个位置和第 $\dfrac{\sum f}{2}+1$ 个位置的总体单位均在同一组，则该

组对应的变量值即为中位数。如果居于中点位置两侧的第 $\dfrac{\sum f}{2}$ 个位置和第 $\dfrac{\sum f}{2}+1$

个位置的总体单位分别排在相邻两个组，则把相邻两个组的变量值的算术平均数作为中位数。

例4-24 某车间工人按工龄分组资料如表4-17所示，计算车间工人工龄的中位数。

表4-17 工人工龄分组表

按工龄分组/年	工人数 f/人	工人累计数/人	
		由低向高累计	由高向低累计
3	10	10	30
5	13	23	20
8	4	27	7
10	3	30	3
合　计	30	—	—

解 中位数所在项次即中间项次 $=\dfrac{\sum f+1}{2}=\dfrac{31}{2}=15.5$ ，由于第15项和

第16项无论从哪个方向累计都包括在第2组中，与此相对应的变量值为5，即 $M_e=5$。

3. 由组距式分组资料求中位数

根据组距式分组资料确定中位数的计算步骤如下：

第一步，对各组次数按某一顺序作累计（向上累计或向下累计），寻找中点位置，方法与单项式分组资料相同，确定中位数所在组。

第二步，按比例插值法计算中位数的确切数值。当次数累计按变量值大小由低向高累计时，称以下累计法，须采用下限公式计算中位数；当次数累计按变量值大小由高到低累计时，称以上累计法，则要采用上限公式计算中位数。按照一般习惯，用以下累计法，利用下限公式计算的较多。

中位数计算公式为：

下限公式（向上累计时用）

$$M_e = X_L + \frac{\dfrac{\sum f}{2} - S_{m-1}}{f_m}d$$

上限公式（向下累计时用）

$$M_e = X_U - \frac{\frac{\sum f}{2} - S_{m+1}}{f_m}d$$

式中，M_e 为中位数；X_L 和 X_U 分别为中位数所在组的下限和上限；f_m 为中位数所在组的次数；S_{m-1} 为中位数所在组以前一组的以下累计次数；S_{m+1} 为中位数所在组以后一组的以上累计次数；$\sum f$ 为总次数；d 为中位数所在组的组距。

无论是下限公式还是上限公式，都是由中位数所在组内的次数均匀分布为前提的，具体计算结果是比例推算的近似值。

例4-25 根据表4-18的资料计算中位数。

表4-18 **工人定额完成资料统计表**

工人按完成生产定额百分比分组（%）	各组工人占工人总数比重（%）	工人比重累计（%）	
		由低向高累计	由高向低累计
90 ~ 100	4	4	100
100 ~ 110	12	16	96
110 ~ 120	15	31	84
120 ~ 130	26	57	69
130 ~ 140	19	76	43
140 ~ 150	15	91	24
150 ~ 160	9	100	9
合　计	100	—	—

解 首先确定中位数所在位次：

$$中间项次 = \frac{\sum f + 1}{2} = \frac{101}{2} = 50.5$$

根据累计的资料，排在第50与51位置之间的变量值在第四组，即中位数所在组为完成定额120% ~ 130%之间，X_L 为120%，X_U 为130%，f_m 为26，S_{m-1} 为31，S_{m+1} 为43，d 为10%。

根据下限公式（向上累计时用）

$$M_e = X_L + \frac{\frac{\sum f}{2} - S_{m-1}}{f_m}d = 120\% + \frac{\frac{100}{2} - 31}{26} \times 10\% = 127.3\%$$

上限公式（向下累计时用）

$$M_e = X_U - \frac{\dfrac{\sum f}{2} - S_{m+1}}{f_m}d = 130\% - \frac{\dfrac{100}{2} - 43}{26} \times 10\% = 127.3\%$$

乍看起来，这样计算的结果很精确，但在实际经济生活中用处不一定很大。在很多时候，知道了中位数所在组的变量数值的变化区间就足够了，如在本例中，该厂工人完成生产定额大体在120%～130%之间。

七、不同分布下各种平均指标的关系

平均指标具体有算术平均数、调和平均数、几何平均数、众数、中位数五种形式，它们都可用于测定变量数列的集中趋势，即分布中心点位置，由此就提出下列问题：哪种平均数更好？不同平均指标间的关系如何？下面以算术平均数为中心分别加以比较说明。

（一）算术平均数和众数、中位数的关系

从计算结果来看，算术平均数和中位数、众数的关系取决于资料的次数分布状态。

1. 正态分布时

假设有一对称分布数列（见表4-19）。据此资料画图和计算，不难发现，中位数＝众数＝平均数。这就是说，在对称分布情况下，与曲线分布图顶端对应的变量值，发生的次数最多，同时又处于所有变量值中间的位置上，还是整个分布加以算术平均后的一般水平，如图4-1所示。

表4-19　数据分布资料

变 量 值	次 数
1	10
2	20
3	40
4	20
5	10

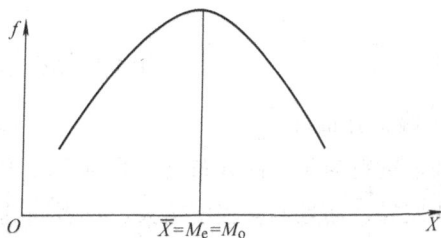

图4-1　对称分布图

根据表4-19资料计算可得

$$\overline{X} = M_e = M_o = 3$$

但利用这一特性对三者之间的关系加以判断时要注意，这个特性是一个充分条件，而非必要条件，即当已知总体分布为正态分布时，有中位数＝众数＝

平均数；但当已知中位数＝众数＝平均数时，这个分布数列并不一定是正态分布。

例 4-26 如有 6 名工人，日产量分别为 64 件、66 件、80 件、80 件、90 件、100 件，计算中位数。

解
$$\overline{X} = \frac{(64 + 66 + 80 + 80 + 90 + 100)\ 件}{6} = 80\ 件$$

$$M_o = 80\ 件$$

$$中间项次 = \frac{n+1}{2} = 3.5$$

$$M_e = \frac{(80 + 80)\ 件}{2} = 80\ 件$$

从图 4-2 可以明显看出，尽管中位数＝众数＝平均数，但图形分布不是正态分布，即当已知中位数＝众数＝平均数时，这个分布数列并不一定是正态分布，这一点在应用时应加以注意。

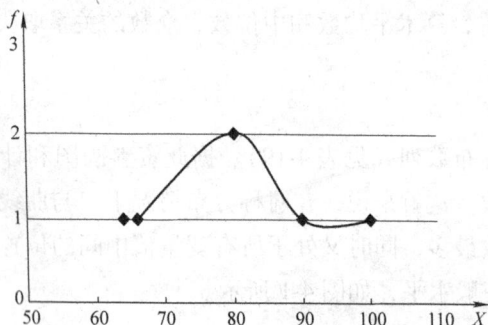

图 4-2　数据分布图形

2. 偏态分布时

如果资料为非对称分布（见图 4-2），则算术平均数和中位数、众数之间就会产生差异，而且偏斜程度越大，三者间的差异就越大。当资料为右偏分布时，算术平均数最大，依次是中位数、众数，如图 4-3 所示；当资料为左偏分布时，众数最大，依次是中位数、算术平均数，如图 4-4 所示。

以上两种分布状况均为非对称分布，这时三者之间存在一定的差异。将表 4-19 所用数列的次数作一调整，使其成为右偏分布数列，如表 4-20 所示，此时计算平均数、众数、中位数，可以得到如图 4-3 所示的结果。

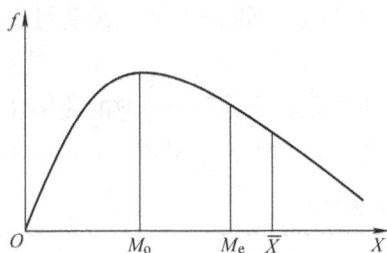

图 4-3　右偏分布

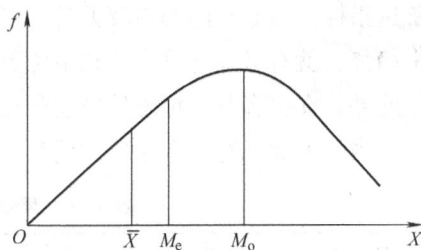

图 4-4　左偏分布

表 4-20　数列分布次数

变　量　值	次　　数
1	20
2	40
3	30
4	20
5	10

分别计算可得

$$\overline{X} = 2.7$$
$$M_o = 2$$
$$M_e = 2.5$$

显然有 $\overline{X} > M_e > M_o$。

英国数理统计学家卡尔·皮尔逊根据其经验方程在他所定的第Ⅲ型次数曲线的基础上认为：在轻度偏态的次数分布时，众数、中位数和算术平均数三者间有比较固定的关系，即无论右偏还是左偏，中位数始终居于众数和算术平均数之间；如果将众数与算术平均数间的距离视为 1，那么众数与中位数间的距离约为 2/3，中位数与算术平均数间的距离约为 1/3。根据这一关系，当已知其中两个指标时，可运用下述公式估算第三个指标。

$$M_e - M_o = 2(\overline{X} - M_e)$$
$$M_o = 3M_e - 2\overline{X}$$

由以上可知，如果用对称分布的统计资料计算平均指标，不存在指标选择问题。由于算术平均数最容易理解，最符合数学上的运算原理，因此它常常被人们首先选中。现实生活中，我们面对的统计资料大多不具备严格对称，但只要是接近于对称，众数、中位数和算术平均数间的差异很小，仍然可以把算术平均数作

为首选指标。当分布的偏斜较大时，仅用算术平均数已不能很好地反映变量值的集中趋势，就有必要计算众数和中位数了。

此外，在很多数量标志的描述和比较中，平均数、众数和中位数的使用几乎作用相当，但如果对象是品质数据时，三者的作用效果则大不相同（见表4-21）。

表4-21　某公司饮料销售情况

软饮料品牌	百事可乐	非常可乐	农夫果园	娃哈哈	激　活	合　计
销售频数	19	8	5	13	5	50

根据对三种平均指标的对比，可以得到结论：众数是衡量和描述品质数据位置的重要量度。

（二）算术平均数和几何平均数、调和平均数的关系

如果根据同一个资料计算算术平均数、调和平均数和几何平均数，计算结果为：算术平均数最大，调和平均数最小，几何平均数居中，即调和平均数≤几何平均数≤算术平均数。

这仅是从数量关系上所作的抽象比较。事实上，选择并计算平均指标，并非玩数字游戏，而是要服从于社会经济现象的客观性质、所掌握资料的状况和一定的研究目的。从前面各节的讲述中可以知道，算术平均数、调和平均数和几何平均数均有自己适用的领域。从实际情况来看，算术平均数应用范围最广，调和平均数一般只视为算术平均数的变型来应用，几何平均数主要用于计算平均比率和平均速度。

八、计算和运用平均指标的原则

正确应用平均指标来分析社会经济现象，应该遵循以下原则：

1. 必须注意所研究社会经济现象的同质性

平均数的分子、分母是属于一个总体的，这是平均数指标的重要计算原则。

平均指标所处理的是同质的大量现象。只有在同质总体中，总体各单位才具有共同的特征，从而才能计算它们的平均数来反映现象的一般水平；否则，计算的平均数就会把现象的本质差异掩盖起来，不能起到说明事物性质及其规律性的作用。所谓同质性，就是社会经济现象的各个单位在被平均的标志上具有同类性，各单位之间的差别仅仅表现在数量上，被平均的只是量的平均。如果各单位在类型上是异质的，这样的平均数不仅不能说明事物的本质和规律性，反而会歪曲事实，掩盖真相，抹煞现象之间的本质差别，它只能是虚构的"平均数"。

2. 必须注意用组平均数补充说明总平均数

许多平均指标的计算，是在科学分组基础上进行的，我们应该重视影响总平均数的各个有关因素的作用，通过计算组平均数对总平均数作补充说明，来揭示现象内部结构组成的影响，从而克服认识上的片面性。根据同质总体计算的平均数是总平均数，说明总体的一般水平，在统计分析中有重要作用。但是，总平均数还不能全面说明总体特征，因为总体单位之间还存在其他一些性质上的差别，有时被总平均数所掩盖。为揭示这些重要差别，还必须注意各单位在性质上的差别对总平均数的影响，这就需要进行分组，计算组平均数以补充说明总平均数。

例 4-27 某地甲、乙两村粮食产量情况如表4-22所示，试比较说明两村的生产情况。

表 4-22　粮食产量统计表

按自然条件分组	甲　村			乙　村		
	播种面积		总产量/	每亩产量/	播种面积		总产量/	每亩产量/
	绝对数/亩	（%）	万 kg	kg	绝对数/亩	（%）	万 kg	kg
山地	200	10	1.6	80	1 800	45	21.6	120
丘陵	1 000	50	20.0	200	1 200	30	30.0	250
平原	800	40	40.0	500	1 000	25	60.0	600
合计	2 000	100	61.6	308	4 000	100	111.6	279

从表中总平均数来看：甲村粮食每亩产量为308kg，乙村279kg，甲村高于乙村，那么能否断定甲村粮食生产好于乙村呢？从组平均数来看，无论山地、丘陵、平原的每亩产量甲村都低于乙村，这表明在同样的自然条件下乙村产量高于甲村。那么为什么总平均数每亩产量甲村高于乙村呢？原因在于甲村自然条件好，90%是平原和丘陵，其中平原占40%；相反，乙村平原仅占1/4，近一半的土地是山地，总平均数把不同自然条件的播种面积结构上的差异给掩盖了。可见，总平均数具有明显的抽象性。为了全面而科学地分析比较甲、乙两村的生产情况，就要分别计算山地、丘陵和平原的每亩产量即组平均数，以补充说明它们的总平均亩产，即总平均数指标。

3. 必须注意用分配数列补充说明平均数

大家知道，平均数的重要特征是把总体各单位的数量差异抽象化了，从而掩盖了各单位的数量差别及分配状况。因此，在应用平均指标说明社会经济现象的特征时，还要具体地分析研究总体单位的分配状况，用分配数列来补充说明平均数。

例 4-28 某重型机器厂的零件加工车间有120名工人。第三季度人均日产零

件 44.75 件；在第四季度，由于积极开展生产责任制，加强了管理，人均日产量发生了很大变化，日产零件达到 45 件。为了更好地分析这种变化情况，需要和分配数列结合，如表 4-23 所示。

表 4-23　工人日产零件数

按日产零件数 分组/件	组日产/件 X	各组人数/人	
		第三季度	第四季度
39 ~ 41	40	15	5
41 ~ 43	42	25	10
43 ~ 45	44	30	20
45 ~ 47	46	20	25
47 ~ 49	48	15	30
49 ~ 51	50	10	20
51 ~ 53	52	5	10
合　计	—	120	120

从表 4-23 可见，不仅平均日产水平发生了变化，分配数列结构也发生了很大变化。第三季度整个分布偏低，低于平均水平的有 70 人，占一半以上。到第四季度，整个分布偏高了，低于平均水平的仅剩 35 人，大部分超过平均水平，占一半以上。这种结构分布的变化，反映了事物总体内部质的变化，看到这点就使分析研究更具体直观。

4. 必须注意一般与个别相结合，把平均数和典型事例相结合

事物的发展都是不平衡的，在同一总体中，既有先进部分，也有后进部分，不能满足于一般状况。平均数是一个抽象的代表值，说明某项标志的一般水平，它体现了一定范围内的社会经济现象的共性，但同时也掩盖了社会经济现象的个性。如果在分析研究时只掌握一般情况而忽视个别情况，只满足于一般现状，就会出现认识错误。所以，为了丰富对事物的认识，在应用平均数时，需要结合个别的典型事例，尤其要研究先进和落后的典型，发现事物的本质变化。

第四节　变异度指标

一、变异度指标的意义

（一）变异度指标的概念

变异度指标是用来说明总体各单位标志值之间差异程度和分布形态的综合指

标，也称为标志变动度。它反映分配数列中以平均数为中心各标志值的变动范围或差异程度，是说明总体分布特征的一个重要综合指标。

社会经济现象所构成的总体内各单位之间存在着差异，从而形成各种不同的分布。虽然通常把社会经济现象视为正态分布，但不同的现象其分布形态都不一致。从大的倾向上，对任何现象都可以从总体分布的集中趋势和总体分布的离散趋势两方面来衡量。本节将介绍说明现象离中趋势，反映总体各单位标志值之间差异性的变异度指标。集中趋势与离中趋势度量指标是从现象的两个不同侧面来揭示总体数量特征的，它们相互配合，互相补充，使人们对所研究总体有一个全面的观察。

变异度指标是说明总体各单位差异程度的指标，主要包括全距、平均差及平均差系数、标准差（或方差）及标准差系数。

（二）变异度指标的作用

变异度指标可以分析总体各单位某一数量标志值的离中和对称程度，衡量平均指标的代表性，揭示事物变动的规律性，从而为经济管理和科学决策提供依据。

1. 变异度指标是衡量平均指标代表性大小的重要尺度

平均指标作为总体各单位某一数量标志的代表值，其代表性如何，取决于总体各单位数量标志值之间的差异程度。这种关系表现为：总体的标志变异度指标越大，平均指标的代表性就越小；反之，标志变异度指标越小，平均指标的代表性就越大。

例 4-29 假如有一个大型加工厂的采购代理商，定期向两个不同的供应商订货。两个供应商都在订货后平均 10 天左右交货。运营了几个月后，供货商的供货时间资料如图 4-5、图 4-6 所示，问二者在按时供货的可靠性上是否一致？

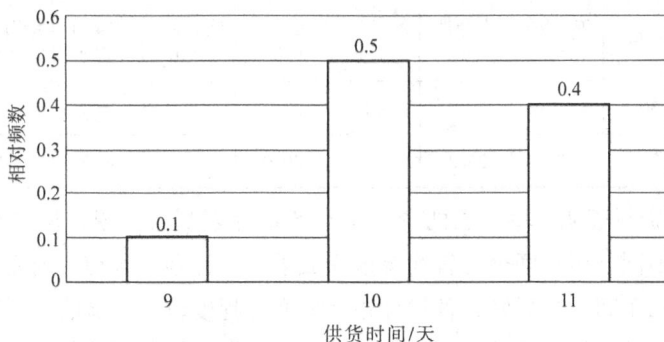

图 4-5 甲供应商供货时间

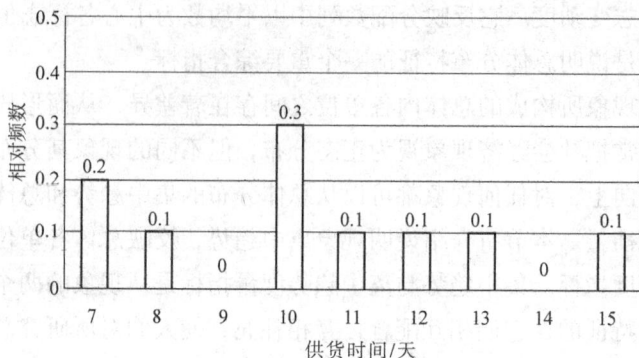

图 4-6 乙供应商供货时间

这两个供应商的平均供货时间都是 10 天左右，但两个供应商的变异程度不同，因此，这两个供应商的平均供货时间所具有的代表性也就不同。由于甲供货商供货时间的变动差异较小，所以其平均数的代表性就大；而乙供货商的供货时间的变动差异较大，其平均数的代表性也就小。

2. 变异度指标是反映社会经济活动过程均衡性的一个重要指标

在经济管理中，变异度指标可以显示计划执行过程中的均衡性，为有效地组织生产、提高经济管理工作的质量提供依据。

例 4-30 某企业两个车间某月份某产品生产计划完成情况如表4-24所示，试比较两车间的计划完成情况。

表 4-24 生产计划完成情况

按车间分组	月产量计划数/万元	实际完成							
		上　　旬		中　　旬		下　　旬		全　　月	
		绝对数/万元	占全月（%）	绝对数/万元	占全月（%）	绝对数/万元	占全月（%）	绝对数/万元	完成计划（%）
甲车间	30	9	30.0	10	33.3	11	36.7	30	100
乙车间	30	7	23.3	9	30.0	14	46.7	30	100

表4-24 资料表明，甲、乙两个车间月产量计划都已完成，但执行计划过程中的节奏则不同。甲车间全月较均衡地完成了生产计划，各旬计划完成率变异程度较小；而乙车间前松后紧，各旬计划完成变异程度较大。显然，甲车间计划执行情况要优于乙车间。此外，在抽样调查中，变异度指标还是确定必要抽样数目和计算抽样误差的重要依据。

二、全距

（一）全距的概念与计算

全距是指一个变量数列中最大标志值与最小标志值之差。因为它是一个变量数列中两个极端数值之差，故又称为极差，一般用 R 表示。计算公式为

$$R = 最大标志值 - 最小标志值$$

如例 4-29 中，甲供应商的供货时间全距为

$$R_甲 = 11 \text{ 天} - 9 \text{ 天} = 2 \text{ 天}$$

乙供应商的供货时间全距为

$$R_乙 = 15 \text{ 天} - 7 \text{ 天} = 8 \text{ 天}$$

虽然甲、乙两个供应商的平均供货时间都为 10 天左右，但两人供货时间的极差不一样，即 $R_甲 < R_乙$，所以甲供应商的平均供货时间更具有代表性。

如果统计资料经过整理，成为组距变量数列，则全距为

$$R = 最高组的上限 - 最低组的下限$$

如果所遇组距变量数列属于开口组，则应先分别计算其最高组的上限和最低组的下限，然后再利用上述公式计算全距的近似值。

例 4-31 某企业职工工资分组资料如表4-25所示，计算该企业职工工资的全距。

表 4-25 职工工资分组表

按月工资分组/元	职工人数/人
700 以下	100
700 ~ 800	250
800 ~ 900	300
900 ~ 1 000	200
1 000 以上	150
合　计	1 000

解 最高组的上限 = 最高组的下限 + 邻组的组距 = 1 000 元 + 100 元 = 1 100 元

最低组的下限 = 最低组的上限 - 邻组的组距 = 700 元 - 100 元 = 600 元

R = 最高组的上限 - 最低组的下限 = 1 100 元 - 600 元 = 500 元

因为最大标志值与最小标志值是分别以最高组上限和最低组下限代替的，这个最高组上限和最低组下限又是一个具有假设意义上的组限，所以这个计算结果

是近似值。

全距的计算方法简单、易懂，容易被人们理解。但是，全距只能说明标志值的变异范围，并不能反映所有标志值差异的大小与总体单位的分配状况，所以说全距是很粗略的变异度指标。

全距最大的缺点是受极端值的影响，极大值或极小值对整个分布的影响并不大，而对全距的影响非常大，因此，有极端值出现时不适宜使用全距。

（二）全距的应用

在工业生产过程中，全距经常被用来检查产品质量的稳定性和进行质量控制。在正常生产条件下，产品的质量性能指标（如强度、浓度、长度、直径等）的误差总在一定范围内波动，如果误差超出一定的范围，说明生产可能出现毛病。利用全距指标，可以及时发现生产中存在的问题，以便采取相应的措施，保证产品的质量。休哈特质量控制图就是一种产品质量控制中常见的过程控制图。它是1924 年贝尔电话研究所休哈特博士首创并用作过程控制的管理图，如图4-7 所示。

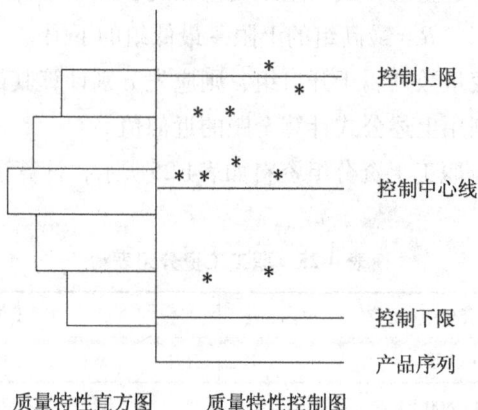

图 4-7　休哈特质量控制图

1. 休哈特质量控制图的基本格式

图的左半部是抽检样本的质量特性直方图，右半部是质量特性控制图。图中"＊"为按先后顺序测得的样本单位的质量特性值，"＊"点出控制界限即控制报警的一种形式，说明生产过程可能出现质量问题。

2. 休哈特质量控制图的基本原理

产品生产是一个动态过程，即使是同一种原材料、同一生产工艺，产品质量因受众多因素影响必定存在变异。变异的原因可归纳为以下几点：

（1）原材料质量在容许范围内变动导致的产品质量变异。

（2）在规定的工艺标准、生产环境容许范围内，生产作业条件（工艺、环境、设备、工人技术水平等）变动导致的产品质量变异。

（3）因不遵守生产作业规程导致的产品质量变异。

（4）虽遵守生产作业规程，但由于生产作业条件不完备，且无力控制变动原因导致的产品质量变异。

前两类原因属偶然性因素，对产品质量影响不大，可忽略，受其影响的质量特性值"＊"仅在上下控制界限内无规则变动；后两类原因属系统性因素，对产品质量影响很大，受其影响的质量特性值"＊"出界或在上下控制界限内规则性变动，此时，应予停产调整。

3. 休哈特质量控制图的使用条件和预警标准

控制图的使用条件为：

（1）成批生产的产品或零部件。

（2）生产作业条件正常（处于标准化管理之中）。

（3）计量仪器准确。

预警标准为：

（1）正常标准是连续 35 点，界外不超过 1 点；连续 100 点，界外不超过 2 点。

（2）异常标准是点子出界超过正常点数或点子在界内呈规律性或周期性变化。

三、平均差与平均差系数

（一）平均差的概念

平均差是各标志值与算术平均数离差绝对值的算术平均数，常用 *A. D.* 表示。由于各标志值对算术平均数的离差之和等于零，因此，计算平均差时，采用离差的绝对值 $|X - \bar{X}|$。平均差能够综合反映总体中各单位标志值变动的情况。平均差越大，表示标志变动度越大，则平均数代表性越小；反之，平均差越小，表示标志变动度越小，则平均数代表性越大。它是以各标志值与算术平均数的离差为衡量标志变异程度依据的。若以算术平均数为中心，离差可以解释为离中差，可恰当地体现出离散的分布状况。

平均差是根据全部变量值计算出来的，所以对整个变量值的离散趋势有较充分的代表性。但由于平均差计算采用取离差绝对值的方法来消除正负离差的影响，因而不适合于代数方法的演算，使其应用受到限制。

（二）平均差的计算

平均差的计算步骤如下：

第一步，求总体各标志值的算术平均数；

第二步，求总体各标志值与其算术平均数的离差；

第三步，求离差的绝对值；

第四步，将离差绝对值的总和除以项数 n 或总次数 $\sum f$，即为平均差。

1. 简单平均式

在资料未经分组时，采用简单平均式。其公式为

$$A.D. = \frac{\sum |X - \bar{X}|}{n}$$

例4-32　现以甲、乙两组工人的工资资料为例（见表4-26），计算平均差。

表4-26　工人工资资料　　　　　　　　　　单位：元

甲　　组			乙　　组		
工资	离差	离差绝对值	工资	离差	离差绝对值
600	−200	200	700	−100	100
700	−100	100	750	−50	50
800	0	0	800	0	0
900	100	100	850	50	50
1 000	200	200	900	100	100
合　　计	—	600	合　　计	—	300

解　　　　$\bar{X}_{甲} = \dfrac{\sum X}{n} = \dfrac{4\ 000\ 元}{5} = 800\ 元$

$$A.D._{甲} = \frac{\sum |X - \bar{X}|}{n} = \frac{600\ 元}{5} = 120\ 元$$

$$\bar{X}_{乙} = \frac{\sum X}{n} = \frac{4\ 000\ 元}{5} = 800\ 元$$

$$A.D._{乙} = \frac{\sum |X - \bar{X}|}{n} = \frac{300\ 元}{5} = 60\ 元$$

上例计算说明，在甲、乙两组工人平均工资相等的情况下，甲组的平均差大于乙组，因而其平均数的代表性比乙组小。

2. 加权平均式

在资料经过分组形成次数不等的变量数列时，应采取加权平均式。其计算公式为

$$A. D. = \frac{\sum |X - \overline{X}| f}{\sum f}$$

例 4-33 某企业职工工资资料如表 4-27 所示，计算该企业职工工资的平均差。

表 4-27　企业职工工资资料表

月工资分组/元	工人数/人	组中值/元	工资总额/元	离差/元	离差绝对值/元	离差绝对值乘以次数
700 以下	100	650	65 000	−205	205	20 500
700 ~ 800	250	750	187 500	−105	105	26 250
800 ~ 900	300	850	255 000	−5	5	1 500
900 ~ 1 000	200	950	190 000	95	95	19 000
1 000 以上	150	1 050	157 500	195	195	29 250
合　计	1 000	—	855 000	—	605	96 500

解

$$\overline{X} = \frac{\sum Xf}{\sum f} = \frac{855\,000\ 元}{1\,000} = 855\ 元$$

$$A. D. = \frac{\sum |X - \overline{X}| f}{\sum f} = \frac{96\,500\ 元}{1\,000} = 96.5\ 元$$

计算说明，该厂工人的月平均工资与各个工人的月工资额平均相差 96.5 元。如同其他企业对比，平均差的数值越大，则其平均工资的代表性就越小。

（三）平均差系数

平均差是总体各单位标志值与其平均数离差绝对值的平均指标。其数值大小不仅与离差情况有关，而且随各标志值本身大小而异。一般地说，总体各标志值的平均水平越高，其平均差值也越大；反之越小。也就是说，当总体各单位标志值变异程度相同，总体各单位标志值平均水平不同时，其平均差的值就不等。同时，平均差是有计量单位的绝对数分析指标，因而不适合用于不同现象和不同计量单位的平均差直接对比。为解决这个问题，就要把平均差转化为相对数分析指标，即将平均差除以相应的平均数求平均差系数，用以反映标志值离差的相对水平。采用平均差系数可以在不同现象、不同水平的总体间进行对比。其公式为

$$V_A = \frac{A. D.}{\overline{X}}$$

式中，V_A 代表平均差系数；其他符号的含义同前。

例 4-34 成年组身高和幼儿组身高资料如下所示，计算平均差系数。

成年组身高（cm）：161、163、165、167、169

幼儿组身高（cm）：73、74、75、76、77

解 根据资料计算可得，成年组：

$$平均身高\overline{X} = \frac{(161 + 163 + 165 + 167 + 169)cm}{5} = 165cm$$

平均差 A.D. =

$$\frac{(|161 - 165| + |163 - 165| + |165 - 165| + |167 - 165| + |169 - 165|)cm}{5} = 2.4cm$$

$$平均差系数\ V_A = \frac{A.D.}{\overline{X}} = \frac{2.4}{165} = 1.45\%$$

幼儿组：

$$平均身高\overline{X} = \frac{(73 + 74 + 75 + 76 + 77)cm}{5} = 75cm$$

平均差 A.D. =

$$\frac{(|73 - 75| + |74 - 75| + |75 - 75| + |76 - 75| + |77 - 75|)cm}{5} = 1.2cm$$

$$平均差系数\ V_A = \frac{A.D.}{\overline{X}} = \frac{1.2}{75} = 1.6\%$$

通过计算可知，如果比较两组身高的差异程度，直接采用平均差这一绝对指标进行比较时，成年组的身高平均差比幼儿组大一倍，如果认为成年组的身高差异程度比幼儿组大一倍，显然是不太合适的。如果比较他们的平均差系数，则成年组比幼儿组小 0.15 个百分点，所以，相对来说，成年组的身高比较均匀，变异较小。

四、标准差与标准差系数

（一）标准差的概念和计算方法

标准差是测定标志变异度最常用的指标，是总体各单位标志值与其算术平均数的离差平方的算术平均数的平方根，故又称为均方根差（均方差）或方差根，标准差的平方称为方差。标准差的实质与平均差基本相同，也是以总体各单位标志值与其算术平均数的离差为变异度的衡量依据，计算各个标志值对其算术平均数的平均离差，即平均离散程度。标准差与平均差只是在数学处理方法上的不同，它是采用平方的方法消除离差的正负符号而求得的。不过，开平方之后，不

像一般代数那样取正负两个值，而是只取正值。

计算标准差的一般步骤为：

第一步，求总体标志值的算术平均数；

第二步，求总体各标志值与其算术平均数的离差；

第三步，求离差的平方；

第四步，求各项离差平方和的算术平均数；

第五步，对离差平方和的算术平均数开平方，即得出标准差。

计算时依据资料条件的差异，其计算公式分为简单平均式与加权平均式两种形式。现分述如下：

1. 简单平均式

如果掌握的是未分组的原始资料，在计算标准差时，就要采用简单平均式。其公式为

$$\sigma = \sqrt{\frac{\sum (X - \overline{X})^2}{n}}$$

式中，σ 代表标准差。

例 4-35　有甲、乙两组工人工资资料（见表 4-28），计算标准差。

解　根据表 4-28 的资料，计算得

$$\sigma_{甲} = \sqrt{\frac{\sum (X - \overline{X})^2}{n}} = \sqrt{\frac{100\,000}{5}} = 141.4$$

$$\sigma_{乙} = \sqrt{\frac{\sum (X - \overline{X})^2}{n}} = \sqrt{\frac{25\,000}{5}} = 70.7$$

计算说明，在甲乙两组工人平均工资相等的情况下，甲组的标准差大于乙组，因而其平均数的代表性比乙组小。

表 4-28　工人工资资料　　　　　　　　　单位：元

甲　　组			乙　　组		
工　　资	离　　差	离差平方	工　　资	离　　差	离差平方
600	−200	40 000	700	−100	10 000
700	−100	10 000	750	−50	2 500
800	0	0	800	0	0
900	100	10 000	850	50	2 500
1 000	200	40 000	900	100	10 000
合　　计	—	100 000	合　　计	—	25 000

2. 加权平均式

如果资料经过分组，形成次数不等的变量数列时，就应采用加权平均式。其公式为

$$\sigma = \sqrt{\frac{\sum (X - \overline{X})^2 f}{\sum f}}$$

（1）单项式分组资料计算标准差。对单项式分组资料计算标准差时，可以直接依据资料先计算加权算术平均数，然后利用公式计算标准差。

例4-36 某企业工人包装工作数如表4-29所示，说明工人日包装数的变异程度。

表4-29 包装工作分组资料

按日包装数分组/箱	工人数/人	总包装数/箱	离差/箱	离差平方	离差平方乘次数
20	2	40	−5	25	50
21	4	84	−4	16	64
22	15	330	−3	9	135
23	17	391	−2	4	68
24	19	456	−1	1	19
25	22	550	0	0	0
26	43	1 118	1	1	43
27	21	567	2	4	84
28	9	252	3	9	81
29	6	174	4	16	96
30	3	90	5	25	75
31	1	31	6	36	36
合 计	162	4 083	—	—	751

解

$$\overline{X} = \frac{\sum Xf}{\sum f} = \frac{4\ 083}{162} \text{箱} = 25 \text{ 箱}$$

$$\sigma = \sqrt{\frac{\sum (X - \overline{X})^2 f}{\sum f}} = \sqrt{\frac{751}{162}} \text{箱} = 2.15 \text{ 箱}$$

（2）组距式分组资料计算标准差。当对组距式分组资料计算标准差时，应先求出各组的组中值，然后按加权法进行计算。

例4-37 某企业职工工资资料如表4-30所示，计算标准差。

表 4-30　职工工资资料

月工资分组/元	工人数/人	工资总额/元	离差/元	离差平方	离差平方乘次数
700 以下	100	65 000	−205	42 025	4 202 500
700 ~ 800	250	187 500	−105	11 025	2 756 250
800 ~ 900	300	255 000	−5	25	7 500
900 ~ 1 000	200	190 000	95	9 025	1 805 000
1 000 以上	150	157 500	195	38 025	5 703 750
合　　计	1 000	855 000	—	—	14 475 000

解
$$\overline{X} = \frac{\sum Xf}{\sum f} = \frac{855\ 000}{1\ 000}\ 元 = 855\ 元$$

$$\sigma = \sqrt{\frac{\sum (X - \overline{X})^2 f}{\sum f}} = \sqrt{\frac{14\ 475\ 000}{1\ 000}}\ 元 = 120.3\ 元$$

3. 交替标志的标准差

交替标志的平均数用以说明总体标志的集中趋势和一般水平。同时，还应从事物的另一个侧面去研究交替标志的离散趋势。交替标志的标准差是计算说明总体的变异程度指标的。二者相互配合与补充以全面地观察问题。

当总体各单位的交替标志值用符号 X_i 表示时，则

$$X_i = \begin{cases} 1\ ;N_1 = \sum X_i\ ;P = \dfrac{N_1}{N} \\[2mm] 0\ ;N_0 = N - N_1\ ;Q = \dfrac{N_0}{N} \\[2mm] P + Q = 1 \end{cases}$$

交替标志的标准差计算如表 4-31 所示。

交替标志的算术平均数为

$$\overline{X} = \frac{\sum Xf}{\sum f} = \frac{1 \times P + 0 \times Q}{P + Q} = P$$

表 4-31　交替标志标准差的计算

交替标志值（变量）	总体单位数（成数）	变量乘以总体单位数	离　　差	离差平方	离差平方加权
1	P	P	$(1-P)$	$(1-P)^2$	$(1-P)^2 P$
0	Q	0	$-P$	P^2	$P^2 Q$
合　　计	1	P	—	—	$(1-P)^2 P + P^2 Q$

交替标志的标准差为

$$\sigma = \sqrt{\frac{\sum (X - \overline{X})^2 f}{\sum f}} = \sqrt{\frac{(1 - P)^2 P + P^2 Q}{P + Q}} = \sqrt{\frac{Q^2 P + P^2 Q}{1}}$$

$$= \sqrt{PQ(P + Q)} = \sqrt{PQ} = \sqrt{P(1 - P)}$$

可见，交替标志的算术平均数就是具有某种属性的单位数在全部单位数中所占的成数 P。交替标志的标准差就是具有某种属性的单位数在全部单位数中所占成数 P 和不具有某种属性的单位数在全部单位数中所占成数 Q 的乘积的平方根。

例 4-38 某机械厂铸造车间生产300t铸件，合格品270t，不合格品30t，其他数据如表4-32 所示，试求交替标志的平均数和标准差。

表 4-32 交替标志的计算

交替标志值	总体单位数（成数）	变量×总体单位数	离差	离差平方	离差平方加权
1	0.9	0.9	0.1	0.01	0.009
0	0.1	0	−0.9	0.81	0.081
合　计	1	0.9	—	—	0.09

解 合格品率 $P = \dfrac{270}{300} = 0.9 = 90\%$

$$\overline{X} = \frac{\sum Xf}{\sum f} = \frac{0.9}{1} = 0.9 = 90\%$$

$$\sigma = \sqrt{\frac{\sum (X - \overline{X})^2 f}{\sum f}} = \sqrt{\frac{0.09}{1}} = 0.3 = 30\%$$

或者可以直接利用简化公式

$$\overline{X} = P = 0.9 = 90\%$$

$$\sigma = \sqrt{P(1 - P)} = \sqrt{0.9 \times (1 - 0.9)} = 0.3 = 30\%$$

上述计算结果表明，这批铸件的平均合格率为90%，其标准差为30%。

（二）标准差系数（离散系数）

标准差与全距、平均差一样，都是对分布的离散趋势进行的绝对测定，是标志变异程度的绝对数分析指标。只有在不同总体的现象相同，并且平均数相等的情况下，才能运用上述三种绝对数分析指标直接进行比较。而它们在实际应用中，对不同现象的总体由于变异度指标的计量单位不同，不能直接进行对比；即使是同类现象在平均指标不相等的情况下，由于其值受到总体自身平均水平高低的影响，也不能直接对比。为解决标志变异程度在不同总体间的对比问题，有必要去计算标志变异度相对指标。平均差系数和标准差系数就属于这一类。

标准差系数又称离散系数。它是标准差与其相应的平均数之比，用来对比分析不同数列标志变异程度的相对数分析指标。它以平均数为对比基础，假设为1（系数表示）或100（百分数表示），则标准差系数的计算公式为

$$V_\sigma = \frac{\sigma}{\overline{X}}$$

式中，V_σ 代表标准差系数；其他符号的含义同前。

例4-39 甲、乙两个企业工人的劳动生产率资料及标准差系数计算如表4-33所示，问哪组的平均数代表性更大？

表4-33 劳动生产率资料及标准差系数计算

企　业	平均劳动生产率	标　准　差	标准差系数（％）
甲	16 000	600	3.75
乙	8 000	400	5.00

解 其中，$\sigma_甲 > \sigma_乙$，但不能说甲企业工人平均劳动生产率的代表性比乙企业小。这是因为，两个企业平均劳动生产率水平相差悬殊，需要计算标准差系数，消除不同数列平均水平所产生的影响。即

$$V_{\sigma 甲} = \frac{\sigma}{\overline{X}} = \frac{600}{16\ 000} = 3.75\%$$

$$V_{\sigma 乙} = \frac{\sigma}{\overline{X}} = \frac{400}{8\ 000} = 5\%$$

由于 $V_{\sigma 甲} < V_{\sigma 乙}$，表明甲企业的离散程度小于乙企业。从另一方面看，甲企业工人平均劳动生产率高于乙企业工人平均劳动生产率的代表性。

本 章 小 结

（1）总量指标反映社会经济现象在一定时间、地点条件下所达到的绝对规模或绝对水平的综合指标。总量指标可以分别按反映的内容、反映的时间状况等进行分类。

（2）相对指标的种类较多，结构相对指标反映总体中各个部分在总体中所占的比重；比较相对指标主要用于说明某一种现象在同一时间内各统计单位发展的程度；比例相对指标表示总体内部的比例构成关系；计划完成相对指标用以说明计划的完成程度，是实行计划管理的重要指标；强度相对指标表明经济现象的强度、密度和普遍程度等在社会经济统计中的运用。

（3）平均指标反映总体在具体条件下的一般水平，表达经济现象的集中趋势，因此也称为"集中趋势度量指标"，主要包括数值平均数（算术平均数、调和平均数和几何平均数）和位置平均数（众数和中位数）。

（4）变异度指标表明总体各单位之间的差异程度，是说明总体分布特征的重要综合指标，主要包括全距、平均差和平均差系数、标准差和标准差系数。

重要概念

总体单位总量　总体标志总量　时期指标　时点指标　众数　中位数　全距　变异系数

练习题

一、简答题

1. 如何认识统计中的综合指标？综合指标是怎样分类的？

2. 总体单位总量和总体标志总量、时期指标和时点指标如何区别？

3. 统计中常用的相对指标有几种？各有什么作用？

4. 结构相对指标、比例相对指标和比较相对指标有什么不同？强度相对指标和平均指标有哪些主要区别？

5. 分析长期计划执行情况时，累计法和水平法有什么特点？如何计算计划完成程度？

6. 什么是平均指标？它的特点和作用如何？

7. 在什么情况下，应用简单算术平均数和加权算术平均数计算的结果是一样的？请举例说明。

8. 什么是众数和中位数？它们为何称为位置平均数？怎样运用？

9. 什么是标志变动度？测定标志变动度的指标有哪些？它们各有什么特点？

10. 为什么要计算变异系数？

二、计算题

1. 某公司上半年进货计划执行情况如表4-34所示。计算和分析：

表4-34　某公司上半年进货计划执行情况表

材　料	单　位	全年进货计划	第一季度进货		第二季度进货	
			计划	实际	计划	实际
A	t	3 000	600	600	700	718
B	t	2 000	350	400	450	400
C	t	800	200	110	250	280

（1）各季度进货计划完成程度。

（2）上半年进货计划完成情况。

（3）上半年累计计划进度执行情况。

2. 某地区固定资产投资完成情况资料如表 4-35 所示，该地区"十五"期间计划固定资产投资 410 亿元。试问 5 年计划任务提前多长时间完成？

表 4-35　某地区固定资产投资完成情况表　　　　　单位：亿元

年　　份	2001	2002	2003	2004	2005			
					1 季	2 季	3 季	4 季
固定资产投资额	68	83	95	105	29	30	28	30

3. 某企业产值计划完成 115%，比上期增长 8%，试问产值计划规定比上期增加多少？该企业产品单位成本应在上期 780 元水平上降低 15 元，实际上期单位成本 750 元，试确定降低单位成本的计划完成程度。

4. 某班学生"经济统计学"考试成绩如表 4-36 所示，试计算该班学生考试成绩的众数、中位数和算术平均数，并分析该班学生成绩的分布形态。

表 4-36　某班学生"经济统计学"考试成绩表

按成绩分组/分	学生人数/人
60 以下	5
60 ~ 70	15
70 ~ 80	10
80 ~ 90	17
90 ~ 100	3
合　　计	50

5. 2000 年某月份，甲、乙百货公司某系列产品价格及成交量、成交额资料如表 4-37 所示，试问该系列产品哪一个市场的平均价格比较高？并说明原因。

表 4-37　甲、乙百货公司某系列产品资料表

品　　种	价格/（元/个）	甲公司成交额/万元	乙公司成交量/万个
甲	1.2	1.2	2
乙	1.4	2.8	1
丙	1.5	1.5	1
合　　计	—	5.5	4

6. 某农作物的两种不同良种在 5 个村生产条件基本相同的地块试种，结果如表 4-38 所示，试测定这两个品种收获率哪一种具有较大稳定性？并指出哪一种较有推广价值。

表 4-38　某农作物良种试种情况表

村　庄	甲　品　种		乙　品　种	
	收获率/(kg/亩)	播种面积/亩	收获率/（kg/亩）	播种面积/亩
甲	475	11	350	9
乙	450	9	450	13
丙	550	10	560	15
丁	525	8	500	13
戊	500	12	604	10
合　计	—	50	—	60

7. 有两个投资项目，甲项目的收益预期资料如表 4-39 所示，乙项目在过去几年的收益状况如表 4-40 所示，假设这两个项目的收益具有可比性，在综合考虑投资收益和投资风险的情况下，该如何投资？

表 4-39　投资项目甲的收益率

收益率（%）	40	30	20	10	0	−10	−20	−30
概　率	0.05	0.15	0.3	0.2	0.1	0.1	0.05	0.05

表 4-40　投资项目乙的收益率（按复利率考虑）

年　度	2004	2005	2006	2007	2008
收益率（%）	100	200	10	−40	−30

三、案例分析

直接邮购公司[○]

1991 年 7 月，直接邮购公司（DMC）的国内销售经理达夫·斯坦利返回了位于马萨诸塞州波士顿市的总部。他刚刚参加完在新墨西哥州的 Albuquerque 召开的为期 3 天的公司西部地区销售人员年会。在那里他受到他的销售人员洪水般猛烈的责难。几个西部地区营销员骨干威胁说，如果在公司的直接邮购活动中达夫不能更好地给他们提供销售指导信息，他们就将辞职。达夫保证一回到总部就立即处理这件事。

直接邮购公司以邮寄的方式销售主要的消费品，是美国最大的直销组织之一。DMC 公司从期刊社、信用卡公司以及政府那里购买订购者名单，并照着这些订购者名单上的地址邮寄各种广告材料。这些广告材料包括介绍产品的宣传资料以及邮资已付的明信片。订购者如果

○ 摘自《管理统计案例》，（加）Peter C. Bell 编，机械工业出版社，1999。

想获得更多的信息就可以将这张明信片寄回。每一张明信片都编了号以便于查到寄回明信片的人属于哪张订购者名单，这样公司就可以记录下每份名单的回复率。从返回的明信片上转抄下来的人名和地址就成为 DMC 国内销售人员的销售指导信息。销售人员的责任就是通过亲自拜访，在偏远地区则通过电话，对客户进行跟踪。

DMC 邮寄部门的主要作用就是策划邮件的投递工作以便给销售人员提供源源不断的指导信息。如果在某一个月，销售人员得到的指导信息少，就无法保证一定的收入，因为他们主要靠佣金取酬。但另一方面，如果提供太多的指导信息，销售人员就会抱怨说在他们打电话之前，大部分信息指导效用已经降低（由于所隔时间较长，订购者在销售人员到来时已经对该产品失去了兴趣，购买的可能性也就更小了）。

达夫·斯坦利会晤了邮寄部门经理苏珊·坎。达夫重申了他的西部销售人员对销售指导信息的忧虑："在 2 月份，你们提供给我们的销售指导信息超出了我们的处理能力，然而，从那以后指导信息的数量一直下降，到了 5 月份已经降到了 2 月份的一半。苏珊，这到底是怎么回事？""当你看到 6 月份的总指导信息数时，你就会高兴起来。"苏珊回答说，"但是我害怕这仅仅是暂时的好转。在过去的六个月中，发出的每千份函件中获得的指导信息数量明显下降。我们已通过增加发出函件的数量试图扭转局面。在 6 月份为了增加指导信息数，我们发出了近 240 万封信函。但是，很显然，这种做法并不是长久之计，因为很难在每个月都能找到 240 万个新名字。""你是说我们必须接受每月仅有较少的指导信息这个事实吗？"达夫问到，"这个问题很严重，因为如果我们不能及时提供指导信息的话，我们就将失去一些优秀的销售人员，公司的经营状况也就会急转直下。你是否与副总裁讨论过这个问题？"

"我们在订购者名单上增加开支是经副总裁批准的，因此他是了解这些问题的。"苏珊回答道，"他建议我们仔细地考查一下资料，弄清是什么原因造成指导数的减少。我们尝试了多种可能的解决办法。我们试着选用不同内容的信函，试着在一周的不同时间发出信函，试着使用各种不同的名单。但是，目前来看，所有这些努力都没有多大效果。但是我们清楚近来有两个因素影响了我们。首先，我们按美国政府提供的顾客名单发出的信函太多，仅仅在 2 月和 3 月，我们就向 560 000 多名老顾客发过信函。我们自然是希望能够从老顾客名单上得到更多的信息；但是，今年 3 月份我们得到的信息却非常少。其次，在 2 月份，由于指导信息数量的减少，我们不得不改变了我们一贯坚持的在第一次发出信函后 90 天之内不再重复发函的做法。虽然我们已经注意到按同一份名单发函如果过于频繁，指导信息数量将会显著下降，但是，由于我们需要给你们提供指导信息，所以不得不在这个春季大量重复发函。"

正是由于和苏珊·坎的谈话以及近来与西部销售人员的关系处于窘境，使得达夫不得不坐下来仔细翻阅苏珊提供给他的有关邮寄的历史资料（见表 4-41）。达夫关心的主要问题是和去年相比，今年 3 月份到 6 月份尽管发函数量迅猛地增长，但每千封信函所带来的指导信息数量却突然减少。达夫并不十分清楚他在寻找什么，但是，他希望能找到解决目前问题的方式，至少找到一个对目前问题的合理解释。

表 4-41 有关邮寄的历史资料

投递月份	总投寄量 (1)	总反馈量 (2)	退伍军人投寄量 (3)	退伍军人反馈量 (4)	重复投寄数 (5)	重复投寄反馈量 (6)
1989 年						
7	1 134 784	10 202				
8	391 248	4 525				
9	5 034	17				
10	283 203	2 120	44 643	1 096		
11	1 205 801	10 751				
12	285 943	3 189				
1990 年						
1	700 645	7 006	57 654	1 828		
2	999 301	9 893				
3	123 679	1 027				
4	112 279	1 604	25 476	874		
5	579 482	6 832	83 685	2 833		
6	746 079	9 750	62 319	2 324		
7	1 111 468	15 819	30 393	788		
8	598 488	6 613			63 216	675
9	60 601	932	54 166	905		
10	2 923 328	31 105	188 307	6 184	513 283	3 040
11	1 657 847	18 028	11 018	359	222 191	1 603
12	781 353	12 005	123 299	4 324		
1991 年						
1	713 647	7 432	49 412	1 287		
2	2 222 213	23 565	207 346	4 304	626 179	5 360
3	2 278 545	18 129	353 132	3 657	993 184	6 427
4	1 677 499	13 014	83 563	2 175	712 721	2 987
5	2 034 769	12 656	89 483	1 256	1 027 983	3 263
6	2 353 077	17 955	173 927	3 732	1 208 412	4 302

注：(1) 包括 (3) 和 (5)；(2) 包括 (4) 和 (6)。

要求：

(1) 试判断邮寄部门和销售人员的陈述，谁讲的是真实情况。

(2) 对直接邮购公司（DMC）整体运营状况作出分析。

第五章

时 间 数 列

本章要点：了解时间数列的种类和编制原则，熟练掌握时间数列的常用指标及计算方法，能够正确运用平均发展水平与平均速度分析经济现象在动态发展阶段的经济状态。重点掌握时间数列的分析方法，熟练运用长期趋势和季节变动的分析方法。

第一节 时间数列的意义和编制原则

一、时间数列的概念和作用

社会经济现象永远处于运动和发展变化之中。社会经济统计作为认识社会的有力武器，不仅应从社会经济现象的相互联系和相互制约中进行研究，而且要从它们的发展变化中进行研究。通过编制时间数列，计算时间数列指标，进行时间数列分析，可以实现这样的研究目的。

时间数列是指将表明社会经济现象在不同时间发展变化的某种指标数值，按时间先后顺序排列而形成的数列，也称为时间序列或动态数列。表 5-1 就是我国 2000～2006 年国内生产总值时间数列。

从表 5-1 可以看出，时间数列由两个基本要素所构成：一个是资料所属的时间；另一个是在一定时间条件下的统计指标数值。由此可知，时间数列具有两个特点：一是反映现象的指标概念相对稳定；二是指标数值随着时间的变化而不断

变化。

表5-1　我国的国内生产总值（按当年价格计算）[①]

年　份	2000	2001	2002	2003	2004	2005	2006
国内生产总值/亿元	99 214.6	109 655.2	120 332.7	135 822.8	159 878.3	183 867.9	210 871.0

① 资料来源：中国国家统计局 http://www.stats.gov.cn。

　　编制和研究时间数列，在现代化建设中有重要作用：①时间数列可以描述社会经济现象在不同时间的发展状态和过程。如表5-1可以描述我国国内生产总值不断增长的过程。②通过时间数列资料，可以研究社会经济现象的发展趋势和速度，以及掌握其发展变化的规律性。③根据时间数列资料，可以研究长期趋势、季节变动、循环波动和不规则变动的影响，对社会经济现象的发展过程、发展前景进行分析和预测。

二、时间数列的种类

　　时间数列按其所排列的指标数值的性质不同，分为绝对数时间数列、相对数时间数列和平均数时间数列。绝对数时间数列是基本数列，其余两种时间数列是根据绝对数时间数列计算出来的派生数列。

（一）绝对数时间数列

　　绝对数时间数列是指由一系列同类的总量指标数值所构成的时间数列。它可以反映某种社会经济现象的绝对水平在不同时间的发展变化情况。按其所反映社会经济现象的性质不同，又分为时期数列和时点数列。

　　1. 时期数列

　　时期数列是指由反映某种社会经济现象在一段时期内发展过程累计量的总量指标所构成的绝对数时间数列。如表5-1所示的我国2000～2006年的国内生产总值就是一个时期数列。表中每项指标值，都是1年（12个月）的国内生产总值的累计数，是一定年份所创造国内生产总值的总量。又如，我国历年的国民收入、社会总产值、工农业总产值、社会商品零售额等所构成的绝对数时间数列，都是时期数列。

　　时期数列具有以下特点：

　　（1）数列具有连续统计的特点。时期指标由于反映的是现象在一段时间内发展过程的总量，它就必须在这段时间内把所发生的数量逐一登记后进行累计。

　　（2）数列中各个指标的数值可以相加。因为构成某一时期指标值的任何单位标志值，不再是其他时期指标值的组成部分。这种标志值具有综合计算一次

性、不重复的特征，使得时期数列中彼此连接时期的指标值可以加总，得出更长时期的总计值。例如 1 年的产值是各月产值的总和，5 年的基建投资额是由每年投资额加总得来的。

（3）数列中各个指标数值的大小与所包括时期的长短有直接关系。在时期数列中，时间单位的长度称为时期；两个相邻时期间的时间距离称为时期间隔。在连续不间断的时期数列中，时期间隔的长度等于时期长度。如表 5-1 的时期与间隔均为一年。时期与间隔可以为日、周、旬、月、季、年或更长的时期，其长短应根据统计研究的目的而定。为编制和检查短、近期计划及进行短、近期预测服务，采用的时期与间隔宜短；为编制和检查中、长期计划及进行中、长期预测服务，采用的时期与间隔宜长。如研究我国"一五"至"十一五"期间国民经济的发展变化，就可以 5 年为一个时期。在时期数列中，一般而言，时期长，指标数值大；时期短，指标数值小。

2. 时点数列

时点数列是指由反映某种现象在一定时点（瞬间）上的发展状况的总量指标所构成的绝对数时间数列。如表 5-2 所列我国 2000～2006 年的人口数，就是一个时点数列。

表 5-2 中的每项指标值，都是在每年年末这个时点上我国的人口总数。通过我国 2000～2006 年人口数的时点数列资料，可以反映我国人口多、增长快的状况和过程。又如，企业单位历年年末的职工人数、设备台数、商品库存额、流动资金余额等所构成的绝对数时间数列，都是时点数列。

表 5-2　我国人口数（年底数）[①]

年　　份	2000	2001	2002	2003	2004	2005	2006
人口数/万人	126 743	127 627	128 453	129 227	129 988	130 756	131 448

① 资料来源：中国国家统计局 http://www.stats.gov.cn。

在时点数列中，每一时点指的都是一瞬间，因此，无时点长度。相邻两个时点的距离，称为时点间隔。时点间隔的长短，决定于所研究现象变动的快慢。对于一些变动频繁的现象，间隔宜短。如企业职工人数、流动资金余额、库存原材料量、库存商品等，可以月、季为间隔，每月月末或季度末统计一次；对一些变动较小、比较稳定的现象，间隔可以适当长一些。

时点数列具有以下特点：

（1）数列指标不具有连续统计的特点。时点指标反映现象在某一时刻上的数量，只需在某一时点上进行统计，取得该时点资料，不必连续进行登记。时点

指标是现象在某一时刻上的数量，但现实中不可能对每一瞬间上的数量都进行调查登记，因此习惯上以天作为瞬间单位。时点数列有连续时点数列和间隔时点数列之分。连续时点数列是指时点现象以天为单位所编成的时间数列，可以把这种数列看成不存在时间间隔。间隔时点数列是指时点现象按一定的时间间隔提供指标值所编成的时间数列。这种数列中的指标值一般是时点现象期末的数字，如年末、季末、月末的职工人数是年、季、月最后一天的职工人数。

（2）数列中各个指标数值不具有可加性。同时期数列指标相反，时点数列中，同样一个总体单位或者标志值可能统计到数列中几个时点的指标值中，如普查过后的人口中有很大一部分又包含在以后各年中，所以时点数列中经常出现总体的一些单位或标志值两次或多次被计算到指标值中的情况，使得时点数列各指标值总和本身无意义。应该指出，某些时点现象，如人口数、库存量、耕地面积，若是统计其一定时期的增减数量，它们是可以加总的，因而是时期数列。

（3）数列中每个指标值的大小与其时点间隔长短没有直接联系。因为时点数列的每一个指标值只表明现象在某一瞬间上的数量，因而时点间隔的长短对指标值大小不发生直接影响，一般其时点间隔不要求必须相等。如年底的工人数、库存量就不一定都比年内各月月末的数值大。

（二）相对数时间数列

相对数时间数列是指由一系列同类的相对指标数值所构成的时间数列。它可以反映社会经济现象数量对比关系的发展过程。例如用利润税金总额同全部平均占用资金对比计算资金利税率指标编制成的时间数列；用各个时期生产部门职工占全部职工比重指标形成的时间数列等，就是相对数时间数列。相对数时间数列包括：由两个时期数列对比所形成的相对数时间数列；由两个时点数列对比所形成的相对数时间数列；由一个时期数列和一个时点数列对比所形成的相对数时间数列。在相对数时间数列中，各个指标数值是不能相加的。

（三）平均数时间数列

平均数时间数列是指由一系列同类的平均数指标数值所构成的时间数列。它可以反映社会经济现象一般水平的发展变化过程，包括静态平均数时间数列和动态平均数时间数列。静态平均数是根据同一时间的变量值计算的平均数；动态平均数是根据不同时间的变量值计算的平均数，也称为序时平均数。在平均数时间数列中，各个指标值也不能相加。

统计中，往往把这三种时间数列结合起来运用，以便于对社会经济现象发展过程进行全面分析。

例 5-1　某地历年年末实有耕地面积是绝对数时间数列；灌溉面积占耕地面

积的比重是相对数时间数列；每公顷平均耕地施用化肥是平均数时间数列。根据表 5-3 的数据，分析该地区农业生产条件的变化。

表 5-3 某地区农业生产条件的变化

指 标 \\ 年 份	1993	1996	1999	2001	2002
年末实有耕地面积/ $\times 10^3 hm^2$	99 305.2	96 846.3	95 672.9	95 101.4	94 970.9
灌溉面积占耕地面积的比重（%）	45.2	45.5	49.5	51.2	51.9
每公顷耕地平均施用化肥/t	0.12	0.18	0.27	0.33	0.38

从表 5-3 可看出，1993 年以来，某地区灌溉面积占耕地面积的比重和每公顷耕地平均施用化肥逐年增加，反映某地区农业生产条件显著改善。

三、时间数列的编制原则

编制时间数列的目的，在于通过数列中各项指标值对比，说明社会经济现象的发展过程和规律性。因此，保证同一时间数列中指标值的可比性是编制时间数列的前提条件。为了保证可比性，应遵循以下几个基本编制原则：

1. 时间长短应该前后一致

由于时期数列指标值的大小，同时期长短成正比，时期越长指标值越大，反之则越小。因此，时期数列中各项指标值所属的时期长短应该前后一致才能对比；如果时期长短不同，应进行必要的调整。为了便于对比分析，在编制时间数列时，最好使数列各指标代表的时期长度前后保持一致。

对于时点数列来说，则不存在指标值所属时点长短的问题，只要求注意时点间隔是否一致。由于时点数列指标值的大小与时点间隔的长短没有直接关系，其时点间隔虽然可以不一致，但是为了明显地反映社会经济现象发展变化的规律性，在编制时点数列时，时点间隔也应力求一致。

2. 总体范围应该一致

总体范围是指时间数列所包括的地区范围、隶属关系范围等。在进行时间数列分析时，要查明所依据的指标值总体范围是否前后一致。只有范围一致才可以对比，如有变动应进行必要的调整。

3. 指标的经济内容和计算口径应该统一

同一时间数列各项指标值的经济内容应该前后一致。例如，编制社会商品零售额时间数列，其各年指标值应该都是社会商品的零售额，不允许有些年份用社会商品零售额，有些年份用商业零售额。

指标的计算口径是指计算方法、计量单位与计价基础。同一个时间数列各项指标值的计算价格、计量单位、具体计算方法应该统一。例如，编制劳动生产率的时间数列，其指标值是用生产工人劳动生产率或全员劳动生产率，还是用产值劳动生产率或实物劳动生产率，应前后一致。计算产值劳动生产率的价格如果前后有变动，也应进行必要的换算。

整理历史资料，汇编统计年鉴，主要是编制各种时间数列。当由于客观原因，时间数列中的指标值不完全符合上述要求时，则应该加以注解说明，对指标值的可比性也不能绝对化。有时为了研究不同时期的经济发展情况，也可以编制时期长短不同或时点间隔不等的时间数列，如表5-4所示。

表5-4 我国普通高等学校毕业生人数[①]

年 份	1912~1948	1949	1965	1978	1980	1995	2001	2005
毕业生人数/万人	21.08	2.1	18.6	16.5	14.7	80.5	103.6	306.8

① 资料来源：中国国家统计局 http://www.stats.gov.cn。

从表5-4可知，2001年一年高等学校毕业生就有103.6万人，远远超过旧中国36年和建国后30年高等学校毕业生的总和，这表明我国教育事业取得了很大成就。

第二节 时间数列的常用指标

为了研究现象的动态变化，需要对时间数列进行加工，计算时间数列指标。常用的时间数列有：发展水平和增长量、发展速度和增长速度、增长1%的绝对值、平均水平和平均速度。

一、发展水平和增长量

（一）发展水平

发展水平是指时间数列的每一项具体指标值。它反映某种社会经济现象在一定时期或时点上所达到的规模或水平，是计算其他时间数列指标的基础。一般地，a_0，a_1，a_2，a_3，…，a_n 代表时间数列。在时间数列中，第一项指标值 a_0 叫最初水平，最后一项指标值 a_n 叫最末水平，其余各项指标值 a_1，a_2，a_3，…，a_{n-1} 叫中间水平。两个发展水平进行对比分析时，作为比较基础时期的水平，叫基期水平；所分析研究时期的水平，称为报告期或报告期水平。具体指标值属何种水平，是由研究目的及其在时间数列中的位置决定的。例如表5-5所示的1998~2003年我国某省利用外资总额的情况。

表 5-5　1998～2003 年我国某省利用外资总额

指　标	年　份	1998	1999	2000	2001	2002	2003
实际利用外资总额/亿美元		19.81	27.05	46.47	72.58	84.52	102.26
增长量 /亿美元	累计	—	7.24	26.66	52.77	64.71	82.45
	逐期	—	7.24	19.42	26.11	11.94	17.74
发展速度 （%）	定基	100	136.55	234.58	366.38	426.65	516.20
	环比	—	136.55	171.79	156.19	116.45	120.99
增长速度 （%）	定基		36.55	134.58	266.38	326.65	416.20
	环比		36.55	71.79	56.19	16.45	20.99
增长1%的绝对值/亿美元			0.198 1	0.270 5	0.464 7	0.725 8	0.845 2

表 5-5 中，我国某省历年实际利用外资总额就是发展水平指标。它反映了该省实行对外开放政策，扩大国际经济往来，1998～2003 年实际利用外资规模迅速发展的情况。发展水平在文字说明上，一般用"增加到"、"增加为"或"降低到"、"降低为"来表示。如该省实际利用外资总额 1998 年为 19.81 亿美元，2003 年增加到 102.26 亿美元。

（二）增长量

增长量是指时间数列中报告期水平与基期水平之差，说明社会经济现象在一定时期内增减变化的绝对量。其计算方法为

增长量 = 报告期发展水平 － 基期发展水平

增长量可为正值，也可为负值。增加时为正，减少时为负。根据研究目的不同，选择基期也有所不同，因而增长量可分为累计增长量和逐期增长量。

累计增长量是报告期发展水平与某一固定时期发展水平（通常为最初水平）之差，说明报告期较某一固定时期增减的总量。如表 5-5 第三行是累计增长量，1999 年为 27.05 亿美元 － 19.81 亿美元 = 7.24 亿美元；2003 年为 102.26 亿美元 － 19.81 亿美元 = 82.45 亿美元。

逐期增长量是报告期发展水平与前期发展水平之差，说明报告期较前期增减的绝对量。如表 5-5 第四行是逐期增长量，1999 年为 27.05 亿美元 － 19.81 亿美元 = 7.24 亿美元；2003 年为 102.26 亿美元 － 84.52 亿美元 = 17.74 亿美元。

设时间数列的各期发展水平为 a_0，a_1，a_2，a_3，…，a_n，则

累计增长量：$a_1 - a_0$，$a_2 - a_0$，…，$a_n - a_0$

逐期增长量：$a_1 - a_0$，$a_2 - a_1$，…，$a_n - a_{n-1}$

累计增长量和逐期增长量的关系如下：

（1）累计增长量等于相应时期的逐期增长量之和。即

$$a_n - a_0 = (a_1 - a_0) + (a_2 - a_1) + \cdots + (a_n - a_{n-1})$$

（2）逐期增长量等于对应时期的累计增长量与前一期累计增长量的差额。即

$$a_3 - a_2 = (a_3 - a_0) - (a_2 - a_0)$$

表5-5中，我国某省利用外资2003年以1998年为基期的累计增长量，等于1999～2003年各年逐期增长量之和。即82.45亿美元 = （7.24 + 19.42 + 26.11 + 11.94 + 17.74）亿美元，2003年逐期增长量等于2003年累计增长量与2002年累计增长量之差，即17.74亿美元 = 82.45亿美元 – 64.71亿美元。

此外，还可以计算年距增长量。年距增长量是以月、季为时间单位的时间数列。为了消除季节变动的影响，年距增长量是本期发展水平与上期发展水平之差，说明现象经过一年增减变化的绝对量。其计算方法为

年距增长量 = 本期发展水平 – 上年同期发展水平

例5-2　我国某省2002年1月社会商品零售额为273 831万元，2001年1月为200 722万元，计算年距增长量。

解　年距增长量 = 273 831万元 – 200 722万元 = 73 109万元

说明2002年1月该省社会商品零售额比去年同期增长73 109万元。

二、发展速度和增长速度

（一）发展速度

发展速度是报告期发展水平与基期发展水平之比，说明报告期发展水平达到基期水平的若干倍或百分之几，反映了某种社会经济现象在一定时期内发展的方向和程度，通常用倍数或百分数表示。其计算公式为

$$发展速度 = \frac{报告期发展水平}{基期发展水平}$$

发展速度大于1（或100%）表示上升，小于1（或100%）表示下降。

根据发展速度采用的基期不同，分为定基发展速度和环比发展速度。

定基发展速度是时间数列中报告期发展水平与固定基期发展水平之比，说明某种社会经济现象在较长时期内总的发展方向和程度，因此也称为总发展速度。即

$$定基发展速度：\frac{a_1}{a_0}, \frac{a_2}{a_0}, \frac{a_3}{a_0}, \cdots, \frac{a_n}{a_0}$$

如表5-5第五行。

环比发展速度是时间数列中报告期发展水平与前期发展水平之比，说明某种社会经济现象的逐期发展方向和程度。即

环比发展速度：$\dfrac{a_1}{a_0}, \dfrac{a_2}{a_1}, \dfrac{a_3}{a_2}, \cdots, \dfrac{a_n}{a_{n-1}}$

如表 5-5 第六行。

定基发展速度与环比发展速度的关系如下：

（1）定基发展速度等于相应时期各个环比发展速度的连乘积。即

$$\frac{a_n}{a_0} = \frac{a_1}{a_0} \times \frac{a_2}{a_1} \times \frac{a_3}{a_2} \times \cdots \times \frac{a_n}{a_{n-1}}$$

表 5-5 中，2003 年以 1998 年为固定基期的定基发展速度，等于 1999~2003 年各年环比发展速度的连乘积。即

516.20% = 136.55% × 171.79% × 156.19% × 116.45% × 120.99%

（2）两个相邻时期定基发展速度之比等于相应时期的环比发展速度。即

$$\frac{\dfrac{a_n}{a_0}}{\dfrac{a_{n-1}}{a_0}} = \frac{a_n}{a_{n-1}}$$

表 5-5 中，2003 年的定基发展速度比 2002 年的定基发展速度，等于 2003 年的环比发展速度。即

$$\frac{516.20\%}{426.65\%} = 120.99\%$$

利用环比发展速度和定基发展速度的相互联系，在已知环比发展速度时可以推算定基发展速度；在已知定基发展速度时可以推算环比发展速度，对整理换算某些短缺的历史资料有重要的作用。

（二）增长速度

增长速度是报告期增长量对基期发展水平之比，说明社会经济现象在一定时期内的增减程度。通常用百分数或倍数表示，正值表示增长，负值表示降低。其计算公式为

$$增长速度 = \frac{报告期增长量}{基期发展水平}$$

根据采用的基期不同，增长速度分为定基增长速度和环比增长速度两种。

定基增长速度是报告期累计增长量对固定基期发展水平之比，说明某种现象在较长时期内总的增减程度。即

定基增长速度：$\dfrac{a_1 - a_0}{a_0}, \dfrac{a_2 - a_0}{a_0}, \dfrac{a_3 - a_0}{a_0}, \cdots, \dfrac{a_n - a_0}{a_0}$

表 5-5 第七行，是以 1998 年为基期计算的定基增长速度。如 2001 年为 266.38%，2003 年为 416.20%。

环比增长速度是报告期的逐期增长量对前期发展水平之比。它说明某种现象较前期的增减程度。即

环比增长速度：$\dfrac{a_1 - a_0}{a_0}, \dfrac{a_2 - a_1}{a_1}, \dfrac{a_3 - a_2}{a_2}, \cdots, \dfrac{a_n - a_{n-1}}{a_{n-1}}$

表 5-5 第八行，是以前一年为基期计算的环比增长速度。如 2001 年为 56.19%，2003 年为 20.99%。

增长速度和发展速度之间具有密切关系。

增长速度 = 发展速度 − 1（或 100%），即

$$定基增长速度 = \frac{a_n - a_0}{a_0} = \frac{a_n}{a_0} - 1 = 定基发展速度 - 1$$

$$环比增长速度 = \frac{a_n - a_{n-1}}{a_{n-1}} = \frac{a_n}{a_{n-1}} - 1 = 环比发展速度 - 1$$

表 5-5 第七行各项指标值等于第五行减 100%；第八行各项指标值等于第六行减 100%。

发展速度说明报告期发展水平达到基期水平的若干倍或百分之几。增长速度说明报告期水平比基期水平增加了若干倍或百分之几。由于定基增长速度不等于环比增长速度的连乘积，因此，二者不能直接换算。由环比增长速度求定基增长速度，必须首先根据环比增长速度计算环比发展速度，即环比增长速度 +1 = 环比发展速度；然后根据环比发展速度连乘求出定基发展速度，再减去 1，计算定基增长速度，即定基发展速度 −1 = 定基增长速度。根据增长速度和发展速度的相互关系，只要已知二者之一时，就可以计算出另一指标数值。

例 5-3 从 1996 ~ 2000 年，某地区 GDP 增长率依次为 9.8%，9.6%，8.2%，9%，8.6%，求在"九五"期间的总增长速度是多少？

解 本题已知环比增长速度，求定基增长速度。由于定基增长速度不等于环比增长速度的连乘积，因此，二者不能直接换算。所以求解的思路是：

环比增长速度→环比发展速度→定基发展速度→定基增长速度。即

$$\frac{a_{2000}}{a_{1995}} = \frac{a_{1996}}{a_{1995}} \times \frac{a_{1997}}{a_{1996}} \times \frac{a_{1998}}{a_{1997}} \times \frac{a_{1999}}{a_{1998}} \times \frac{a_{2000}}{a_{1999}} = 1.541$$

因此"九五"期间定基增长速度为 54.1%。

统计实践中，为了剔除季节变动影响，还将报告期的月、季水平与上年同期对比，计算年距发展速度和年距增长速度。

三、增长 1% 的绝对值

由于各期环比增长速度的计算基数不同，其增长 1% 相对应的增长量是不同

的，其经济效益也不同。为了深入分析环比增长速度与逐期增长量之间的关系，有必要计算增长 1% 的绝对值指标。

增长 1% 的绝对值，是指在环比增长速度中，报告期发展水平比前期发展水平每增长 1% 所增长的绝对数。其公式为

$$增长 1\% 的绝对值 = \frac{逐期增长量}{环比增长速度（\%）}$$

或

$$增长 1\% 的绝对值 = \frac{前期发展水平}{100}$$

表 5-5 第九行，是各年增长 1% 的绝对值。如 2003 年为

$$2003 年增长 1\% 的绝对值 = \frac{17.74}{20.99} = 0.845\,2$$

或

$$2003 年增长 1\% 的绝对值 = \frac{前期发展水平}{100} = \frac{84.52}{100} = 0.845\,2$$

第三节　平均发展水平

平均发展水平也称为序时平均数，是指根据时间数列不同时期（或时点）上的发展水平计算出来的平均数。序时平均数和一般平均数的共同之处在于，都是把社会经济现象的数量差异抽象化。二者的区别在于，一般平均数是将总体各单位在同一时间的数量差异抽象化，根据变量数列计算静态平均数；序时平均数是将同一总体在不同时间的数量差异抽象化，根据时间数列计算动态平均数。

平均发展水平可以消除不同时间发展水平上下波动的差异，反映一段较长时间内现象发展的一般水平，便于同类现象在不同发展阶段进行比较分析，揭示现象的发展趋势。

发展水平的序时平均数，可以根据各种时间数列进行计算。由于时间数列中指标的性质不同，有下列几种不同的计算方法：

一、绝对数时间数列的序时平均数

绝对数时间数列包括性质不同的时期数列和时点数列，其序时平均数的计算方法也因之而异。

（一）时期数列的序时平均数

同一时期数列中各项指标值所属时期的长短相等，可以直接将各项指标值相加除以项数，用简单算术平均法计算序时平均数。其计算公式为

$$\bar{a} = \frac{a_1 + a_2 + a_3 + \cdots + a_n}{n} = \frac{\sum a}{n}$$

式中，$\bar{a}$ 代表序时平均数；a 代表各个时期的发展水平；n 代表时期数。

例 5-4 根据表 5-5 的资料，可以计算 1998~2003 年我国某省年平均实际利用外资为

$$\bar{a} = \frac{(19.81 + 27.05 + 46.47 + 72.58 + 84.52 + 102.26) \text{亿美元}}{6}$$

$$= 58.78 \text{亿美元}$$

（二）时点数列的序时平均数

时点数列的序时平均数，根据掌握资料的不同而有不同的计算方法。

1. 掌握连续时点资料的序时平均数

一般地，将以天为间隔的时点序列称为连续时点数列。在掌握整个研究时期每日资料的情况下，序时平均数的计算方法与时期数列相同，即将每日数字相加再除以日数，用简单算术平均法计算序时平均数。这种方法计算的平均发展水平是最准确的。其计算公式为

$$\bar{a} = \frac{\sum a}{n}$$

式中，a 代表各时点发展水平。

例 5-5 某养猪场生猪存栏头数的资料如表 5-6 所示，求生猪平均存栏头数。

表 5-6 某养猪场生猪存栏头数

日　期	存栏头数/头	日　期	存栏头数/头
1 日	1 300	6 日	1 550
2 日	1 300	7 日	1 550
3 日	1 300	8 日	1 550
4 日	1 400	9 日	1 600
5 日	1 400	10 日	1 600

解 生猪平均存栏头数为

$$\bar{a} = \frac{\sum a}{n} = \frac{14\ 550 \text{头}}{10} = 1\ 455 \text{头}$$

如果我们掌握了一段时期中每次变动的资料，则可以每一资料所代表的日数为权数，对各时点指标值加权，用加权算术平均法来计算序时平均数。其公式为

$$\bar{a} = \frac{\sum af}{\sum f}$$

式中，a 代表每次变动的时点水平；f 代表各时点水平所持续时间间隔长度。

例 5-6 某种商品零售价格，自 4 月 11 日起从 70 元调整为 50 元，求该商品 4 月份平均零售价格。

解 4 月份该商品平均零售价格为

$$\bar{a} = \frac{(70 \times 10 + 50 \times 20) \ 元}{30} = \frac{1\ 700\ 元}{30} = 56.67\ 元$$

2. 掌握间断时点资料的序时平均数

当时点资料不以天为单位时，称为间断时点数列。间断时点数列的计算分以下两种情况：

（1）时点数列间隔相等。在掌握间隔相等时点资料的情况下，计算序时平均数可用简单算术平均法，先依次将相邻两个时点指标值相加除以 2，得到两个时点指标值的序时平均数；然后再将这些序时平均数进行简单算术平均，就可以计算出整个时点数列的序时平均数。

例 5-7 某工业企业 2007 年 3 月至 6 月各月月末库存额资料如表 5-7 所示，计算第二季度的月平均库存。

表 5-7 月末库存额资料

日 期	3 月 31 日	4 月 30 日	5 月 31 日	6 月 30 日
月末库存额/万元	20	16	18	17.6

解 月平均库存额 $= \dfrac{月初库存额 + 月末库存额}{2}$

4 月份平均库存额 $= \dfrac{(20 + 16)\ 万元}{2} = 18\ 万元$

5 月份平均库存额 $= \dfrac{(16 + 18)\ 万元}{2} = 17\ 万元$

6 月份平均库存额 $= \dfrac{(18 + 17.6)\ 万元}{2} = 17.8\ 万元$

季平均库存额 $= \dfrac{该季各月平均库存额之和}{3}$

第 2 季度平均库存额 $= \dfrac{(18 + 17 + 17.8)\ 万元}{3} = 17.6\ 万元$

上面两个步骤加以合并简化，可以写成

第 2 季度平均库存额 $= \dfrac{\left(\dfrac{20+16}{2} + \dfrac{16+18}{2} + \dfrac{18+17.6}{2}\right) 万元}{3} = 17.6\ 万元$

通过以上计算可以得出一个计算间隔相等时点数列序时平均数的一般公式。如以 a_1，a_2，$\cdots$，a_n 代表各时点水平，n 代表项数，则其计算公式为

$$\bar{a} = \frac{\dfrac{a_1}{2} + a_2 + a_3 + \cdots + \dfrac{a_n}{2}}{n - 1}$$

即

$$时点数列的序时平均数 = \frac{\dfrac{1}{2}首项数值 + 第二项数值 + \cdots + \dfrac{1}{2}末项数值}{项数 - 1}$$

这种方法称为"首末折半法"。根据时间间隔相等的时点数列计算序时平均数的方法是假定现象在各个时点之间的变动是均匀的，但是实际上并不完全如此，所以计算的序时平均数只能是近似值。由于间隔越短，误差越小，因此，为了使序时平均数能基本反映实际情况，时点数列的间隔不宜过长。

（2）掌握间隔不等时点资料的序时平均数。在掌握间隔不等时点资料的情况下，可用不同的时点间隔长度作为权数，用加权算术平均法计算序时平均数。其公式为

$$\bar{a} = \frac{\dfrac{a_1 + a_2}{2}f_1 + \dfrac{a_2 + a_3}{2}f_2 + \cdots + \dfrac{a_{n-1} + a_n}{2}f_{n-1}}{\displaystyle\sum_{i=1}^{n-1} f_i}$$

可以看到，以上两种情况是密切相关的。一般地，在以时点资料数列计算序时平均数时，可以将第二种情况作为一般的概念公式，具有广泛的用途。而"首末折半法"的计算公式是一般概念公式的特例。

$$\bar{a} = \frac{\dfrac{a_1 + a_2}{2}f_1 + \dfrac{a_2 + a_3}{2}f_2 + \cdots + \dfrac{a_{n-1} + a_n}{2}f_{n-1}}{\displaystyle\sum_{i=1}^{n-1} f_i}$$

⬇ 当时点间隔相等时

$$\bar{a} = \frac{\dfrac{a_1 + a_2}{2} + \dfrac{a_2 + a_3}{2} + \cdots + \dfrac{a_{n-1} + a_n}{2}}{n - 1}$$

⬇

$$\bar{a} = \frac{\dfrac{a_1}{2} + a_2 + a_3 + \cdots + \dfrac{a_n}{2}}{n - 1}$$

例5-8 某企业2008年上半年职工人数资料如表5-8所示，计算上半年月平均人数。

表5-8　2008年上半年职工人数

日　　期	12月31日	1月31日	3月31日	6月30日
职工人数/人	1 000	1 050	1 070	1 100

解

$$\bar{a} = \frac{\left(\dfrac{1\ 000 + 1\ 050}{2} \times 1 + \dfrac{1\ 050 + 1\ 070}{2} \times 2 + \dfrac{1\ 070 + 1\ 100}{2} \times 3 \right)人}{6}$$

$$= 1\ 067\ 人$$

二、相对数时间数列的序时平均数

相对数时间数列是由两个相联系的绝对数时间数列对比形成的。由于各相对指标的母项不同，不能直接将不同时间的相对指标相加计算序时平均数。其计算方法应是分别求出构成相对数时间数列子项与母项数列的序时平均数，然后将两个序时平均数对比，求出相对数时间数列的序时平均数。其基本计算公式为

$$\bar{c} = \frac{\bar{a}}{\bar{b}}$$

式中，$\bar{c}$ 代表相对数时间数列序时平均数；$\bar{a}$ 代表子项数列的序时平均数；$\bar{b}$ 代表母项数列的序时平均数。

相对数时间数列的序时平均数，根据其采用的子项数列绝对数和母项数列绝对数指标的性质不同，有下列三种具体计算方法：

（一）**由两个时期数列对比形成相对数时间数列的序时平均数**

其计算公式为

$$\bar{c} = \frac{\bar{a}}{\bar{b}} = \frac{\dfrac{\sum a}{n}}{\dfrac{\sum b}{n}} = \frac{\sum a}{\sum b}$$

上述序时平均数，是两个时期数列的简单算术平均数之比，或是两个时期数列绝对数综合之比。

例5-9 某公司2008年1～4季度销售计划完成情况统计资料如表5-9所示，计算平均计划完成程度。

表 5-9 2008 年销售计划完成情况

季　度	1	2	3	4	合　计
计划/10^4 kg	1 000	1 200	1 300	1 250	4 750
实际/10^4 kg	1 100	1 400	1 500	1 200	5 200
计划完成（%）	110.0	116.7	115.4	96.0	109.5

解 该公司 2008 年销售计划完成程度为

$$\bar{c} = \frac{\sum a}{\sum b} = \frac{5\ 200}{4\ 750} = 109.5\%$$

由于相对数 $c = a/b$，$a = bc$，代入上式得

$$\bar{c} = \frac{\sum a}{\sum b} = \frac{\sum bc}{\sum b}$$

即当已知相对数时间数列和构成相对数分母的绝对数时间数列资料时，还可以用加权算术平均法计算序时平均数。如例 5-9：

$$\bar{c} = \frac{\sum bc}{\sum b} = \frac{1\ 000 \times 1.1 + 1\ 200 \times 1.167 + 1\ 300 \times 1.154 + 1\ 250 \times 0.96}{1\ 000 + 1\ 200 + 1\ 300 + 1\ 250}$$

$$= \frac{5\ 200}{4\ 750} = 109.5\%$$

由于相对数 $c = a/c$，$b = a/c$，代入序时平均数公式得

$$\bar{c} = \frac{\sum a}{\sum b} = \frac{\sum a}{\sum \dfrac{a}{c}}$$

即当已知相对数时间数列和构成相对数分子的绝对数时间数列资料时，还可以用加权调和平均法计算序时平均数。如例 5-9：

$$\bar{c} = \frac{\sum a}{\sum b} = \frac{\sum a}{\sum \dfrac{a}{c}} = \frac{1\ 100 + 1\ 400 + 1\ 500 + 1\ 200}{\dfrac{1\ 100}{1.1} + \dfrac{1\ 400}{1.167} + \dfrac{1\ 500}{1.154} + \dfrac{1\ 200}{0.96}} = \frac{5\ 200}{4\ 750} = 109.5\%$$

（二）由两个具有相等时点间隔的时点数列对比形成相对数时间数列的序时平均数

其计算公式为

$$\bar{c} = \frac{\bar{a}}{\bar{b}} = \frac{\dfrac{\dfrac{a_1}{2} + a_2 + a_3 + \cdots + \dfrac{a_n}{2}}{n-1}}{\dfrac{\dfrac{b_1}{2} + b_2 + b_3 + \cdots + \dfrac{b_n}{2}}{n-1}} = \frac{\dfrac{a_1}{2} + a_2 + a_3 + \cdots + \dfrac{a_n}{2}}{\dfrac{b_1}{2} + b_2 + b_3 + \cdots + \dfrac{b_n}{2}}$$

例 5-10 我国人口数及构成（年底数）情况如表5-10所示，计算女性平均人口比重。

表5-10　人口构成情况

年　　份	1992	1993	1994	1995
女性人数/万人	57 360	58 045	58 604	59 313
人口总数/万人	117 171	118 517	119 850	121 121
女性人口比重（%）	48.95	48.98	48.90	48.97

资料来源：《中国统计年鉴1996》，中国统计出版社。

解 1992～1995 年我国女性人口平均比重为

$$\bar{c} = \frac{\dfrac{57\,360}{2} + 58\,045 + 58\,604 + \dfrac{59\,313}{2}}{\dfrac{117\,171}{2} + 118\,517 + 119\,850 + \dfrac{121\,121}{2}} = \frac{174\,985.5}{357\,513} = 48.95\%$$

（三）由一个时期数列和一个相等时点间隔的时点数列对比形成的相对数时间数列的序时平均数

其计算公式为

$$\bar{c} = \frac{\dfrac{\sum a}{n}}{\left(\dfrac{b_1}{2} + b_2 + b_3 + \cdots + \dfrac{b_{n'}}{2}\right)\Big/(n'-1)}$$

即

$$\bar{c} = \frac{\sum a}{\dfrac{b_1}{2} + b_2 + b_3 + \cdots + \dfrac{b_{n'}}{2}}$$

式中，n 代表时期数列的项数；n' 代表时点数列的项数，$n = n' - 1$。

例 5-11 某零售商店2008年第2季度月平均商品流转次数资料如表 5-11 所示，计算2季度平均商品流转次数。

表 5-11　商品流转次数资料

月　份	3	4	5	6
商品销售额/万元	—	50	55	65
月末商品库存额/万元	26	24	27	28
商品流转次数/次	—	2	2.157	2.364

解　第 2 季度月平均销售额 $\bar{a} = \dfrac{(50 + 55 + 65)\ 万元}{3} = 56.7\ 万元$

第 2 季度月平均库存额 $\bar{b} = \dfrac{\left(\dfrac{26}{2} + 24 + 27 + \dfrac{28}{2}\right)万元}{4 - 1} = 26\ 万元$

第 2 季度月平均商品流转次数 $\bar{c} = \dfrac{56.7}{26}次 = 2.18\ 次$

根据表 5-11 的资料还可以将全季商品销售额除以平均库存额，计算全季商品流转次数。

$$全季商品流转次数 = \dfrac{50 + 55 + 65}{26}次 = 6.54\ 次$$

例 5-12　某企业的工业增加值和职工人数资料如表 5-12 所示，计算 2 季度的月平均劳动生产率。

解　$劳动生产率 = \dfrac{工业增加值}{平均人数}$

表 5-12　某企业 2 季度统计资料

月　份	3	4	5	6
工业增加值/万元	107	106	118	109
职工月末人数/人	1 340	1 342	1 344	1 324

第 2 季度月平均工业增加值 $\bar{a} = \dfrac{(106 + 118 + 109)\ 万元}{3} = 111\ 万元$（简单算术平均）

第 2 季度月平均人数 $\bar{b} = \dfrac{\left(\dfrac{1\ 340}{2} + 1\ 342 + 1\ 344 + \dfrac{1\ 324}{2}\right)人}{3} = 1\ 339\ 人$（首末折半平均）

第 2 季度月平均劳动生产率 $= \dfrac{第 2 季度月平均工业增加值}{第 2 季度月平均人数}$

$$= \frac{1\ 110\ 000\ \text{元}}{1\ 339\ \text{人}} = 828.98\ \text{元/人}$$

三、平均数时间数列的序时平均数

平均数时间数列是派生数列，即其中各项指标是由两个总量指标对比计算出来的。按数列的性质，要求利用其相应的两个绝对数动态数列，分别计算分子和分母数列的序时平均数。平均数时间数列包括：一般平均数时间数列和序时平均数时间数列。其计算方法分述如下：

（一）一般平均数时间数列的序时平均数

一般平均数是两个绝对数之比，其时间数列序时平均数的计算方法，类似相对数时间数列序时平均数的计算方法，即将子项绝对数时间数列序时平均数和母项绝对数时间数列序时平均数对比计算。

例 5-13 某厂2008年第 1 季度各月产值与职工人数资料如表 5-13 所示，计算月平均劳动生产率和季度平均劳动生产率。

表 5-13 各月产值与职工人数

月　　份	1	2	3
产值/元	400 000	462 000	494 500
平均职工人数/人	400	420	430
月平均劳动生产率/（元/人）	1 000	1 100	1 150

解 第 1 季度月平均劳动生产率 $= \dfrac{（400\ 000 + 462\ 000 + 494\ 500）\ \text{元} \div 3}{（400 + 420 + 430）\ \text{人} \div 3}$

$$= \frac{452\ 167\ \text{元}}{417\ \text{人}} = 1\ 084.3\ \text{元/人}$$

季平均劳动生产率 $= \dfrac{（400\ 000 + 462\ 000 + 494\ 500）\ \text{元}}{417\ \text{人}}$

$$= \frac{1\ 356\ 500\ \text{元}}{417\ \text{人}} = 3\ 253\ \text{元/人}$$

（二）序时平均数时间数列的序时平均数

计算方法有以下两种：①当各序时平均数的计算时间间隔相等时，可采用简单算术平均法计算序时平均数，如将第 1 季度每个月的平均库存相加后除以 3，计算季平均库存。②当时间间隔不等时，可采用加权算术平均法计算序时平均数。

例 5-14 某企业职工人数第 1 季度平均为1 400人，4、5月平均为 1 350 人，6月平均为 1 300 人，计算上半年平均职工人数。

解 上半年平均职工人数 $= \dfrac{(1\,400 \times 3 + 1\,350 \times 2 + 1\,300 \times 1)\,人}{6}$

$$= \dfrac{8\,200\,人}{6} = 1\,367\,人$$

第四节 平 均 速 度

事物的发展总是不平衡的，由于各个时期的条件不同，社会经济现象在不同时期的发展速度和增长速度是有差别的。为了说明某种社会经济现象在一定时期内各阶段上发展变化的一般速度，还需要计算平均速度指标。平均速度指标是动态相对数时间数列的序时平均数，有平均发展速度和平均增长速度两种。平均发展速度是环比发展速度的序时平均数，它说明某种社会经济现象在一段较长时期内逐期平均发展变化的程度。平均增长速度是环比增长速度的序时平均数，它说明某种社会经济现象在一段较长时期内逐期平均增减变化的程度。由于环比增长速度的连乘积不等于定基增长速度，因此不能用环比增长速度的几何平均数来计算平均增长速度，而是要通过平均增长速度和平均发展速度的关系来计算。二者之间的关系，类同于发展速度和增长速度之间的关系。

平均发展速度与平均增长速度之间的关系为

平均增长速度 = 平均发展速度 − 1（或 100%）

平均速度指标在实际统计工作中应用非常广泛，在经济建设中有重要作用。首先，它可以比较分析国民经济在不同发展阶段的一般发展和增长程度，用于对不同历史时期、不同国家、不同地区的社会经济现象的发展情况进行比较；其次，可以进行经济预测，编制年度计划和中长期规划，以及为检查计划的执行情况提供数据；最后可以利用平均发展速度来推算未来发展水平。

由于动态相对数时间数列是由某一绝对数时间数列各期水平与前期水平对比形成的，且各期动态相对数不能相加，因此，平均发展速度和平均增长速度不能用上一节所述的方法来计算，其计算方法有水平法和累计法两种。

一、水平法

从最初水平出发，按照此法计算的平均发展速度所推算出来的最末水平应等于实际最末水平，这种方法称为水平法。由于各个时期环比发展速度的连乘积等于总发展速度，因此，平均发展速度可以用各个时期环比发展速度连乘积按项数开方来计算。这种形式的平均数称为几何平均数，因此水平法也称为几何平均法。

设 a_0 代表最初水平，a_1，a_2，$\cdots$，a_{n-1} 代表中间各期水平，a_n 代表最末水平；$x_1 = \dfrac{a_1}{a_0}$，$x_2 = \dfrac{a_2}{a_1}$，$\cdots$，$x_n = \dfrac{a_n}{a_{n-1}}$ 代表各期环比发展速度；$R = \dfrac{a_n}{a_0}$ 代表定基发展速度，又称总速度；$\bar{x}$ 代表平均发展速度；n 代表间隔时期数（或环比发展速度的项数）；$\prod$ 代表连乘符号。则

$$x_1 x_2 \cdots x_n = R$$

以 $\bar{x}$ 代替各期环比发展速度，则

$$a_0 \bar{x} \bar{x} \cdots \bar{x} = a_n$$

$$a_0 \bar{x}^n = a_n$$

$$\bar{x}^n = \frac{a_n}{a_0} = R$$

从而得出平均发展速度的计算公式为

$$\bar{x} = \sqrt[n]{\frac{a_n}{a_0}} = \sqrt[n]{R}$$

或

$$\bar{x} = \sqrt[n]{\frac{a_1}{a_0} \times \frac{a_2}{a_1} \times \cdots \times \frac{a_n}{a_{n-1}}} = \sqrt[n]{x_1 x_2 \cdots x_n} = \sqrt[n]{\prod x}$$

从上式可以看出，由于平均发展速度等于最末水平比最初水平的 n 次方根，最初水平乘以平均发展速度的 n 次方就可以得到最末水平（$a_0 \bar{x}^n = a_n$）。此法计算的平均发展速度数值的大小，取决于最末水平和最初水平的比值，而不反映中间各时期水平的变化情况。在计划统计工作中，当我们关心最后一年所达到的水平时，可用水平法计算平均发展速度。如国内生产总值、工农业总产值、国民收入、主要产品产量、职工人数、工资总额、劳动生产率、产品成本的平均发展速度。

例 5-15　我国某省1998～2003年实际利用外资资料参见表 5-5，计算平均发展速度。

解　在只掌握各年的环比发展速度资料时，可将各年环比发展速度连乘积按项数开方，来计算平均发展速度。

$$\bar{x} = \sqrt[5]{1.365\,5 \times 1.717\,9 \times 1.561\,9 \times 1.164\,5 \times 1.209\,9}$$

$$= \sqrt[5]{5.162} = 1.388\,6 = 138.86\%$$

由于环比发展速度的连乘积等于最后一期的定基发展速度，因此在掌握最初水平与最末水平资料时，也可用最末水平比最初水平，按间隔时期开方，来计算平均发展速度。

$$\bar{x} = \sqrt[5]{\frac{102.26}{19.81}} = \sqrt[5]{5.162\,0} = 1.388\,6 = 138.86\%$$

两者的计算结果完全一样，可以根据掌握资料的情况选用。

平均增长速度 = 平均发展速度 - 1（或 100%）

该省实际利用外资的平均增长速度 138.86% - 100% = 38.86%，即从 1998~2003 年，我国某省实际利用外资的年平均发展速度为 138.86%，平均每年递增 38.86%。

当平均发展速度大于 1 时，平均增长速度为正值，表明现象在一定发展阶段内逐期平均递增的程度，称为平均递增率；当平均发展速度小于 1 时，平均增长速度为负值，表明现象在一定发展阶段内逐期平均递减的程度，称为平均递减率。

为了应用方便，在实际工作中编制有《平均增长速度查对表》，采用查表法直接可以找到开方的值，也简便易行。根据查对表可以直接查取平均增长速度和计算平均发展速度。

《平均增长速度查对表》的水平法查对表分两部分，一部分是增长速度，一部分是下降速度。凡总发展速度（最后一年的定基发展速度）大于 100% 的，应查增长速度部分；凡发展速度小于 100% 的，应查下降速度部分。水平法查对表的每一张表都分为 6 栏。第 1 栏是平均每年增长（或下降）的百分比；其后各栏是间隔期不同的各年的总发展速度。查表时根据间隔年数，找到相应时间间隔期栏，在该栏内查出总发展速度（或相近数值），或查所在行左边第 1 栏的百分比，即得到平均增长（或下降）速度。

例 5-16 以表 5-14 为例，介绍水平法查对表的应用。

表 5-14 水平法查对表

增长速度　　　　　　　　　　　　　　间隔期 1~5 年

平均每年增长（%）	总发展速度 = 最后一年发展水平比基期水平的百分数				
	1 年	2 年	3 年	4 年	5 年
⋮	⋮	⋮	⋮	⋮	⋮
38.4	138.40	191.55	265.10	366.90	507.79
38.5	138.50	191.82	265.67	367.96	509.62
38.6	138.60	192.10	266.25	369.02	511.47
38.7	138.70	192.38	266.83	370.09	513.31
38.8	138.80	192.65	267.40	371.16	515.17
38.9	138.90	192.93	267.98	372.23	517.02
39.0	139.00	193.21	268.56	373.30	518.89
⋮	⋮	⋮	⋮	⋮	⋮

2003 年，我国某省实际利用外资为 1998 年的 516.20%，应查水平法查对表的增长速度部分。从该表间隔期 5 年栏，查到接近 516.20% 的数字为 517.02%；再查其左边第 1 栏相应数为 38.9%，即为所求的年平均增长（递增）速度。

平均发展速度可通过下式换算

平均发展速度 = 平均增长速度 + 1（或 100%） = 38.9% + 100% = 138.9%

如果总发展速度小于"1"，属于下降速度，应在查对表下降速度部分查找，方法类同。

用水平法（几何平均法）计算的平均发展速度和平均增长速度，只决定于时间数列的最初水平和最末水平，从而掩盖了各期环比速度的差异。只有在逐期上升或逐期下降，发展趋势基本一致的情况下，才能反映实际情况。如果中间各期环比速度出现特殊的升降波动情况，就无从反映。因此，在计算这两个速度指标时，首先要对一定时期内社会经济现象的发展趋势进行分析，还要与各期的发展水平、环比速度、分段平均速度结合应用，只有这样才能得出正确的结论。

二、累计法

从最初水平出发，由按照此法计算的平均发展速度所推算出来的各期发展水平的总和，应等于各期发展水平的实际累计数，这种方法称为累计法。这种方法是利用解一元高次方程式求平均速度的方法，因此，也称为方程法。

设 $\bar{x}$ 代表累计法平均发展速度，其余符号同前，按累计法的要求则有

$$a_0 \bar{x} + a_0 \bar{x}^2 + a_0 \bar{x}^3 + \cdots + a_0 \bar{x}^n = a_1 + a_2 + a_3 + \cdots + a_n$$

$$a_0 (\bar{x} + \bar{x}^2 + \bar{x}^3 + \cdots + \bar{x}^n) = \sum a$$

则

$$\bar{x} + \bar{x}^2 + \bar{x}^3 + \cdots + \bar{x}^n = \frac{\sum a}{a_0}$$

移项

$$\bar{x} + \bar{x}^2 + \bar{x}^3 + \cdots + \bar{x}^n - \frac{\sum a}{a_0} = 0$$

这是一个一元高次方程式，它的正根就是所求的平均发展速度，将平均发展速度减"1"，就得到平均增长速度。由于这种方法是从间隔内各期发展水平的累计数同最初水平对比来计算平均发展速度的，平均发展速度数值的大小，取决于各期发展水平的累计数和最初水平的比值。在经济统计工作中，当所关心的是事物在较长时期的发展总量时，可采用累计法计算平均发展速度，如基本建设投资额、新增固定资产额、住宅建筑面积等的平均发展速度。

由于累计法计算复杂，在实际工作中为了简化计算，可从《平均增长速度

查对表》中的累计法查对表查得平均增长速度，来计算平均发展速度。

累计法查对表也分为增长速度和下降速度两部分。每一张表也分6栏。第1栏是平均每年增长（或下降）的百分比，其后各栏是各个不同间隔期各年发展水平总和对最初水平的百分比，亦称为间隔期的总发展速度。查表时，先要算出间隔的总发展速度。即

$$\frac{a_1 + a_2 + a_3 + \cdots + a_n}{a_0} = \frac{a_1}{a_0} + \frac{a_2}{a_0} + \frac{a_3}{a_0} + \cdots + \frac{a_n}{a_0}$$

根据上式算出的百分比，如按间隔期年数平均后大于100%，即 $\frac{a_1 + a_2 + a_3 + \cdots + a_n}{a_0}\Big/n > 100\%$，则属于增长速度，应在累计查对表的增长速度部分找到相应的间隔期栏，在该栏找出这个百分比（或与之相近的那个数值），再查该数所在横行左边第1栏的百分比，即为所求的平均每年递增速度。

如果总发展速度按照间隔期年数平均后小于100%，即 $\frac{a_1 + a_2 + a_3 + \cdots + a_n}{a_0}\Big/n$ <100%，则属于下降速度，查表时应在累计查对表的下降速度部分查找。查找方法与增长速度相同，查到的就是平均每年递减速度。

例5-17 以表5-15所示的1998~2003年我国某省竣工住宅面积为例，介绍累计法查对表的应用。

表5-15 竣工住宅面积（以1998年为基期）

年 份	1998	1999	2000	2001	2002	2003
住宅面积/万 m²	340.15	433.79	631.76	606.26	366.38	382.30

解 根据表中资料计算平均速度有关数字为

$$a_0 = 340.15; \qquad \sum a = 2\,420.49; \qquad n = 5$$

$$\frac{\sum a}{a_0}\Big/n = \frac{711.59}{5} = 142.32\% > 100\%$$

计算结果属于增长速度，应从累计法查对表增长速度部分查找。查对表如表5-16所示。

在表中间隔期5年栏内，找到接近711.59%的数字为711.52%，该数所在横行左边第1栏的12.0%，就是所求的年平均递增速度。

$$平均发展速度 = 12.0\% + 100\% = 112.0\%$$

由以上计算结果可知，水平法和累计法两种平均速度的计算方法各有特点。水平法侧重于考察最末一期的发展水平，按水平法平均发展速度推算的最末一期

发展水平、最末一期定基发展速度和最末一期的实际发展水平、实际定基发展速度相一致。水平法平均发展速度的高低，只受实际最初发展水平和最末发展水平比值大小的影响；累计法侧重于考察整个发展阶段内各期发展水平的总和，按累计法平均发展速度推算的各期发展水平的总和、各期定基发展速度总和与各期的实际发展水平总和、各期的实际定基发展速度总和相一致。累计法平均发展速度的高低，受各期实际发展水平总和对固定基期发展水平比值大小的影响。

表 5-16　累计法查对表

增长速度　　　　　　　　　　　　间隔期 1～5 年

平均每年增长（%）	总发展速度 = 各年发展水平总和比基期水平的百分比				
	1 年	2 年	3 年	4 年	5 年
⋮	⋮	⋮	⋮	⋮	⋮
11.6	111.60	236.15	375.14	530.25	703.36
11.7	111.70	236.47	375.84	531.51	705.40
11.8	111.80	236.79	376.53	532.76	707.43
11.9	111.90	237.12	377.23	534.02	709.47
12.0	112.00	237.44	377.93	535.28	711.52
12.1	112.10	237.76	378.63	536.55	713.57
⋮	⋮	⋮	⋮	⋮	⋮

三、计算和运用平均速度应注意的问题

1. 根据统计研究的目的选择计算方法

计算平均速度的方法有水平法和累计法两种，这两种方法在具体运用上各有其特点和局限性。当现象随着时间的发展比较稳定地逐年上升或逐年下降时，其研究目的在于考察最末一年发展水平而不关心各期水平总和时，可采用水平法。但要注意，如果动态数列的最初水平和最末水平由于受特殊因素的影响而出现过高或过低的情况，则不可计算平均发展速度。当现象的发展表现为升降交替，研究目的在于考察各期发展水平总和而不关心最末一年水平时，可采用累计法。但要注意，如果资料中间有几年环比速度增长得特别快，而有几年又降低得较多，出现显著的悬殊和不同的发展方向，就不可计算平均发展速度，因为用这样的资料计算的平均发展速度会降低这一指标的意义，从而不能确切说明实际情况。

2. 应采取分段平均速度来补充说明总平均速度

这在分析较长历史时期资料时尤为重要。因为一个总的平均速度指标只能笼统概括地反映其在很长时期内逐年平均发展的程度，对深入了解这种现象的发展过程和变化情况往往是不够的。例如，要分析我国建国以来粮食产量的平均发展速度和平均增长速度时，就有必要分别以国民经济恢复时期、各个五年计划时期和各个特定时期（如某几年受自然灾害的影响，产量逐年下降）等分段计算其平均速度加以补充说明。

3. 平均速度指标要与其他指标结合应用

平均速度指标应与发展水平、增长量、环比速度、定基速度等各项基本指标结合应用，起到分析研究和补充说明的作用，以便对现象有比较确切和完整的认识。在经济分析中，与其他有关经济现象的平均速度指标结合运用，例如，基本建设投资额与新增固定资产的平均速度、商品销售额与利润额的平均速度等都可结合起来进行研究，以便深入了解有关现象在各个研究时期中每年平均发展和增长的程度，为研究国民经济各种具有密切联系的现象的发展动态提供数据。

第五节　时间数列分析方法

一、时间数列分析的意义

社会经济现象随时间形成某种发展变化的规律，或是持续增长，或是持续下降，或是增长与下降循环往复。对于时间数列所具有的内在规律性的分析，是指以时间数列为依据，对影响时间数列变动过程的主要因素及其相互关系进行分解与综合，从而认识社会经济现象发展变化的规律性，借以鉴往知来，为我所用。

（一）时间数列的影响因素

社会经济现象的发展变化，在时间数列中表现为数量上的波动，有升有降，而且在上升或下降中幅度也不相同，这是多因素综合影响的结果。影响时间数列变动的具体原因很多，要将各种具体原因加以细分，进行精确测定，是很难做到的。但是，可以将各种原因按作用特点加以分类和归纳概括，然后进行分析。一般可按作用特点和性质将其归纳为四种因素：长期趋势、季节变动、循环波动和不规则变动。每一个时间数列都可以认为是这四种因素的全部或部分影响所构成的，即

$$Y = f(T, S, C, I)$$

式中，Y 代表时间数列指标值；T 代表长期趋势；S 代表季节变动；C 代表循环

波动；I代表不规则变动。

1. 长期趋势

长期趋势是指由于某种根本性原因的影响，社会经济现象在相当长的时间内，呈现出持续增加或持续减少的态势。它是时间数列的主流，分析的重点。例如，世界人口由于出生率高于死亡率因此有逐年增加的趋势；由于生产力水平的提高，所以世界各国的国内生产总值、国民收入有逐年上升的趋势；等等。

2. 季节变动

季节变动是指社会经济现象以一定的时间为周期循环波浪式地变动。这种周期变动是比较稳定并可以预见的，会从上次出现后间隔一定周期再出现一次。这种变动按周期的长短可划分为两类：一类是周期在一年以内的自然因素和社会因素影响的周期变动，这是最常见的周期变动。如蔬菜生产受季节气候变化的影响，有淡季、旺季之分：淡季产量低，价格高；旺季产量高，价格低。由于社会文化因素引起季节变动，如在节假日，零售市场商品供应和需求特别旺盛，客运量成倍增长等。另一类现象以 1 日、1 周、1 月为周期而产生的变动，亦称为准季节变动。如市内公共汽车客运量在一天内早晚上下班时间呈高峰的周期变动；市内商店的客流量在一周内呈周期性变化；银行活期储蓄存款额在一月内呈周期性变动。

3. 循环波动

循环波动是指社会经济现象发展中一种近乎规律性的盛衰交替运动。这类现象以若干年为周期变动，虽然每一周期都呈现出盛衰起伏，但由于影响因素复杂，每次变动的周期长短、上下波动的幅度都不完全一致。例如资本主义的周期性经济危机即属于这一类。每一周期都包括危机、萧条、复苏、高涨四个阶段，成为以数年为周期的周期变动。

4. 不规则变动

不规则变动是指由意外的、偶然性因素引起的，突然发生的无周期的随机波动。例如，地震、水、旱、风、虫灾害和不明原因所引起的各种变动。

长期趋势、季节变动都有较强的规律性；循环波动具有一定的规律性，可以用统计方法加以测定；不规则变动是无规律性的随机波动，难以测定，一般可作为误差项处理。

动态数列反映现象的发展变化，是由多种复杂因素共同作用的结果。动态数列的上述四种变动按一定的方式组合，成为一种模式，称为动态数列的经典模式。按对四种变动因素相互关系的不同假设，可分为加法模式和乘法模式。当四

种变动因素呈现出相互独立的关系时，动态数列总变动（Y）体现为各种因素的总和，即 $Y = T + S + C + I$，称为加法模式。在此模式中，Y、T 是总量指标，S、C、I 是季节变动、循环波动与不规则变动对长期趋势所产生的偏差，或是正值或是负值。当四种变动因素呈现出相互影响的关系时，动态数列总变动（Y）体现为各种因素的乘积，即 $Y = TSCI$，称为乘法模式。此模式中，Y、T 为总量指标，S、C、I 则是比率，用百分数表示。

动态数列分析一般采用乘法模式，把受各个因素影响的变动分别测定出来，为决策提供依据。事实上，有些现象的动态数列并非四种变动同时存在。从长期来看，揭示经济现象发展的长期趋势和测定其季节变动的影响，对于每一组具体的动态数列来讲都是十分重要的。

（二）时间数列分析应注意的问题

1. 时间数列资料的采样问题

一般来讲，时间数列分析必须以较长时期的历史资料为依据。若资料太少，则难以把握事物发展变化的特征。搜集多长时间的资料，采用什么方法处理，必须考虑主、客观条件的允许程度。如人力、财力、物力、经费允许的程度和时效性等。一般要求最新材料必须采用，因为近期数据对事物变化反应最敏感。在资料采样中，还应注意时间单位的大小，例如：作季节变动分析可用月、季度资料，而作循环波动分析一般要求用月度资料。时间单位的大小，要尽可能采用能反映事物变化周期的时间间隔。由于在时间数列分析中，常常要作一些推断预测，因此还应注意资料的时间长短与推断预测的超前时间之间的关系。一般认为，推断预测的超前时间不宜超过占有数据时间的 1/3，例如：根据连续 15 年产量资料预测未来年份产量时，不宜超过 5 年。

2. 时间数列资料的修匀问题

在统计调查中搜集到的时间数列资料，常常会表现出一些不规则的偶然起伏波动，甚至会出现一些异常值。例如：突然出现一个特别大或特别小的数值，使其不易识别时间数列的基本特征，因此，在时间数列分析中还必须注意资料的修匀问题。常用的时间数列资料的修匀方法有：时距扩大法、移动平均法、指数平滑法等。通过修匀，可以消除时间数列中的一些不规则变动影响，有助于显示和识别时间数列的基本特征。在时间数列分析中，对于异常值的处理，必须十分慎重。如果是由于登录失误所引起的异常值，或是由于偶然的突发事件引起的异常值，一般情况下可以将异常值更正或删除。如果不是上述原因引起的，就必须注意，有可能这种异常变化暗示着事物发展变化的转折趋势，应认真分析、恰当处理。异常值处理得当，有利于提高时间数列分析的准确性。

3. 时间数列资料的识别与时间数列模型的选择问题

时间数列分析常需运用时间数列模型，不同的资料显示的特征不同，选用的模型也不同。模型的重要性并不主要在于必须了解每个模型的数学公式，而是必须了解各种模型所具有的不同假定。运用不同的模型作分析，其功效会不一样，因此在时间数列分析中要特别注意识别所选资料的基本特征，选用恰当的模型进行模拟。

二、长期趋势分析

长期趋势分析是指测定时间数列在根本性原因影响下，在相当长的时间内沿着一定方向有倾向性变动的规律性。

长期趋势研究某种现象在一个相当长的时期内持续向上或向下发展变动的趋势。测定长期趋势的主要目的是：首先，在于把握现象的趋势变化；其次，从数量方面来研究现象发展的规律性，探求合适趋势线，为进行统计预测提供必要条件；最后，测定长期趋势，可以消除原有动态数列中长期趋势的影响，以便更好地显示和测定季节变动。在实际工作中，常常把趋势分析和统计预测结合在一起。

反映现象发展的长期趋势有两种基本形式：一种是直线趋势，另一种是非直线趋势即曲线趋势。当所研究现象在一个相当长的时期内呈现出比较一致上升或下降的变动，如循一直线发展，则为直线趋势。直线趋势的变化率或趋势线的斜率基本上是不变的。而非直线趋势，其变化率或趋势线的斜率是变动的。

研究现象发展的长期趋势，就须对原来的动态数列进行统计处理，一般称之为动态数列修匀，即进行长期趋势测定。测定长期趋势常用的主要方法有：时距扩大法、移动平均法、指数平滑法、趋势方程法等。

（一）时距扩大法

时距扩大法也叫间隔扩大法，是指将间隔较小的时间数列的间隔时间扩大，改变为间隔时间较长的时间数列，以消除原时间数列由于间隔时间短而受偶然性因素影响所引起的波动，从而揭示出现象发展的总趋势。这种方法包括：①用时距扩大后的总量指标编制新的时间数列；②用时距扩大后的序时平均数编制新的时间数列。前者只适用于时期数列，后者既适用于时期数列又适用于时点数列。

我国某进出口岸华侨入境人数统计如表5-17所示。从表5-17的资料可以看出，由于偶然因素的影响，历史上各年的华侨入境人数有升有降，发展趋势不够明显。为了反映长期趋势，将时距扩大为5年，编制时距扩大后的华侨入境人数时期数列和序时平均数时间数列，如表5-18所示。

表 5-17　华侨入境人数统计（1974～1988 年）

年　　份	华侨/ 万人	年　　份	华侨/ 万人	年　　份	华侨/ 万人
1974	1. 92	1979	1. 98	1984	3. 23
1975	1. 28	1980	3. 06	1985	4. 57
1976	1. 11	1981	3. 18	1986	5. 05
1977	1. 09	1982	2. 99	1987	5. 78
1978	1. 58	1983	2. 89	1988	5. 13

表 5-18　某进出口岸华侨入境人数

年　　份	1974～1978	1979～1983	1984～1988
入境人数/ 万人	6. 98	14. 10	23. 76
年平均入境人数/ 万人	1. 40	2. 82	4. 75

从表 5-18 新的时间数列可以明显地看出，华侨入境人数有不断增长的长期趋势。以月、季为时距单位的数列，通过合并，扩大为以年为时距单位的数列，还可以消除季节变动的影响。

时距扩大法应注意的问题是：为了保持可比性，同一数列前后的时距单位应当一致，时距单位的大小，应以时距扩大后数列能正确反映长期趋势为准。时距扩大法虽然计算简便，但有一定的局限性：时距扩大后新数列的项数比原数列少，有时难以测定未来的发展趋势。

（二）移动平均法

移动平均法是一种简单并且常用的时间数列修匀方法。它是根据时间数列资料，利用逐项递推移动，依次计算包含一定项数的序时平均数，形成一个新的派生时间数列的趋势分析方法。在这个新的动态数列中，短期的偶然因素引起的变动被削弱了，从而呈现出明显的长期趋势。

采用移动平均法修匀时间数列，可以削弱或消除不规则变动的影响。含有季节变动的时间数列，用季节变动周期的序时项数进行移动平均，还可以消除季节变动的影响。因此利用移动平均法，能够测定社会经济现象发展变化的基本趋势。

例 5-18　某地建筑业产值四季的资料如表5-19所示，对历史资料进行修匀。

表 5-19　建筑业产值四季的资料

年　份	季　度	序　号	产值/亿元	四季移动平均数	移　正
1997	1	1	3.18		—
	2	2	4.15	3.95	—
	3	3	4.56	3.92	3.94
	4	4	3.91	3.92	3.92
1998	1	5	3.07	4.03	3.98
	2	6	4.14	3.87	3.95
	3	7	4.98	4.04	3.96
	4	8	3.29	4.35	4.20
1999	1	9	3.76	4.75	4.55
	2	10	5.36	5.45	5.10
	3	11	6.58	5.88	5.67
	4	12	6.08	6.56	6.22
2000	1	13	5.49	7.24	6.90
	2	14	8.07	7.90	7.57
	3	15	9.30	8.35	8.13
	4	16	8.73	8.97	8.66
2001	1	17	7.30	9.61	9.29
	2	18	10.53	9.68	9.65
	3	19	11.89		—
	4	20	9.00		—

解　根据表 5-19 的资料，计算一次移动平均数。为了消除不规则变动和季节变动的影响，所取移动步长为 4。其计算公式为

$$一次移动平均数 = \frac{M_1 + M_2 + M_3 + M_4}{4}$$

$$1997 年 1 季至 4 季移动平均数 \ \bar{a}_{2\sim3} = \frac{a_1 + a_2 + a_3 + a_4}{4}$$

$$= \frac{(3.18 + 4.15 + 4.56 + 3.91)}{4} 亿元$$

$$= 3.95 \ 亿元$$

1997 年 2 季至 1998 年 1 季移动平均数 $\bar{a}_{3\sim4} = \dfrac{a_2 + a_3 + a_4 + a_5}{4}$

$$= \frac{(4.15 + 4.56 + 3.91 + 3.07)\ 亿元}{4}$$

$$= 3.92\ 亿元$$

1997 年 3 季至 1998 年 2 季移动平均数 $\bar{a}_{4\sim5} = \dfrac{a_3 + a_4 + a_5 + a_6}{4}$

$$= \frac{(4.56 + 3.91 + 3.07 + 4.14)\ 亿元}{4}$$

$$= 3.92\ 亿元$$

$$\vdots$$

一次移动平均数所表示的趋势值，不和任一具体季度相对应，为此还应计算二次修正移动平均。其计算公式为

$$二次修正移动平均数 = \frac{相邻两个移动平均数之和}{2}$$

1997 年 3 季度趋势值 $\bar{a}_3 = \dfrac{\bar{a}_{2\sim3} + \bar{a}_{3\sim4}}{2} = \dfrac{(3.95 + 3.92)\ 亿元}{2} = 3.94\ 亿元$

1997 年 4 季度趋势值 $\bar{a}_4 = \dfrac{\bar{a}_{3\sim4} + \bar{a}_{4\sim5}}{2} = \dfrac{(3.92 + 3.92)\ 亿元}{2} = 3.92\ 亿元$

将上述两步加以合并简化，可得公式如下

$$\bar{a}_3 = \frac{\bar{a}_{2\sim3} + \bar{a}_{3\sim4}}{2} = \frac{\dfrac{a_1}{2} + a_2 + a_3 + a_4 + \dfrac{a_5}{2}}{2}$$

$$= \frac{\left(\dfrac{3.18}{2} + 4.15 + 4.56 + 3.91 + \dfrac{3.07}{2}\right)亿元}{4}$$

$$= 3.94\ 亿元$$

依次类推。

移动平均数列由于消除了不规则变动和季节变动的影响，能较明显地反映建筑业产值的增长趋势。通过计算可知，移动平均法所取的步长 N 的多少，实际是时距扩大的问题，所以 N 的取值应与现象的波动周期相吻合。若序列在一定趋势下还存在周期性变动，则移动步长应与周期相同，以消除这些变动，如本例 $N = 4$。

例5-19 某机器厂各月生产的机器台数如表5-20所示，对历史资料进行修匀。

表 5-20　各月生产的机器台数

月份	1	2	3	4	5	6	7	8	9	10	11	12
台数	41	42	52	43	45	51	53	40	51	49	56	54

解　本例分别采用 $N=3$，$N=4$，$N=5$ 进行移动平均，来比较一下不同的步长选择对移动修匀效果的影响。表 5-21 为移动平均计算结果。由于移动步长的选择不同，对偶然因素引起的波动削弱的程度也不同，图 5-1 表示 N 的不同选择对原始数列修匀程度的不同效果。

表 5-21　移动平均计算结果

月　份	机器台数	$N=3$	$N=4$		$N=5$
1	41	—		—	—
2	42	45	44.50	—	—
3	52	45.7	45.50	45	44.6
4	43	46.7	47.75	46.6	46.6
5	45	46.3	48.00	47.9	48.8
6	51	49.7	47.25	47.6	46.4
7	53	48	48.75	48	48
8	40	48	48.25	48.5	48.8
9	51	46.7	49.00	48.6	49.8
10	49	52	52.50	50.75	50
11	56	53		—	—
12	54	—		—	—

因此，应用移动平均法分析长期趋势时，应注意下列四点：

（1）用移动平均法对原动态数列修匀，修匀程度的大小与原数列移动平均的项数多少有关。例如，用 5 项移动平均比 3 项移动平均修匀程度更好些（见图 5-1）。这就是说，移动步长越大，效果越好，即趋势线越平滑。

（2）移动平均法所取项数的多少，应视资料的特点而定。原有动态数列如有循环周期，则移动平均的项数以循环周期的长度为准。事实证明，当移动平均的时期长度等于周期长度或其整数倍时，它就能把周期的波动完全剔除掉。例如，当数列资料为季度资料时，可采用 4 项移动平均；若根据各年的月份资料，则应取 12 项移动平均，这样可消除季节变动的影响，能较为准确地揭示现象发展的长期趋势。

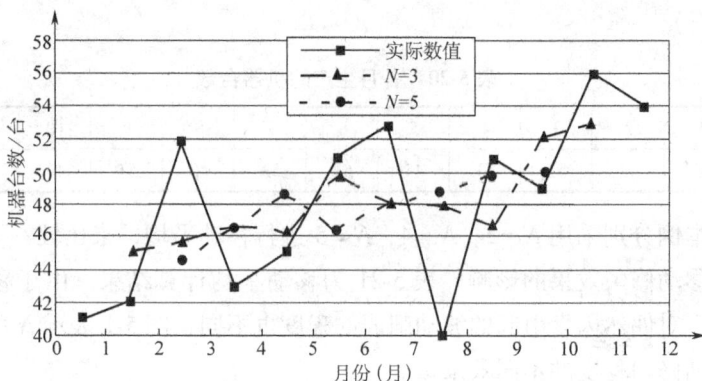

图 5-1 移动平均修匀效果图

（3）在原始数列没有明显周期变动时，采用奇数项移动比较简单。当采用奇数项进行移动平均时，其每一移动平均数都是其中点位置所对应时间的长期趋势值。如 3 项移动，第一个移动平均数为（41 + 42 + 52）台/3 = 45 台，即可对应于 2 月份，所得到的结果即为 2 月份的趋势值。采用偶数项移动平均时，序时项数的中点位于偶数项的中间位置，所以要将第一次移动的平均值再进行步长为 2 的"移正平均"，得出移正值动态数列，以显示出现象的变动趋势。由于偶数项移动平均比较复杂，因此一般以奇数项为步长。

（4）移动平均后的数列比原数列项数要少。移动时采用的项数越多，虽能更好地进行修匀，但所得趋势值的项数就越少。一般情况下，移动平均项数与趋势值的项数关系为

$$趋势值项数 = 原数列项数 - 移动平均项数 + 1$$

即
$$T' = T - N + 1$$

如例 5-19，原数列项数为 12，采取 3 项移动平均所得趋势值项数 = 12 - 3 + 1 = 10。如采用 5 项移动平均，则趋势值项数 = 12 - 5 + 1 = 8，要比原有数列少 4 项。因此，为了便于看出现象的发展趋势，要视具体情况确定移动平均的项数，不宜太多。

利用移动平均法可以进行以下预测：①简单移动平均预测法。简单移动平均预测法是用最后一期的移动平均值作为下一期的预测值，适用于无显著增减变动趋势的随机现象；②加权移动平均预测法是按距离预测期的远近，确定实际水平权数的大小，用过去若干实际水平的加权算术平均数作为预测趋势值，适用于短期预测。

（三）指数平滑法

指数平滑法是移动平均法的进一步发展，它由美国经济学家布朗于 1959 年

在其《库存管理的统计分析》一书中提出的。指数平滑法是利用指数平滑平均数的计算，对时间数列进行修匀和预测的方法。其中指数平滑平均数是全部时间数列变量值的特殊加权平均数，其权数按递推周期由近及远以几何级数递减，呈指数函数的形式且具有修匀或平滑时间数列各项变量值的功能，故称指数平滑法。它利用时间数列变量值的特殊加权平均数，提供一个新的、较为整齐的时间数列。新数列依赖一种假设：每个观测值以某种方法依赖于前期的观测值，即在新数列中，每个值都用其前面的值来表示。平滑值是各前期观测值的加权平均数，并且越远离平滑值，权数越小。

$$S_t^{(1)} = \alpha Y_t + (1 - \alpha)S_{t-1}^{(1)} = S_{t-1}^{(1)} + \alpha(Y_t - S_{t-1}^{(1)})$$

指数平滑法的公式包括一次指数平滑和多次指数平滑。一次指数平滑平均数用 $S_t^{(1)}$ 表示，其计算公式为

$$S_t^{(1)} = \alpha \times 变量值 + (1 - \alpha) \times 上期平滑数$$

式中，α 为平滑常数，即权数，它是 0~1 之间的一个数。平滑常数越大，近期数据对分析结论的影响越大，远期值消失得越迅速；反之亦然。

指数平滑法具有以下特点：

（1）指数平滑法不必储存最近 N 期的变量值，只需 t 时期变量值 Y_t，$t-1$ 时期指数平滑平均数 $S_{t-1}^{(1)}$ 和平滑常数 α，弥补了移动平均数的不足。

（2）指数平滑平均数是时间数列各期变量值的加权平均数。越是远期数据，权数越小；越是近期数字，权数越大。当所用变量值的个数趋于无穷大时，权数之和趋于 1。

（3）指数平滑公式具有误差反馈机制。在指数平滑公式中，$S_t^{(1)} = S_{t-1}^{(1)} + \alpha(Y_t - S_{t-1}^{(1)})$，$S_{t-1}^{(1)}$ 作为第 t 期的预测值，$(Y_t - S_{t-1}^{(1)})$ 等于第 t 期实际值与预测值的误差，而 α 的大小反映了对误差进行调整修正的幅度，代表了平滑结果对时间数列数据变化的反映速度。α 越大，调整修正的幅度越大；α 越小，调整修正的幅度越小。这种机制使指数平滑结果能跟踪实际值的变化，避免偶然因素的干扰，减少误差。

根据指数平滑法的公式进行计算，首先要解决两个问题，即平滑常数 α 的确定和初始值 S_0 的取值。

S_0 的确定要视具体情况依赖经验或试算加以确定。一般而言，如果时间数列数据较多（如 20 项以上），初始值对第 t 期平滑结果影响较小，可取时间数列第一期变量值 Y_1 作为初始值；如果时间数列数据较少，初始值对第 t 期平滑结果影响较大，可以取时间数列最初若干期变量值的平均值作为初始值，通常取

$$S_0 = \frac{Y_1 + Y_2}{2}$$

若平滑系数取值较大，初始值对第 t 期影响较小，也可取第一期变量值为初始值。

平滑常数 α 的确定一般遵循以下原则：

（1）当时间数列中数据不规则波动，但发展趋势比较稳定时，α 可取较小值，这样可容纳较长时期信息。

（2）当时间数列中的数据变动迅速，并具有明显规律性变化倾向，α 取值较大，以加强近期数据对平滑结果的影响，使事物变化的新趋势反映到平滑结果中。

（3）当数据受偶然因素影响，发生突然升高或突然降低时，α 应取较小值，以减少不规则变动对平滑结果的影响。

指数平滑可以进行短期预测，即利用最后一期平滑值作为下一期预测值。

当事物的发展呈水平型变化时，可采用一次指数平滑平均数预测，即

$$\hat{Y}_{t+1} = S_t^{(1)}$$

例 5-20 某企业2007年下半年的产品平均库存量如表 5-22 所示，预测 2008 年 1 月份的平均库存（$\alpha = 0.2$）。

表 5-22 某企业库存资料

月　份	7	8	9	10	11	12
平均库存/百件	4	6	5	4	6	5

解　在生产较稳定的情况下，产品库存量的发展变化多呈水平型，即利用一次指数平滑法。$n = 6$，初始值 $S_0 = (4 + 6)$ 百件 $/2 = 5$ 百件，$\alpha = 0.2$。利用下式计算，指数平滑计算表如表 5-23 所示。

$$S_t^{(1)} = S_{t-1}^{(1)} + \alpha(Y_t - S_{t-1}^{(1)})$$

表 5-23 指数平滑计算表

月　份	库存量/百件	平滑值 S_t
7	4	$0.2 \times 4 + 0.8 \times 5 = 4.80$
8	6	$0.2 \times 6 + 0.8 \times 4.8 = 5.04$
9	5	$0.2 \times 5 + 0.8 \times 5.04 = 5.03$
10	4	$0.2 \times 4 + 0.8 \times 5.03 = 4.82$
11	6	$0.2 \times 6 + 0.8 \times 4.82 = 5.06$
12	5	$0.2 \times 5 + 0.8 \times 5.06 = 5.05$

（续）

年　份 t	年　次 X	产量 $Y/$ 万 m	ΔY	趋势值 Y_t
2001	3	8.35	0.76	8.340
2002	4	9.14	0.79	9.638
2003	5	9.99	0.85	10.936
前段平均数	$\overline{X}_1 = 3$	$\overline{Y}_1 = 8.34$		—
2004	6	11.78	1.79	12.234
2005	7	14.49	2.71	13.532
2006	8	14.99	0.50	14.830
2007	9	16.02	1.03	16.128
2008	10	16.87	0.85	17.426
后段平均数	$\overline{X}_2 = 8$	$\overline{Y}_2 = 14.83$		
$\sum$		115.85		115.850

解　本题中产量的逐年增长量可看作近似常数，利用差分法判断可配合趋势直线模型。将前后两段平均数代入公式求参数。

$$\begin{cases} a = \dfrac{8 \times 8.34 - 3 \times 14.83}{8 - 3} = 4.446 \\ b = \dfrac{14.83 - 8.34}{8 - 3} = 1.298 \end{cases}$$

得趋势直线模型为

$$Y_t = 4.446 + 1.298X$$

预测 2010 年的纺织品产量为

$$Y_{2010} = (4.446 + 1.298 \times 12) \text{ 万 m} = 20.022 \text{ 万 m}$$

采用分段平均法，各段时期数应相等。当时间数列项数为奇数不能等分时，可考虑删除最初一项后再等分。

（2）指数曲线模型。在时间数列中，现象大体上逐期按几何级数等比递增（或递减），各期的环比速度近似一个常数，其散点图在算术坐标纸上围绕指数曲线趋势波动，在半对数坐标纸上围绕直线趋势波动时，可配合指数曲线模型测定长期趋势。其模型为

$$Y_t = ab^X$$

对指数曲线模型求解，一般是先改写成对数直线模型，然后再估计参数。

$$\lg Y_t = \lg a + X \lg b$$

设 $\lg a = A$，$\lg b = B$，$\lg Y_t = Y'_t$，则上式化为

$$Y'_t = A + BX$$

此式为对数直线模型，可按前述直线模型估计参数的方法进行。分段平均法配合对数直线模型的要求是

$$\sum (Y - Y'_t) = 0$$

将时间数列的对数值分成时期数相等的两段，计算每段的简单算术平均数，列出标准联立方程

$$\begin{cases} \overline{Y}_1 = A + B\overline{X}_1 \\ \overline{Y}_2 = A + B\overline{X}_2 \end{cases}$$

解联立方程，求出 A、B 及反对数 a、b，即可配合对数直线模型或指数曲线模型。

例5-22 我国某省发电量的资料如表5-25所示，求解趋势线模型，并预测2000年的发电量。

表 5-25　某省发电量指数曲线模型计算表

年份 t	年次 X	发电量 $Y/(10^8 kW \cdot h)$	环 比 速 度	lg$Y$
1993	1	146. 32	—	2.165 30
1994	2	147. 52	1. 008	2.168 85
1995	3	167. 13	1. 133	2.223 05
前段平均数	$\overline{X}_1 = 2$			$\overline{Y}_1 = 2.185\ 73$
1996	4	180. 50	1. 080	2.256 48
1997	5	221. 83	1. 229	2.346 02
1998	6	267. 97	1. 208	2.428 09
后段平均数	$\overline{X}_2 = 5$	—		$\overline{Y}_2 = 2.343\ 53$
$\sum$		—	—	13.587 79

解　由于资料的环比发展速度近似为一个常数，所以可以拟合指数曲线模型。将前后两段平均数代入联立方程求解

$$\begin{cases} 2.185\ 73 = A + 2B \\ 2.343\ 53 = A + 5B \end{cases}$$

$$\begin{cases} A = \lg a = \dfrac{\overline{X}_2\,\overline{Y}_1 - \overline{X}_1\,\overline{Y}_2}{\overline{X}_2 - \overline{X}_1} = \dfrac{5 \times 2.185\ 73 - 2 \times 2.343\ 53}{5 - 2} = 2.080\ 53 \\[4mm] B = \lg b = \dfrac{\overline{Y}_2 - \overline{Y}_1}{\overline{X}_2 - \overline{X}_1} = \dfrac{2.343\ 53 - 2.185\ 73}{5 - 2} = 0.052\ 6 \end{cases}$$

求反对数，得

$$\begin{cases} a = 120.37 \\ b = 1.128\ 76 \end{cases}$$

对数直线模型为

$$\lg Y_t = 2.080\ 53 + 0.052\ 6X$$

指数曲线模型为

$$Y_t = 120.37 \times 1.128\ 76^X$$

2000 年的发电量为 $Y_{2000} = 120.37 \times 1.128\ 76^8 \times 10^8 \text{kW} \cdot \text{h}$

$$= 317.20 \times 10^8 \text{kW} \cdot \text{h}$$

分段平均法能以和原数列相同的项数反映长期趋势变动，经过修匀能够得到平滑的曲线，满足消除长期趋势、分析季节变动和循环波动的需要。其总离差虽可等于零，但是其离差平方和不是最小的，这是其不足之处。

2. 最小平方法

最小平方法也称为最小二乘法，是时间数列长期趋势分析中的传统方法。它要求实际值与趋势值的离差平方和为最小值，列出联立方程，估计参数，配合趋势模型，测定长期趋势。

（1）直线模型。当长期趋势表现为直线模型时

$$Y_t = a + bX$$

按最小平方法的要求

$$\sum (Y - Y_t)^2 = \min$$

对上式求偏导数，得估计参数 a、b 的标准联立方程如下

$$\begin{cases} \sum Y = Na + b \sum X \\ \sum XY = a \sum X + b \sum X^2 \end{cases}$$

解联立方程，即可求出参数 a、b

$$\begin{cases} a = \dfrac{\sum X^2 \sum Y - \sum X \sum Y}{N \sum X^2 - \left(\sum X \right)^2} \\ b = \dfrac{N \sum XY - \sum X \sum Y}{N \sum X^2 - \left(\sum X \right)^2} \end{cases}$$

式中，N 代表年数；X 代表年次。

为了简化计算，当时期数为奇数时，可用中间 1 期为原点，X 以 1 期为单位，则 $X = \cdots -3,\ -2,\ -1,\ 0,\ 1,\ 2,\ 3,\ \cdots$；当时期数为偶数时，可用中间 2

期的中点为原点，则 X 以半期为单位，$X = \cdots -5$，-3，-1，1，3，5，$\cdots$这样可使 $\sum X = 0$，于是上边的联立方程可简化为

$$\begin{cases} \sum Y = Na \\ \sum XY = b \sum X^2 \end{cases}$$

解联立方程有

$$\begin{cases} a = \dfrac{\sum Y}{N} = \bar{Y} \\ b = \dfrac{\sum XY}{\sum X^2} \end{cases}$$

例 5-23　某企业纺织品产量如表5-26所示，求解趋势线，并预测 2010 年的纺织品产量。

表5-26　我国纺织品直线模型计算表

年　份	年次 X	产量 $Y/10^8\,m$	XY	X^2
1999	-9	6.63	-59.67	81
2000	-7	7.59	-53.13	49
2001	-5	8.35	-41.75	25
2002	-3	9.14	-27.42	9
2003	-1	9.99	-9.99	1
2004	1	11.78	11.78	1
2005	3	14.49	43.47	9
2006	5	14.99	74.95	25
2007	7	16.02	112.14	49
2008	9	16.87	151.83	81
$\sum$	0	115.85	202.21	330

解　先根据数据资料绘制散点图，判断趋势模型的形态。从图 5-2 可见，数据变化近似为一条直线，可以拟合直线趋势方程。年数 $N = 10$ 为偶数，其中点在 2003 年与 2004 年中间。为了简化计算，使两年的中点为原点，$X = 0$，以半年为单位，则 2003 年的年次为 -1，以前各年年次为 -3、-5、-7、-9；2004 年的年次为 $+1$，以后各年的年次为 3、5、7、9，使 $\sum X = 0$。

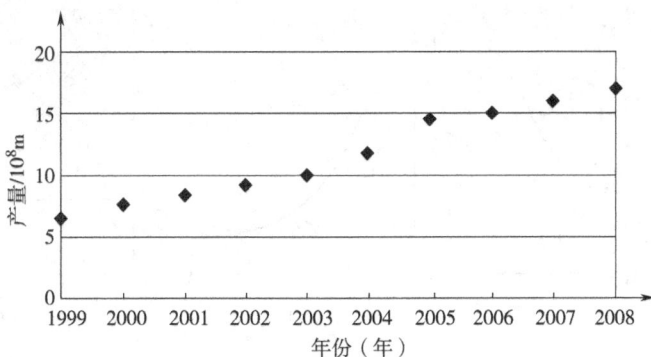

图 5-2 散点图

将表 5-26 合计栏资料代入联立方程

$$\begin{cases} 115.85 = 10a \\ 202.21 = 330b \end{cases}$$

解联立方程有

$$\begin{cases} a = \dfrac{115.85}{10} = 11.585 \\ b = \dfrac{202.21}{330} = 0.613 \end{cases}$$

趋势直线模型为

$$Y_t = 11.585 + 0.613X$$

2010 年的纺织品产量为

$$Y_{2010} = (11.585 + 0.613 \times 13) \times 10^8 \text{m} = 19.554 \times 10^8 \text{m}$$

（2）指数曲线模型。当长期趋势表现为指数曲线形态时，其图形如图 5-3 所示。

可以拟合指数曲线模型为

$$Y_t = ab^X$$

其对数直线模型为

$$\lg Y_t = \lg a + X \lg b$$

用最小平方法原理，估计参数，配合对数直线模型的标准联立方程为

$$\begin{cases} \sum \lg Y = N \sum \lg a + \lg b \sum X \\ \sum X \lg Y = \lg a \sum X + \lg b \sum X^2 \end{cases}$$

以时间数列的中点为原点，使 $\sum X = 0$，联立方程可简化为

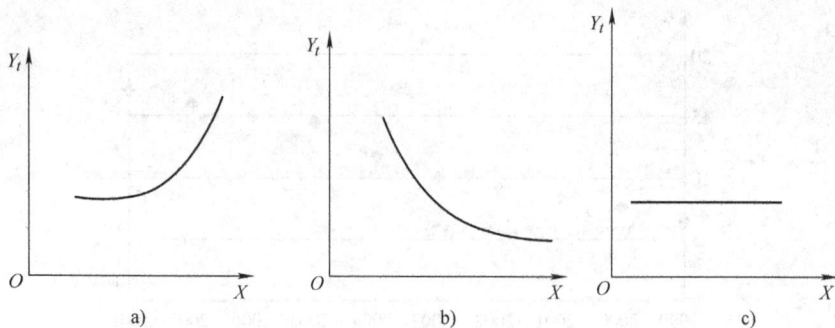

图 5-3　指数曲线形态

a) $b > 1$　b) $0 < b < 1$　c) $b = 1$

$$\begin{cases} \sum \lg Y = N \sum \lg a \\ \sum X \lg Y = \lg b \sum X^2 \end{cases}$$

解联立方程即可估计参数，便可得到对数直线模型和指数曲线模型

$$\begin{cases} \lg a = \dfrac{\sum \lg Y}{N} \\ \lg b = \dfrac{\sum X \lg Y}{\sum X^2} \end{cases}$$

通过求反对数，即可得到指数曲线模型。

例 5-24　我国某省发电量统计资料如表5-27所示，求解趋势线方程。

表 5-27　某省发电量统计资料与指数曲线模型计算表

年　份	年次 X	发电量 $Y/(10^8 \text{kW} \cdot \text{h})$	$\lg Y$	X^2	$X \lg Y$
1992	-3	130. 37	2. 115 18	9	$-6. 345 54$
1993	-2	146. 32	2. 165 30	4	$-4. 330 60$
1994	-1	147. 52	2. 168 85	1	$-2. 168 85$
1995	0	167. 13	2. 223 05	0	0
1996	1	180. 50	2. 256 48	1	2. 256 48
1997	2	221. 83	2. 346 02	4	4. 692 04
1998	3	267. 97	2. 428 09	9	7. 284 27
$\sum$	0	—	15. 702 97	28	1. 387 80

解　根据数据特征的判断，符合指数模型趋势，应当拟合指数曲线模型。

$$\lg a = \frac{\sum \lg Y}{N} = \frac{15.702\ 97}{7} = 2.243\ 28$$

$$\lg b = \frac{\sum X \lg Y}{\sum X^2} = \frac{1.387\ 8}{28} = 0.049\ 56$$

求反对数得

$$a = 175.1\ ;\quad b = 1.120\ 9$$

$$\lg Y_t = 2.243\ 28 + 0.049\ 56X$$

$$Y_t = 175.1 \times 1.120\ 9^X$$

（3）二次抛物线模型。在时间数列中，现象的逐期增长量之差（第二阶差）近似一个常数，散点图如图 5-4 所示，可配合二次抛物线趋势模型。其模型为

$$Y_t = a + bX + cX^2$$

式中，X 代表时间次序；a、b、c 代表参数。

图 5-4　二次抛物线形态

用最小平方法原理，估计参数，配合二次抛物线模型的标准联立方程为

$$\begin{cases} \sum Y = Na + b\sum X + c\sum X^2 \\ \sum XY = a\sum X + b\sum X^2 + c\sum X^3 \\ \sum X^2 Y = a\sum X^2 + b\sum X^3 + c\sum X^4 \end{cases}$$

以时间数列的中点为原点，使 $\sum X = 0$ ，联立方程可简化为

$$\begin{cases} \sum Y = Na + c\sum X^2 \\ \sum XY = b\sum X^2 \\ \sum X^2 Y = a\sum X^2 + c\sum X^4 \end{cases}$$

解联立方程即可估计参数，配合二次抛物线模型

$$\begin{cases} a = \dfrac{\sum X^4 \sum Y - \sum X^2 \sum X^2 Y}{N\sum X^4 - \left(\sum X^2\right)^2} \\[4mm] b = \dfrac{\sum XY}{\sum X^2} \\[4mm] c = \dfrac{N\sum X^2 Y - \sum X^2 \sum Y}{N\sum X^4 - \left(\sum X^2\right)^2} \end{cases}$$

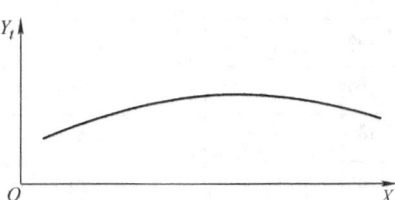

例5-25 我国某县工业总产值资料统计如表5-28所示，求解趋势方程。

表5-28 某县工业总产值与抛物线模型计算表

（以1990年不变价格计算）

年 份	年次 X	工业总产值 Y/亿元	X^2	X^4	XY	X^2Y
1990	-4	1.240	16	256	-4.960	19.840
1991	-3	1.291	9	81	-3.873	11.619
1992	-2	1.362	4	16	-2.724	5.448
1993	-1	1.450	1	1	-1.450	1.450
1994	0	1.562	0	0	0	0
1995	1	1.695	1	1	1.695	1.695
1996	2	1.845	4	16	3.690	7.380
1997	3	2.018	9	81	6.054	18.162
1998	4	2.210	16	256	8.840	35.360
$\sum$	0	14.673	60	708	7.272	100.954

解

$$a = \frac{\sum X^4 \sum Y - \sum X^2 \sum X^2 Y}{N \sum X^4 - \left(\sum X^2\right)^2}$$

$$= \frac{708 \times 14.673 - 60 \times 100.954}{9 \times 708 - 60^2} = 1.5625$$

$$b = \frac{\sum XY}{\sum X^2} = \frac{7.272}{60} = 0.1212$$

$$c = \frac{N \sum X^2 Y - \sum X^2 \sum Y}{N \sum X^4 - \left(\sum X^2\right)^2}$$

$$= \frac{9 \times 100.954 - 60 \times 14.673}{9 \times 708 - 60^2} = 0.010175$$

$$Y_t = 1.5625 + 0.1212X + 0.010175X^2$$

最小平方法能以和原数列相同的项数反映长期趋势变动；经过修匀能够得到平滑的曲线，满足消除长期趋势、分析季节变动和循环波动的需要；不仅其总离差和等于零，而且其离差的平方和也最小。

3. 选择趋势线应注意的问题

（1）应了解所观察变量的实际意义和相关的理论知识，根据观察值的变化

规律及散点图的形态，确定适当的趋势线类型。

（2）根据数据的变化规律选择趋势线，即利用差分法：若观察值的一阶差大体相同，可配合直线趋势；若观察值的二阶差大体相同，可配合二次曲线；若观察值的环比大致相同，可配合指数曲线。

（3）当同一时间数列有多种趋势线可以选择时，应选择配合效果较好的方程描述数列趋势。效果较好一般以估计标准误差最小者为根据，即 $S_Y = \min$。估计标准误差的计算公式为

$$S_Y = \sqrt{\frac{\sum (Y - Y_t)^2}{n - m}}$$

式中，Y 为实际值；Y_t 为趋势值；n 为观察值的个数；m 为趋势方程中未知参数的个数。

例 5-26 某企业产量如表5-29所示，拟合趋势线方程。

表 5-29　某企业产量资料

年　份	产量/万件	年　份	产量/万件
1980	17.56	1989	51.40
1981	19.63	1990	71.42
1982	23.98	1991	106.67
1983	31.64	1992	129.85
1984	43.72	1993	136.69
1985	36.98	1994	145.27
1986	47.18	1995	147.52
1987	64.47	1996	158.25
1988	58.35	1997	163.00

解　首先根据表5-29的资料绘制散点图（见图5-5）。

由散点图判断，数据的变化特征不是非常明显的趋势直线或指数曲线趋势，因此可以拟合两个方程进行比较。

指数趋势方程：$Y_t = 17.280\ 5 \times 1.146\ 98^X$

直线趋势方程：$Y_t = -9.499\ 5 + 9.500\ 4X$

通过图5-6所示的拟合曲线判断，直线方程和曲线方程难以十分有效地区分拟合效果，这时可以计算和比较估计标准误差

$$S_Y = \sqrt{\frac{\sum (Y - Y_t)^2}{n - m}}$$

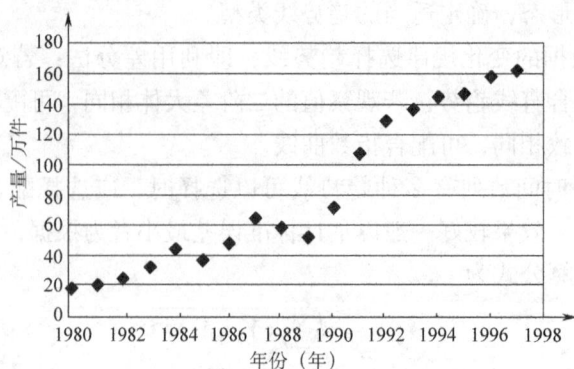

图 5-5　散点图

直线趋势线估计标准误差：$S_Y = 14.51$

指数趋势线估计标准误差：$S_Y = 16.22$

根据估计标准误差判断，直线拟合趋势方程略优于指数趋势方程。

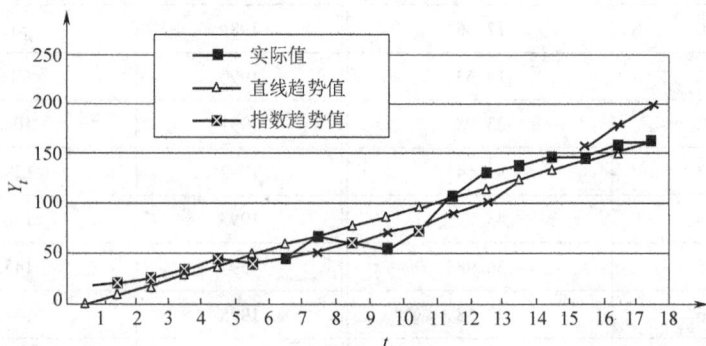

图 5-6　拟合曲线图

三、季节变动分析

季节变动分析，是根据以月、季为单位的时间数列资料，测定以年为周期的、随着季节改变而发生的周期性变动的规律性。季节变动分析的目的是：研究、认识季节变动的周期和规律性，制定计划，合理安排生产，保障供给，并且鉴往知来，搞好预测和决策，克服因季节变动而产生的不良影响。

测定季节变动的重要指标是季节比率（或称季节指数）。季节比率用来说明一年中每个月数值与全年月平均数的比率。全年为 12 个月，则全年季节比率和为 12（或 1 200%）。如每月比率都接近于 1 或 100%，表明季节变动很小甚至没有变动；如果各月比率差距很大，而且连续多年都是如此，表明季节变动很大。

季节变动分析，一般要用三年或更多年的统计资料，才便于消除偶然因素的影响，如实地反映季节变动的规律。测定季节变动常用的方法有两种：按月（季）平均法和移动平均趋势剔除法。

（一）**按月（季）平均法**

这种方法不考虑长期趋势的影响，直接利用原始资料计算。如果原始资料是月度资料，这种方法称为按月平均法；如果原始资料为季度资料，这种方法称为按季平均法。

按月（季）平均法的步骤如下：

（1）收集三年以上每月（季）的资料，按月（季）对齐列表。

（2）计算各年同月（季）的平均数。

（3）计算各年所有月份（季度）的总平均数。

（4）将各年同月（季）的平均数分别除以总平均数，得出各月（季）的季节比率。其公式为

$$季节比率 = \frac{同月（季）平均数}{总平均数}$$

例 5-27 表5-30为某贸易中心的商品销售额资料，计算季节比率的变化。

表 5-30　贸易中心的商品销售额

月　　份	2000 年/ 万元	2001 年/ 万元	2002 年/ 万元	同月平均数/ 万元	季节比率（%）
1	39.2	39.4	46.7	41.8	128.6
2	34.2	42.7	42.3	39.7	122.2
3	29.3	35.3	39.6	34.7	106.8
4	30.4	37.8	30.2	32.8	100.9
5	31.2	28.6	32.4	30.7	94.5
6	25.6	31.6	27.9	28.4	87.4
7	16.8	28.3	21.6	22.2	68.3
8	21.3	20.9	30.3	24.2	74.5
9	26.4	29.6	28.8	28.3	87.1
10	24.6	34.8	34.6	31.3	96.3
11	32.2	34.6	40.8	35.9	110.5
12	33.2	38.7	48.9	40.3	124
合　　计	344.4	402.3	424.1	390.4	1 201.1
月平均数	28.7	33.5	35.3	32.5	

解 （1）首先将三年每月的资料按月对齐列表，如表 5-30 所示。

（2）计算各年同月平均数。

（3）计算总平均数。

（4）将各年同月平均数分别除以总平均数，得出各月季节比率。

由于是月度资料，季节比率总和应为 1 200%，本例中季节比率之和为 1 201.1%，基本接近。如果误差较大，应作调整。方法是：先求出调整系数 $\left(\text{调整系数}=\dfrac{1\ 200\%}{\text{季节比率之和}}\right)$，再用此系数乘以各月季节比率，使季节比率之和等于 1 200%。如果是季度资料，季节比率之和应等于 400%，调整系数 $=\dfrac{400\%}{\text{季节比率之和}}$。

利用表 5-30 中季节比率绘图，如图 5-7 所示。由图可知，该贸易中心在 12~2 月（3 个月）为旺季，在 6~9 月（4 个月）为淡季，其他各月为平季，明显地反映了季节变动对商品零售额的影响。掌握这一规律，对商业部门合理组织货源，有效地使用资金，以及金融部门恰当地安排商业信贷计划都具有重要意义。

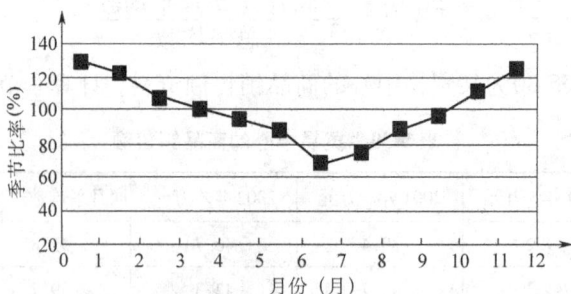

图 5-7　季节比率波动图

按月（季）平均法的优点是计算简便，缺点是没有考虑数列中长期趋势的影响。从理论上来说，在计算季节比率所依据的月（季）平均数中，各年同月（季）的数值应起同等重要的作用，不应过分倚重或倚轻。所以当存在长期趋势变动情况时，使用按月（季）平均法得出的季节比率将不够精确。为了弥补这个缺点，我们可以采用移动平均趋势剔除法来测定季节变动。

（二）移动平均趋势剔除法

进行季节变动分析时，若遇到时间数列资料有明显的长期趋势，则需要从时间数列中剔除长期趋势的影响，使季节变动的分析结论更准确。剔除长期趋势的方法有很多，较常用的是以移动平均数作为长期趋势值加以剔除，即移动平均长期趋势剔除法。

此法的基本步骤如下：

（1）搜集连续三年以上的时间数列分月（季）资料。

（2）按季节变动周期长短求移动平均数，得出长期趋势值 T。如为月度资料可以按 12 个月移动平均，如果为季度资料，可以按 4 季移动平均，然后移正。

（3）剔除长期趋势，求相对季节比率 $SI = Y/T$，或季节变差 $SV = Y - T$。

（4）求同期平均季节比率或同期平均季节变差，并求其校正数。

例 5-28 某企业的销售量资料如表 5-31 所示，测定季节变动，以便合理安排生产和销售。

表 5-31 企业销售资料

时　间	第 1 季度	第 2 季度	第 3 季度	第 4 季度
第一年/ 万元	216	63	18	255
第二年/ 万元	245	75	22	378
第三年/ 万元	288	99	26	399

解 由于资料存在长期趋势，所以应当用移动平均趋势剔除法进行季节分析。

（1）资料列表后（见表 5-32），按资料周期取步长 $N = 4$ 进行移动平均，然后再取 $N = 2$ 进行修正移动平均，求长期趋势 T。

（2）剔除长期趋势 T，求相对季节比率 $= \dfrac{实际值}{趋势值}$。

（3）将同期相对季节比率进行平均（见表 5-33），求季节比率。

表 5-32 销售资料剔除长期趋势计算表

	季　度	销量/ 万元	$N = 4$	$N = 2$	相对季节比率（%）
第 1 年	1	216	—	—	—
	2	63		—	—
	3	18	138	141. 625	12. 71
	4	255	145. 25	146. 75	173. 76
第 2 年	1	245	148. 25	148. 75	164. 71
	2	75	149. 25	164. 625	45. 56
	3	22	180	185. 375	11. 87
	4	378	190. 75	193. 75	195. 097
第 3 年	1	288	196. 75	197. 25	146. 01
	2	99	197. 75	200. 375	49. 41
	3	26	203	—	—
	4	399		—	—

表 5-33　季节比率计算表　　　　　　　　　　　单位：万元

	第1季	第2季	第3季	第4季	合　计
第1年	—	—	12.71	173.76	
第2年	164.71	45.56	11.87	195.097	
第3年	146.01	49.41	—	—	
平均相对季节比率（%）	155.36	47.49	12.29	184.43	399.57

本 章 小 结

（1）时间数列是将表明社会经济现象在不同时间变化的某种指标数值，按时间先后顺序排列而成的数列。主要分为绝对数时间数列、相对数时间数列和平均数时间数列。

（2）时间数列常用指标包括发展水平、增长量、发展速度、增长速度等。

（3）平均发展水平是时间数列不同时期（或时点）的发展水平的平均数，是一种动态平均数。

（4）平均发展速度是环比发展速度的序时平均数，计算方法主要有水平法和累计法。

（5）时间数列的影响因素主要可以归纳为长期趋势、季节变动、循环波动和不规则变动。

重 要 概 念

时间数列　时期数列　时点数列　发展水平　增长量　发展速度　增长速度　首末折半法　水平法　长期趋势　季节变动　移动平均法　趋势方程法　移动平均趋势剔除法

练 习 题

一、简答题

1. 什么是时间数列？编制时间数列应注意哪些基本要求？

2. 时期数列和时点数列有哪些不同的特点？

3. 由时期数列和时点数列计算序时平均数有什么不同？

4. 环比发展速度和定基发展速度二者关系如何？环比增长速度和定基增长速度之间是否也存在相同的关系？

5. 什么是增长量？逐期增长量和累计增长量二者关系如何？

6. 几何平均法与方程法计算平均发展速度有什么不同？各适用于哪些情况？举例说明。

7. 长期趋势测定的时距扩大法、移动平均法、指数平滑法和趋势方程法各自有什么特点？

8. 季节变动测定中的按月（季）平均法和移动平均趋势剔除法有什么不同？二者各自的适用条件是什么？

二、计算题

1. 某工业企业 2002 年职工人数和净产值资料如表 5-34 所示。

表 5-34　某工业企业 2002 年职工人数和净产值资料

项　　　目	1 月	2 月	3 月	4 月
月初职工人数/人	2 000	2 200	2 200	2 100
净产值/千元	220	252	294	326

要求：（1）计算 2002 年第 1 季度各月每个职工平均净产值。

（2）计算 2002 年第 1 季度每个职工平均净产值。

2. 设有甲、乙、丙三家工厂，其 1992～1997 年增加值如表 5-35 所示。

表 5-35　甲、乙、丙三家工厂 1992～1997 年增加值　　　　单位：万元

工　厂 年　份	甲	乙	丙
1992	102	90	102
1993	105	90	110
1994	110	85	110
1995	115	100	120
1996	120	110	120
1997	130	130	120
1992～1997 合计	580	515	580

要求：（1）按几何平均法和方程法计算甲、乙、丙三个工厂的平均发展速度。

（2）说明按两种计算方法所求得的结果发生差异的原因，并简述两种方法的优缺点。

3. 某地区粮食产量 1990～1992 年平均发展速度是 1.05，1993～1994 年平均发展速度是 1.15，1995 年比 1994 年增长 7%，试求 1990～1995 年 6 年的平均发展速度。

4. 1999 年我国某地区国民生产总值为 5.76 万亿元。"十五"的奋斗目标是，到 2005 年增加到 9.5 万亿元；远景目标是，2010 年比 2005 年翻一番。试问：

（1）"十五"期间将有多大的平均增长速度。

（2）2000~2010 年（以 1999 年为基期）平均每年发展速度多大才能实现远景目标？

（3）2010 年人口控制在 0.4 亿内，那时人均国民生产总值达到多少元？

5. 某市 1999~2001 年甲商品销售量资料如表 5-36 所示。

表 5-36 某市 1999~2001 年甲商品销售量资料　　　　单位：万元

月份 年份	1	2	3	4	5	6	7	8	9	10	11	12
1999	40	35	30	26	27	32	55	72	77	68	42	38
2000	55	40	36	40	63	80	63	80	85	74	50	46
2001	62	48	42	40	44	48	72	88	94	86	62	58

要求：（1）用按月平均法计算季节比率。

　　　（2）用移动平均趋势剔除法计算甲商品的季节比率。

6. 某部门各年基本建设投资资料如表 5-37 所示。

表 5-37 某部门各年基本建设投资资料

年　　份	投资额/ 万元	年　　份	投资额/ 万元
1991	1 240	1996	1 695
1992	1 291	1997	1 845
1993	1 362	1998	2 018
1994	1 450	1999	2 210
1995	1 562		

要求：（1）判断投资额发展的趋势接近于哪一种类型。

　　　（2）预测该部门 2000 年、2001 年基本建设投资额。

7. 某市 1992~1998 年工业增加值资料如表 5-38 所示。

表 5-38 某市 1992~1998 年工业增加值资料

年　　份	1992	1993	1994	1995	1996	1997	1998
工业增加值/ 万元	800	880	960	1 103	1 100	1 160	1 220

要求：试分析某市工业增加值的发展变化类型，并配合相应的趋势线，预测 2000 年的工业增加值。

8. 某煤矿某月份每日原煤产量如表 5-39 所示。

表 5-39　某煤矿某月份每日原煤产量　　　　　　　　单位：t

日期（日）	原煤产量	日期（日）	原煤产量	日期（日）	原煤产量
1	2 010	11	2 080	21	2 361
2	2 025	12	2 193	22	2 345
3	2 042	13	2 204	23	2 382
4	1 910	14	2 230	24	2 282
5	1 960	15	1 965	25	2 390
6	2 101	16	1 900	26	2 450
7	2 050	17	2 280	27	2 424
8	2 130	18	2 300	28	2 468
9	2 152	19	2 342	29	2 500
10	2 103	20	2 338	30	2 504

要求：

（1）用移动平均法（五项移动平均）求表 5-39 资料的长期趋势并作图。

（2）用最小平方法配合适当的趋势方程。

三、案例分析题

飓风的侵袭[⊖]

1992 年 8 月 31 日，当飓风侵袭时，Carlson 百货商店遭受严重的损坏，商店被迫关闭了 4 个月（1992 年 9 ~ 12 月）。Carlson 与保险公司就关闭商店期间损失的销售总额进行讨价还价。必须解决的两个关键性问题是：①如果没有遭到飓风的侵袭，Carlson 可能得到的销售总额；②在飓风过后，增加了商业活动，由此带来的额外的销售额是否是 Carlson 得到的补偿。Carlson 百货商店所在的县里得到了超过 80 亿美元的联邦灾难救济金和保险金，这导致了百货商店销售额的增加。

表 5-40 给出了 Carlson 百货商店在飓风前 48 个月的销售资料。

表 5-41 是美国商务部报告的在飓风前 48 个月和 Carlson 百货商店关闭的 4 个月中，该县所有百货商店的销售总额资料。

Carlson 百货商店的管理人员请你分析这些资料，以便得到 Carlson 百货商店 1992 年 9 ~ 12 月损失的销售额的估计，是否可以得到一个与飓风相关的同期额外销售额呢？如果可以得到，将是 Carlson 得到的补偿。

请为 Carlson 百货商店的管理人员准备一份囊括你的发现、预测和建议的报告。

⊖ 摘自《商务与经济统计》，（美）David R. Anderson 等著，机械工业出版社，2000 年。

表 5-40　Carlson 百货商店销售资料　　　　单位：亿美元

月份 \ 年份	1988	1989	1990	1991	1992
1		1.45	2.31	2.31	
2		1.80	1.89	1.99	
3		2.03	2.02	2.42	2.56
4		1.99	2.23	2.45	2.28
5		2.32	2.39	2.57	2.69
6		2.20	2.14	2.42	2.48
7		2.13	2.27	2.40	2.73
8		2.43	2.21	2.50	2.37
9	1.71	1.90	1.89	2.09	2.31
10	1.90	2.13	2.29	2.54	2.23
11	2.74	2.56	2.83	2.97	
12	4.20	4.16	4.04	4.35	

表 5-41　全县百货商店销售资料　　　　单位：亿美元

月份 \ 年份	1988	1989	1990	1991	1992
1		46.8	46.8	43.8	48
2		48	48.6	45.6	51.6
3		60	59.4	57.6	57.6
4		57.6	58.2	53.4	58.2
5		61.8	60.6	56.4	60
6		58.2	55.2	52.8	57
7		56.4	51	54	57.6
8		63	58.8	60.6	61.8
9	55.8	57.6	49.8	47.4	69
10	56.4	53.4	54.6	54.6	75
11	71.4	71.4	65.4	67.8	85.2
12	117.6	114	102	100.2	121.8

第六章

统 计 指 数

本章要点：了解指数的分类，掌握综合指数编制的一般原则和方法，掌握平均数指数的编制方法，熟练掌握因素分析法。

第一节 指数的意义和分类

一、指数的概念

指数或称为统计指数，是分析社会经济现象数量变化的一种重要统计方法。指数的概念产生于 18 世纪后半叶，最早期的指数是与商业发展紧密联系的价格指数。在长期的统计实践中，指数理论得到了不断完善和发展。目前人们对指数概念的认识，一般有以下两种理解，即广义指数与狭义指数。

（1）广义指数。凡是反映同类现象数量变动的相对数，都可以称为指数，包括反映单项事物变动程度的相对数和反映复杂现象综合变动的相对数。例如：2005 年我国钢材产量为 37 771 万 t，2006 年为 46 893 万 t，2006 年钢产量为 2005 年的 124.16%；2005 年我国国内生产总值为 183 867.9 亿元，2006 年为 210 871.0 亿元，2006 年国内生产总值为 2005 年的 114.69%。这里，124.16% 是反映钢产量单项事物变动的，而 114.69% 是反映国内生产总值复杂现象综合变动的，我们把这类相对数都叫做指数。

（2）狭义指数。它是用来反映不能直接加总与对比的复杂社会经济现象数

量综合变动的相对数，是一种特殊形式的相对数。例如，在研究全部工业产品的产量变动时，由于各种工业产品的使用价值不同，不能直接加总计算某个时期总的工业产品产量，当然也就无法以两个时期的总产量对比说明工业产品产量的总动态。这就需要利用计算狭义指数的方法解决复杂现象不能加总和对比的问题。因此，本章所讨论的就是狭义指数的编制。

二、指数的意义

一般概括地说，编制总指数具有以下几个方面的意义：

1. 综合反映现象总体的变动方向和变动程度

这是编制总指数的根本目的。统计在研究社会经济现象的变动时，不仅要说明个别现象的变动情况，还要说明由许多个别现象组成的总体数量的变动情况，而这些组成现象总体的个别事物不能直接相加和对比，通过编制指数可使它们过渡到能够相加和对比，从而综合反映复杂现象总体的变动方向和变动程度。

2. 分析现象总体变动中各个因素的影响方向和影响程度

许多社会经济现象都是复杂现象，其变动要受多种因素的影响。如产品产值的变动是受产品价格和产品产量两因素共同变动影响的结果；产品总成本的变动是受单位产品成本和产量两因素共同变动影响的结果。通过编制各种因素指数，可以分析各因素影响的方向和影响程度。

3. 分析研究社会经济现象在长时间内的发展变化趋势

利用连续编制的指数数列，不仅可以进行现象发展的长期趋势分析，还可以把相互联系指标的指数数列加以比较分析。如，反映工农业产品的综合比价指数数列，就是从农产品收购价格指数和工业品零售价格指数两个数列的联系中进行的分析。

4. 对社会经济现象进行综合评价和测定

随着指数法在实际应用中的发展，许多经济现象都可以运用指数进行综合评定，以便对某种经济现象的发展水平作出综合性的数量判断。例如，用综合经济指数去评价一个地区或单位经济效益的高低；用平均指数去评价和测定技术进步的程度，及其在经济增长中的贡献等。

三、指数的分类

统计在应用各种指数研究社会经济现象时，可以从不同的角度进行分类。它主要有以下几种：

（一）按指数所反映现象的范围不同分类

按指数所反映现象的范围不同，分为个体指数和总指数。

个体指数是反映个别现象数量变动的相对数，如个别产品产量指数、个别商品价格指数等。总指数是综合反映复杂现象总体数量变动的相对数，如工业产品产量总指数、商品零售物价总指数等。由于指数理论主要是研究总指数的编制，在计算总指数时，为更加深入、全面地反映现象发展的动态，往往对总体包含的多种现象进行分类，分别计算每一类现象的指数，如粮食类价格指数、油料类价格指数。这样的指数称之为类指数，其编制方法相似于总指数。

（二）按指数所表明的指标的性质不同分类

按指数所表明的指标的性质不同，分为数量指标指数和质量指标指数。

数量指标指数如商品销售量指数、工业产品产量指数等，反映了研究现象总体数量规模的变动程度；质量指标指数如商品价格指数、产品成本指数、劳动生产率指数等，说明了生产经营所取得的效益状态、工作质量的变动程度。在指数的应用中，必须重视这种区分，因为它们的编制方法不同。

（三）按指数的表现形式不同分类

按指数的表现形式不同，分为综合指数、算术平均指数及调和平均指数。

综合指数是计算总指数的基本形式，算术平均指数、调和平均指数合称为平均指数，是综合指数的变形，它们从属于综合指数，又有独立的应用意义。此外，在指数分析法中，为分解加权算术平均指标的指标水平和单位构成变动的影响，要将两个时期加权平均指标加以对比，形成平均指标指数，它是测定同质总体内平均指标的各构成因素变动的。其基本原理仍属综合指数的范畴。

（四）按指数编制所采用的基期不同分类

按指数编制所采用的基期不同，分为定基指数和环比指数。

统计要反映现象在长时间内不断变动的情况，常常要编制指数数列。例如，我国每年都计算工农业产品物量指数、国民经济发展状况的国内生产总值指数，这就形成在时间上前后衔接的指数数列。在一个指数数列中，各个指数都以某一固定时期作为基期来计算，称为定基指数；各个指数都以前一期作为基期来计算，称为环比指数。

（五）按指数在指数体系中的位置与作用不同分类

按指数在指数体系中的位置与作用不同，分为总变动指数和影响因素指数。

比如，将"商品销售额＝商品价格×商品销售量"的关系式，分别编制成指数时，商品销售额指数称为总变动指数；而商品价格指数和商品销售量指数称

为影响因素指数。总变动指数中往往包含两个以上的因素共同变动，影响因素指数一般只包含一个因素（数量指标或质量指标）变动。这种划分，对于应用指数体系进行因素分析是必要的。

指数的上述各种分类是互有联系、互有交叉的，只是对它们观察的角度不同。如数量指标指数，既可有个体指数和总指数，也可有定基指数和环比指数，还可有影响因素指数等。同时，由于指数理论和实践的发展，指数不仅广泛用于动态比较，而且也用于区域之间、实际指标与计划指标之间的静态比较。静态指数的编制和分析方法类同于动态指数。

第二节 综 合 指 数

一、综合指数的意义

综合指数是总指数的基本形式和计算方法之一。它是根据客观现象之间的内在联系，先确定与研究现象有关的同度量因素，把不能直接相加的现象数值转化为可以加总的价值形态总量，再将两个不同时期的总量指标进行综合对比得到相应的相对指标，以测定所研究现象数量的变动程度。这里所说的同度量因素是指把不能直接相加的指标，过渡为可以相加计算指标的因素。例如，各种商品销售量的实物形态不同，不能直接相加，但抛开商品的使用价值，各种商品都是社会劳动的成果，都有一定的价值及货币表现价格，借助于商品的价格就可将商品的销售量转化为销售额，而销售额是可以加总的，商品价格就起到了同度量因素的作用。

可见，综合指数编制的基本方法是先解决综合问题再进行对比。由于综合指数能从相对数和绝对数两方面对复杂现象进行测定分析，因而普遍认为它能最完整地显示出所研究现象的经济内容，在总指数的编制中占有重要地位。

二、综合指数编制的一般原则和方法

依据所测定的指标性质不同，综合指数可分为数量指标综合指数和质量指标综合指数。以下分别对其进行讨论。

（一）数量指标综合指数

现以产品销售量指数为例来研究综合指数中数量指数的计算。

例 6-1　假设某商店销售三种商品，每种商品基期和报告期的销售量与价格如表6-1所示。

表 6-1　某商店三种商品统计表

商品名称	计量单位	销售量		价格／元		销售额／万元			
		基期 q_0	报告期 q_1	基期 p_0	报告期 p_1	$p_0 q_0$	$p_1 q_1$	$p_0 q_1$	$p_1 q_0$
甲	m	1 000	1 150	100	100	10	11.5	11.5	10
乙	t	2 000	2 200	50	55	10	12.1	11.0	11
丙	件	3 000	3 150	20	25	6	7.875	6.3	7.5
合计	—	—	—	—	—	26	31.475	28.8	28.5

解　如以 k_q 表示个体销售量指数，则每种商品的销售量指数如下

$$k_{q甲} = \frac{q_1}{q_0} \times 100\% = \frac{1\ 150}{1\ 000} \times 100\% = 115\%$$

$$k_{q乙} = \frac{q_1}{q_0} \times 100\% = \frac{2\ 200}{2\ 000} \times 100\% = 110\%$$

$$k_{q丙} = \frac{q_1}{q_0} \times 100\% = \frac{3\ 150}{3\ 000} \times 100\% = 105\%$$

上例说明甲商品销售量增长 15%，乙商品销售量增长 10%，丙商品销售量增长 5%，三种商品销售量的增长程度不同。

现在我们不仅要说明每种商品销售量的变动，还要说明三种商品销售量总的变动情况，这就要计算销售量总指数。

计算总指数的关键问题，是要找出被研究现象总体的同度量因素和选择同度量因素所属时期。

什么叫同度量因素？仍如例 6-1，研究三种商品销售量总的变动情况要用报告期三种商品销售量之和比基期三种商品销售量之和，但是报告期的三种商品销售量和基期三种商品销售量是不能直接相加的，因为它们各有不同的使用价值，各有不同的实物计量单位，把它们的销售量相加是没有意义的。因此为了计算销售量总指数，首先要把不能相加的各商品销售量总体转化为能够相加的总体。如何实现这种转化呢？这就要对被研究的现象性质进行分析，找出一个转化的媒介，通过它把不能相加的总体转化为可以相加的总体。

我们知道，商品从使用价值形态来衡量，性质各不相同不能直接相加；而从价值形态来衡量，性质却是相同的，都是劳动创造的，只有量的差别，能够直接相加。根据这个道理，例 6-1 中各商品由于使用价值不能同度量，不能直接相加；而商品的销售量×价格＝商品销售额，无论商品使用价值如何不同，但它们都是劳动的产物，作为社会劳动量标志的销售额是可以相加的，这样通过价格这

个因素，便将原来不能同度量的销售量总体转化为能够同度量的销售额总体。这里价格便是使各种商品销售量过渡到可以直接相加的总体的中间媒介，价格就被称为同度量因素，而销售量则被称为指数化因素。

一般地，由于度量单位不同而不能直接相加的总体，通过一个或几个中间媒介因素变成相同度量单位后可以直接相加的总体时，就把这一个或几个中间媒介因素称为同度量因素。

编制总指数时，首先要解决的问题就是确定同度量因素。

仍如例6-1，选择价格为同度量因素后，将商品销售量乘上价格就可以把两个时期的销售量对比，转化为两个时期的销售额对比，即销售额总指数 K_{pq}。

$$K_{pq} = \frac{\sum p_1 q_1}{\sum p_0 q_0} = \frac{11.5 + 12.1 + 7.875}{10 + 10 + 6} = \frac{31.475}{26} = 121.06\%$$

算式分母是基期商品销售总额，分子是报告期商品销售总额，报告期销售总额比基期增长 21.06%。

需要注意的是，这种变动是由两个因素引起的：一是商品销售量，二是价格。121.06%综合反映了商品的销售量和价格两个因素的变动，而原定的任务是只观察全部商品销售量的变动，可见计算结果不能满足需要。为了使计算结果只反映商品销售量一个因素的变动，就要把价格这个同度量因素固定在同一时期，然后计算销售量总指数 K_q。

这就是选择同度量因素所属时期的问题。

把价格这个同度量因素固定在同一时期，有两种情况：一是把价格固定在基期，另一种是把价格固定在报告期。下面仍以表6-1的资料为例分别讨论。

1. 把价格固定在基期

$$K_q = \frac{\sum p_0 q_1}{\sum p_0 q_0} = \frac{11.5 + 11 + 6.3}{10 + 10 + 6} = \frac{28.8}{26} = 110.77\%$$

这是以基期价格为同度量因素编制的销售量指数。式中分子为以基期价格计算的报告期假定销售额；分母为以基期价格计算的基期实际销售额。

计算结果表明，三种商品销售量总变动为报告期比基期增长 10.77%。由于销售量的变动而增加的销售额为

$$\sum p_0 q_1 - \sum p_0 q_0 = 28.8 \,万元 - 26 \,万元 = 2.8 \,万元$$

2. 把价格固定在报告期

$$K_q = \frac{\sum p_1 q_1}{\sum p_1 q_0} = \frac{11.5 + 12.1 + 7.875}{10 + 11 + 7.5} = \frac{31.475}{28.5} = 110.44\%$$

这是以报告期价格为同度量因素编制的销售量指数。式中分子为以报告期价格计算的报告期实际销售额；分母为以报告期价格计算的基期假定销售额。

计算结果表明，三种商品的销售量总的变动为报告期比基期增长 10.44%。由于销售量的增长而增加的销售额为

$$\sum p_1 q_1 - \sum p_1 q_0 = 31.475 \text{ 万元} - 28.5 \text{ 万元} = 2.975 \text{ 万元}$$

同一资料由于选择同度量因素的时期不同，所计算结果也不同。到底采用哪一个，应从两个公式代表的实际经济意义加以研究。

$\dfrac{\sum p_0 q_1}{\sum p_0 q_0}$ 是以基期价格为同度量因素的销售量指数；$\dfrac{\sum p_1 q_1}{\sum p_1 q_0}$ 是以报告期价格为同度量因素的销售量指数。

先分析 $\dfrac{\sum p_1 q_1}{\sum p_1 q_0}$。在该式中，销售量的同度量因素用的是报告期的价格，即把价格这个因素固定在报告期，虽然是用同一时期的价格作为同度量因素，但是价格已经发生了变化，从基期看，由基期水平变到了报告期的水平，所以这个式子不仅反映了销售量的变动，同时也包括了价格因素的变动，$\dfrac{\sum p_1 q_1}{\sum p_1 q_0}$ 不符合分析目的。

另外，再从销售量指数的分子与分母的绝对额间的差量来看，在 $\dfrac{\sum p_1 q_1}{\sum p_1 q_0}$ 中，分子 $\sum p_1 q_1$ 是报告期三种商品的实际销售额，分母 $\sum p_1 q_0$ 是基期三种商品按报告期价格计算的销售额，这显然是没有实际经济意义的，分子与分母之差所求得的由于报告期销售量增长而增加的销售额也与实际情况不相符合。

再分析 $\dfrac{\sum p_0 q_1}{\sum p_0 q_0}$。在该式中，销售量的同度量因素用的是基期价格，即把价格这个因素固定在基期，因此在销售额的变动中不包括价格变动的因素，这一公式能够通过两个时期销售额的对比，单纯反映销售量的变动情况。

销售量指数分子与分母绝对额之间的差量也具有实际经济意义，在 $\dfrac{\sum p_0 q_1}{\sum p_0 q_0}$ 中，分子 $\sum p_0 q_1$ 是报告期三种商品销量仍按基期价格计算的销售额，分母

$\sum p_0 q_0$ 是基期三种商品的实际销售额，分子与分母之差正好说明报告期三种商品销售量的增长而增加的销售额。

所以从计算销售量指数的任务来看，这个指数应只反映销售量的变动，不应该同时反映价格的变动，从这个观点看，$\dfrac{\sum p_0 q_1}{\sum p_0 q_0}$ 比 $\dfrac{\sum p_1 q_1}{\sum p_1 q_0}$ 好，符合分析的目的，具有实际意义。故在实际中都应用 $\dfrac{\sum p_0 q_1}{\sum p_0 q_0}$ 计算销售量指数。

销售量指数属于数量指标指数，而价格为质量指标。上面介绍的销售量指数的计算和分析具有普遍意义。一般地，编制综合指数中的数量指标指数时，总把质量指标作为同度量因素，而且将其固定在基期水平上。

（二）质量指标指数

以商品的价格指数为例，仍用表6-1的资料说明质量指标指数的计算原理和方法。现以 k_p 表示个体商品价格指数，则每种商品价格指数如下

$$k_{p甲} = \frac{p_1}{p_0} \times 100\% = \frac{100}{100} \times 100\% = 100\%$$

$$k_{p乙} = \frac{p_1}{p_0} \times 100\% = \frac{55}{50} \times 100\% = 110\%$$

$$k_{p丙} = \frac{p_1}{p_0} \times 100\% = \frac{25}{20} \times 100\% = 125\%$$

结果说明，甲商品价格报告期水平与基期相同没发生变化，乙商品价格增长10%，丙种商品价格增长25%，它们各自增长程度不同。

现在我们不仅要反映每种商品价格的变动情况，还要知道三种商品价格的总变动情况，这就要计算价格总指数 K_p。

我们知道，不同商品的使用价值不同，计量单位不同，不能用三种商品报告期价格之和比三种商品基期价格之和表示价格总变动。因为报告期三种商品的价格与基期三种商品的价格直接相加是没有意义的。同样也需要确定一个同度量因素，把不同度量的总体转化为能同度量的总体。

在例6-1中，应用"商品价格×商品销售量＝商品销售额"一式，不同商品价格不能相加，但变为销售额就可以相加了。这里是通过销售量这个因素，使原来不能同度量的价格总体转化为能同度量的销售额总体，用销售额对比反映价格的总变动，因此销售量成为同度量因素。同样，为了使计算结果只反映价格这一因素的变动，就要把销售量这个同度量因素固定在某一时期。这也有两种情况：

一个是把销售量固定在基期，另一个是固定在报告期。下面仍以表 6-1 中的资料分别加以讨论。

1. 把销售量固定在基期

$$K_p = \frac{\sum p_1 q_0}{\sum p_0 q_0} = \frac{28.5}{26} = 109.62\%$$

这是以基期销售量为同度量因素编制的价格指数。式中分子为以基期销售量按报告期价格计算的商品销售额；分母为基期实际商品销售额。

计算结果表明，三种商品价格总变动为，报告期比基期增长 9.62% 。由于价格的变动而增加的销售额 $\sum p_1 q_0 - \sum p_0 q_0 = 28.5$ 万元 $- 26$ 万元 $= 2.5$ 万元。

2. 把销售量固定在报告期

$$K_p = \frac{\sum p_1 q_1}{\sum p_0 q_1} = \frac{31.475}{28.8} = 109.29\%$$

这是以报告期销售量为同度量因素编制的价格指数。式中分子为报告期实际商品销售额；分母为报告期销售量仍按基期价格计算的商品销售额。

计算结果表明，三种商品价格总的变动为，报告期比基期增长 9.29% 。由于价格的变动而增加销售额 $\sum p_1 q_1 - \sum p_0 q_1 = 31.475$ 万元 $- 28.8$ 万元 $= 2.675$ 万元。

同一资料由于同度量因素选择的时期不同，计算结果也不同。应该采用哪一个，还得从两个公式代表的实际经济意义和指数体系内部的联系上加以研究决定。

$\dfrac{\sum p_1 q_0}{\sum p_0 q_0}$ 是以基期销售量为同度量因素编制的价格指数。

$\dfrac{\sum p_1 q_1}{\sum p_0 q_1}$ 是以报告期销售量为同度量因素编制的价格指数。

先分析 $\dfrac{\sum p_1 q_0}{\sum p_0 q_0}$ 。在该式中，是把销售量这个同度量因素固定在基期上。从基期来看，销售量没有发生变化，$\dfrac{\sum p_1 q_0}{\sum p_0 q_0}$ 单纯地反映了三种商品价格总的变动情况。

但是，从价格指数的分子与分母的绝对额之间的差量看，在 $\dfrac{\sum p_1 q_0}{\sum p_0 q_0}$ 中，分子是基期销售量按报告期的价格计算的假定销售额，分母是基期的实际销售额，两者之间的差额说明了在销售量不变的情况下只是由于价格的提高而增加的销售额（假如报告期销售基期那么多商品的话而增加的销售额），实际上销售量已经变化。显然这种计算结果是没有实际意义的。

再分析 $\dfrac{\sum p_1 q_1}{\sum p_0 q_1}$。在该式中，价格的同度量因素用的是报告期，即把销售量这个因素固定在报告期。从基期来看，销售量基期水平变到了报告期水平，$\dfrac{\sum p_1 q_1}{\sum p_0 q_1}$ 中既包括了价格的变动也包括了销售量的变动。但是，从价格指数的分子与分母的绝对额之间的差量看，其分子是报告期实际的销售额，分母是按基期价格、报告期销售量计算的报告期假定的销售额，两者之间的差额正好说明由于价格提高而使报告期增加的销售额。这显然是具有实际经济意义的。

从以上对价格指数的分析可看出，两种计算价格指数的方法各有利弊。但是，如果编制价格指数的目的侧重于价格的变动所带来的实际经济意义，应采用 $\dfrac{\sum p_1 q_1}{\sum p_0 q_1}$；同时考虑到指数体系（详见本章第四节）内在的客观经济联系，销售量指数要把作为同度量因素的价格固定在基期水平上，价格指数只有把作为同度量因素的销售量固定在报告期上，才能保证指数体系的严格联系。

价格指数属于质量指标指数。上面介绍的价格指数的计算和分析具有普遍意义，根据这一道理，编制质量指标指数一般用数量指标作为同度量因素，而且将其固定在报告期水平上。

需要强调的是，以经济内容为依据，确定综合指数中的同度量因素所属时期，具有一般的应用意义，但不是固定不变的原则，不能机械地加以应用。还要根据对象的不同情况，分析任务的不同要求，来具体确定同度量因素的所属时期。

例 6-2 检查某企业成本降低计划完成情况所编制的计划成本指数，同度量因素的确定，就要根据不同的目的来确定同度量时期。

如果编制成本指数的目的是反映企业在实际产量构成下成本计划完成情况及由实际成本比计划降低所取得的总成本节约额，就应以实际产量为同度量因素。

$$K_z = \frac{\sum z_1 q_1}{\sum z_0 q_1}$$

式中，K_z 为成本计划完成情况指数；z_1 为产品实际成本；z_0 为产品计划成本；q_1 为产品实际产量。

如果编制成本指数的目的是严格按照生产计划的要求，来检查成本降低任务的完成程度，就应以计划产品产量为同度量因素。

$$K_z = \frac{\sum z_1 q_0}{\sum z_0 q_0}$$

式中，q_0 为各种产品的计划产量。

用计划产量为同度量因素计算的成本指数，可以防止个别企业用破坏品种计划、不顾市场需要，一味地生产成本低的产品来达到完成降低成本计划的目的。

三、指数数列

上面所谈到的数量指标指数与质量指标指数，只是根据两个时期的资料计算的，即报告期与基期对比的指数。但是在统计实践中，指数常常需要连续编制，也就是要计算许多不同时期的指数。将各时期的一系列综合指数，按时间的先后顺序排列起来而形成的数列叫指数数列。编制指数数列的目的是对复杂经济现象总体进行动态分析。

如何编制指数数列？这就要涉及到前面曾提到过的有关定基指数与环比指数的编制以及不变权数与可变权数的问题。

（一）定基指数与环比指数

在指数数列中，如果各指数的计算都以某一个固定时期为基期时，则称为定基指数数列。它说明对于某一固定时期来说某一现象的变动情况。而如果各个指数都以其前一时期作为计算基期时，则称为环比指数数列，它说明某一现象对于其前期而言的变化情况。

设以 p 与 q 分别表示质量指标和数量指标，0，1，2，3，…，n 顺次表示不同的时期，那么定基指数数列和环比指数数列可以用公式分别表示如下：

1. 数量指标指数

（1）定基指数数列

$$\frac{\sum p_0 q_1}{\sum p_0 q_0}, \frac{\sum p_0 q_2}{\sum p_0 q_0}, \frac{\sum p_0 q_3}{\sum p_0 q_0}, \cdots, \frac{\sum p_0 q_n}{\sum p_0 q_0}$$

（2）环比指数数列

$$\frac{\sum p_0 q_1}{\sum p_0 q_0}, \frac{\sum p_1 q_2}{\sum p_1 q_1}, \frac{\sum p_2 q_3}{\sum p_2 q_2}, \cdots, \frac{\sum p_{n-1} q_n}{\sum p_{n-1} q_{n-1}}$$

2. 质量指标指数

（1）定基指数数列

$$\frac{\sum p_1 q_1}{\sum p_0 q_1}, \frac{\sum p_2 q_2}{\sum p_0 q_2}, \frac{\sum p_3 q_3}{\sum p_0 q_3}, \dots, \frac{\sum p_n q_n}{\sum p_0 q_n}$$

（2）环比指数数列

$$\frac{\sum p_1 q_1}{\sum p_0 q_1}, \frac{\sum p_2 q_2}{\sum p_1 q_2}, \frac{\sum p_3 q_3}{\sum p_2 q_3}, \dots, \frac{\sum p_n q_n}{\sum p_{n-1} q_n}$$

（二）不变权数与可变权数

在指数计算中，同度量因素起着权衡轻重的作用，所以也称为权数。编制不同性质或不同时期的指数，其权数的选择是有区别的，因而在指数数列中还有不变权数与可变权数之分。

不变权数是指在整个指数数列中其权数始终属于某一固定时期，不因指数所说明时期不同而改变。而可变权数则随着指数所说明时期不同而不断改变其计算权数。在上面关于定基指数与环比指数的计算中可以看出，数量指标指数一般都以基期或某一固定时期质量指标为权数。在定基指数的数量指标指数数列中，由于各个指数的计算都以某一固定时期的质量指标为权数，因而数量指标定基指数是不变权数的；而数量指标环比指数由于基期是变动的，所以是可变权数的。

质量指标指数的情况有所不同。由于质量指标指数一般都以报告期的数量指标为权数，所以在质量指标指数数列中，无论是定基指数还是环比指数，其权数都是不断变化的，都是可变权数。

以上关于指数数列中采用不变权数与可变权数的分析是就一般情况而论的。为了便于分析较长时期的产量动态，在我国统计实践中，产品的物量（产量）指数通常是以某一固定时期的不变价格作为权数的，因此产品的物量指数无论是定基指数还是环比指数，都是不变权数的。

例6-3 某企业2003～2006年的工业总产值与工业产品产量指数（按2000年不变价格计算）如表6-2所示。

表6-2 工业总产值与工业产品产量指数

年份	2003	2004	2005	2006
产值/万元	187.04	196.57	205.11	218.72
定基指数（%）	100	105.09	109.66	116.94
环比指数（%）	—	105.09	104.34	106.64

其指数计算公式如下：

定基指数：

| 2003 年 | 2004 年 | 2005 年 | 2006 年 |

$$\frac{\sum p_{2000}q_{2003}}{\sum p_{2000}q_{2003}} \qquad \frac{\sum p_{2000}q_{2004}}{\sum p_{2000}q_{2003}} \qquad \frac{\sum p_{2000}q_{2005}}{\sum p_{2000}q_{2003}} \qquad \frac{\sum p_{2000}q_{2006}}{\sum p_{2000}q_{2003}}$$

环比指数：

| 2003 年 | 2004 年 | 2005 年 | 2006 年 |

$$- \qquad \frac{\sum p_{2000}q_{2004}}{\sum p_{2000}q_{2003}} \qquad \frac{\sum p_{2000}q_{2005}}{\sum p_{2000}q_{2004}} \qquad \frac{\sum p_{2000}q_{2006}}{\sum p_{2000}q_{2005}}$$

从上面公式中可以看出，产品物量指数无论是定基指数还是环比指数都是不变权数的。

采用同一不变价格（不变权数）的环比指数数列中，各环比指数的乘积等于相应的定基指数。根据这种关系可以由环比指数推算出相应的定基指数，也可以由定基指数推算出相应的环比指数。如例 6-3 中

$$\frac{\sum p_{2000}q_{2006}}{\sum p_{2000}q_{2003}} = \frac{\sum p_{2000}q_{2004}}{\sum p_{2000}q_{2003}} \times \frac{\sum p_{2000}q_{2005}}{\sum p_{2000}q_{2004}} \times \frac{\sum p_{2000}q_{2006}}{\sum p_{2000}q_{2005}}$$

$$116.94\% = 105.09\% \times 104.34\% \times 106.64\%$$

但是必须强调的是，只有采用同一权数时此种关系才是成立的。

第三节　平均数指数

总指数有两种形式，即综合指数和平均数指数。综合指数是基本形式，但是用综合指数形式计算总指数需要掌握一定的资料，要有一定的条件。例如第二节中介绍的销售量指数和价格指数的编制，都必须具有报告期和基期各种商品的销售量、价格资料，但是有时由于条件的限制，资料的掌握不是很全面，这就要将综合指数变为平均数形式求总指数。

平均数指数是个体指数的平均数，在一定条件下是综合指数的变形。但是平均数指数也有它独立的应用意义。平均数指数可以分为加权算术平均数指数和加权调和平均数指数。

一、加权算术平均数指数

加权算术平均数指数的计算方法是将个体指数按算术平均数形式进行加权计

算的平均数。

现以数量指标指数为例说明算术平均数指数的计算方法。

例 6-4 以表6-3所列资料为例说明之。这里已知的是报告期、基期三种商品的销售量及个体销售量指数 k_q、基期商品销售额，求三种商品销售量总指数。

表 6-3　销售资料表

产　　品	销售量		销售量个体指数（%）	基期销售额/ 万元	kp_0q_0
	基期 q_0	报告期 q_1	$k_q = \dfrac{q_1}{q_0}$	p_0q_0	
甲	1 000	1 150	115	10	11.5
乙	2 000	2 200	110	10	11.0
丙	3 000	3 150	105	6	6.3
合　　计	—	—	—	26	28.8

从总指数中综合指数的基本形式出发，即

$$\text{销售量指数 } K_q = \frac{\sum p_0q_1}{\sum p_0q_0}$$

又

$$k_q = \frac{q_1}{q_0}$$

故

$$k_q p_0 q_0 = p_0 q_1$$

从而有

$$\text{销售量指数 } K_q = \frac{\sum p_0q_1}{\sum p_0q_0} = \frac{\sum k_q p_0 q_0}{\sum p_0 q_0}$$

式中，$\dfrac{\sum k_q p_0 q_0}{\sum p_0 q_0}$ 为销售量的加权算术平均数指数。

与加权算术平均数 $\dfrac{\sum Xf}{\sum f}$ 相比较，权数 f 相当于 p_0q_0，变量 X 相当于 $k_q = \dfrac{q_1}{q_0}$，$\dfrac{\sum k_q p_0 q_0}{\sum p_0 q_0}$ 在形式上与算术平均数相一致，所以称为算术平均数指数。

$\dfrac{\sum k_q p_0 q_0}{\sum p_0 q_0}$ 从内容看也与算术平均数相一致，是以个体销售量指数为变量，以基期销售额为权数的算术平均数，即个体指数的算术平均数。

从以上分析可以看出，总指数具有平均数的性质。它既说明复杂的不能相加

的社会经济现象总的变动情况，又说明复杂的不能相加的社会经济现象的平均变动情况。例如，销售量指数不仅代表多种商品销售量总的变动情况，也是每种商品销售量的平均变动情况。

现将表6-3中的数字代入公式得

$$销售量指数\ K_q = \frac{\sum k_q p_0 q_0}{\sum p_0 q_0} = \frac{11.5 + 11.0 + 6.3}{10 + 10 + 6} = \frac{28.8}{26} = 110.77\%$$

$$\sum k_q p_0 q_0 - \sum p_0 q_0 = 28.8\ 万元 - 26\ 万元 = 2.8\ 万元$$

计算结果表明，三种商品销售量报告期比基期增长10.77%，或者说甲、乙、丙三种商品销售量报告期与基期相比平均增长10.77%；由于销售量的增长而增加的销售额为2.8万元。这些数字与根据销售量综合指数公式计算的结果相同。

由此可见，采用不同的公式计算主要是因为掌握和使用的资料不同，计算方法没有本质的区别。所以在编制数量指标指数时，如果掌握数量指标个体指数和综合指数的分母资料，便可以把综合指数变形，应用加权算术平均数指数来计算。

必须强调指出，只有用 $p_0 q_0$ 这个特定的权数，数量指标加权算术平均数指数和数量指标综合指数才是变形的关系；如果使用 $p_0 q_0$ 以外的权数，两者就不会相等。

在国内外计算算术平均数指数时，广泛使用固定权数，且这种固定权数大多采用比重权数的形式。例如，我国统计实践中计算的物价指数是在个体指数的基础上，用比重加权。

$$物价指数 = \frac{\sum \frac{p_1}{p_0}\omega}{\sum \omega} = \frac{\sum k_p \omega}{\sum \omega}$$

式中，k_p 为个体物价指数；ω 为比重权数。

各类商品的价格指数，可从掌握的资料中很容易计算出。该类商品的销售额在各类商品销售额中占的比重 ω，可以根据上年资料，再根据对本年与上年经济、物价情况的比较分析，将上年比重加以调整作为权数。采用加权算术平均数指数的形式计算物价指数，$\frac{\sum k_p \omega}{\sum \omega}$ 是平均数指数，并不是综合指数的变形，是用比重作固定权数所计算的算术平均数指数。

二、加权调和平均数指数

调和平均数指数是将个体指数按调和平均数形式加权计算的平均数。

以价格指数为例，用质量指数说明调和平均数指数的计算方法。资料如表6-4 所示。

表 6-4 销售资料表

产　品	价格/元		价格个体指数（%）	报告期销售额/万元	$\frac{1}{k_p}p_1q_1$
	基期 p_0	报告 p_1	$k_p = p_1/p_0$	p_1q_1	
甲	100	100	100	11.5	11.5
乙	50	55	110	12.1	11.0
丙	20	25	125	7.875	6.3
合计	—	—	—	31.475	28.8

从表6-4 可以看出，已知报告期三种商品价格、个体价格指数和报告期商品的销售额，求三种商品的价格指数。

从综合指数的公式出发，即

$$商品的价格指数\ K_p = \frac{\sum p_1q_1}{\sum p_0q_1}$$

由于

$$k_p = \frac{p_1}{p_0}, \quad \frac{1}{k_p}p_1q_1 = p_0q_1$$

从而有

$$价格指数\ K_p = \frac{\sum p_1q_1}{\sum p_0q_1} = \frac{\sum p_1q_1}{\sum \frac{1}{k_p}p_1q_1}$$

我们可以用 $\dfrac{\sum p_1q_1}{\sum \frac{1}{k_p}p_1q_1}$ 求价格总指数。该式是以 k_p 即 $\dfrac{p_1}{p_0}$ 为变量，报告期的

销售额为权数的加权调和平均数。该公式从形式到内容都与调和平均数相一致，所以称之为价格调和平均数指数。

将表6-4 中的数字代入公式得

$$K_p = \frac{\sum p_1q_1}{\sum \frac{1}{k_p}p_1q_1} = \frac{11.5 + 12.1 + 7.875}{11.5 + 11 + 6.3}$$

$$= \frac{31.475}{28.8} = 109.29\%$$

$$\sum p_1 q_1 - \sum \frac{1}{k_p} p_1 q_1 = 31.475 \ 万元 - 28.8 \ 万元 = 2.675 \ 万元$$

这些数字与根据价格综合指数公式计算的结果相同。

由此可见，采用不同的公式计算主要是因为掌握和使用的资料不同，计算方法没有本质的区别，所以当编制质量指标指数时，如果掌握质量指标个体指数和综合指数公式的分子资料，便可以把综合指数变形，应用加权调和平均数指数来计算。

必须强调指出，只有用 $p_1 q_1$ 这个特定的权数，质量指标加权调和平均数指数与质量指标的综合指数才是变形的关系；如果使用 $p_1 q_1$ 以外的权数，两者就不会相等。

总而言之，平均数指数是从个体指数出发编制总指数的，与综合指数比较，它能根据非全面资料计算总指数，既简便又有较大的灵活性。权数可以采用现成的资料（固定权数），只要有个体指数就可以计算。但是在采用固定权数的条件下，平均数指数只能反映现象变动的方向和程度，不能反映实际效果。

第四节　指数体系及因素分析

一、指数体系的意义

以上关于数量指标指数和质量指标指数的计算方法及分析是各自独立进行的，但是社会经济现象不是孤立的，是密切联系和相互制约的。现在把它们联系起来进行分析，分析这些指数之间的相互关系，分析社会经济现象总变动中各因素作用的方向、程度，以达到运用指数法进行因素分析的目的。

指数之间的联系是由社会经济现象本身所具有的联系决定的。例如：

商品的销售额 = 商品销售量 × 商品价格

从上式可以看出，商品销售额的变动是受销售量和价格两个因素影响的。销售额、销售量、价格三者之间的经济联系，决定了三个指标的指数之间也存在着这种经济联系。即

商品销售额指数 = 销售量指数 × 价格指数

如用公式表示，即

$$\frac{\sum p_1 q_1}{\sum p_0 q_0} = \frac{\sum p_0 q_1}{\sum p_0 q_0} \times \frac{\sum p_1 q_1}{\sum p_0 q_1}$$

不仅相对数之间具有这种对等关系，在变动发生影响的绝对数之间也存在对

等关系。如上例：

$$\begin{array}{c}\text{商品销售额的}\\\text{实际增减额}\end{array} = \begin{array}{c}\text{销售量变动影响}\\\text{销售额增减额}\end{array} + \begin{array}{c}\text{价格变动影响}\\\text{销售额增减额}\end{array}$$

用公式表示为

$$\sum p_1 q_1 - \sum p_0 q_0 = \left(\sum p_0 q_1 - \sum p_0 q_0 \right) + \left(\sum p_1 q_1 - \sum p_0 q_1 \right)$$

把销售量指数、价格指数、销售额指数之间以及各因素变动影响的增减额之间的经济联系所形成的整体称为指数体系。由于社会经济现象之间乘积关系的这种经济联系是普遍存在的，所以这种相互联系的指数体系也是广泛存在的。

例如，如有

$$\text{产品总成本} = \text{产量} \times \text{单位成本}$$
$$\text{工业总产值} = \text{产品产量} \times \text{价格}$$
$$\text{利润总额} = \text{销售量} \times \text{价格} \times \text{利润率}$$

则有

$$\text{产品总成本指数} = \text{产量指数} \times \text{单位成本指数}$$
$$\text{工业总产值指数} = \text{产量指数} \times \text{价格指数}$$
$$\text{利润总额指数} = \text{销售量指数} \times \text{价格指数} \times \text{利润率指数}$$

不仅相对数存在这种对等关系，绝对数之间也存在数量上的对等关系，即

$$\begin{array}{c}\text{产品总成}\\\text{本增减额}\end{array} = \begin{array}{c}\text{单位成本变动影}\\\text{响总成本增减额}\end{array} + \begin{array}{c}\text{产量变动影响}\\\text{总成本增减额}\end{array}$$

$$\begin{array}{c}\text{工业总产}\\\text{值增减额}\end{array} = \begin{array}{c}\text{产量变动影响}\\\text{总产值增减额}\end{array} + \begin{array}{c}\text{价格变动影响}\\\text{总产值增减额}\end{array}$$

$$\begin{array}{c}\text{利润总额}\\\text{增减额}\end{array} = \begin{array}{c}\text{销售量变动影响}\\\text{利润额增减额}\end{array} + \begin{array}{c}\text{价格变动影响}\\\text{利润额增减额}\end{array} + \begin{array}{c}\text{利润率变动影}\\\text{响利润额增减额}\end{array}$$

指数体系之间的这种内在经济联系在进行统计分析时具有非常重要的意义。首先利用指数体系可以分析说明现象总变动中各因素的影响方向和程度。例如：销售额 = 销售量×价格，销售额的变动受销售量和价格两个因素的影响，利用指数体系可以分析由于销售量变动影响销售额变动是多少，由于价格变动影响销售额变动是多少。其次，利用指数体系可以进行各类指数之间的推算。例如：销售额指数 = 销售量指数×价格指数，已知其中任何两个指数就可以求出第三个指数。

必须强调指出，利用指数体系对社会经济现象的变动进行因素分析时必须注意以下问题：

（1）社会经济现象之间只有在数量上存在着乘积的关系，它们的指数之间

才有乘积的指数的关系，也才能构成指数体系，进行因素分析。

（2）在对社会经济现象总变动进行因素分析时，如果质量指标指数的同度量因素选择在报告期，那么数量指标指数的同度量因素必须选择在基期；反之，如果质量指标指数同度量因素选择在基期，那么数量指标指数的同度量因素必须选择在报告期。只有这样指数体系才能成立，利用指数体系进行的因素分析才能正确说明社会经济现象总变动中各因素的影响方向和程度。例如：由销售量和价格的变动对销售额的影响进行因素分析时，销售量指数的同度量因素选择的是基期价格，价格指数的同度量因素就一定是报告期销售量；反之，销售量指数的同度量因素选择的是报告期价格，价格指数的同度量因素就一定是基期销售量。

下面我们就总量指标的变动和平均指标的变动进行因素分析。考虑到因素分析的实际经济意义，在因素分析中选择前一种指数体系。

二、因素分析法

因素分析法是用来分析受多个因素影响的复杂经济现象总变动中，各因素的变动对总变动影响方向和程度的一种统计分析方法。指数体系是因素分析法的理论依据。

（一）总量指标变动的因素分析

1. 总量指标变动的两因素分析

以销售额指数为例（见表6-1），应用指数体系分析如下：

根据表6-1资料可以计算商品销售额指数。

$$销售额指数\ K_{pq} = \frac{\sum p_1 q_1}{\sum p_0 q_0} = \frac{31.475}{26} = 121.06\%$$

这个指数表明，报告期商品的销售额比基期增长21.06%。从绝对数看，报告期比基期增加的销售额为

$$\sum p_1 q_1 - \sum p_0 q_0 = 31.475\ 万元 - 26\ 万元 = 5.475\ 万元$$

销售额的增加是由于销售量和价格两个因素相互作用的结果。为了分析两个因素中每个因素的变动情况，需要编制销售量指数和价格指数进行分析。

$$销售量指数\ K_p = \frac{\sum p_0 q_1}{\sum p_0 q_0} = \frac{28.8}{26} = 110.77\%$$

销售量指数表明，由于报告期销售量增加而使销售额增长10.77%。由于销售量的增加而使销售额增加的绝对额为

$$\sum p_0 q_1 - \sum p_0 q_0 = 28.8\ 万元 - 26\ 万元 = 2.8\ 万元$$

$$\text{价格指数 } K_q = \frac{\sum p_1 q_1}{\sum p_0 q_1} = \frac{31.475}{28.8} = 109.29\%$$

价格指数表明，报告期价格增加而使商品销售额增长 9.29%。由于价格增长而增加的销售额为

$$\sum p_1 q_1 - \sum p_0 q_1 = 31.475 \text{ 万元} - 28.8 \text{ 万元} = 2.675 \text{ 万元}$$

通过以上计算可以作以下综合分析：三种商品销售额报告期比基期增长 21.06%，是由于销售量增长 10.77% 和价格增长 9.29% 两个因素共同作用的结果。

$$\frac{\sum p_1 q_1}{\sum p_0 q_0} = \frac{\sum p_0 q_1}{\sum p_0 q_0} \times \frac{\sum p_1 q_1}{\sum p_0 q_1}$$

$$121.06\% = 110.77\% \times 109.29\%$$

从指数体系的绝对关系看，三种商品销售额报告期比基期增加 5.475 万元。由于销售量增长使销售额增加 2.8 万元，由于价格增长使销售额增加 2.675 万元。

$$\sum p_1 q_1 - \sum p_0 q_0 = \left(\sum p_0 q_1 - \sum p_0 q_0 \right) + \left(\sum p_1 q_1 - \sum p_0 q_1 \right)$$

$$5.475 \text{ 万元} = 2.8 \text{ 万元} + 2.675 \text{ 万元}$$

2. 总量指标变动的多因素分析

社会经济现象之间的关系是复杂的，联系也是广泛的，社会经济现象总变动中不仅仅受两个因素的影响，而是受多个因素的影响，因而应用指数体系，不仅要对现象变动进行两个因素的分析，而且要进行多因素分析，以测定各因素变动对现象总体变动的影响。例如：

原材料支出额 = 产品产量 × 单位产品原材料消耗量 × 原材料价格

我们可以从产品产量、单位产品原材料消耗量、原材料价格三个因素对原材料支出总额变动作深入分析。

又如：利润额 = 销售量 × 价格 × 利润率

我们可以从销售量、价格、利润率三个因素分析利润总额的变动。

再如：月劳动生产率 = 制度工作工时 × 出勤率 × 出勤工时利用率 × 工时劳动生产率

因此我们可以就以上四个因素的变动对月劳动生产率的变动进行因素分析。

多因素分析与两个因素分析的基本原理是相同的，但是由于包括的因素较多，分析与计算过程复杂，所以在多因素分析中应注意以下两个方面的问题：

（1）分析其中一个因素的变动对现象总变动的影响时，要将其他的因素固定不变。例如，如果分析销售量变动对利润额的影响，就要把价格和利润率固定不变；如果分析价格变动对利润额的影响，就要把销售量和利润率固定不变；如果分析利润率变动对利润额的影响，就要把销售量和价格固定不变。固定的时期要根据指数分析法的原理，从指数体系的实际经济意义出发，如测定数量指标的变动对现象总变动的影响时，应以基期的质量指标为同度量因素；如测量质量指标变动对现象总变动的影响时，应以报告期的数量指标为同度量因素。

（2）在进行多因素分析时要对各指标的经济内容和各因素之间的联系进行科学的分析，并按一定的顺序排列。排列的顺序是，数量指标在前，质量指标在后，并保证相邻指标的乘积要有经济意义。例如，对利润额的变动进行因素分析要按照销售量、价格、利润率的顺序排列。因为只有这样排列才能正确确定同度量因素的时期，不致发生混乱，从而得出正确结论。

以销售量、价格、利润率的变动对利润额变动的影响进行分析，资料如表6-5 所示。

表6-5 销售资料表

产　品	销售量		价格/元		利润率（%）		利润额/万元			
	q_0	q_1	p_0	p_1	c_0	c_1	$q_0p_0c_0$	$q_1p_1c_1$	$q_1p_0c_0$	$q_1p_1c_0$
甲	500	600	3 500	3 200	10	15	17.5	28.8	21	19.2
乙	500	500	1 800	1 760	30	35	27	30.8	27	26.4
合计	—	—	—	—	—	—	44.5	59.6	48	45.6

注：q_0 表示基期销售量；q_1 表示报告期销售量；p_0 表示基期价格；p_1 表示报告期价格；c_0 表示基期利润率；c_1 表示报告期利润率。

$$\text{利润额（}qpc\text{）} = \text{销售量（}q\text{）} \times \overbrace{\underbrace{\text{价格（}p\text{）}}_{\text{单位产品利润额（}pc\text{）}} \times \text{利润率（}c\text{）}}^{\text{销售额（}pq\text{）}}$$

根据以上各指标之间客观的经济联系建立以下指数之间的联系

利润额指数 = 销售量指数 × 价格指数 × 利润率指数

根据表6-5 的资料可以计算利润额指数。

$$\text{利润额指数 } K_{qpc} = \frac{\sum q_1p_1c_1}{\sum q_0p_0c_0} = \frac{59.6}{44.5} = 133.93\%$$

这个指数表明，报告期利润额比基期增长33.93%。从绝对额看报告期比基

期增加利润额为

$$\sum q_1 p_1 c_1 - \sum q_0 p_0 c_0 = 59.6 \, 万元 - 44.5 \, 万元 = 15.1 \, 万元$$

利润额的增加是由于销售量、价格、利润率三个因素相互作用的结果。为了分析三个因素的变动对利润额的影响，需编制销售量指数、价格指数及利润率指数。

销售量 q 是数量指标，pc 是单位产品利润额，对 q 来说，pc 是质量指标，所以测定销售量变动须将价格和利润率固定在基期。

$$销售量指数 \, K_q = \frac{\sum q_1 p_0 c_0}{\sum q_0 p_0 c_0} = \frac{48}{44.5} = 107.87\%$$

销售量指数表明，由于报告期销售量的增加而使利润额增长 7.87%。由于销售量增加而使利润额增加的绝对额为

$$\sum q_1 p_0 c_0 - \sum q_0 p_0 c_0 = 48 \, 万元 - 44.5 \, 万元 = 3.5 \, 万元$$

价格 p 对于销售量 q 来说是质量指标，对于利润率 c 来说是数量指标，所以测定价格 p 的变动时将销售量 q 固定在报告期，将利润率 c 固定在基期。

$$价格指数 \, K_p = \frac{\sum q_1 p_1 c_0}{\sum q_1 p_0 c_0} = \frac{45.6}{48} = 95\%$$

价格指数表明，由于报告期价格的降低而使利润额降低 5%。由于价格降低而使利润额减少的绝对额为

$$\sum q_1 p_1 c_0 - \sum q_1 p_0 c_0 = 45.6 \, 万元 - 48 \, 万元 = -2.4 \, 万元$$

利润率 c 是质量指标，qp 是销售额，对于利润率 c 来说，pq 是数量指标，测定利润率的变动时须将 qp 固定在报告期。

$$利润率指数 \, K_c = \frac{\sum q_1 p_1 c_1}{\sum q_1 p_1 c_0} = \frac{59.6}{45.6} = 130.70\%$$

利润率指数表明，由于报告期利润率的提高而使利润额增长 30.7%。由于利润率的提高而使利润额增加的绝对额为

$$\sum q_1 p_1 c_1 - \sum q_1 p_1 c_0 = 59.6 \, 万元 - 45.6 \, 万元 = 14 \, 万元$$

通过以上计算，我们可以作出以下综合分析：利润额报告期比基期增长 33.93%，是由于销售量增长 7.87%，价格下降 5%，利润率提高 30.7% 三个因素共同作用的结果。

$$\frac{\sum q_1 p_1 c_1}{\sum q_0 p_0 c_0} = \frac{\sum q_1 p_0 c_0}{\sum q_0 p_0 c_0} \times \frac{\sum q_1 p_1 c_0}{\sum q_1 p_0 c_0} \times \frac{\sum q_1 p_1 c_1}{\sum q_1 p_1 c_0}$$

从指数体系的绝对数看：利润额报告期比基期增加 15.1 万元，由于销售量增加使利润额增加 3.5 万元，由于价格下降使利润额减少 2.4 万元，由于利润率提高使利润额增加 14 万元。

（二）平均指标变动的因素分析

前面已经研究了总量指标变动的因素分析的方法和步骤，下面再来讨论运用指数体系对平均指标变动进行因素分析的方法。

1. 可变构成指数

在平均数中已经分析了影响总平均数大小的因素，统计资料经过分组以后影响总平均数大小的两个因素是组平均数和各组单位数在总体单位数中所占比重。既然如此，那么总平均数变动也要受这两个因素的影响。例如，企业工人平均工资报告期与基期比较有了变动，这种变动不但受各类工人工资水平变动的影响，而且受各类工人人数比重变动的影响；又如粮食作物平均亩产量报告期和基期比较有了变化，这种变动不但受各种粮食作物（如小麦、玉米、水稻等）亩产变动的影响，而且受各种作物播种面积在粮食类作物总播种面积所占比重变动的影响。因此可以应用指数法来分析各因素变动对总平均数变动程度的影响，这也是指数法的重要任务之一。

下面用表 6-6 所示的某企业工人人数和工资水平资料，说明总平均数变动的因素分析法。

表 6-6 工人人数和工资水平

工人各组	平均工资/元		工人人数/人				工资总额/元		
	x_0	x_1	人数 f_0	比重 d_0（%）	人数 f_1	比重 d_1（%）	$x_0 f_0$	$x_1 f_1$	$x_0 f_1$
甲	350	355	350	70	256	40	122 500	90 880	89 600
乙	250	255	150	30	384	60	37 500	97 920	96 000
合 计	—	—	500	100	640	100	160 000	188 800	185 600

表中，x_0 为基期平均工资；x_1 为报告期平均工资；f_0 为基期工人人数；f_1 为报告期工人人数；d_0 为基期各组工人人数占工人总数比重；d_1 为报告期各组工人人数占工人总数比重。

根据上表资料计算，得

$$基期工人总平均工资 = \frac{\sum x_0 f_0}{\sum f_0} = \frac{160\ 000\ 元}{500} = 320\ 元$$

或

$$基期工人总平均工资 = \sum x_0 \frac{f_0}{\sum f_0} = \sum x_0 d_0$$

$$= (350 \times 70\% + 250 \times 30\%) 元 = 320 元$$

$$报告期工人总平均工资 = \frac{\sum x_1 f_1}{\sum f_1} = \frac{188\ 800}{640} 元 = 295 元$$

或

$$报告期工人总平均工资 = \sum x_1 \frac{f_1}{\sum f_1} = \sum x_1 d_1$$

$$= 355 元 \times 40\% + 255 元 \times 60\% = 295 元$$

$$总平均工资动态指标 = \frac{\sum x_1 f_1}{\sum f_1} \div \frac{\sum x_0 f_0}{\sum f_0} = \sum x_1 d_1 \div \sum x_0 d_0$$

$$= \frac{295}{320} = 92.19\%$$

计算结果表明，该企业总平均工资的变动情况是，报告期比基期下降 7.81%，降低的绝对额为

$$\frac{\sum x_1 f_1}{\sum f_1} - \frac{\sum x_0 f_0}{\sum f_0} = 295 元 - 320 元 = -25 元$$

即该企业平均工资报告期比基期降低 25 元。可是单独考察各组工人平均工资时，甲组由基期平均 350 元增加到报告期平均 355 元；乙组由基期 250 元上升到报告期 255 元。两组都有所提高，那么为什么总平均工资降低了呢？这是因为，总平均工资的变动不仅受各组工资水平变动的影响，而且还受工资水平不同的各组工人比重变动的影响。从表 6-6 中的资料可以看出，报告期与基期相比，高工资的甲组工人人数占总人数由过去 70% 下降到 40%；而低工资的乙组报告期与基期相比，工人人数由过去占总人数 30% 上升为 60%，综合影响使总平均工资降低了。

由于总平均指标变动中既包括组平均数因素变动的影响在内，也包括总体结构因素变动的影响在内，所以我们把总平均数动态指标称为可变构成指数。用公式表示如下

$$可变构成指数 K_{可变} = \frac{\sum x_1 f_1}{\sum f_1} \div \frac{\sum x_0 f_0}{\sum f_0} = \sum x_1 d_1 \div \sum x_0 d_0$$

2. 固定构成指数

为了分别说明组平均数和总体结构变动对总平均数变动的影响方向和程度，

依据指数法的原理，必须先把一个因素固定不变，以反映另一个因素的变动对总平均数的影响。如果把总体结构固定不变，单独考察组平均数变动对总平均数变动的影响，这就是固定构成指数；相反，如果固定组平均数以反映总体结构变动对总平均数变动的影响，即为结构影响指数。本段先讨论固定构成指数，下段将专门讨论结构影响指数。

根据指数的编制原理，由于组平均数相对于总体结构来说属于质量指标，编制质量指标指数应把数量指标即各组单位数占总体单位数的比重（总体结构）固定在报告期，从而固定构成指数。

$$K_{\text{固定}} = \frac{\sum x_1 f_1}{\sum f_1} \div \frac{\sum x_0 f_1}{\sum f_1} = \sum x_1 d_1 \div \sum x_0 d_1$$

把表6-6中的资料代入公式，得

$$\text{固定构成指数 } K_{\text{固定}} = \frac{\dfrac{188\ 800}{640}}{\dfrac{185\ 600}{640}} = \frac{295}{290} = 101.72\%$$

固定构成指数说明，由于各组工人工资水平提高，而使总平均工资提高1.72%，提高的绝对数额为

$$\frac{\sum x_1 f_1}{\sum f_1} - \frac{\sum x_0 f_1}{\sum f_1} = 295 \text{ 元} - 290 \text{ 元} = 5 \text{ 元}$$

3. 结构影响指数

同样根据指数的编制原理，分析总体结构变动对总平均数的影响要把组平均数固定不变。总体结构相对于组平均数是数量指标，计算数量指标指数时要把质量指标即组平均数固定在基期，所以结构影响指数的计算公式为

$$\text{结构影响指数 } K_{\text{结构}} = \frac{\sum x_0 f_1}{\sum f_1} \div \frac{\sum x_0 f_0}{\sum f_0} = \sum x_0 d_1 \div \sum x_0 d_0$$

代入表6-6中的资料，则

$$\text{结构影响指数 } K_{\text{结构}} = \frac{\dfrac{185\ 600}{640}}{\dfrac{160\ 000}{500}} = \frac{295}{320} = 90.63\%$$

结构影响指数说明，由于工资水平不同的各组工人比重的变动使总平均工资下降9.37%，降低的数额为

$$\frac{\sum x_0 f_1}{\sum f_1} - \frac{\sum x_0 f_0}{\sum f_0} = 290\,元 - 320\,元 = -30\,元$$

4. 三种指数的联系

通过上面可变构成指数、固定构成指数和结构影响指数的编制与计算，发现三个指数之间具有密切关系，它们组成一个指数体系。即

$$可变构成指数 = 固定构成指数 \times 结构影响指数$$

用公式表示为

$$\frac{\sum x_1 f_1}{\sum f_1} \div \frac{\sum x_0 f_0}{\sum f_0} = \left(\frac{\sum x_1 f_1}{\sum f_1} \div \frac{\sum x_0 f_1}{\sum f_1} \right) \times \left(\frac{\sum x_0 f_1}{\sum f_1} \div \frac{\sum x_0 f_0}{\sum f_0} \right)$$

将前面计算的结果代入公式得

$$-25\,元 = 5\,元 + (-30)\,元$$

通过上面的分析计算，可以对该企业工人平均工资的变动原因作如下分析：该企业报告期与基期相比，工人平均工资的变动是由各组工人平均工资水平变动和具有不同工资水平各组工人比重变动共同作用的结果。其中由于各组工人工资提高使总平均工资提高 1.72%，提高的绝对数额为 5 元；由于各组工人比重变动使总平均工资降低 9.37%，降低绝对额为 30 元，两个因素共同作用的结果，使总平均工资降低 7.81%，降低绝对数额为 25 元。

本 章 小 结

（1）指数分广义指数和狭义指数。狭义指数用来反映不能直接加总与对比的复杂社会经济现象数量的综合变动。指数按所表明的指标的性质不同分为数量指标指数和质量指标指数。

（2）考虑到指数体系内在的客观经济联系，数量指标指数和质量指标指数的同度量因素所属时期分别为基期和报告期。指数数列分为定基指数数列、环比指数数列、不变权数指数数列和可变权数指数数列。

（3）平均数指数分为加权算术平均数指数和加权调和平均数指数。

（4）因素分析的对象是指数体系，目的是分析社会经济现象总变动中各因素作用的方向、程度。总量指标变动的因素分析包括：总量指标的两因素分析和多因素分析。平均指标变动的因素分析要计算可变构成指数、固定构成指数和结构影响指数。

重要概念

指数 广义指数 狭义指数 指数数列 平均数指数 指数体系 因素分析法

练 习 题

一、简答题

1. 统计指数的主要作用有哪些？

2. 综合指数法有何特点？

3. 广义的指数和狭义的指数概念有什么区别？

4. 综合指数法与平均指数法有什么区别与联系？

5. 何谓指数体系？指数体系有什么作用？

6. 什么是同度量因素？同度量因素在统计指数中起哪些作用？

7. 简述指数数列的概念。指数数列中对比基期如何更换？

8. 什么是可变组成指数、固定组成指数、结构影响指数？这三个指数之间有什么样的关系？

二、计算题

1. A 市主要副食品销售量和价格资料如表 6-7 所示。

表 6-7　A 市主要副食品销售量和价格资料

商品名称	销售量/ 万担		零售价格/（元/kg）	
	调整前	调整后	调整前	调整后
菠菜	5.00	6.5	1.20	1.60
猪肉	4.50	5.20	6.80	7.40
鲜蛋	1.20	1.50	6.00	6.40
水产品	1.15	1.30	9.60	10.80
调味品	0.50	0.40	5.00	6.40

计算：（1）各种商品的价格个体指数。

（2）各种商品销售量个体指数。

（3）全部商品价格总指数。

（4）全部商品销售量总指数。

2. 某公司下属甲、乙两企业近年有关资料如表 6-8 所示。

表 6-8 甲、乙两企业近年有关资料表

企业名称	平均职工人数/人		劳动生产率/元	
	2000 年	2001 年	2000 年	2001 年
甲	800	700	11 000	18 000
乙	900	1 200	19 000	35 000

试计算全厂劳动生产率指数,并对其变动从相对程度及绝对量两方面进行因素分析。

3. 某公司所属两个企业有关资料如表 6-9 所示。

表 6-9 某公司所属两个企业的有关资料

企　业	月平均工资/元		职工人数/人	
	基　期	报告期	基　期	报告期
甲	380	450	100	100
乙	320	400	120	150

试计算全厂工资总额指数和平均工资指数,并对其变动从相对程度及绝对量两方面进行因素分析。

4. 某商场销售三种商品的有关资料如表 6-10 所示。

表 6-10 某商场销售三种商品的有关资料

商品名称	计量单位	价格个体指数（%）	销售量个体指数（%）	销售额/ 万元	
				基　期	报告期
甲	m	100	115	10	11.5
乙	t	110	110	10	12.1
丙	件	125	105	6	7.875

试计算:(1) 销售额总指数、价格总指数和销售量总指数。

(2) 从相对数和绝对数上分析由于价格与销售量的增长对销售额变动的影响。

5. 表 6-11 为某工厂 1997～2001 年三种产品产量和不变价格资料。试计算该厂各年产量总指数,包括以 1997 年为基期的定基指数与各年环比指数,并指出这两种指数之间的关系。

表 6-11 某工厂 1997～2001 年三种商品产量和不变价格资料

产品	计量单位	1990 年不变价/(元/件)	产　量				
			1997 年	1998 年	1999 年	2000 年	2001 年
甲	万件	1.5	240	250	300	320	320
乙	万件	0.8	500	550	500	480	520
丙	万件	0.5	800	900	1 000	980	1 200

第七章

抽 样 调 查

本章要点：了解抽样调查的特点，掌握抽样调查的基本概念和组织形式，熟练计算抽样平均误差，根据样本指标确定全及指标的置信区间和置信度。

第一节　抽样调查及其意义

一、抽样调查的概念

抽样调查是按照随机原则，从研究总体中抽取一部分单位进行调查（或观察），用这一部分单位的数量特征（指标）去推断研究总体的特征（指标），从而达到认识总体的目的，也称之为随机抽样（概率抽样）调查。这种调查方法在日常生活中随处可见。例如：我们到集市上去买花生、瓜籽总要抓几粒看看是否饱满；在家里做菜，做好后要尝尝咸淡如何；到医院看病时，医生要抽血来化验；等等。在统计的搜集资料和分析研究中也常常要用到抽样的方法。

科学的抽样并不像日常生活中的例子那样简单，因为在上面提到的例子中可以认为研究的全部对象中各部分的分布是比较均匀的。比如，在炒瓜籽、花生和做菜的过程中都是经过搅拌的，是均匀的；人体的血液循环过程中也是均匀的，因此抽取少量样本就有很强的代表性。但是在社会经济调查中，情况就复杂多了。研究的对象往往差异比较大，如居民家庭收支情况受到地区、职业以及家庭

就业人员数等许多因素的影响，差别很大；农作物的产量则受土壤、肥料以及管理等多种因素的影响，各个地区的产量也高低不一，要使抽选出来的家庭或地块对全体有代表性就不那么容易了。另外，抽样调查以一部分来推断全体，又难免出现代表性误差。如何计量和控制这些误差，使调查得到的资料能满足客观需要，这些都是抽样调查所要研究和解决的问题。

二、抽样调查的特点

抽样调查与其他统计调查比较，其特点为：

（1）抽样调查是一种非全面调查。典型调查、重点调查和抽样调查都是非全面调查。从广义上讲，非全面调查可称为抽样调查。但狭义的抽样调查是指概率抽样，是本章所讨论的内容。

（2）按随机原则抽取调查单位。这一特点使抽样调查区别于典型调查和重点调查等非全面调查。所谓随机原则，就是机会均等原则，即排除主观有意识地抽选，而且使每一个单位都有一定的机会被抽作调查单位。这样做的原因：一是可以利用概率论的原理对调查的结果作出推断；二是防止由于主观抽选单位带来的倾向性误差。例如，在农产量调查中，当地的调查者如果为了说明本地区工作搞得好，以取得上级的表扬或奖励，在主观挑选时往往愿意选择产量偏高的地块；若为了减免征购或得到国家的投资和援助，则可能挑选产量低的地块，这就会形成倾向性误差。即使主观上并不想欺骗，但是由于主观认识的局限性也会产生这类偏误。

（3）从数量上推断全体。典型调查和重点调查等非全面调查往往是为了了解总体或观察一般趋势，并不要求从数量上推断全体。而抽样调查的目的则是根据样本计算得到的估计值，去推断估计全体的一些特征数值。由于用样本来推算全体，在数值上会出现代表性误差，即抽样误差，而抽样调查可以根据概率论和数理统计的原理对这些误差加以控制，并作出具有一定可靠性程度的结论，这是其他的非全面调查所不能做到的。

三、抽样调查的作用

一般说来，全面调查是对研究对象的全体单位进行调查，因而它可以获得比较完备的信息。那么为什么还要采用抽样调查呢？这主要是因为抽样调查有其特殊的作用。

（1）有些客观现象不可能作全面调查来了解全面的情况。例如，一些产品的检验是有破坏性的，像灯泡、显像管的使用寿命，导线的抗拉强度，炮弹的射

程，种子的发芽率等，不能为了鉴定产品的质量而毁掉所有的产品。在这种情况下，只能采用抽样的方法，以部分资料对全体作出判断。

（2）有些现象虽然可以进行全面调查，但实际操作起来很困难。例如，市场的需求，电视观众收视各种电视节目的情况，森林的木材蓄积量，全国所有家庭的收支情况等，要对它们进行大规模的全面调查是很困难的，只能采取抽样调查。

（3）可以使用全面调查的场合，抽样调查仍有其特殊的作用。

1）可以节省人力、费用和时间。统计工作中收集资料也像其他工作一样，有一个经济效益的问题，要考虑如何以最小的支出来获得所需要的信息。例如，要了解某城市居民的家庭收支情况，尽管各城市居民的家庭户数是有限的，从理论上说可以进行全面调查，但是调查的范围太广，调查的单位太多，要完成这样的调查，需要大量的人力和物力才能办到，还会使调查的时间延长。而采用抽样调查就能节省人力和费用而达到同样的目的，同时保证统计资料的时效性。

2）可以调查更多更细的项目。全面调查时往往由于调查面广、工作量大，调查的项目就不可能太多太细。例如，我国 1982 年的人口普查，普查的项目只有 19 项，但由于面广，全国使用了 518 万名普查员，109 万名普查指导员，860多万名基层干部和群众参与普查登记工作。如果要增加项目势必增加大量的调查和汇总工作。而抽样调查由于调查单位减少，可以恰当增加调查项目，取得比较详细的资料。

3）提高调查质量和数字的准确性。调查中有两类误差：一类是抽样误差，也即代表性误差，这是抽样调查所特有的；另一类是非抽样调查误差，它是在调查统计工作过程中由于种种工作原因而产生的误差，也叫工作误差或调查误差。产生调查误差的原因是多种多样的。一般说来，调查的范围越广，规模越大，参加调查的人员越多，人员的素质参差不齐，出现差错的可能性就越大。抽样调查由于调查的单位少，调查人员也可减少，便于培训，便于领导和监督检查，所以非抽样误差可以大大减少，因而可以提高抽样调查的质量，取得更准确的结果。抽样调查还可以通过设计把抽样误差控制在一定的范围之内。

第二节 抽样调查的基本概念及理论依据

一、抽样调查的基本概念

全及总体和抽样总体是抽样调查中的两个极为重要的概念。虽然本书其他部

分曾介绍过总体的概念，但是这里还有必要从抽样的角度进一步加以说明。抽样调查是通过抽样总体来推断全及总体，抽样调查的理论主要是围绕全及总体和抽样总体之间的关系来展开的。

全及总体简称总体，是指统计所研究对象的全体。总体的特点是各个总体单位都有某种相同的性质，但是各个个体之间又都存在着差异。这种统一和差异就构成了一个总体的分布。

抽样总体亦称样本，是指抽样调查时从总体中抽取的那部分单位的集合体。由于是按照随机原则抽选的，可以认为样本是总体的一个缩影，样本中包含着总体的有关信息。

全及总体中包含的单位数及抽样总体中包含的单位数（也称样本容量）通常分别用 N 和 n 表示。n/N 称为抽样比或抽样的强度。一般来说，N 比 n 大得多。对于确定的研究对象，N 是唯一确定的，而 n 则可根据不同情况有多种选择。随着样本容量的增大，其次数分布将趋于总体分布，样本分布的特征值也趋近于总体分布的特征值。

二、全及指标和抽样指标

全及指标也称总体指标，是根据全及总体各单位标志值计算的反映总体特征的指标。当总体一旦确定，全及指标就是一个客观存在的确定的量。尽管我们并不知道其具体数值是多少，但这个数是客观存在的。这些全及指标往往是反映总体分布的一个参数，所以在抽样调查中对全及指标的推断，也就是数理统计中的参数估计问题。

全及指标最常用的有全及平均数、全及成数、全及总体标准差和方差。采用的符号为：X 代表全及总体各单位标志值；N 代表全及总体单位数；$\overline{X}$ 代表全及平均数，即 $\overline{X} = \dfrac{1}{N} \sum\limits_{i=1}^{n} X_i$；$P$ 代表全及成数，即 $P = \dfrac{N_1}{N}$；σ 代表全及总体标准差；σ^2 代表全及总体方差。

抽样指标也称样本指标，是按样本中各单位的标志值计算的反映样本特征的指标。抽样指标对一个已经抽取的样本总是可以通过计算得到的。但是，由于抽取样本的不同，则有不同的抽样指标值，因此抽样指标是个随机变量。与全及指标相对应，也有样本平均数、样本成数、样本标准差和方差等。相应采用的书写符号为：x 代表抽样总体各单位标志值；n 代表抽样总体单位数（样本容量）；$\overline{x}$ 代表样本平均数，即 $\overline{x} = \dfrac{1}{n} \sum\limits_{i=1}^{n} x_i$；$p$ 代表样本成数，即 $p = \dfrac{n_1}{n}$；S 代表样本标准

差；S^2 代表样本方差。

三、抽样方法和可能的样本容量

样本的可能数目既和每个样本的容量有关，也和抽样的方法有关。当样本容量为既定时，则样本的可能数目便决定于抽样的方法。抽样方法不同又可以从取样方式不同和对样本的要求不同等方面来研究。

根据取样的方式不同，抽样方式可分为重复抽样和不重复抽样两种。

重复抽样的方法是这样安排的：从总体 N 个单位中要随机抽取容量为 n 的样本，每次从总体中抽取一个，把它看作一次试验，连续进行 n 次试验构成抽样样本。每次抽出一个单位把结果登记下来后又放回去，重新参加下一次的抽选。因此，重复抽样的样本是由 n 次相互独立的连续试验所组成的，每次试验是在完全相同的条件下进行的，每个单位中选或不中选机会在每次都完全一样。

不重复抽样的方法是这样安排的：从总体 N 个单位中要抽取容量为 n 的样本，每次从总体中抽取一个，连续进行 n 次抽选，构成抽样样本。但每次抽选一个单位就不再放回参加下一次抽选。因此，不重复抽样有这样的特点：样本由 n 次连续抽选的结果组成，实质上等于一次同时从总体中抽 n 个组成抽样样本。连续 n 次抽选的结果不是相互独立的，第一次抽选的结果影响下一次抽样，每抽一次总体的单位数就少一个，因此，每个单位的中选或不中选机会在每次是不同的。

根据对样本的要求不同，抽样方法又有考虑顺序抽样和不考虑顺序抽样两种。

考虑顺序的抽样，即从总体 N 个单位中抽取 n 个单位构成样本，不但要考虑样本各单位的不同性质，而且还要考虑不同性质各单位的中选顺序。相同构成成分的单位，由于顺序不同，也作为不同样本。

例如，从 1、2、3 三个数中取两个数排成一个两位数，显然十位数取 1、个位数取 2 和十位数取 2、个位数取 1 是完全不同的，因为前者构成 12，而后者构成 21，有完全不同的意义，应该视为两种不同的样本。

不考虑顺序的抽样，即从总体 N 个单位抽取 n 个单位构成样本，只考虑样本各单位的组成成分如何，而不考虑单位的抽选顺序。如果样本的成分相同，不论顺序有多大不同，都作为一个样本。例如，从三个产品中抽取两个进行质量检验，第一个选取 1 号产品、第二个选取 2 号产品组成一组和第一个选取 2 号产品、第二个选取 1 号产品组成一组，是没有什么差别的。

以上抽样方法两种分类还存在交叉情况，因而有：考虑顺序的不重复抽

样、考虑顺序的重复抽样、不考虑顺序的不重复抽样和不考虑顺序的重复抽样四种。

1. 考虑顺序的不重复抽样数目

这种抽样数目即通常所说的不重复排列数。一般地说，从总体 N 个不同单位每次抽取 n 个不重复的排列，组成样本的可能数目记作 A_N^n。由下列公式计算

$$A_N^n = N(N-1)(N-2)\cdots(N-n+1) = \frac{N!}{(N-n)!}$$

2. 考虑顺序的重复抽样数目

这种抽样数目即通常所说的可重复排列数。一般地说，从总体 N 个不同单位每次抽取 n 个允许重复的排列，组成样本的可能数目记作 B_N^n。由下列公式计算

$$B_N^n = N^n$$

3. 不考虑顺序的不重复抽样数目

这种抽样数目即通常所说的不重复组合数。一般地说，从总体 N 个不同单位每次抽取 n 个不重复的组合，组成样本的可能数目记作 C_N^n。由下列公式计算

$$C_N^n = \frac{N(N-1)(N-2)\cdots(N-n+1)}{n!} = \frac{N!}{n!(N-n)!}$$

4. 不考虑顺序的重复抽样数目

这种抽样数目即通常所说的可重复组合数。一般地说，从 N 个不同单位抽取 n 个允许重复的组合记作 D_N^n，它等于 $N+n-1$ 个不同单位每次抽取 n 个不重复组合，亦即

$$D_N^n = C_{N+n-1}^n$$

应用以上公式，首先应该注意分析样本的要求，采用恰当的抽样方法，针对提出的问题确定样本的数目，有时还需要多种方法结合起来应用。

四、抽样调查的理论依据

抽样调查是建立在概率论的大数法则基础上的。抽样调查在占有样本资料的基础上，计算出样本指标，并用以对总体的有关指标作出数量上的估计和判断。如何通过样本对总体作出正确的推断？这是建立在科学的认识论、概率论和数理统计基础上的一整套估计办法。

1. 马克思主义认识论基础

随机抽样调查是认识客观事物的一种方法。这种方法当然应该属于认识论的范围，所以必须以马克思主义认识论为基础，使之符合马克思主义关于客观事物

的认识规律。马克思主义认识论告诉我们，人们认识客观事物的思想路线和方法有两种：一种是由一般到特殊的演绎推理，另一种是由特殊到一般的归纳推理。随机抽样调查正是按照后一种思想路线和方法，首先研究个别样本，然后再以这个研究结果为基础，经过逻辑推理而得到对总体的认识。

2. 概率论基础

概率论以随机变量为研究对象，着重研究随机变量在不同形式、不同条件下的分布及其取值规律。随机抽样的样本指标都是随机变量，它们在不同情况下的分布及其极限状态如何，它们在某个范围内取值的可能性如何计算等，都需要利用概率论中的相应原理才能解决。

3. 数理统计基础

数理统计关于估计量优良标准的原理是样本平均数能作为总体平均数点估计的依据。所谓优良估计量，就是满足无偏性、一致性、有效性的估计量。估计量的无偏性是指估计量所有可能取值的平均数等于它所要估计的对象。估计量的一致性是指当样本中所含的单位数充分多时，估计量的取值会稳定在所估计对象的附近。这一条应用于随机抽样就是当样本单位个数充分多时，样本平均数会稳定在总体平均数的附近，这也是概率论中大数法则的含义。在估计对象的所有估计量中，方差最小的估计量被称为有效估计量。可以证明，随机抽样样本平均数有些能精确地满足以上标准，有些能近似地满足以上标准。正是因为有以上理论依据，我们才有充分的理由用样本平均数作为总体平均数的点估计。数理统计的分布理论和概率论中的极限定理，则是随机抽样区间估计、事前控制代表性误差、计算必要样本单位个数以及估计代表性误差范围的依据。随机抽样所有的样本指标都是统计量，这些统计量只有依据数理统计的分布理论和概率论中的极限定理，才能找到自己各自在不同条件下服从或近似服从的分布。只有知道了统计量的分布，才使得随机抽样的区间估计、代表性误差范围的估计、必要样本单位个数的计算、事前代表性误差的控制成为可能。

第三节　抽样调查的组织形式

社会经济现象中问题的多样性以及调查对象特点的多样性，决定了随机抽样调查方式的多样性。而且，随着随机抽样调查应用范围的进一步扩展和深入，其方式也在不断地发展和丰富。在所有随机抽样调查方式中，最基本、最常用的方式有简单随机抽样、机械抽样、类型抽样、整群抽样等。

一、简单随机抽样

简单随机抽样也称纯随机抽样。它是在全及总体各单位都有相同可能性被抽取的假设下抽取样本的方式。具体方法有以下几种：

（1）直接抽样法。直接抽样法就是直接从全及总体中随机抽取出所需容量的抽样总体的方法。

（2）抽签法。这种方法是先把全及总体各单位全部加以编号，再按编号制成号签，经充分混合后可用手工抽取或用摇号机摇出任何一个号码，直至抽出或摇出所需数目的号码为止，相应的单位即组成一个抽样总体。

（3）随机数表法。这种方法是利用已有的随机数字表决定抽取的编号号码的方法。利用随机数字表，根据全及总体中的单位编号总数，如是 m 位数，就把表中任意 m 行或任意 m 列数字拼在一起组成一系列号码，与这些号码相符的编号对应的单位即为抽取的样本单位，直到满足预定的抽样单位数为止就得到一个抽样总体。

显然上述几种方法各有优点：直接抽样法简便易行；抽签法或随机数表法可以充分做到机会均等，保证随机原则的实现。但是它们也各有其不足：直接抽样法不易保证机会均等，容易违背随机原则；后两种方法都需对全及总体单位编号，在单位总数较多时是非常不便的，工作量也很大。

简单随机抽样方法简单，主要用于以下几种情况：

（1）对调查对象的情况很少了解。

（2）总体单位的排列没有次序。

（3）抽到的单位比较分散时，也不影响调查工作。

二、机械抽样

（一）机械抽样的概念和作用

机械抽样又称等距抽样或系统抽样，它是将全及总体各单位按某种标志顺序排列，再按相等的间隔抽取样本单位的抽样组织形式。排序标志的选择可与调查研究的内容有关也可无关；间隔的大小可由抽样单位数 n 去除全及总体单位数 N 确定。抽取样本单位则先从第一个间隔内按随机原则抽取第一个样本单位，然后按上述间隔每隔一个间隔抽取一个样本单位，直到抽出 n 个样本单位为止。

机械抽样具有以下作用：

（1）简便易行。就简单随机抽样来说，在抽样之前须对每个单位加以编号，

然后才能利用随机数字表等方法抽选样本。当总体单位很多时，编号与抽选也都比较麻烦。而等距抽样只要确定了抽样的间隔和起点，整个样本的所有单位也随之自然确定。它可以利用现成的各种排列，如某市的工业企业可以按照有关系统和部门的习惯顺序排列，抽样时就可以直接利用这些顺序进行等距抽样。这种抽样方法便于推广，容易被不熟悉抽样调查的人员所掌握，也适合某些基层现场的抽样调查。例如，在森林调查中，常常很难在林地中划分抽样单位，然后随机抽选；而机械抽样就比较方便。

（2）机械抽样的误差大小与总体单位的顺序有关，因此，当对总体的结构有一定了解时，可用已有的信息对总体进行排列后采用机械抽样，就能提高抽样效率。在一般情况下，等距抽样使样本单位在总体中散布比较均匀，其抽样平均误差小于简单随机抽样。因此，这是大规模抽样调查中一种比较常用的抽样方法。

（二）机械抽样的种类

1. 按排队所依据的标志分

机械抽样按排队所依据的标志不同，分为无关标志排队和有关标志排队。

（1）按无关标志排队是指排队的标志与调查的内容无关。例如，调查职工生活水平时，职工按姓氏笔画排队；对产品进行质量检查，按产品入库顺序排队等都是按无关标志排队。

（2）按有关标志排队是指排队的标志与调查的内容有关。例如，对耕地的产量进行调查，把地块按往年平均亩产的高低进行排队；对职工家庭生活水平进行调查，把职工按工资水平的高低进行排队等都是按有关标志排队。

2. 机械抽样按样本单位抽选的方式分

机械抽样按样本单位抽选的方法不同，分为随机起点等距抽样、半距起点等距抽样和对称等距抽样

（1）随机起点等距抽样。当抽取间隔 k 确定以后，在第一组随机抽选一个样本单位，设该样本单位的顺序号为 a，则第二个样本单位的顺序号为 $k+a$，第三个样本单位的顺序号为 $2k+a$，依次类推，第 n 个样本单位的顺序号为 $(n-1)k+a$。

当总体按无关标志排队时，随机起点等距抽样是可以应用的。当总体按有关标志排队时，随机起点等距抽样会产生系统性误差。

（2）半距起点等距抽样。要求各样本单位都选在各组的中点，无论按有关标志排队或按无关标志排队都可以采用这种方法。这种方法的优点是简单易懂、易于实践。当总体按有关标志排队时，采用这种方法能保证样本有充分的代表

性，长期以来在大规模社会经济调查中被广泛运用，经过实际检验，其效果也是令人满意的。

但半距起点等距抽样也存在一定的局限性。首先，随机性不明显。当总体排队确定，样本容量确定，则样本单位也随之确定了。其次，只能抽取一个样本，不能进行样本轮换，抽样的利用率太低。

（3）对称等距抽样。要求在第一组随机抽取第一个样本单位，假设该单位的顺序号为 a，在第二组与第一个样本单位对称的位置抽取第二个样本单位，它的顺序号为 $2k-a$。在第三组与第二组样本单位对称的位置抽取第三个样本单位，它的顺序号为 $2k+a$，以后抽出的样本单位序号依次为 $(4k-a)$，$(4k+a)$，$(6k-a)$，$(6k+a)$ …

对称等距抽样保留了半距起点等距抽样的优点，而又避免了它的局限性，使其优点更加明显。

机械抽样的优点在于：①可简化抽样过程。排好队后，只须确定最初一个抽取对象的位置，以后需要抽取的对象的位置便随之而定。②抽样单位均匀分布在全及总体内，代表性强，从而使抽样误差较小，推断效果好，因此机械抽样在实践中被广泛采用。

三、类型抽样

类型抽样又称分层抽样、分类抽样，它是先将全及总体按照某种标志分成若干类型组，然后在每组中按随机原则抽取样本单位的方式。

类型抽样具有以下作用：

（1）利用已知的信息提高抽样效率。抽样误差的大小主要取决于总体内部的差异大小和抽取的样本单位数这两个因素。而在实际的抽样调查工作中，总体的差异是客观存在的，要使误差减少，就要增加样本单位数，这样会使调查的人力和费用增加。为了解决这一矛盾，分类（层）抽样是一种理想的方法。如果人们事先对研究的客观总体有一定的了解，利用这种已知的信息，把总体中性质相同的单位，也即研究的标志值比较接近的单位归并在一起形成若干类（层），这样各类（层）的差异就可以大大缩小，各类（层）能以较小的样本单位数达到预期精确度的要求。从整个样本来说，由于这些样本单位对各类（层）均有较高的代表性，而且由于分类（层）后抽取的样本单位在总体中分布得更均匀，大大降低了出现极端数值（即所有的样本都是高的或所有的样本都是低的）的风险，所以，这样构成的样本对总体具有较高的代表性。

（2）抽样的组织工作比较方便。因为分类（层）也可以按行政隶属和系统来划分或按地理区域来划分，这种分类（层）虽然并不一定能提高抽样效率，但常常给工作带来很多的方便。如果各个行政系统之间差别较大，行政系统内部的差别比较小，那么这种分类（层）可以收到既方便又能提高抽样效率的双重效果。

（3）掌握总体中各个子总体的情况。在总体中若干性质上相近单位的集合称为子总体。有时抽样调查不仅需要了解总体的有关信息，而且也要了解子总体的情况，这时可以按不同的子总体分类（层）抽样，就能满足这方面的需要。

对总体划分各个类型组之后，如何确定各组的抽样单位数，一般有两种方法：一是根据抽样误差的大小与标志差异的程度、抽样单位数等的关系来确定，凡是标志差异大的组多抽一些，标志差异小的组少抽一些，这样确定各组应抽取的样本单位数，可以缩小抽样误差，这种方法称为类型适宜抽样；二是不考虑各组标志差异程度，而是根据统一的比例来确定各组要抽取的单位数，即通常用各类型组的单位数占全及总体单位数的比例，来确定各组抽取的样本单位数，这种方法称为类型比例抽样。

类型抽样的优点是：分组与随机抽样结合，使样本单位更具有代表性，从而缩小了抽样误差，推断结果会更理想，在实践中也被广泛采用。

四、整群抽样

整群抽样也称群体抽样，它是将全及总体分成若干群，再按随机原则抽取部分群，所抽取的群中的所有单位都为样本单位的抽样方式。例如，若欲调查某个大学的学生身高，组成总体的基本单位是每个学生，但抽样单位可以是由学生组成的班或系等，对中选的班级或系的全部学生作为样本进行观察。

整群抽样具有以下作用：

（1）当总体缺乏包括全部总体单位的抽样框，无法进行抽选时，须采用整群抽样。因为在抽样调查之前须有一个抽样框，它是包括所有总体单位的名单或地图，这样才能编上号码，利用随机数字表或其他方式抽取所需的样本。然而，有时候总体很大且没有现成的名单，而要编制一个抽样框也十分费时费力，甚至是不可能的。例如，欲调查上海市中学生近视眼学生的比例有多大，就需要全上海市中学生的名单，然后顺序编号后才能进行抽选。显然，这是一项十分繁重的工作。如果以中学作为抽样单位，那么从上海市教育局拿一张中学的名单，对中学进行抽样，对抽中学校所包括的学生全部进行调查，就方便

得多。

（2）比较方便和节约费用。有时即使具备必要的抽样框，但由于总体单位很多，分布很广，若采用简单随机抽样势必使样本的分布十分分散，调查时所需的人力和费用也比较大。在上例中，假如具有全市中学生名单，要从数十万中学生中抽取几百人或几千人调查，其抽样的过程也相当麻烦，抽中的样本单位可能遍布在全市的各个中学，调查起来也很费时费力。若能抽取几个中学，对抽中学校的全部学生进行调查，这样样本单位比较集中，调查就方便得多，费用也可以大大节省。

整群抽样也有局限性。由于抽取的样本单位比较集中，在一个群内各单位之间的差异往往比较小，不同群之间则差异比较大，因此，在抽取同样多的基本单位数目时，整群抽样抽样误差常常大于简单随机抽样。为了达到规定的精确度要求，就要多抽一些群。然而群抽得多了，就会大大增加调查的基本单位数，这样又不符合整群抽样要节约人力、物力的目的，因此，须根据具体情况来确定是否采取整群抽样。

整群抽样中的"群"可分为两类：一类是根据行政、地域以及自然形成的群体，如学校（或班级）、工厂（或车间）等。抽取这一类群主要是为了方便和节约费用。另一类群是一个连续的总体，可由调查者根据需要来适当确定群的大小。例如，一个地块可以划分成不同的大小面积的群，在这种情况下就需研究如何分群，使方差和费用达到最优。在划分群时，根据方差分析的原理，当总体划分成群以后，总体方差可以分解为群间方差和群内方差两部分。这两部分相互制约，若群内方差大，则群间方差小；反之，群内方差小，则群间方差大。如果要使整群抽样的误差减小成为可能的话，在划分群时，应使群内方差尽可能大，而使群间方差尽可能地小。这一点与分类（层）抽样时分类（层）的原则恰好相反。这也可以从直观上加以解释，若一个群中各单位的情况相同，在整群抽样时虽然基本单位增加不少，但都是重复的信息；如果群内的差异较大，群内各单位的分布与总体的分布一样，那么只要任意抽取一个群进行观察就可以代表总体。当然以上是两种极端的情况，但掌握这一原则对于如何分群进行整群抽样是有益的。

整群抽样的抽样误差受以下三个因素影响：

（1）抽出群数多少。设所有的群数为 R，抽出的群的数目为 r。显然抽出的 r 的数目越多，则抽样误差越小。

（2）群间方差。群间方差也称组间方差，它说明群和群之间的差异程度。在整群抽样时，群内方差（组内方差）无论多大都不影响抽样误差。因为对每

一个群来讲，进行的是全面调查，不会发生抽样误差问题。

（3）抽样方法。整群抽样都采用不重复抽样方法。

整群抽样的优点是：便于组织，省时、省力。不足之处是：抽取的样本单位比较集中，代表性较差，从而使抽样误差较大。

第四节　抽样误差及其计算

抽样误差是抽样理论的一个重要概念。这是因为抽样调查是用样本指标推断总体指标的一种调查方法，而推断的根据就是抽样误差。因此，怎样计算、使用和控制抽样误差就成为抽样调查的重点问题。

一、抽样平均误差的概念

抽样误差是在不考虑工作误差时，样本指标与全及指标之间的离差，也称为抽样实际误差。例如，样本平均数的抽样误差就是 $\bar{x}_i - \overline{X}$。由于样本平均数是一个随机变量，所以抽样实际误差也是随机变量，并且总体指标是未知的，因此抽样实际误差也无法得出。为了估计某抽样方案抽样误差的大小，必须借助于抽样平均误差来说明。

抽样平均误差是指每一个可能样本的估计值与总体指标真值之间离差的平均数。这些离差有正有负，在相加时其总和为零，因而需要采用离差的平方和求均值，再予以开方。以 $\mu_{\bar{x}}$ 表示抽样平均误差，则其定义用公式表示为

$$\mu_{\bar{x}} = \sqrt{\frac{1}{k} \sum_{i=1}^{k} (\bar{x}_i - \overline{X})^2}$$

其中 k 是指在一定抽样方式下所有可能样本的数目。由于样本平均数是总体平均数的一个无偏估计量，所以所有样本平均数的均值 $\bar{x} = \overline{X}$，上述抽样平均误差实质上就是样本平均数的标准差。它可以用来测量某一抽样方案下所有可能样本估计值的离散情况，所以也叫抽样标准误差，表示某个抽样方案可能产生抽样误差的一个测度。

例 7-1　假设有五块棉花试验田，分别亩产为 40kg、50kg、60kg、70kg 和 80kg，现采用不重复抽样，样本容量 $n = 2$，则根据组合公式计算共有 10 个可能的样本 $\left(k = \dfrac{N!}{n!\ (N-n)!} = \dfrac{5!}{3!\ 2!} = 10 \right)$。$\overline{X} = 60$kg/亩，其可能发生的抽样误差如表 7-1 所示。

表 7-1　抽样误差计算

样　本	样本平均数（$\bar{x}_i$）	抽样误差（$\bar{x}_i - \overline{X}$）	样　本	样本平均数（$\bar{x}_i$）	抽样误差（$\bar{x}_i - \overline{X}$）
40，50	45	－15	50，70	60	0
40，60	50	－10	50，80	65	＋5
40，70	55	－5	60，70	65	＋5
40，80	60	0	60，80	70	＋10
50，60	55	－5	70，80	75	＋15

从表 7-1 可以看出，其中有些样本的估计值和总体指标真值完全一致，其抽样误差为 0，这是很好的估计值。但是也有一些样本的估计值给出了相当糟糕的估计，抽样误差达 15kg。那么应该怎样评价这个抽样方案的好坏呢？一般说来，任何一个抽样方案都可以找到一些好的估计值，也可以找到一些代表性差的估计值，因此只能从平均意义上来评价某一抽样方案的好坏。抽样平均误差及其平方（抽样方差）就是用来评价抽样方案的一个指标。将上述例子用所有可能样本来计算的抽样平均误差为

$$\mu_{\bar{x}} = \sqrt{\frac{1}{10}\left[(-15)^2 + (-10)^2 + \cdots + 10^2 + 15^2\right]} = 8.66$$

将这一指标值与前面所有可能样本的抽样误差比较，可以看到，实际抽样误差的绝对值有的小于 8.66，有的大于 8.66，这是平均意义上的抽样误差。如果这一指标值比较小，意味着样本估计值与总体指标之间的平均偏离程度小，也即抽样的结果更靠近总体指标。

二、抽样误差的影响因素

抽样误差是衡量抽样方案好坏，推断的准确与否的重要测度。它有以下三个主要影响因素：

（1）样本容量与抽样误差成反比。根据大数定律的原理，抽样单位数越多，抽样总体越大，其数量特征就越接近全及总体的数量特征。当样本容量大到接近总体单位数（$n \rightarrow N$）时，抽样调查就将转化为全面调查，这时抽样误差就接近于零（不存在了），$\mu \rightarrow 0$。因此，当其他条件不变的情况下，样本容量越大，抽样误差越小；反之，样本容量越小，抽样误差就越大。

（2）全及总体的标志变异程度与抽样误差成正比。在其他条件不变的情况下，全及总体的标志变异程度越大，则抽样误差越大；反之，全及总体标

志变异程度越小，则抽样误差越小。当说明这种变异程度的标准差 σ 接近于零时，用任意一个样本就可以准确地代表和说明全及总体，抽样误差便接近于零。

（3）抽样的组织方式与抽样方法对抽样误差存在影响。由于类型抽样和等距抽样比纯随机抽样和整群抽样更能使样本单位在全及总体中均匀分布，所以在一般情况下，其抽样误差要小些。在不重复抽样条件下，不会发生有限的样本单位重复出现；而在重复抽样时，可能出现样本单位的重复出现。因此，当样本容量一定时，采用不重复抽样所抽取的样本将比重复抽样抽取的样本更具代表性，抽样误差也会小些。

三、抽样平均误差的计算

在抽样调查的实践中，不可能像上例那样计算出所有可能样本的样本估计值，并用所有可能样本的估计值来计算抽样平均误差。只有根据总体标准差、样本容量和抽样方式，依据数理统计原理证明不同抽样方法的抽样平均误差的计算公式。

在重复抽样时

$$\text{平均数的抽样平均误差} \mu_{\bar{x}} = \sqrt{\frac{\sigma^2}{n}}$$

$$\text{成数抽样的平均误差} \mu_P = \sqrt{\frac{P(1-P)}{n}}$$

不重复抽样时

$$\text{平均数的抽样平均误差} \mu_{\bar{x}} = \sqrt{\frac{\sigma^2}{n} \times \frac{N-n}{N-1}}$$

$$\text{成数的抽样平均误差} \mu_P = \sqrt{\frac{P(1-P)}{n} \times \frac{N-n}{N-1}}$$

在上述计算抽样平均误差的公式里，无论是平均数的标准差 σ，还是交替标志的方差 $P(1-P)$ 都是指全及总体而言的。但是在抽样调查中，这两个指标通常都是未知的，因此当 n 较大时，可以用样本方差 S^2 和 $p(1-p)$ 近似代替总体方差 σ^2 和 $P(1-P)$。从上面重复抽样和不重复抽样的公式加以比较可以看出，不重复抽样的公式多一个系数 $\frac{N-n}{N-1}$，这个系数叫做有限总体不重复抽样的修正系数。①当全及总体单位数目很大时，$\frac{N-n}{N-1} = \frac{N-n}{N} = 1 - \frac{n}{N}$，这个系数总是小于1，因此不重复抽样的抽样平均误差要小于重复抽样的抽样平均误差；②当抽样

比例 $\frac{n}{N}$ 比较小，接近于 0 时，$\left(1 - \frac{n}{N}\right) \to 1$，这时重复抽样和不重复抽样的抽样

平均误差基本相同。因此，在通常的情况下 $\frac{n}{N}$ 小于 0.5 时，有限总体的修正系数

可以忽略不计。

综合上面的例子，先计算总体方差 σ^2。

$$\sigma^2 = \frac{1}{5}\left[(40 - 60)^2 + (50 - 60)^2 + (70 - 60)^2 + (80 - 60)^2\right] = 200$$

采用不重复抽样的抽样平均误差的公式为

$$\mu_{\bar{x}} = \sqrt{\frac{\sigma^2}{n} \times \frac{N - n}{N - 1}} = \sqrt{\frac{200}{5} \times \frac{5 - 2}{5 - 1}} = 8.66$$

与前面按定义式计算的抽样平均误差的结果是一致的。采用重复抽样，当 $n = 2$ 时，共有 $k = N^n = 5^2 = 25$ 个可能样本，读者可以自己计算并用公式加以验证。

这里在抽样平均误差的计算中需要用到全及总体方差。全及总体方差在抽样调查之前往往是不知道的，可以用样本方差作为全及总体方差的估计值，即样本

方差 $S^2 = \dfrac{\sum\limits_{i=1}^{n}(x_i - \bar{x})^2}{n - 1}$，式中用 n 个样本单位的标志值与样本平均数的离差平方

和被 $n - 1$ 除。其原因是我们计算样本方差的目的在于估计总体方差。如果用 n 来除将对总体方差作出偏小的估计，所以要用 $n - 1$ 来除。当样本容量 n 比较大时，分母用 n 还是 $n - 1$ 也就相差不大了。

在不同抽样方式下，抽样平均误差计算的实用公式分述如下：

（一）简单随机抽样平均误差的计算

公式如表 7-2 所示。

例 7-2 从 2 500 件电子元件中随机抽取 4% 的元件作样本，测得其平均耐用时间为 1 055.5h，样本标准差为 51.9h，计算平均耐用时间的抽样平均误差。

解 这里 $N = 2\,500$ 件，$n = 2\,500$ 件 × 4% = 100 件，$\bar{x} = 1\,055.5$h，$S = 51.9$h。

在重复抽样下平均耐用时间的抽样平均误差为

$$\mu_{\bar{x}} = \frac{S}{\sqrt{n}} = \frac{51.9\text{h}}{\sqrt{100}} = 5.19\text{h}$$

表 7-2　抽样平均误差公式

抽样方法 μ	重复抽样	不重复抽样
$\mu_{\bar{x}}$	$\sqrt{\dfrac{S^2}{n}}$	$\sqrt{\dfrac{S^2}{n}\left(1-\dfrac{n}{N}\right)}$
μ_p	$\sqrt{\dfrac{p(1-p)}{n}}$	$\sqrt{\dfrac{p(1-p)}{n}\left(1-\dfrac{n}{N}\right)}$

在不重复抽样下平均耐用时间的抽样平均误差为

$$\mu_{\bar{x}} = \frac{S}{\sqrt{n}}\sqrt{1-\frac{n}{N}} = \frac{51.9h}{\sqrt{100}}\times\sqrt{1-\frac{100}{2\,500}} = 5.09h$$

例 7-3　如上例中,抽出的样本里有5件耐用时间不合格,计算该电子产品的不合格品率的抽样平均误差。

解　首先确定样本元件的不合格品率,即抽样成数。

$$p = \frac{\text{样本元件中的不合格品数}}{\text{样本容量}} = \frac{5}{2\,500\times4\%} = 5\%$$

在重复抽样下不合格品率的抽样平均误差为

$$\mu_p = \sqrt{\frac{p(1-p)}{n}} = \sqrt{\frac{5\%\times(1-5\%)}{100}} = 2.18\%$$

在不重复抽样下不合格品率的抽样平均误差为

$$\mu_p = \sqrt{\frac{p(1-p)}{n}\left(1-\frac{n}{N}\right)} = \sqrt{\frac{0.05\times(1-0.05)}{100}\times\left(1-\frac{100}{2\,500}\right)} = 2.14\%$$

从以上两例中可见,在不重复抽样下的抽样平均误差比在重复抽样下小。

（二）机械抽样平均误差的计算

机械抽样使样本单位在全及总体中均匀分布,它与简单随机抽样下的抽样平均误差相差不大,甚至小于后者,故在实际计算中常用简单随机抽样下不重复抽样的抽样平均误差公式计算。

（三）类型抽样平均误差的计算

设总体为 X_1, X_2, $\cdots$, X_N,它们按照某一标志划分为 k 个类型,由此可将 X_1, X_2, $\cdots$, X_N 重新编排,如表7-3所示。

由表可知, $N = N_1 + N_2 + \cdots + N_k$。在每个类型中都采用纯随机抽样方式,从第一个类型的 N_1 个单位中抽出 n_1 个单位;从第二个类型的 N_2 个单位中抽出 n_2 个单位;……从第 k 个类型的 N_k 个单位中抽出 n_k 个单位,总共从总体中抽出 n 个单位组成样本,从而有 $n = n_1 + n_2 + \cdots + n_k$。

表 7-3 总体分类

类 型 序 号	总　　体	单 位 个 数
1	X_{11}，X_{12}，$\cdots$，X_{1N1}	N_1
2	X_{21}，X_{22}，$\cdots$，X_{2N2}	N_2
$\vdots$	$\vdots$	$\vdots$
k	X_{k1}，X_{k2}，$\cdots$，X_{kNk}	N_k

现将其样本列表，如表 7-4 所示。

表 7-4 样本组成

类 型 序 号	样本 x_{ij}	样本单位数	样本平均数	样 本 方 差
1	x_{11}，x_{12}，$\cdots$，x_{1n1}	n_1	$\bar{x}_1$	S_1^2
2	x_{21}，x_{22}，$\cdots$，x_{2n2}	n_2	$\bar{x}_2$	S_2^2
$\vdots$	$\vdots$	$\vdots$	$\vdots$	$\vdots$
k	x_{k1}，x_{k2}，$\cdots$，x_{knk}	n_k	$\bar{x}_k$	S_k^2

类型抽样最常用的一种是类型比例抽样。所谓类型比例抽样，就是把样本单位个数 n 按总体中各类型所占的比例分配到各类型中的一种类型抽样。即

$$n_i = n \frac{N_i}{N}$$

$$\frac{n}{N} = \frac{n_1}{N_1} = \frac{n_2}{N_2} = \cdots = \frac{n_k}{N_k}$$

则第 i 类的样本平均数为

$$\bar{x}_i = \frac{1}{n_i} \sum_{j=1}^{n_i} x_{ij}$$

样本平均数 $\bar{x}$ 是各类样本平均数 $\bar{x}_i$ 的加权平均数

$$\bar{x} = \frac{1}{n} \sum_{i=1}^{k} \bar{x}_i n_i$$

第 i 类的样本方差为

$$S_i^2 = \frac{1}{n_i - 1} \sum_{j=1}^{n_i} (x_{ij} - \bar{x}_i)^2$$

样本方差 $\bar{S}^2$ 是各类样本方差的加权平均数

$$\bar{S}^2 = \frac{1}{n} \sum_{i=1}^{k} S_i^2 n_i$$

估计成数和估计平均数一样，也可以看作是估计平均数的一种特例，即 $x_{ij} = 1$（该单位具有某特征）和 $x_{ij} = 0$（该单位不具有某特征），于是

第 i 类的样本成数 $p_i = \dfrac{1}{n_i} \sum\limits_{j=1}^{n_i} x_{ij}$

样本成数 p 是各类样本成数 p_i 的加权平均数。

$$p = \frac{1}{n} \sum_{i=1}^{k} p_i n_i$$

第 i 类的样本方差为

$$S_i^2 = p_i(1 - p_i)$$

样本方差 $\overline{S}^2 = \overline{p(1-p)}$ 是各类型组样本方差的加权平均数。

$$\overline{S}^2 = \overline{p(1-p)} = \frac{1}{n} \sum_{i=1}^{k} p_i(1 - p_i) n_i$$

类型抽样平均误差公式如表 7-5 所示。

表 7-5　平均误差计算公式

μ　　抽样方法	重复抽样	不重复抽样
$\mu_{\bar{x}}$	$\sqrt{\dfrac{\overline{S}^2}{n}}$	$\sqrt{\dfrac{\overline{S}^2}{n}\left(1 - \dfrac{n}{N}\right)}$
μ_p	$\sqrt{\dfrac{\overline{p(1-p)}}{n}}$	$\sqrt{\dfrac{\overline{p(1-p)}}{n}\left(1 - \dfrac{n}{N}\right)}$

例 7-4　某工厂共有 10 000 人，工人与干部人数按比例抽取 5% 调查工资收入，计算的平均工资和标准差如表 7-6 所示，以此计算平均工资抽样平均误差。

表 7-6　工资统计资料

类型组	全部人数 N_i/人	抽样人数 n_i/人	样本平均工资 $\overline{x_i}$/元	样本标准差 S_i/元
干部	2 000	100	205	15
工人	8 000	400	180	13

解　此处

$$N = N_1 + N_2 = 2\ 000\ 人 + 8\ 000\ 人 = 10\ 000\ 人$$

$$n = n_1 + n_2 = 2\ 000\ 人 \times 5\% + 8\ 000\ 人 \times 5\% = 500\ 人$$

可计算平均组内方差为

$$\overline{S}^2 = \frac{\sum S_i^2 n_i}{n} = \frac{15^2 \times 100 + 13^2 \times 400}{500} = 180.2$$

重复抽样下平均工资抽样平均误差为

$$\mu_{\bar{x}} = \sqrt{\frac{\overline{S^2}}{n}} = \sqrt{\frac{180.2}{500}} \, 元 = 0.600 \, 元$$

不重复抽样下平均工资抽样平均误差为

$$\mu_{\bar{x}} = \sqrt{\frac{\overline{S^2}}{n}\left(1 - \frac{n}{N}\right)} = \sqrt{\frac{180.2}{500} \times \left(1 - \frac{500}{10\ 000}\right)} \, 元 = 0.585 \, 元$$

（四）整群抽样平均误差的计算

按照整群抽样的概念，设总体有 N 个群体，从中采用不重复纯随机抽样方式抽取了 n 个群体，即样本群数，然后对抽中的群体进行全面调查，并设每个群体都包含有同样多的基本单位数 M，这样整群抽样平均误差计算的关键，就在于方差的计算。

整群抽样的总体方差可以分解为群间方差和群内方差两部分。在研究总体确定之后，这两部分相互制约。若群内方差大则群间方差就小；反之，群内方差小则群间方差就大。由于整群抽样是对抽中群的所有单位进行全面调查，因此影响整群抽样误差大小的主要是群间方差。

若设第 i 群中第 j 个单位的标志值为 x_{ij}，则样本第 i 群的平均数为

$$\bar{x}_i = \frac{1}{M}\sum_{j=1}^{M} x_{ij} \, (M \text{ 是每个群的基本单位数，各群相同})$$

整个样本平均数是将 n 个群的平均数加以平均。

$$\bar{x} = \frac{1}{n}\sum_{i=1}^{n} \bar{x}_i$$

或

$$\bar{x} = \frac{1}{nM}\sum_{i=1}^{n}\sum_{j=1}^{M} x_{ij}$$

则样本的群间方差为

$$S_b^2 = \frac{1}{n-1}\sum_{i=1}^{n} (\bar{x}_i - \bar{x})^2$$

平均数的抽样平均误差为

$$\mu_{\bar{x}} = \sqrt{\frac{S_b^2}{n}\left(1 - \frac{n}{N}\right)} = \sqrt{\frac{\sum_{i=1}^{n}(\bar{x}_i - \bar{x})^2}{n(n-1)}\left(1 - \frac{n}{N}\right)}$$

同样，用整群抽样估计总体成数时，也可以把它看作估计总体平均数的特例，即令 $x_{ij} = \begin{cases} 1 & \text{当第 } i \text{ 群的第 } j \text{ 个单位具有某种特征} \\ 0 & \text{当第 } i \text{ 群的第 } j \text{ 个单位不具有某种特征} \end{cases}$

样本中第 i 群的成数为

$$p_i = \frac{1}{M} \sum_{j=1}^{M} x_{ij}$$

整个样本成数是将 n 个群的成数加以平均

$$p = \frac{1}{n} \sum_{i=1}^{n} p_i$$

则样本的群间方差为

$$S_b^2 = \frac{1}{n-1} \sum_{i=1}^{n} (p_i - p)^2$$

那么成数的抽样平均误差为

$$\mu_p = \sqrt{\frac{S_b^2}{n}\left(1 - \frac{n}{N}\right)} = \sqrt{\frac{\sum\limits_{i=1}^{n} (p_i - p)^2}{n(n-1)}\left(1 - \frac{n}{N}\right)}$$

例 7-5 某水泥厂连续生产袋装水泥，每分钟 2 袋。今进行整群抽样检查，从一昼夜 24 小时生产的水泥中，每小时取 3 分钟的产品组成样本。其资料如下：平均每袋重量 $\bar{x} = 50.05\text{kg}$，其群间方差 $S_{b1}^2 = 0.438\ 1\text{kg}$，水泥合格品率 $p = 98.26\%$，其群间方差 $S_{b2}^2 = 0.026\ 1\%$，以此计算袋装水泥重量和合格品率的抽样平均误差。

解 这里全及群数 $N = \dfrac{2 \times 60 \times 24}{2 \times 3} = 480$

故可算得袋装水泥平均重量的抽样平均误差为

$$\mu_{\bar{x}} = \sqrt{\frac{S_{b1}^2}{n}\left(1 - \frac{n}{N}\right)}$$

$$= \sqrt{\frac{0.438\ 1}{24} \times \left(1 - \frac{24}{480}\right)}\text{kg} = 0.13\text{kg}$$

合格品率的抽样平均误差为

$$\mu_p = \sqrt{\frac{S_{b2}^2}{n}\left(1 - \frac{n}{N}\right)} = \sqrt{\frac{0.026\ 1\%}{24} \times \left(1 - \frac{24}{480}\right)} = 0.321\%$$

四、抽样极限误差

抽样平均误差的概念是说明某一抽样方案总的误差情况，但是在进行抽样调查时，实际上只抽取一个样本，因此实际的抽样误差可能大于抽样平均误差，也可能小于抽样平均误差。但对于某一项调查来说，根据客观要求一般应有一个允许的误差限度，也就是说若抽样误差在这个限度之内就认为是允许的，这一允许的误差限度就称作极限误差。抽样结果的估计值与总体指标之间的差别可能是正

的（大于总体指标），也可能是负的（小于总体指标），因此允许误差采用绝对值的形式，通常用 Δ 表示。即

$$\Delta_{\bar{x}} = |\bar{x} - \bar{X}| \text{ 或 } \Delta_p = |p - P|$$

例7-6 农产量调查中，若总体平均亩产为500kg，允许的极限误差为25kg，则必须要求样本的估计值在500kg ± 25kg的范围之内，也即475～525kg之间才是符合要求的。又如，工业生产中某种产品的合格率为92%，如果确定允许的极限误差为5%，则样本的估计值必须在87%～97%之间才是符合要求的。

基于理论上的要求，抽样极限误差通常需要以抽样平均误差 $\mu_{\bar{x}}$ 或 μ_p 为标准单位来衡量，即 $\Delta_{\bar{x}} = t\mu_{\bar{x}}$ 及 $\Delta_p = t\mu_p$。这种形式表示允许的极限误差为抽样平均误差的若干倍。如果前面的例子中，农产量的抽样平均误差为12.5kg，则 $t = \dfrac{\Delta_{\bar{x}}}{\mu_{\bar{x}}}$

$= \dfrac{25}{12.5} = 2$；如果产品合格率的抽样平均误差为3%，则 $t = \dfrac{\Delta_p}{\mu_p} = \dfrac{0.05}{0.03} = 1.67$，这一 t 值与样本估计值落入该允许误差范围内的概率有关，因此 t 也称为概率度。

在抽样实践中，允许的抽样误差有时也用相对的允许误差表示，即将抽样的极限误差除以估计的均值或成数。相对的极限误差用 $\Delta'_{\bar{x}}$ 和 Δ'_p 表示，则

$$\Delta'_{\bar{x}} = \frac{\Delta_{\bar{x}}}{\bar{X}}, \ \Delta'_p = \frac{\Delta_p}{P}$$

在上述例子中，农产量的相对极限误差为

$$\Delta'_{\bar{x}} = \frac{\Delta_{\bar{x}}}{\bar{X}} = \frac{25}{500} = 5\%$$

产品合格品率的相对极限误差为

$$\Delta'_p = \frac{\Delta_p}{P} = \frac{0.05}{0.92} = 5.43\%$$

用1减去相对的极限误差称为估计的精度，在上述例子中，农产量的估计精度为 $1 - 5\% = 95\%$，产品合格品率的估计精度为 $1 - 5.43\% = 94.57\%$。

第五节 抽 样 估 计

一、抽样极限误差与可靠程度

由于抽样极限误差是表示在一定可靠程度（置信度）保证下，全及指标与

抽样指标的允许误差范围，也称作置信区间，用抽样平均误差衡量。表示为

$$\Delta_{\bar{x}} = t\mu_{\bar{x}}, \quad \Delta_p = t\mu_p$$

根据数理统计的中心极限定理可知，式中概率度 t 与置信度 F 成函数关系，即

$$F = F(t) = \frac{1}{\sqrt{2\pi}} \int_{-t}^{t} e^{-\frac{t^2}{2}} dt$$

常用的 F 与 t 的对应关系如表 7-7 所示。

表 7-7　F 与 t 的对应关系

t	1	2	3	1.64	1.96	2.58
F	0.682 7	0.954 5	0.997 3	0.90	0.95	0.99

二者的对应关系可由正态分布概率表查出。相应的分布图形是以全及平均数为中心左右对称的，像一座钟形的分布图形，如图 7-1 所示。

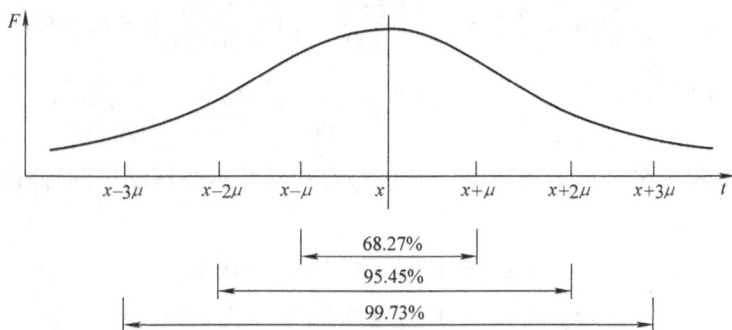

图 7-1　正态分布及其曲线下的面积

图 7-1 表示在大样本情况下样本平均数的抽样分布，曲线下的面积表示样本平均数落入该区间的概率大小。如果总体方差为 σ^2，样本容量为 n，则样本平均数的抽样平均误差为 $\mu_{\bar{x}} = \sigma/\sqrt{n}$（重复抽样）。根据正态分布的性质就可以估计样本平均数在允许误差范围内的可靠性，即样本平均数在总体平均数 ±1 倍抽样平均误差范围内的概率为 68.27%，在 ±2 倍抽样平均误差范围内的概率为 95.45%，在 ±3 倍抽样平均误差范围内的概率为 99.73% 等。

运用此种关系可以解决以下两方面的问题：

（1）对于事先给定的置信度 F 的概率保证，确定全及指标与抽样指标的误差范围——抽样极限误差 $\Delta_{\bar{x}}$ 或 Δ_p。

此时，只须根据正态概率表查得与 $F(t)$ 对应的 t，再根据样本计算抽样平均误差 $\mu_{\bar{x}}$ 或 μ_p，按上述公式即可得置信度为 F 的抽样极限误差。

（2）对于事先要求的误差范围——抽样极限误差 $\Delta_{\bar{x}}$ 或 Δ_p，在已知的样本下，确定该误差范围的可靠程度——置信度 $F(t)$。

此时，根据已知的样本可计算出抽样平均误差 $\Delta_{\bar{x}}$ 或 Δ_p，从而可确定 t，再根据正态概率表即可确定置信度 $F(t)$。

例 7-7 从 20 000 瓶汽水中，在不重复抽样下随机抽取 200 瓶，测得平均含水量 98.2%，标准差 2.56%，其中因含杂质过量不合格的 3 瓶。试在 95% 的概率保证下，确定平均含水量及不合格品率的抽样误差范围。

解 此处已知 $N=20\,000$ 瓶，$n=200$ 瓶，$\bar{x}=98.2\%$，$S=2.56\%$，$p=\dfrac{3}{200}=1.5\%$，$F(t)=0.95$，要求 $\Delta_{\bar{x}}$ 和 Δ_p。查正态概率表可知 $t=1.96$，抽样平均误差为

$$\mu_{\bar{x}}=\sqrt{\frac{S^2}{n}\left(1-\frac{n}{N}\right)}=\sqrt{\frac{(2.56\%)^2}{200}\left(1-\frac{200}{20\,000}\right)}=0.18\%$$

$$\mu_p=\sqrt{\frac{p(1-p)}{n}\left(1-\frac{n}{N}\right)}=\sqrt{\frac{1.5\%\times(1-1.5\%)}{200}\left(1-\frac{200}{20\,000}\right)}=0.86\%$$

从中可知，在 95% 的概率保证下平均含水量及不合格品率的抽样极限误差分别为

$$\Delta_{\bar{x}}=t\mu_{\bar{x}}=1.96\times0.18\%=0.35\%$$
$$\Delta_p=t\mu_p=1.96\times0.86\%=1.69\%$$

例 7-8 某乡共种水稻 8 300 亩，今从中随机抽取 50 亩，实测平均亩产达 670kg，标准差 34.6kg，如果要求以此估计水稻平均亩产的误差不超过 8kg，其可靠程度如何？

解 此处已知 $N=8\,300$ 亩，$n=50$ 亩，$\bar{x}=670$kg，$S=34.6$kg，$\Delta_{\bar{x}}=8$kg，所求为 $F(t)$。

由 $\quad\Delta_{\bar{x}}=t\mu_{\bar{x}}=t\sqrt{\dfrac{S^2}{n}\left(1-\dfrac{n}{N}\right)}$

可求得

$$t=\frac{\Delta_{\bar{x}}}{\sqrt{\dfrac{S^2}{n}\left(1-\dfrac{n}{N}\right)}}=\frac{8}{\sqrt{\dfrac{34.6^2}{50}\times\left(1-\dfrac{50}{8\,300}\right)}}=1.64$$

查正态概率表可知，$F(1.64)=0.90$，即平均亩产误差不超过 8kg 的可靠程

度为90%。

二、全及指标的推断

（一）推断的一般原理

前面的分析都是假设总体的指标是已知的，说明样本指标落在总体指标周围一定区间的概率。但事实上，总体的指标值是未知的待估计数，所计算的样本估计值也仅仅是许多可能样本中的一个。因此，如何以抽中的那个样本值来估计推断总体指标，需要立足在已知样本的估计值和抽样平均误差的基础上来估计推断未知的总体指标。可以这样理解：在正态分布条件下，样本平均数落在总体平均数周围一倍抽样平均误差范围内的概率为68.3%。把它一般化，若允许误差为 $\Delta_{\bar{x}} = |\bar{x} - \overline{X}|$，由于 $\bar{x}$ 是随机变量，其实际含义是 $\bar{x}$ 落在总体平均数加减允许误差范围之内，即

$$\overline{X} - \Delta_{\bar{x}} \leqslant \bar{x} \leqslant \overline{X} + \Delta_{\bar{x}} \quad （假设 \overline{X} 已知）$$

在抽样估计推断时，抽中某个具体的 $\bar{x}$ 用来估计 $\overline{X}$ 时可以表述为

$$\bar{x} - \Delta_{\bar{x}} \leqslant \overline{X} \leqslant \bar{x} + \Delta_{\bar{x}} \quad （\overline{X} 未知，\bar{x} 是已知的）$$

其含义是总体平均数被包括在 $\bar{x} \pm \Delta_{\bar{x}}$ 的随机区间之内。$\bar{x} \pm \Delta_{\bar{x}}$ 内包括 $\overline{X}$ 与 $\overline{X} \pm \Delta_{\bar{x}}$ 内包括 $\bar{x}$ 的概率是相等的。

（二）推断方法

1. 点估计

点估计就是用样本的指标作为全及指标的估计值，不考虑抽样误差。即

全及平均数的估计值 $\overline{X} = \bar{x}$

全及成数的估计值 $\hat{P} = p$

全及总量的估计值 $\hat{Q} = \bar{x}N$ 或 $\hat{Q}_P = pN$

2. 区间估计

区间估计就是根据样本指标来确定全及指标的置信区间和置信度。其公式为

$$P(|\bar{x} - \overline{X}| \leqslant t\mu_{\bar{x}}) = F(t) \text{ 或 } P(\bar{x} - t\mu_{\bar{x}} \leqslant \overline{X} \leqslant \bar{x} + t\mu_{\bar{x}}) = F(t)$$

则

全及平均数的置信区间为：$\bar{x} - \Delta_{\bar{x}} \leqslant \overline{X} \leqslant \bar{x} + \Delta_{\bar{x}}$

全及成数的置信区间为：$p - \Delta_p \leqslant P \leqslant p + \Delta_p$

全及总量的置信区间为：$(\bar{x} - \Delta_{\bar{x}})N \leqslant Q \leqslant (\bar{x} + \Delta_{\bar{x}})N$

或

$$(p - \Delta_p)N \leqslant Q_P \leqslant (p + \Delta_p)N$$

由于 $\Delta_{\bar{x}}$ 和 Δ_p 是在一定的概率保证下确定的，因此，上述公式表示的范围也

是在该概率保证下成立。

一般说来,区间估计在实际工作中有以下两种应用:

(1)要求在一定概率保证——置信度下,推断全及指标的可能范围。

(2)限定推断全及指标的误差范围,推断其可靠程度——置信度。

例7-9 某城市抽样调查队对全市42万户居民的全年收入状况进行抽样调查,共抽查420户,得知其年平均收入为5 280元,标准差为640元,试以95%的概率保证来推断全市每户年平均收入和总收入的可能范围。

解 此处已知 $N = 420\ 000$ 户, $n = 420$ 户, $\bar{x} = 5\ 280$ 元, $S = 640$ 元, $F = 0.95$,求 $\bar{x}$ 的范围。

查正态概率表可知 $t = 1.96$,由于 N 与 n 相差较大,故可用重复抽样公式计算。

$$\Delta_{\bar{x}} = t\mu_{\bar{x}} = t\frac{S}{\sqrt{n}} = 1.96 \times \frac{640\ 元}{\sqrt{420}} = 61.20\ 元$$

$$5\ 280\ 元 - 61.20\ 元 \leqslant \overline{X} \leqslant 5\ 280\ 元 + 61.20\ 元$$

$$5\ 218.80\ 元 \leqslant \overline{X} \leqslant 5\ 341.20\ 元$$

$$21.92\ 亿元 \leqslant Q \leqslant 22.43\ 亿元$$

即全市每户年平均收入在5 218.80元到5 341.20元内,全年总收入在21.92亿元到22.43亿元之间,其置信度为95%。

例7-10 从一批生产的袋装奶粉中抽取100袋,称得重量分布如表7-8所示。如果要求以此推断该批奶粉每袋的平均重量误差不超过2.90g,试推断该批奶粉每袋平均重量的可能范围及其置信度。

解 可将计算过程列表,如表7-9所示。

表7-8　奶粉重量分布表

重量/g	袋　数
430 ~ 440	20
440 ~ 450	35
450 ~ 460	30
460 ~ 470	15
$\sum$	100

表 7-9　计算过程列表

重量/g	袋数 f	组中值 x	xf	$x - \bar{x}$	$(x - \bar{x})^2$	$(x - \bar{x})^2 f$
430 ~ 440	20	435	8 700	− 14	196	3 920
440 ~ 450	35	445	15 575	− 4	16	560
450 ~ 460	30	455	13 650	6	36	1 080
460 ~ 470	15	465	6 975	16	256	3 840
$\sum$	100	—	44 900	—	—	9 400

样本平均重量 $\bar{x} = \dfrac{\sum xf}{\sum f} = \dfrac{44\ 900}{100} \text{g} = 449 \text{g}$

样本标准差 $S = \sqrt{\dfrac{\sum (x - \bar{x})^2 f}{\sum f}} = \sqrt{\dfrac{9\ 400}{100}} \text{g} = 9.7 \text{g}$

抽样平均误差 $\mu_{\bar{x}} = \dfrac{S}{\sqrt{n}} = \dfrac{9.7}{\sqrt{100}} \text{g} = 0.97 \text{g}$

又已知抽样极限误差 $\Delta_{\bar{x}} = 2.90 \text{g}$

$$\text{概率度 } t = \frac{\Delta_{\bar{x}}}{\mu_{\bar{x}}} = \frac{2.90}{0.97} = 3.0$$

查正态概率表得置信度为

$$F(3.0) = 0.997\ 3 = 99.73\%$$

可推断该批奶粉每袋平均重量 $\overline{X}$ 的范围为

$$449 \text{g} - 2.90 \text{g} \leqslant \overline{X} \leqslant 449 \text{g} + 2.90 \text{g}$$

即在 446.1g 到 451.9g 之间，其置信度为 99.73%。

第六节　样本容量的确定

一、确定样本容量的意义

根据研究对象的特点确定抽样的组织方式之后，跟着就要确定抽取样本的单位数——样本容量。单纯从抽样推断的准确性考虑，显然是容量越大效果越好。但是，容量又不能过大，过大不但会造成人力、物力、财力的浪费，有时甚至在实践中是很难实现的；容量过小，使得代表性降低，从而影响推断的准确性。因

此，如何恰当地选择样本的容量，使之既能保证抽样推断要求的准确度又不致造成不必要的浪费，成为抽样推断问题中必须予以考虑的问题。

一般情况下，如果要求抽样的可靠程度和精确度比较高时，样本容量要大些；反之，可小些。其次，总体标志变异程度大时，样本容量应大些；反之，可小些。再者，不同的抽样组织方式也影响样本容量的确定。通常，简单随机抽样要比机械抽样或类型抽样的容量要大些，重复抽样比不重复抽样的容量要大些。这只是一般确定样本容量的依据，实际应用中尚需依据情况综合考虑。

二、必要样本容量的计算

这里仅以简单随机抽样情形给出必要的样本容量的计算公式，其他抽样方式的情形完全可类似推出。一般情况是，为了作某种推断，通常事前给出抽样误差范围 $\Delta_{\bar{x}}$ 或 Δ_p 及要求的概率保证程度 F（置信度），因此，必要的样本容量 n 可由抽样极限误差公式推得。

简单随机抽样确定样本容量的公式可以由抽样平均误差的公式推导得出，结果如表 7-10 所示。

表 7-10　样本容量的公式

	重 复 抽 样	不 重 复 抽 样
推断全及平均数	$n_{\bar{x}} = \dfrac{t^2 \sigma^2}{\Delta_{\bar{x}}^2}$	$n_{\bar{x}} = \dfrac{N t^2 \sigma^2}{N \Delta_{\bar{x}}^2 + t^2 \sigma^2}$ 或 $n_{\bar{x}} = \dfrac{n_{\bar{x}}^0}{1 + \dfrac{n_{\bar{x}}^0}{N}}$
推断全及成数	$n_P = \dfrac{t^2 P(1-P)}{\Delta_P^2}$	$n_P = \dfrac{N t^2 P(1-P)}{N \Delta_P^2 + t^2 P(1-P)}$ 或 $n_P = \dfrac{n_P^0}{1 + \dfrac{n_P^0}{N}}$

在确定样本容量时，$\Delta_{\bar{x}}$（或 Δ_p）、t、N 事先都是已知的，而全及总体方差 σ^2 和全及成数 P 在抽样调查之前往往是不知道的，但一般可用以下方法取得近似的估计值：①根据以往调查的经验数据。这种方法一般适用于定期进行的抽样调查，如农产量调查等，有以往的数据可以利用。②采用试点调查以样本方差 S^2 来估计 σ^2。这种方法要求样本容量适当大一些才能对 σ^2 作出比较接近的估计。③根据总体的分布及其数学性质加以推算。如总体近似正态分布时若能获得全距（最大值和最小值之差）的大致信息，可以知道在正态分布下，95%单位的全距等于 4σ，所以假如知道大致的全距为 100，可以推断方差约为 $25^2 = 625$。④成数的方差可以用最大值代替。总体方差 $P(1-P)$ 的最大值是 $P = 0.5$ 时，方差为 $0.5 \times (1 - 0.5) = 0.25$。

例7-11 某车间加工螺杆10 000件，为确定其直径是否合格，决定从中抽取部分进行测量。为使直径的测量误差不超过0.1mm（可靠度取99%），按过去经验生产该螺杆的标准差为0.8mm，问：至少应抽取多少件测量才可满足上述要求？

解 这里已知 $N = 10\ 000$ 件，$\Delta_{\bar{x}} = 0.1$ mm，$S = 0.8$ mm，$F = 0.99$，查正态概率表可得 $t = 2.58$。

按重复抽样计算时

$$n_{\bar{x}} = \frac{t^2 \sigma^2}{\Delta_{\bar{x}}^2} = \frac{2.58^2 \times 0.8^2}{0.1^2} \text{件} = 426 \text{件}$$

按不重复抽样计算时

$$n_{\bar{x}} = \frac{N t^2 \sigma^2}{N \Delta_{\bar{x}}^2 + t^2 \sigma^2}$$

$$= \frac{2.58^2 \times 0.8^2 \times 10\ 000}{10\ 000 \times 0.1^2 + 2.58^2 \times 0.8^2} \text{件} = 408.6 \text{件} = 409 \text{件}$$

或

$$n_{\bar{x}} = \frac{n_{\bar{x}}^0}{1 + \dfrac{n_{\bar{x}}^0}{N}} = \frac{426}{1 + \dfrac{426}{10\ 000}} \text{件} = 408.6 \text{件} = 409 \text{件}$$

两种计算方法的结果是相同的。

在重复抽样时应至少抽取426件，在不重复抽样时应至少抽取409件，方可以99%的可靠度保证直径的测量误差不超过0.1mm。

例7-12 如上例中已知，以前加工螺杆的合格品率为98%，今要检验该批螺杆的合格品率，为使合格品率的测量误差不超过1%（可靠度95%），问：抽取多少件检验才能满足要求？

解 这里 $N = 10\ 000$ 件，而 $F = 0.95$，$\Delta_P = 0.01$，$P = 0.98$，查正态概率表可知 $t = 1.96$。

按重复抽样计算时

$$n_P = \frac{t^2 P(1 - P)}{\Delta_P^2} = \frac{1.96^2 \times 0.98 \times (1 - 0.98)}{0.01^2} \text{件} = 753 \text{件}$$

按不重复抽样计算时

$$n_P = \frac{N t^2 P(1 - P)}{N \Delta_P^2 + t^2 P(1 - P)}$$

$$= \frac{1.96^2 \times 0.98 \times (1 - 0.98) \times 10\ 000}{0.01^2 \times 10\ 000 + 1.96^2 \times 0.98 \times (1 - 0.98)} \text{件} = 700 \text{件}$$

或

$$n_P = \frac{n_P^0}{1 + \dfrac{n_P^0}{N}} = \frac{753}{1 + \dfrac{753}{10\ 000}} \text{件} = 700 \text{件}$$

可见，要在 95% 的概率保证下使合格品率测量误差不超过 1%，至少应抽753 件螺杆来检查。

在上面的两个例题中，对同一批螺杆既要推断直径的平均数，又要推断合格品率。通常可抽取一个样本解决两个指标的推断。但运用上述公式计算的 $n_{\bar{x}} \neq n_P$，这时，必要的样本容量应采取其中较大量。即

$$n = \max\{n_{\bar{x}}, n_P\}$$

在重复抽样时，抽取 753 件可以同时保证平均直径和合格品率两个指标在题中给定的可靠度保证下误差不超过规定的范围。

本 章 小 结

（1）抽样调查是按随机原则，从研究总体中抽取一部分单位进行调查，用这一部分单位的数量特征（指标）去推断研究总体，从而达到认识总体的目的。抽样调查是一种非全面性调查，存在代表性误差。

（2）抽样调查的组织形式主要有简单随机抽样、机械抽样、类型抽样和整群抽样。

（3）抽样平均误差是每一个可能样本的估计值与总体指标真值之间离差的平均数，可以根据数理统计原理计算和估计。

（4）区间估计是根据样本指标来确定全及指标的置信区间和置信度。

（5）根据研究对象的特点和可靠程度、精确度确定适合的样本容量，可以既保证研究的准确度又避免浪费。

重 要 概 念

抽样调查　全及总体　抽样指标　全及平均数　全及成数　全及总体标准差
全及方差　抽样平均数　抽样成数　抽样标准差　抽样方差　简单随机抽样
机械抽样　类型抽样　整群抽样　抽样误差　抽样平均误差　抽样极限误差　置信区间　置信度　区间估计　样本容量

练 习 题

一、简答题

1. 什么是抽样推断？它有何特点？

2. 什么是样本指标和总体指标？样本指标和总体指标有什么联系和区别？

3. 什么是抽样平均误差？抽样平均误差为什么能够反映抽样误差的一般水平？

4. 什么是重复抽样和不重复抽样？不同的抽样方法是如何影响抽样推断结果的？

5. 什么是概率度？什么是置信度？两者有什么关系？

6. 类型抽样中的分组和整群抽样的分群有什么不同？

7. 试比较等距抽样中按无关标志和按有关标志排队的优缺点。

二、计算题

1. 某灯泡厂从当月生产的 10 万只灯泡中随机抽取 1‰用以调查产品质量，结果如表 7-11 所示。

表 7-11　某灯泡厂产品调查结果

灯泡照明时间/10^3 h	灯泡数/只
3.0 以下	7
3.0 ~ 4.0	25
4.0 ~ 4.5	60
4.5 以上	8

质量标准规定灯泡照明时间 3 000h 以上为合格品，试以 95% 的概率估计：

（1）全部灯泡的平均照明时间区间。

（2）全部灯泡的合格率区间。

（3）全部灯泡中的合格品总量区间。

2. 某砖厂对所生产的砖的质量进行抽样检查，要求概率保证程度为 0.682 7，抽样误差范围不超过 0.015。并知过去进行过几次同样的调查，产品的不合格品率分别为 1.25%、1.83%、2%。要求：

（1）计算必要的抽样单位数目。

（2）假定其他条件不变，现在要求抽样误差范围不超过 0.03，即比原来的范围扩大 1 倍，则必要的抽样单位数应该是多少？

3. 某产品某月末共有 1 200 件，按其质量差异分为 A、B、C 三类，现按库存比例抽取 60 件，测得有关数据如表 7-12 所示。

表 7-12　某产品测量数据

产 品 类 型	产品数量/件	抽样使用时间/h	标准差/h
A	600	600	20
B	360	460	25
C	240	400	36
合　　计	1 200	—	—

要求：用类型比例抽样法推断商品的平均使用时间的可能范围，并以 95.45% 的概率保证。

4. 某居委会小区有 1 500 位 20 ~ 60 岁的女性，用简单随机重复抽样的方法抽出 50 位作为样本，调查其家务劳动时间，如表 7-13 所示。

表 7-13 某小区女性家务劳动时间表

每日家务劳动时间/min	124	134	140	150	160	180	200	260
人数/人	4	6	9	10	8	6	4	3

要求：（1）计算样本平均数和抽样平均误差。

（2）以 95.45% 的可靠性估计该居委会小区 20 ~ 60 岁的女性平均家务劳动时间区间。

5. 某大学有学生 5 000 人，近年资料表明学生的人均月生活费用为 300 元，均方差为 8 元。若要采用不重复随机抽样方法，调查学生人均月生活费，问：应抽取多少人才能以 95% 的置信度保证最大估计误差不超过 3 元？

6. 某省欲调查小型批发、零售及餐饮业企业的经营状况，这些企业的特点是总体单位众多，企业经营效益和经营规模变动比较频繁。该省的调查方法是：将企业单位按批发企业、零售企业及餐饮企业分为三类，每类中按销售额大小排队分成若干层，每层中按等距抽样抽取样本单位。

你认为这个方案如何？谈谈你的看法。

7. 某城市为研究居民家庭中食品支出占总消费支出的比例即恩格尔系数，拟定以户为单位，从 10 000 户居民家庭中随机抽取 100 户作为调查对象。调查结果为：100 户居民家庭中的恩格尔系数为 42%，样本群间方差为 2%，要求以 95% 的置信度估计该城市居民恩格尔系数的置信区间。

8. 某地 100 万名职工的收入抽样调查结果如表 7-14 所示。

表 7-14 某地职工收入抽样调查结果

男 职 工 组		女 职 工 组	
收入/元	人数/人	收入/元	人数/人
750 ~ 850	2 500	700 ~ 900	3 000
850 ~ 950	3 000	900 以上	4 500
950 以上	2 500		

试以 95.45% 的概率保证估计全部职工的平均收入和总收入。

9. 工厂连续生产某产品，每小时生产 3 件，某天每 4 小时抽 1 小时产品全面调查，结果如表 7-15 所示。

表 7-15 某产品抽样结果

抽样群号	重量/kg	抽样群号	重量/kg
1	50，49，48	4	47，49，48
2	48，48，48	5	48，52，50
3	51，50，49	6	47，49，51

试以 95.45% 的概率估计该天全部产品平均每件的重量。

第八章

假 设 检 验

本章要点：掌握假设检验的程序，掌握总体均值、总体成数、总体方差的假设检验方法。

第一节 检验的基本思想

一、假设检验的概念

所谓假设检验，是指对总体分布函数形式或分布中某些未知参数作出某种假设，然后抽取样本，构造适当的统计量，对假设的正确性进行判断的过程。根据假设检验的条件和内容不同，一般将其划分为参数假设检验和非参数假设检验。参数的假设检验是在总体分布形式已知的条件下，对总体未知参数进行的假设检验。非参数假设检验是在对总体分布形式所知甚少的条件下，着重对总体分布函数作出的假设检验。本章只讨论参数假设检验的基本原理和方法。

虚无假设是最初提出的假设，也称为原假设或零假设。与虚无假设相对立的假设，称为替换假设，也称为备择假设或对立假设。例如，对某地区男性青年平均身高为 1.70m 的假设检验，根据经验可知，男性青年身高服从正态分布。这时可先采取"虚无假设"的方式，即"该地区男性青年平均身高为 1.70m"，另一个相替换的假设则为"该地区男性青年平均身高非 1.70m"。如果虚无假设被接受了，则可以认为该地区男性青年身高为 1.70m；如果虚无假设被拒绝，在逻

辑上另一"替换假设"就可以被接受。为了作出接受或拒绝虚无假设的结论，就需要调研人员搜集样本信息并构造适当的统计量，然后作出判断。

二、假设检验与参数估计

假设检验和参数估计都是统计推断的方法，它们都是利用样本资料对总体进行某种推断，但是，推断的角度是不同的。参数估计是运用样本资料对总体某一参数的估计，在估计之前，该总体参数是未知的。而假设检验则是先对某一总体参数提出假设，然后，运用样本资料，验证假设的成立与否。假设检验与参数估计存在着明显的对偶性。在进行统计推断时，如果总体分布的形式是已知的，只是参数未知，则统计推断问题就归结为推断总体参数，即参数估计的问题；如果要以一定的概率判断总体参数是否为真，这就是假设检验的问题。参数估计的置信区间所对应的就是假设检验的接受域。

三、假设检验的程序

一般而言，参数的假设检验要分为以下五个步骤：

（一）建立虚无假设和替换假设

我们把需要通过样本去推断其正确与否的命题称为假设。对每个假设进行检验，一般要提出两个相互对立的假设：虚无假设和替换假设。虚无假设通常用 H_0 表示，而替换假设通常用 H_1 表示。建立虚无假设（H_0）的目的是为了提出一个设想，然后去证明。如果通过证明设想是正确的，则这个设想被接受；否则就会被拒绝，从而接受另一个相反的替换接受（H_1）。现举例说明 H_0 和 H_1 的关系。设某市有 300 万人口，权威人士声称，该市人口中女性有冠心病的比例高于男性。若女性有冠心病的人的比例为 p_1，男性有冠心病的人的比例为 p_2，则虚无假设和替换假设表示为

$$H_0: \quad p_1 > p_2$$
$$H_1: \quad p_1 \leqslant p_2$$

虚无假设 H_0 所表示的内容是女性有冠心病的人的比例高于男性这一事实，而替换假设 H_1 所表示的内容是女性有冠心病的人的比例等于或低于男性。可以看出，虚无假设和替换假设分别只有一个，而且是对立的。

假设检验分为双侧（尾）检验和单侧（尾）检验。现举例说明，假设 H_0 为女性冠心病患者的平均年龄 μ_1 与男性冠心病患者的平均年龄 μ_2 不存在显著差异。另一个替换假设 H_1 为女性冠心病患者的平均年龄 μ_1 与男性冠心病患者的平均年龄 μ_2 存在显著差异。则虚无假设和替换假设可写成

$$H_0: \quad \mu_1 = \mu_2$$
$$H_1: \quad \mu_1 \neq \mu_2$$

称该形式为双侧（尾）检验，这就意味着需要检验原假设女性冠心病患者的平均年龄 μ_1 等于男性冠心病患者的平均年龄 μ_2，即 $\mu_1 = \mu_2$。如果 $\mu_1 > \mu_2$ 或 $\mu_1 < \mu_2$ 二者之中有一个成立，就可否定原假设。

如果建立的虚无假设和替换假设为

$$H_0: \quad \mu_1 \geq \mu_2$$
$$H_1: \quad \mu_1 \leq \mu_2$$

或

$$H_0: \quad \mu_1 \leq \mu_2$$
$$H_1: \quad \mu_1 > \mu_2$$

称该形式为单侧（尾）检验，这意味着当提出的原假设为 $\mu_1 \geq \mu_2$ 时，只要 $\mu_1 < \mu_2$ 成立，就可以否定 H_0。这种检验称为左侧（尾）检验。当提出的原假设为 $\mu_1 \leq \mu_2$ 时，只要 $\mu_1 > \mu_2$ 成立，就可以否定 H_0。这种检验称为右侧（尾）检验。

（二）确定适当的统计量

选择检验统计量需要考虑的因素很多，诸如：需检验的问题是单一的样本、两个样本还是多个样本；是检验均值、比例还是方差；是大样本还是小样本；总体方差是否已知；总体是正态分布还是非正态分布；等等。不同对象、不同条件就应选择不同的统计量。

（三）选择显著水准

在假设检验中，由于作出拒绝或接受原假设的决定是以样本资料为依据的，因此就可能犯两种类型的错误：一是 α 错误，即弃真错误，又称第一类错误，是指当虚无假设是正确的却被拒绝了。若用概率表示则为 0.10、0.05、0.01，这些数值称为显著性水准，又称为风险水准。另一类是 β 错误，即取伪错误，又称第二类错误，是指当虚无假设应该被拒绝时，却被接受了。这两类错误可以归纳为表 8-1。

表 8-1　两类错误表

决策行动\假设状态	接　受　H_0	拒绝 H_0 接受 H_1
H_0 为 真	判断正确（$1-\alpha$）	弃真错误（α）
H_1 为 假	取伪错误（β）	判断正确（$1-\beta$）

这两类错误可通过图 8-1 表示出来。

在这两类错误中，通常认为 α 错误要比 β 错误更为重要，主要原因是虚无

假设通常是明确的、简单假设，而替换假设都是模糊的复合假设。例如，$H_0: \mu = \mu_0$，$H_1: \mu \neq \mu_0$。当 H_0 为真，作出拒绝 H_0、接受 H_1 的决策时，到底是 $\mu > \mu_0$ 还是 $\mu < \mu_0$，大多少或小多少并不清楚，此时所犯的 α 错误是危险的，因而可以说不犯第一类错误更为重要，必须予以控制。这种只对犯第一类错

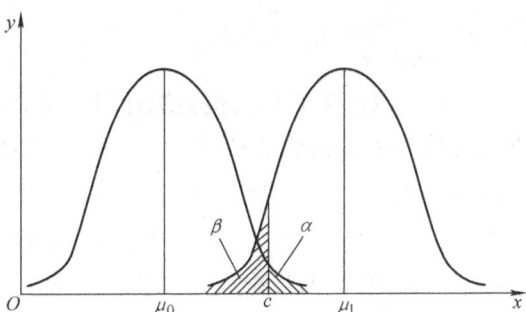

图 8-1　假设检验中 α、β 错误示意图

误的概率 α 加以限制，而不考虑犯第二类错误的概率的假设检验便是显著性检验的基本思想。这种检验的基本思想是应用小概率原理。所谓小概率原理，就是指发生概率很小的随机事件在一次试验中几乎是不可能发生的。通常要有一个界限即显著性水平 α，当某事件发生的概率 $p < \alpha$ 时，就说明小概率事件发生了，这时就可以有充分的理由推翻原假设，否则可以接受原假设。

（四）确定决策规则

找出统计量分布的临界值。例如，若统计量服从正态分布，令 $\alpha = 0.05$，当进行双侧检验时，经过标准化的 Z 统计量的拒绝域为大于 1.96 或小于 -1.96；当进行左侧检验时，拒绝域为小于 -1.645；当进行右侧检验时，拒绝域为大于 1.645 。

（五）计算统计量的实际值并作出决策

根据样本资料计算出检验统计量的具体数值并按照决策规则作出统计决策。

第二节　总体均值的假设检验

这一节主要讨论单个总体均值的假设检验和两个总体均值的假设检验问题，并阐明如何根据已知条件不同，分别采用 Z 检验法和 t 检验法的推断方法。

一、单个总体均值的假设检验

（一）正态总体及方差已知

设 $X \sim N(\mu, \sigma_0^2)$，其中 μ 未知，σ_0^2 已知，现欲检验 μ 是否等于某一假定值 μ_0，可以构造如下条件假设：$H_0: \mu = \mu_0$，$H_1: \mu \neq \mu_0$。根据抽样分布原理，当总体 $X \sim N(\mu, \sigma_0^2)$ 时，其样本均值 $\bar{x} \sim \left(\mu, \dfrac{\sigma_0^2}{n}\right)$，所以当 H_0 成立时，统计

量：$Z = \dfrac{\bar{x} - \mu}{\sigma_0 / \sqrt{n}} \sim N\,(0,\,1)$。

这样可以选择 Z 作为检验统计量。若为双侧检验，对于选定的显著水平 α，查正态分布表可得临界值 $Z_{\alpha/2}$、$-Z_{\alpha/2}$，如果检验统计量的实际值 Z 属于区间 $(-Z_{\alpha/2},\,Z_{\alpha/2})$，则判断 H_0 成立；反之若检验统计量的实际值 Z 属于 $(-\infty,\,-Z_{\alpha/2})$ 或 $(Z_{\alpha/2},\,\infty)$，则拒绝 H_0。相应地，左侧检验的拒绝域为 $(-\infty,\,-Z_\alpha)$，右侧检验的拒绝域为 $(Z_\alpha,\,+\infty)$。这三种情形如图 8-2 所示。通常这种检验称为 Z 检验。

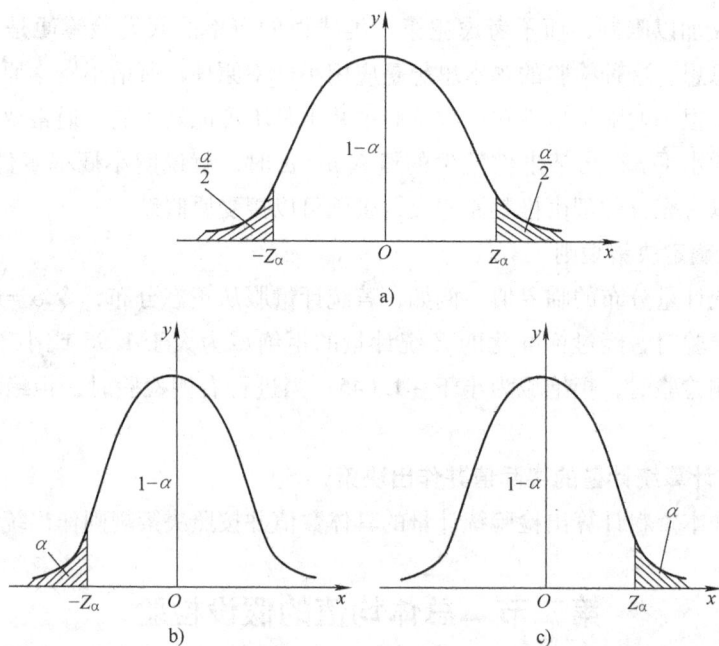

图 8-2　Z 检验

a）双侧检验　b）左侧检验　c）右侧检验

例 8-1　已知某机器厂生产的零件的平均直径是 3.001cm，标准差为 0.002cm，该机器经过大修理后，要求新生产的零件的平均直径仍保持 3.001cm。现抽查了 16 只零件，得到直径平均值 $\bar{x} = 3.0025$cm，标准差不变。试问在 $\alpha = 0.05$ 下，该机器新生产的零件是否合格。

解　这是一个正态总体均值双侧显著性检验问题，可按如下步骤进行假设检验：

（1）建立假设。虚无假设和替换假设为：$H_0 = 3.001\,cm$，$H_1 \neq 3.001\,cm$。

（2）选择检验统计量。根据抽样分布原理，零件直径 $X \sim N\,(3.001,\ 0.002^2)$，所以样本零件直径为：$\bar{x} \sim N\left(3.001,\ \dfrac{0.002^2}{16}\right)$，因而统计量 $Z = \dfrac{\bar{x} - \mu_0}{\sigma_0/\sqrt{n}} \sim N\,(0,1)$，故选择 Z 统计量。

（3）确定显著水平 α：令 $\alpha = 0.05$。

（4）根据显著水平找出统计量分布的临界值。查正态分布表知

$$\pm Z_{\alpha/2} = \pm Z_{0.05/2} = \pm Z_{0.025} = \pm 1.96$$

（5）计算检验统计量的实际值并作出决策。

$$Z = \frac{\bar{x} - \mu_0}{\sigma_0/\sqrt{n}} = \frac{3.002\,5 - 3.001}{0.002/\sqrt{16}} = 3$$

由于 $Z = 3 > Z_{\alpha/2} = Z_{0.025} = 1.96$，落入拒绝域，故拒绝 H_0，接受 H_1，即在 5% 的显著性水平下，检验该样本均值 $3.002\,5\,cm$ 与正态总体均值 $3.001\,cm$ 有显著差异。

例 8-2 某市居民1988年周平均每日睡眠时间为 462min，标准差为 30min。1992 年周工作时间由过去的 6 日改为 5 日，也即周休 2 日制。据统计，休息日的睡眠时间多于工作日，但是，休息日增加一天，是否意味着周平均睡眠时间会增加呢？为此，1998 年在该市按照与 1988 年相同的调查方法，随机选取了 400 名居民进行了调查，调查结果显示，该市居民周平均每日睡眠时间为 504min，是否可以认为睡眠时间有所增加呢？

解　（1）建立假设：

$$H_0:\ \mu \leqslant 462$$
$$H_1:\ \mu > 462$$

（2）选择检验统计量：根据抽样分布原理，每个人的睡眠时间 $X \sim N\,(462,\ 30^2)$，所以样本平均睡眠时间

$$\bar{x} \sim N\left(462, \frac{30^2}{\sqrt{400}}\right)$$

因而统计量

$$Z = \frac{\bar{x} - \mu_0}{\sigma_0/\sqrt{n}} \sim N\,(0,1)$$

故选择 Z 统计量。

（3）确定显著水平：令 $\alpha = 0.01$。

（4）找出统计量的临界值。这是一个正态总体均值单尾右侧检验，其临界

值 $Z_\alpha = Z_{0.01} = 2.33$。

（5）计算统计量并作出决策。

$$Z = \frac{\bar{x} - \mu_0}{\sigma_0/\sqrt{n}} = \frac{504 - 462}{30/\sqrt{400}} = 28$$

由于 $Z = 28 > Z_{0.01} = 2.33$，落入拒绝域，而且大大超过了临界值，故在 1% 的置信水平下拒绝 H_0，而接受 H_1。说明该市居民睡眠时间确实增加了。

（二）总体分布及方差均未知，大样本

若为大样本（一般认为，$n > 30$ 为大样本，$n \leqslant 30$ 为小样本），无论总体是否服从正态分布，根据中心极限原理，样本均值 $\bar{x} \sim N\left(\mu, \dfrac{\sigma^2}{n}\right)$。如果总体方差 σ^2 未知可用 S_{n-1}^2 代替，根据抽样分布原理，统计量 $T = \dfrac{\bar{x} - \mu}{S/\sqrt{n}} \sim t_{n-1}$。当 $n > 30$ 时，可用 Z 统计量代替 T 统计量，这样，统计量 $Z = \dfrac{\bar{x} - \mu_0}{\sigma_0/\sqrt{n}}$ 近似服从标准正态分布 $N(0, 1)$。如果原假设 H_0 成立，统计量 $Z = \dfrac{\bar{x} - \mu_0}{\sigma_0/\sqrt{n}}$ 亦渐进服从 $N(0, 1)$，故可以用 Z 检验法近似地对总体均值进行假设检验。

例 8-3 某企业生产的塑料品，每件所消耗的原料服从正态分布，其平均值为 0.3kg。由于塑料原料紧张，企业实行技术革新，以求在保证质量的前提下降低消耗。为了确定革新后能否减少消耗，先进行了试生产，并做抽样检验，检验件数为 $n = 36$ 件，平均消耗 0.28kg，同样得出样本标准差为 0.06。试问：在 $\alpha = 0.05$ 时，技术革新是否有成效？

解 （1）构造假设：$H_0: \mu = 0.3$，$H_1: \mu < 0.3$。

（2）选择统计量。总体分布及方差 σ^2 未知，但 $n = 36 > 30$ 为大样本，故可以用 Z 检验法进行检验。

（3）规定显著水平：$\alpha = 0.05$。

（4）找出临界值：$\pm Z_{\alpha/2} = \pm Z_{0.05/2} = \pm Z_{0.025} = \pm 1.96$。

（5）计算统计量并进行决策。

$$Z = \frac{\bar{x} - \mu_0}{S/\sqrt{n}} = \frac{0.28 - 0.30}{0.06/\sqrt{36}} = -2$$

由于 $Z = -2 < -Z_{0.025} = -1.96$，故拒绝 H_0，接受 H_1。说明革新后塑料平均消耗与 0.3kg 有显著差异。

（三）正态总体，方差 σ^2 未知，小样本（n < 30）

在正态总体，方差 σ^2 未知，小样本（$n < 30$）条件下，总体均值的接受检验应采用 T 统计量，$T = \dfrac{\bar{x} - \mu_0}{S / \sqrt{n}}$，其中

$$S = \sqrt{\frac{\sum (x_i - \bar{x})^2}{n - 1}}$$

T 统计量服从自由度为 $n-1$ 的 t 分布。根据规定的显著水平 α，查 t 分布表，确定 t 分布的临界值，若为双侧检验，则拒绝域 $|t| > t_{\alpha/2}$；若为左侧检验，拒绝域为 $t < -t_\alpha$；若为右侧检验，则拒绝域为 $t > t_\alpha$。通常这种检验称为小样本的 t 检验法。t 检验法的示意图如图 8-3 所示。

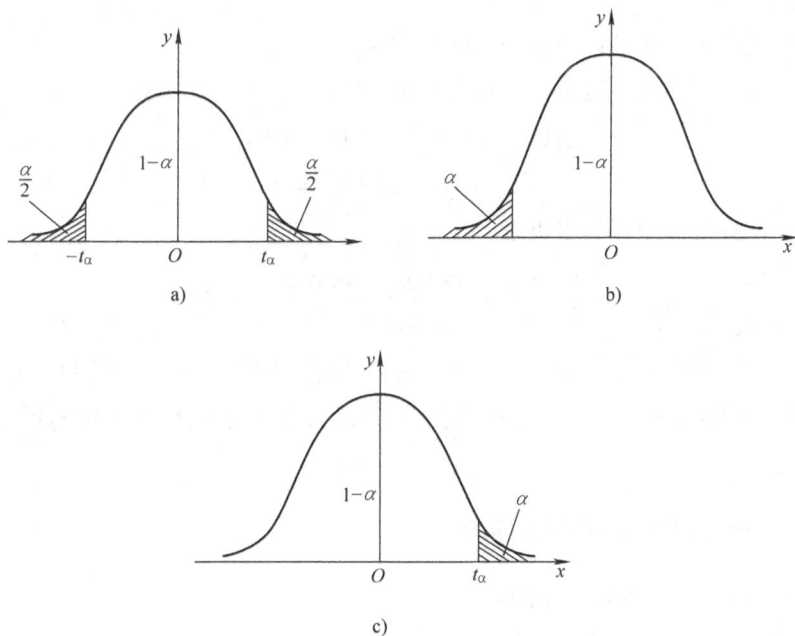

图 8-3　t 检验

a）双侧检验　b）左侧检验　c）右侧检验

t 分布是由威廉·高斯特发现的，由于他在写作中经常用学生（student）的笔名，由此得名。t 分布与 Z 分布虽然都是对称分布，但 t 分布比 Z 分布更为展开一些，如图 8-4 所示。随着样本容量的增加，t 分布逐渐接近于 Z 分布，这可以从图上反映出来。

例 8-4　某汽车轮胎厂声称该厂生产的汽车轮胎平均行驶的里程大于

25 000km。现对一个由 15 个轮胎组成的随机
样本作了试验，得到了平均值 27 000km 和标
准差 5 000km，假定轮胎的行驶里程数近似
服从正态分布，我们能否从这些数据中得出
结论，即该厂的产品同该厂的标准相符合？
（$\alpha = 0.05$）

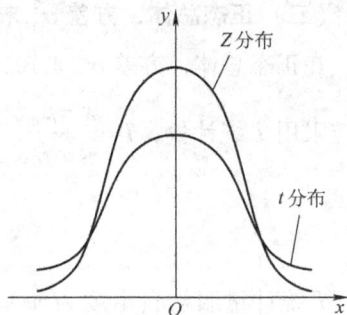

解 （1）提出假设：$H_0: \mu \leqslant 25\,000$，
$H_1: \mu > 25\,000$。

（2）选择统计量：已知总体服从正态分

图 8-4 t 分布与 Z 分布的形态比较

布，但方差未知，可用 S_{n-1}^2 代替，且为小样本（$n = 15 < 30$），故应选用 t 作为经
验统计量。

（3）规定显著水平：令 $\alpha = 0.05$。

（4）找出临界值。这是一个双侧检验问题。

$$t_{\alpha/2}(n-1) = t_{0.05/2}(15-1)$$
$$= t_{0.05}(14) = 1.76$$

（5）计算统计量并作出决策。

$$t = \frac{\bar{x} - \mu_0}{S/\sqrt{n}} = \frac{27\,000 - 25\,000}{5\,000/\sqrt{15}} = 1.55$$

由于 $t = 1.55 < t_{0.05}(14) = 1.76$，所以不能否定 H_0。由于原假设未被否定，
说明这些数据并不支持"轮胎的真正平均行驶里程大于该厂所声称的里程"这
样的结论。

二、两个总体均值的假设检验

（一）两个正态总体，大样本

1. 两个正态总体且方差已知（$\sigma_1^2 = \sigma_2^2$ 或 $\sigma_1^2 \neq \sigma_2^2$）

若要进行双尾检验，则

$$H_0: \mu_1 = \mu_2 \text{（也可以写成 } \mu_1 - \mu_2 = 0\text{）}$$

$$H_1: \mu_1 \neq \mu_2 \text{（同样也可以写成 } \mu_1 - \mu_2 \neq 0\text{）}$$

若欲进行单尾检验，则

$$H_0: \quad \mu_1 \leqslant \mu_2$$

$$H_1: \quad \mu_1 > \mu_2$$

检验统计量为

$$Z = \frac{(\bar{x}_1 - \bar{x}_2) - (\mu_1 - \mu_2)}{\sqrt{\dfrac{\sigma_1^2}{n_1} + \dfrac{\sigma_2^2}{n_2}}}$$

在 H_0： $\mu_1 = \mu_2$ 成立的条件下，统计量 Z 服从标准正态分布 $N(0, 1)$。

例 8-5 在某市抽取 100 名男职工组成一个随机样本，其平均工资为 1 500 元，标准差为 100 元；同时又抽取了 120 名女职工组成另一个随机样本，其平均工资为 1 486 元，标准差为 90 元。假定职工的工资服从正态分布，试问该市男女职工工资水平是否存在差异？

解 （1）建立假设：H_0： $\mu_1 = \mu_2$，H_1： $\mu_1 \neq \mu_2$。

（2）确定统计量。根据已知条件，两个总体的工资水平均服从正态分布，方差已知，故可以用 Z 统计量。

（3）规定显著水平。令 $\alpha = 0.05$。

（4）找出临界值。这是一个双尾检验问题，其临界值为
$$|Z_{\alpha/2}| = |Z_{0.05/2}| = |Z_{0.025}| = 1.96$$

（5）计算统计量并作出决策。

$$Z = \frac{(\bar{x}_1 - \bar{x}_2) - (\mu_1 - \mu_2)}{\sqrt{\dfrac{\sigma_1^2}{n_1} + \dfrac{\sigma_2^2}{n_2}}} = \frac{1\,500 - 1\,486}{\sqrt{\dfrac{10\,000}{100} + \dfrac{8\,100}{120}}} = 0.23$$

由于 $Z = 0.23 < Z_{0.05} = 1.96$，落入接受域，所以接受 H_0，即在 5% 的显著水平下，可以认为男女职工工资没有显著差异。

2. 两个正态总体，其方差 σ_1^2、σ_2^2 未知

这时可分别用样本方差 S_1^2、S_2^2 作为总体方差 σ_1^2、σ_2^2 的估计值，其统计量为

$$Z = \frac{(\bar{x}_1 - \bar{x}_2) - (\mu_1 - \mu_2)}{\sqrt{\dfrac{S_1^2}{n_1} + \dfrac{S_2^2}{n_2}}} \text{近似} \sim N(0,1)$$

（二）两个正态总体，小样本

两个正态总体，小样本，并且当两个总体方差 σ_1^2、σ_2^2 未知时，其统计量为

$$T = \frac{(\bar{x}_1 - \bar{x}_2) - (\mu_1 - \mu_2)}{\sqrt{\dfrac{S_1^2}{n_1} + \dfrac{S_2^2}{n_2}}}$$

近似服从自由度 df' 的 t 分布，df' 为修正的自由度。

$$df' = \frac{\left(\dfrac{S_1^2}{n_1} + \dfrac{S_2^2}{n_2}\right)^2}{\dfrac{\left(\dfrac{S_1^2}{n_1}\right)^2}{n_1 - 1} + \dfrac{\left(\dfrac{S_2^2}{n_2}\right)^2}{n_2 - 1}}$$

例8-6 某纺织厂可以从两个地区购买原纱。这两个地区的原纱从各方面来看都不相上下，但抗断强度除外。如果有理由认为 A 地区的产品（价格较低）其抗断强度不低于 B 地区的话，该厂将购买 A 地区的产品。现从 A、B 两地区的库存中抽出一个随机样本，得到下列结果：$n_A = 10$，$\bar{x}_A = 94$，$S_A^2 = 14$；$n_B = 12$，$\bar{x}_B = 98$，$S_B^2 = 9$。假定抗断强度近似服从正态分布。假定两个总体方差不等，根据 $\alpha = 0.05$ 水平下的适当假设检验，你是否建议该纺织厂厂长购买价格便宜的原纱（即 A 地区的原纱）？

解 （1）建立假设：$H_0：\mu_A \geq \mu_B$，$H_1：\mu_A < \mu_B$。

（2）选择统计量：已知两个总体均为正态总体，方差已知，但 $n_A = 10$，$n_B = 12$，均为小样本，故选用 T 统计量。

（3）规定选择水平：令 $\alpha = 0.05$。

（4）确定临界值：这是一个左侧检验问题，从而 $t_\alpha(n_A + n_B - 2) = t_{0.01}(10 + 12 - 2) = t_{0.01}(20) = 2.528$。

（5）选择统计量：

$$T = \frac{(\bar{x}_A - \bar{x}_B) - (\mu_A - \mu_B)}{\sqrt{\dfrac{S_A^2}{n_A} + \dfrac{S_B^2}{n_B}}} = \frac{(94 - 98) - 0}{\sqrt{\dfrac{14}{10} + \dfrac{9}{12}}} = -2.73$$

修正的自由度 $df' = \dfrac{\left(\dfrac{S_A^2}{n_A} + \dfrac{S_B^2}{n_B}\right)^2}{\dfrac{\left(\dfrac{S_A^2}{n_A}\right)^2}{n_A} + \dfrac{\left(\dfrac{S_B^2}{n_B}\right)^2}{n_B}} = \dfrac{\left(\dfrac{14}{10} + \dfrac{9}{12}\right)^2}{\dfrac{\left(\dfrac{14}{10}\right)^2}{10} + \dfrac{\left(\dfrac{9}{12}\right)^2}{12}} \approx 19$

当 $\alpha = 0.05$ 时，$t_\alpha(df') = t_{0.05}(19) = 1.73$。

由于 $t = 2.73 > t_\alpha(df') = 1.73$，落入拒绝域，拒绝 H_0，接受 H_1，即不能建议该纺织厂厂长购买价格便宜的 A 地区的原纱。

第三节　总体成数的假设检验

这一节主要讨论单个总体成数和两个总体成数的假设检验问题，同时也根据

掌握资料的不同区分为 Z 检验法和 t 检验法两种不同的推断方法。

一、单个总体成数的假设检验（Z 检验法）

根据中心极限定理，在大样本条件下，若 $nP > 5$，$n(1 - P) > 5$ 时，二项分布近似服从正态分布，此时样本成数 $\hat{P}$ 近似服从 $N\left(P, \dfrac{P(P-1)}{n}\right)$，因此可用 Z 统计量作为检验统计量。在 $H_0: P = P_0$ 为真时，$Z = \dfrac{\hat{P} - P_0}{\sqrt{\dfrac{P_0(1 - P_0)}{n}}}$ 近似服从 $N(0, 1)$，其中，$\dfrac{P_0(1 - P_0)}{n}$ 为样本成数 $\hat{P}$ 的方差。

例 8-7 一项调查结果表明，某市老年人口比重为 14.7%。该市老年人口研究会为了检验该项调查是否可靠，随机抽取了 400 名居民，发现其中有 57 人年龄在 65 岁以上。调查结果是否支持该市老年人口比重为 14.7% 的看法？（$\alpha = 0.05$）

解 （1）提出假设：$H_0: P = 14.7\%$，$H_1: P \neq 14.7\%$。

$$\hat{P} = \frac{57}{400} = 0.142\,5$$

（2）选择统计量：由于 $n = 400$，为大样本，$n\hat{P} = 400 \times 0.142\,5 = 57 > 5$，$n(1 - \hat{P}) = 400 \times (1 - 0.142\,5) = 343 > 5$，所以可以用 Z 统计量作为检验统计量。

（3）规定显著性水平：$\alpha = 0.05$。

（4）确定临界值：这是一个单一总体成数的双侧检验问题，其临界值为

$$Z_{\alpha/2} = Z_{0.025} = 1.96$$

（5）近似统计量并作出决策：

$$Z = \frac{\hat{P} - P_0}{\sqrt{\dfrac{P_0(1 - P_0)}{n}}} = \frac{0.142\,5 - 0.147}{\sqrt{\dfrac{0.147(1 - 0.147)}{400}}} = -0.254$$

由于 $|Z| = 0.254 < |Z_{0.025}| = 1.96$，落入接受域，故接受 H_0，可以认为调查结果支持了该市老年人口比重为 14.7% 的看法。

二、两个总体成数的假设检验

根据抽样分布原理，在大样本统计下，两个总体样本之差 $\hat{P}_1 - \hat{P}_2$，近似服从

$N\left(P_1 - P_2, \dfrac{P_1\,(1-P_1)}{n_1} + \dfrac{P_2\,(1-P_2)}{n_2}\right)$，统计量：$Z = \dfrac{(\hat{P}_1 - \hat{P}_2) - (P_1 - P_2)}{\sqrt{\dfrac{P_1\,(1-P_1)}{n_1} + \dfrac{P_2\,(1-P_2)}{n_2}}}$ 近

似服从 $N\,(0,1)$，在 H_0 为真的条件下，$P_1 - P_2 = 0$，它们的方差应该是 $P\,(1-P)$，其中 P 已知，可用两个样本合并方差 $\hat{P}_合 = \dfrac{x_1 + x_2}{n_1 + n_2}$ 作为 P 的估计量，x_1、x_2 分别为两个样本中具有某种特征的单位数的个数，因此，统计量 $Z = \dfrac{\hat{P}_1 - \hat{P}_2}{\sqrt{\hat{P}_合\,(1 - \hat{P}_合)\left(\dfrac{1}{n_1} + \dfrac{1}{n_2}\right)}}$ 近似服从 $N\,(0,1)$。

此外，经验要求 $n\hat{P} > 5$，在小样本（$n < 30$）的条件下，其检验程序是一样的。所不同的是用 t 检验，在 H_0 成立时

$$T = \frac{\hat{P}_1 - \hat{P}_2}{\sqrt{\hat{P}_合(1 - \hat{P}_合)\left(\dfrac{1}{n_1} + \dfrac{1}{n_2}\right)}} \sim t(n_1 + n_2 - 2)$$

例 8-8　在一次收视率调查中，北京市居民收看某台新闻节目的收视率为 38%，天津市为 36%，在北京调查的样本数为 400 个，在天津市调查的样本为 300 个。有人认为天津和北京的收视率不存在差异，你是否同意这种说法？（$\alpha = 0.05$）

解　（1）提出假设：$H_0: P_1 = P_2$，$H_1: P_1 \neq P_2$。

（2）选择统计量：由于 $n_1 = 400$，$n_2 = 300$，为大样本，$\hat{P}_1 = 38\%$，$\hat{P}_2 = 36\%$，$x_1 = 400 \times 38\% = 152$，$x_2 = 300 \times 36\% = 108$，$\hat{P}_合 = \dfrac{x_1 + x_2}{n_1 + n_2} = \dfrac{152 + 108}{400 + 300} = 0.371$，$n\hat{P}_合 = (152 + 108) \times 0.371 = 96.5 > 5$，所以可用 Z 作为检验统计量。

（3）规定显著水平：$\alpha = 0.05$。

（4）确定临界值：这是一个右侧检验问题，$Z_\alpha = Z_{0.05} = 1.645$。

（5）计算检验统计量并进行决策：

$$Z = \frac{\hat{P}_1 - \hat{P}_2}{\sqrt{\hat{P}_合(1 - \hat{P}_合)\left(\dfrac{1}{n_1} + \dfrac{1}{n_2}\right)}}$$

$$= \frac{38\% - 36\%}{\sqrt{37\% \times (1 - 37\%) \times \left(\dfrac{1}{152} + \dfrac{1}{108}\right)}} = 0.328$$

由于 $Z = 0.328 < Z_{0.05} = 1.96$，故不能推翻 H_0，即北京市和天津市收看该电视新闻节目的收视率没有显著差别。

第四节 总体方差的假设检验

这一节主要讨论总体方差的假设检验问题，其中单个总体方差的假设检验采用 χ^2 检验法，两个总体方差的假设检验则采用 F 检验法。

一、单个总体方差的假设检验

设 $X \sim N(\mu, \sigma^2)$，当对一个正态方差进行检验时，应建立假设

$$H_0: \quad \sigma^2 = \sigma_0^2$$

$$H_1: \quad \sigma^2 \neq \sigma_0^2$$

利用样本方差建立 χ^2 统计量，在 H_0 成立的条件下，统计量 $\chi^2 = \dfrac{(n-1)S^2}{\sigma^2}$ 服从自由度为 $n-1$ 的 χ^2 分布。当给定显著水平 α 时，若为双尾检验，其拒绝域在两侧，即 $\chi^2 \geq \chi_{\alpha/2}^2(n-1)$，或 $\chi^2 \leq \chi_{1-\alpha/2}^2(n-1)$；若为左尾检验，其拒绝域为 $\chi^2 \leq \chi_{1-\alpha}^2(n-1)$；若为右尾检验，其拒绝域为 $\chi^2 \geq \chi_{\alpha}^2(n-1)$，$\chi^2$ 检验法的示意图如图 8-5 所示。

例 8-9 机械厂生产某型号螺栓，正常生产螺栓口径呈正态分布，现在从新批量的螺栓中抽取 10 只实测计算样本方差为 42mm，试以显著水平检验总体方差是否显著提高了。

解　（1）建立假设：$H_0: \sigma^2 \leq 36$，$H_1: \sigma^2 > 36$。

（2）选取统计量：由于螺栓口径服从正态分布，$n = 10$，$\sigma_0^2 = 36$，$S^2 = 42$，故选择 χ^2 统计量。

（3）规定显著水平：$\alpha = 0.05$。

（4）确定临界值：本例属于右尾检验，其临界值查 χ^2 分布表可得

$$\chi_{\alpha}^2(n-1) = \chi_{0.05}^2(10-1) = \chi_{0.05}^2(9) = 16.919$$

（5）计算统计量并作出决策：

$$\chi^2 = \frac{(n-1)S^2}{\sigma_0^2} = \frac{(10-1)42}{36} = 10.5$$

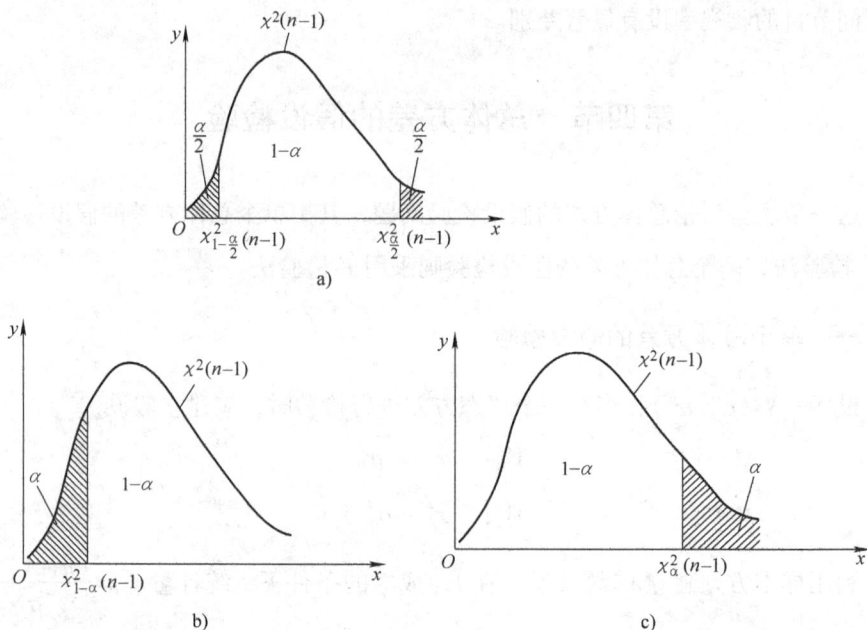

图 8-5 χ^2 检验法

a）双尾检验 b）左尾检验 c）右尾检验

由于 $\chi^2 = 10.5 < \chi^2_{0.05}$ （9） $= 16.919$，故接受 H_0，即不能认为总体方差有显著提高。

二、两个正态总体方差的假设检验

设有两个正态总体，$X_1 \sim N$ （μ_1, σ_1^2），$X_2 \sim N$ （μ_2, σ_2^2），欲检验

$$H_0 : \sigma^2 = \sigma_0^2$$

$$H_1 : \sigma^2 \neq \sigma_0^2$$

可利用样本方差建立 F 统计量，在 H_0 成立的条件下

$$F = \frac{S_1^2/\sigma_1^2}{S_2^2/\sigma_2^2} = \frac{S_1^2}{S_2^2} \sim F(n_1 - 1, n_2 - 1)$$

当给定显著水平 α 时，若为双尾检验，其拒绝域在两侧，即 $F \geq F_{\alpha/2}$ （$n_1 - 1$, $n_2 - 1$） 或 $F \leq F_{1-\alpha/2}$ （$n_1 - 1$, $n_2 - 1$）；若为左尾检验，其拒绝域为 $F \leq F_\alpha$ （$n_1 - 1$, $n_2 - 1$）；若为右尾检验，其拒绝域为 $F \geq F_\alpha$ （$n_1 - 1$, $n_2 - 1$）。F 检验法示意图如图 8-6 所示。

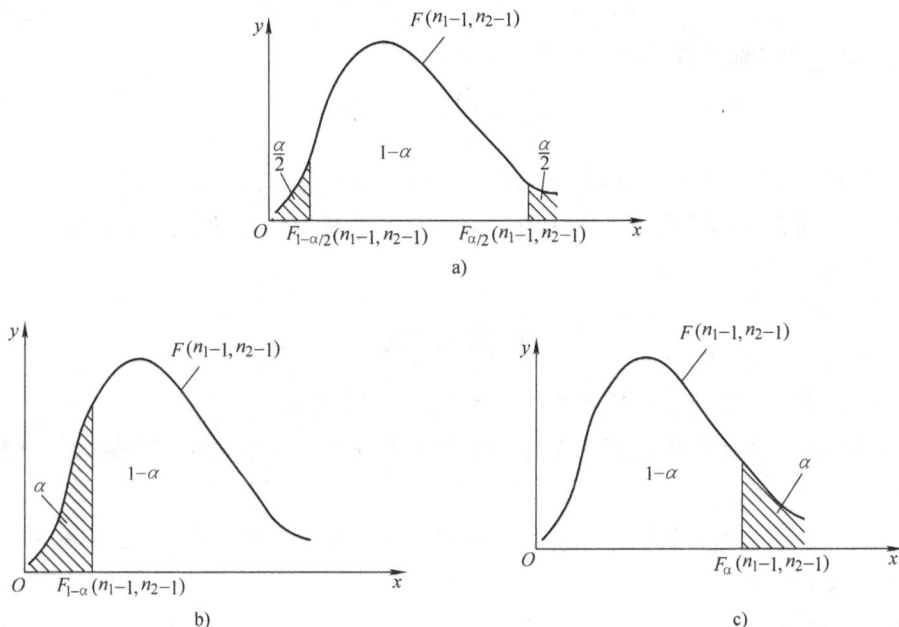

图 8-6　F 检验法

a）双尾检验　b）左尾检验　c）右尾检验

例 8-10　现假定大学生的身高呈正态分布。今从广州市某大学新入学的学生中，抽出 31 名，又从北京市某大学抽出 16 名男生，进行身高测量，测得结果显示，广州市某大学的学生身高标准差为 10mm，而北京市某大学的学生身高标准差为 8mm，试问：两地大学的学生身高差异程度是否相同？

解　（1）构造假设：$H_0 : \sigma^2 = \sigma_2^2$，$H_1 : \sigma^2 \neq \sigma_2^2$。

（2）选择检验条件量：由于两地的大学生身高都服从正态分布，$n_1 = 31$，$n_2 = 16$，$S_1^2 = 10^2 = 100$，$S_2^2 = 8^2 = 64$，故检验其稳定性可用 F 检验法。

（3）规定选择水平：$\alpha = 0.1$。

（4）确定临界值：本例为双侧检验，其临界值查 F 分布可得

$$F_{\alpha/2}(n_1 - 1, n_2 - 1) = F_{0.1/2}(31 - 1, 16 - 1)$$

$$= F_{0.05}(30, 15) = 2.25$$

$$F_{1-\alpha/2}(n_1 - 1, n_2 - 1) = \frac{1}{F_{\alpha/2}(n_2 - 1, n_1 - 1)}$$

$$= \frac{1}{F_{0.1/2}(16-1,31-1)} = 0.497\,5$$

（5）计算统计量并作出决策：

$$F = \frac{S_1^2}{S_2^2} = \frac{10^2}{8^2} = 1.562\,5$$

因 $F_{0.95}$（30，15）$= 0.497\,5 < F = 1.562\,5 < F_{0.05}$（30，15）$= 2.25$，故接受 H_0，即可以认为广州市某大学的学生与北京市某大学的学生的身高差异程度基本相同。

本 章 小 结

（1）本章讨论的是参数假设检验的基本原理和方法。

（2）单个总体均值的两个总体均值的假设检验，分别采用 Z 检验法和 t 检验法的推断方法。

（3）单个总体成数和两个总体成数的假设检验，分别采用 Z 检验法和 t 检验法的推断方法。

（4）单个总体方差和两个总体方差的假设检验，分别采用 χ^2 检验法和 F 检验法的推断方法。

重 要 概 念

假设检验　参数假设检验　参数估计　虚无假设　替换假设　双尾检验　单尾检验　统计量　显著水平

练 习 题

一、简答题

1. 假设检验的基本思想是什么？

2. 假设检验和参数估计的联系和区别是什么？

3. 假设检验有哪些基本步骤？

4. 什么是第一类错误？什么是第二类错误？

二、计算题

1. 一种元件，要求其使用寿命不得低于 1 000h，现随机抽取 25 件，测得其寿命平均值为 950h。已知该种元件寿命服从标准差 $\sigma = 100h$ 的正态分布，试在 $\alpha = 0.05$ 下确定这批元件是否合格。

2. 某厂生产电池质量比较稳定，其使用寿命的方差 $\sigma_0^2 = 5\,000h^2$。今从一批电池中抽取 26 只进行试验，测得样本方差 $S^2 = 7\,200h^2$，取 $\alpha = 0.05$，问：这批电池寿命的波动性与原来

是否相同?

3. 2000 年，某杂志社主持过一项民意测验，通过问卷打分（0 ~ 100 分）了解居民对某产品质量的满意程度。已知两年前该产品推销时居民的满意程度服从均值为 70 分的正态分布。现随机抽取了 100 户居民进行测验，计算得平均分数 $\bar{x} = 72$ 分，样本标准差 $S = 14$ 分，能否认为居民的满意程度比两年前提高了？（$\alpha = 0.05$）

第九章

相关与回归分析

本章要点：了解变量之间的相关关系以及种类，掌握直线相关关系的确定分析方法，熟练掌握和运用回归分析。

第一节　相关关系的概念与种类

一、相关关系的概念

在自然界和人类社会中，存在着无数不同的事物和现象，这些不同的事物和现象不是孤立的，而是直接或间接地彼此联系着，每一事物和现象的存在及发展都与周围其他事物和现象的存在及发展相联系，并为周围的这些事物和现象所影响和制约。与此相对应，在客观事物和现象数量特征的诸变量之间，也就必然产生和存在一定的联系。某一变量会程度不同地决定另外一个或一组（即两个或两个以上）变量，这种关系通常叫做变量关系。变量关系可以借助于一个或一组数学关系式来表示。

在大量变量关系中，可以区分为函数关系和相关关系两种，通过二者的对比，揭示出相关关系的特点，从而明确相关关系的概念。

（一）函数关系

它是变量之间的一种完全确定性的关系，即一个变量的数值完全由另一个（或一组）变量的数值所确定和控制。

函数的一般性数学表现为

$$Y = f(X)$$

设有 6 个圆的半径 r 和圆周长 L，如表 9-1 所示。

表 9-1　圆周长度与半径之间的关系

编　号	r / cm	L/cm
1	1/2	1π
2	1	2π
3	2	4π
4	5	10π
5	5	10π
6	10	20π

可以看到，半径相同，圆周长度也相同；半径变化的比例也就是圆周长度的变化比例。如 r 为 1 与 1/2 的比值为 2，相对应的圆周长度为 2π 和 1π，比值也是 2；r 为 5 与 10 的比值为 1:2，相应圆周长度 L 的比值也是 1:2，它们表现为一种严格的确定性关系。

具体可以有各个公式，如 $Y = a + bX$；$Y = aX^n$；$Y = \sqrt{X^2 - 1}$ 等，其中 a、b、n、1 都是常数，X 为自变量，Y 为因变量，也就是函数值。X 的数值确定了，Y 的数值也就被确定下来。例如上例，圆周长度 L 与圆半径 r 之间存在函数关系 $L = 2\pi r$，这里 L 为因变量，r 为自变量。假设 $r = 10$cm，则 $L = 2 \times 10$cm $\times \pi = 62.83$cm，因为 π 是一个常数，是不变的，所以 L 的大小完全由 r 来确定。

（二）相关关系

相关关系的全称为统计相关关系，它属于变量之间的一种不完全确定的关系。这意味着，一个变量虽然受另外一个（或一组）变量影响，却并不由这一个（或一组）变量完全确定，如表 9-2 所示。

从表 9-2 中可以看出，拉伸倍数 X 的大小，对强度 Y 是有很大影响的，X 越大 Y 也越大。但是同时可以发现，强度 Y 并不完全由 X 来决定，如第 5、6 号，第 7、8 号两对试验品的 X 数值完全相同，而与之对应的 Y 值不但不相同，差距还较大；反过来也是如此。如第 13、15 号的 Y 值都是 5.5，而 X 值却不相同。拉伸倍数 X 受强度 Y 的影响，趋势是强度大拉伸倍数也增大，但 X 值不随 Y 值的变动作等比例的变化。

表9-2　纤维的拉伸倍数与强度的记录

编　号	拉伸倍数 X	强度 Y/MPa	编　号	拉伸倍数 X	强度 Y/MPa
1	1.9	1.4	13	5.0	5.5
2	2.0	1.3	14	5.2	5.0
3	2.1	1.8	15	6.0	5.5
4	2.5	2.5	16	6.3	6.4
5	2.7	2.8	17	6.5	6.0
6	2.7	2.5	18	7.1	5.3
7	3.5	3.0	19	8.0	6.5
8	3.5	2.7	20	8.0	7.0
9	4.0	4.0	21	8.9	8.5
10	4.0	3.5	22	9.0	8.0
11	4.5	4.2	23	9.5	8.1
12	4.6	3.5	24	10.0	8.1

由此可见，相关关系是一种客观存在的依存关系，但不是函数关系，而是一种非严格确定性的依存关系。这种关系在社会经济现象和自然现象中大量存在。从推理判断可以想到，除了列入数学关系式中的变量之外，还有其他因素。除上面所说的 X 变量因素外，影响 Y 的还有 X 以外的其他因素，这些未列入的因素称为随机因素，以符号 ε 代表。其数学形式一般为

$$Y = f(X) + \varepsilon$$

综合上述，可以知道相关关系是一种客观存在的依存关系，但是因变量与自变量之间是一种不严格、不确定的关系，受随机变量的影响（或干扰），这种关系不能通过个别现象体现出其关系的规律性，必须在大量现象中才能得到体现。

二、相关关系的种类

（一）根据自变量的多少划分

（1）单相关。两个因素之间的相关关系叫做单相关，即研究时只涉及一个自变量和一个因变量。单相关虽然有一定用途，但因只有一个自变量，而使应用的场合受到一定限制。

（2）复相关。三个或三个以上因素之间的相关关系叫做复相关，即研究涉及两个或两个以上的自变量和因变量。复相关的自变量多了，但是同时计算量也

增大，需要使用计算机和数理统计方面的软件包进行辅助分析。

（二）根据相关关系的表现形态划分

（1）线性相关（又称直线相关）。相关关系是一种数量上不严格的依存关系，如果这种关系近似表现为一条直线，则称为直线相关或线性相关。线性相关方程又称一次方程。线性相关的一般数学表达式为

$$Y = a_0 + a_1 X_1 + a_2 X_2 + \cdots + a_p X_p + \varepsilon$$

（2）非线性相关（又称曲线相关）。如果这种相关关系表现为曲线，就称为曲线相关。曲线相关方程的表达式为

$$Y = f(X_1, X_2, \cdots, X_p; a_0, a_1, \cdots, a_p) + \varepsilon$$

研究现象的相关关系究竟符合哪种表现形态，要先对现象的性质进行理论分析，并结合实际经验才能得以解决。

（三）根据相关关系的变化方向划分

（1）正相关。它是指两个变量之间的变化方向一致，都是增长趋势或下降趋势，如图9-1a所示。如随着施肥量的增加，亩产量也随之增加。

（2）负相关。两个变量的变化趋势相反，一个变量下降而另一个变量上升，如图9-1b所示。如商品价格越低，商品的销售量反而增加。

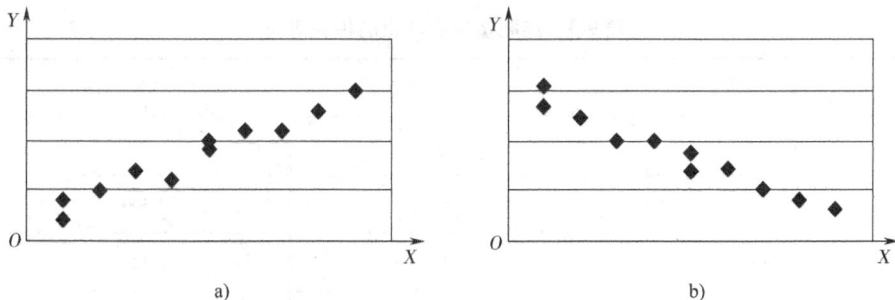

图9-1　相关关系

a）正相关　　b）负相关

（四）按相关的程度来划分

（1）完全相关。一种现象的数量变化，随另一现象的数量变化完全确定，这两种现象之间的依存关系，称为完全相关。如 $L = 2\pi r$，在这种情况下，相关关系就是函数关系。

（2）无相关。两种现象的数量各自独立，互不影响，称为无相关。如企业生产成本与工人年龄之间，一般是无相关的。

（3）不完全相关。两种现象之间的数量关系介于完全相关与无相关之间，

称为不完全相关。通常所说的相关分析主要是指不完全相关分析。

第二节 直线相关关系的测定

一、直线相关关系的特点

（1）两个变量是对等的，不分自变量与因变量，因此，相关系数只有一个。

（2）相关系数有正负号，反映正相关与负相关。

（3）若以抽样调查取得资料，则两个变量都应有相同的随机性。

二、相关分析方法

相关分析的方法有若干种，归纳起来较常用的有三种：相关表、相关图和相关系数的测定。

（一）相关表

根据总体单位的原始资料编制相关表，如表 9-3 所示，判断变量之间有无相关关系。

表 9-3　施肥量与亩产量的相关表

编　号	施肥量 X/kg	亩产量 Y/kg
1	20	300
2	30	300
3	40	420
4	60	510
5	60	650

从表 9-3 中可以看出，施肥量与亩产量之间存在比较密切的关系，但并非函数关系，因为编号 1 和编号 2 的单位亩产量相同，而施肥量不同；编号 4 和编号 5 的单位施肥量相同，而亩产量不同。但是总体趋势是随着施肥量的增加，亩产量也增加的正相关关系。

（二）相关图

将原始资料绘制成散点图，判断变量之间的关系。

例 9-1　某企业销售额与客流量的统计资料如表 9-4 所示，判断两个变量之

间的关系。

解 根据表9-4的资料，绘制散点图，如图9-2所示。

表9-4 企业客流量与销售额资料

客流量/千人	3	3	5	6	6	7	8	9	9	10
销售额/万元	15	17	25	28	30	36	37	42	40	45

从图9-2可以看出，销售额与客流量之间存在着依存关系，虽然各个点不严格在一条直线上，但存在明显的直线相关关系。

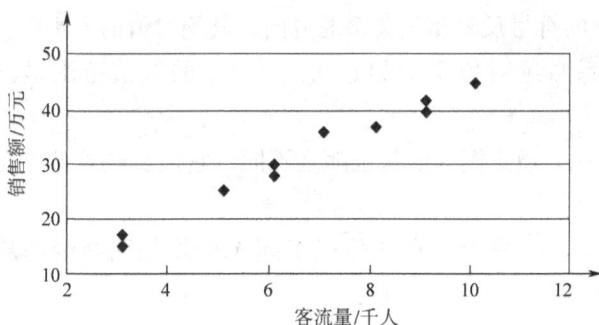

图9-2 销售额与客流量散点图

（三）相关系数的测定

相关系数的测定，最简单的一种方法称为积差法，它直接来源于数理统计中关于相关系数的定义。

用积差法测定相关系数的公式为

$$r = \frac{\sum (X - \overline{X})(Y - \overline{Y})}{n\sigma_X \sigma_Y}$$

式中，r 为相关系数；$\overline{X}$ 为 X 变量的平均数；$\overline{Y}$ 为 Y 变量的平均数；σ_X 为 X 变量的标准差；σ_Y 为 Y 变量的标准差；n 为项数。

将 σ_X、σ_Y 的计算公式代入，上式可以简化为

$$r = \frac{\sum (X - \overline{X})(Y - \overline{Y})}{\sqrt{\sum (X - \overline{X})^2 \sum (Y - \overline{Y})^2}}$$

上式的分母分子演化为

$$L_{XX} = \sum (X - \overline{X})^2 = \sum X^2 - \frac{(\sum X)^2}{n} = n\sigma_X^2$$

$$L_{YY} = \sum (Y - \bar{Y})^2 = \sum Y^2 - \frac{(\sum Y)^2}{n} = n\sigma_Y^2$$

$$L_{XY} = \sum (X - \bar{X})(Y - \bar{Y}) = \sum XY - \frac{(\sum X)(\sum Y)}{n} = n\sigma_{XY}^2$$

则，计算 r 的公式又可写成

$$r = \frac{L_{XY}}{\sqrt{L_{XX}L_{YY}}}$$

从公式中可以看出，r 的符号取向只决定于分子 L_{XY}，r 与 L_{XY} 的符号保持一致。

相关系数 r 的符号反映相关关系的方向，其绝对值的大小则反映变量相关紧密程度。相关系数绝对值不会超过 1，所以 r 的取值范围是：$0 \leq |r| \leq 1$ 或 $-1 \leq r \leq 1$。

r 的取值不同，散点图的形状也随之不同，它们反映着两变量相关方向、程度上的差异。

（1）$-1 < r < 0$。这时散点图呈现 Y 随 X 的增加而减少的趋势，即为负相关，如图 9-1b 所示。

（2）$r = 0$。通常散点的分布是不规则的。但必须注意，$r = 0$ 只说明 X 与 Y 之间没有线性关系，而不是没有任何关系，可能存在曲线相关关系。

（3）$0 < r < 1$。这种情况下，散点分布呈现 Y 随着 X 增加而增加的趋势，即属于正相关，如图 9-1a 所示。

（4）$|r| = 1$。这时在散点图上，所有的数据点都分布在一条直线上，这就是所谓 Y 与 X 完全线性相关的情形。当 $r = 1$ 时，称完全正相关；当 $r = -1$ 时，称完全负相关。

（5）密切程度判断：$|r| < 0.3$，弱相关；$0.3 \leq |r| < 0.5$，低相关；$0.5 \leq |r| < 0.8$，显著相关；$0.8 \leq |r| < 1$，高度相关。

从以上讨论可以看出，相关系数 r 确实可以表示两个变量 X 和 Y 之间线性相关的密切程度。$|r|$ 越接近于 0，X 与 Y 之间的线性相关程度就越小；$|r|$ 越大，越接近于 1，X 与 Y 之间的线性相关程度就越密切。需要强调的是，相关系数 r 仅仅表示 X 与 Y 之间直线关系的密切程度，而不能衡量其他非直线关系的密切程度。

例 9-2 有 25 个学生的数学与统计学两门课的成绩（10 分制）资料如表 9-5 所示，判断两科成绩之间是否具有相关关系。

表 9-5 25 个学生的学习成绩表

学 生 号 码	数学成绩 X	统计学成绩 Y	X^2	Y^2	XY
1	5	8	25	64	40
2	3	4	9	16	12
3	6	7	36	49	42
4	4	4	16	16	16
5	3	8	9	64	24
6	7	8	49	64	56
7	7	7	49	49	49
8	9	8	81	64	72
9	8	9	64	81	72
10	6	6	36	36	36
11	5	5	25	25	25
12	3	9	9	81	27
13	3	1	9	1	3
14	2	5	4	25	10
15	3	5	9	25	15
16	3	3	9	9	9
17	2	6	4	36	12
18	5	7	25	49	35
19	5	4	25	16	20
20	4	6	16	36	24
21	8	6	64	36	48
22	7	9	49	81	63
23	8	7	64	49	56
24	7	6	49	36	42
25	2	2	4	4	4
Σ	125	150	739	1 012	812

解 根据定性的判断，数学成绩与统计学成绩之间具有一定的相关性，下面计算相关系数。

$$\sum X = 125, \quad \sum Y = 150, \quad \sum X^2 = 739, \quad \sum Y^2 = 1\ 012, \quad \sum XY = 812,$$

$n = 25, \quad L_{XY} = 739 - 125^2/25 = 114, \quad L_{XY} = 1\ 012 - 150^2/25 = 112,$

$L_{XY} = 812 - \dfrac{125 \times 150}{25} = 62,$ 则

$$r = \frac{L_{XY}}{\sqrt{L_{XX}L_{YY}}} = \frac{62}{\sqrt{114 \times 112}} = \sqrt{0.301} = 0.549$$

表明这 25 个学生的数学成绩与统计学成绩之间存在着中等程度的正相关。这表明两个学科之间的学习成绩有一定的联系。

为什么要选择 r 作为相关系数呢?

首先,我们希望找到一个指标,使它能够反映相关关系的方向和紧密程度,即能够据以判断是正相关还是负相关,其绝对值大小表示紧密程度。

以平均值作为变化的计算起点,计算 X 与 Y 的离差:若 $(X - \bar{X}) > 0$,则 $(Y - \bar{Y}) > 0$,或 $(X - \bar{X}) < 0$,则 $(Y - \bar{Y}) < 0$,为正相关;若 $(X - \bar{X}) > 0$,则 $(Y - \bar{Y}) < 0$,或 $(X - \bar{X}) < 0$,则 $(Y - \bar{Y}) > 0$,为负相关。

但由不等式方程理论可知,这两组关系恰是不等式方程 $(X - \bar{X})(Y - \bar{Y}) > 0$ 与 $(X - \bar{X})(Y - \bar{Y}) < 0$ 的解。因此,若定义一个指标 R,而

$$R = (X - \bar{X})(Y - \bar{Y})$$

则根据 R 的符号有可能判定相关关系是正相关还是负相关。可是,由于相关关系不同于函数关系,所以不可能保证在散点图的每个观察点 R 符号与数值都一致,这说明不能根据一个观察点上的 R 符号来决定 Y 与 X 的相关方向与紧密程度,必须考虑所有观察点的综合作用的结果。把上式改变为

$$\bar{R} = \sum R = \sum (X - \bar{X})(Y - \bar{Y})$$

$\bar{R}$ 的数值表示紧密程度。$\bar{R}$ 为正,判断为正相关;$\bar{R}$ 为负,判断为负相关;$\bar{R} = 0$,判断为不相关。由此可以得出结论,$\bar{R}$ 确是一个能够很好刻划相关关系方向的指标。

但问题还没有解决,因为 X 与 Y 的计量单位可能不同,在需要比较时,$\bar{R}$ 由于受计算单位影响就不能胜任了。

数理统计上是通过所谓标准化法将各个 $(X - \bar{X})(Y - \bar{Y}) > 0$ 和 $(X - \bar{X})(Y - \bar{Y}) < 0$ 分别除以 X、Y 的标准差 σ_X 与 σ_Y,来排除计量单位影响的。即

$$\bar{\bar{R}} = \sum \frac{(X - \bar{X})}{\sigma_X} \times \frac{(Y - \bar{Y})}{\sigma_Y}$$

$\bar{\bar{R}}$ 还有缺陷,它的大小与观察点的个数 n 有关。观察点个数不同时,仍无法比较相关关系的密切程度,于是要以个数 n 除上式,得

$$r = \frac{1}{n}\bar{\bar{R}}$$

$$= \frac{1}{n}\sum \frac{(X-\bar{X})}{\sigma_X} \times \frac{(Y-\bar{Y})}{\sigma_Y} = \frac{\sum (X-\bar{X})(Y-\bar{Y})}{n\sigma_X\sigma_Y}$$

$$= \frac{\sum (X-\bar{X})(Y-\bar{Y})}{\sqrt{\sum (X-\bar{X})^2 \sum (Y-\bar{Y})^2}}$$

这就是开始时提出来的相关系数公式。

相关系数 r 的符号反映相关方向,其绝对值大小可反映相关程度,完全符合我们的需要。积差法的优点是简单、直观;缺点是只适于计算两个变量的相关系数。

三、时间数列自相关

以上从静态上分析了两个变量的相关关系的测定。但是,相关关系并不仅限于静态,在时间动态方面也可运用相关分析法,在方法上与静态的完全相同,不再重复讲述。

现在所要介绍的是时间数列自相关。它是一个变量的发展对它自身所产生的影响。这种现象在经济活动中是经常存在的,类似运动的物体惯性那样,会对下一年度、下两年度甚至更长远的年代产生影响,如已经形成的工业生产水平会影响明年或后年的工业生产水平。

计算自相关系数与前面讲的相关系数在本质上一样,公式为

$$r = \frac{L_{XY}}{\sqrt{L_{XX}L_{YY}}}$$

例9-3 某地区1975~2001年生猪上市量如表9-6所示,计算自相关系数。

表 9-6 某地区 1975~2001 年生猪上市量自相关计算表

年　份	本年上市量 Y_t/万头	上年上市量 Y_{t-1}/万头	Y_t^2	Y_{t-1}^2	$Y_t Y_{t-1}$
1975	175.32	—	—	—	—
1976	305.64	175.32	93 416	30 737	53 585
1977	247.87	305.64	61 440	93 416	75 759
1978	346.47	247.87	120 041	61 440	85 880
1979	414.79	346.47	172 051	120 041	143 712
1980	364.89	414.79	133 145	172 051	151 353

（续）

年　份	本年上市量 Y_t/万头	上年上市量 Y_{t-1}/万头	Y_t^2	Y_{t-1}^2	$Y_t Y_{t-1}$
1981	215.86	364.89	46 596	133 145	78 765
1982	149.24	215.86	22 273	46 596	32 215
1983	79.67	149.24	6 347	22 273	11 890
1984	171.27	79.67	29 333	6 347	13 645
1985	269.19	171.27	72 463	29 333	46 104
1986	469.58	269.19	220 505	72 463	126 046
1987	773.51	469.58	598 318	220 505	363 225
1988	903.13	773.51	815 644	598 318	698 580
1989	803.14	903.13	645 034	815 644	725 340
1990	757.75	803.14	574 185	645 034	608 579
1991	769.01	757.75	591 376	574 185	582 717
1992	886.18	769.01	785 315	591 376	681 481
1993	995.70	886.18	991 418	785 315	882 369
1994	1 154.71	995.70	1 333 355	991 418	1 149 745
1995	1 100.12	1 154.71	1 210 264	1 333 355	1 270 320
1996	1 057.92	1 100.12	1 119 195	1 210 264	1 163 839
1997	1 171.74	1 057.92	1 372 975	1 119 195	1 239 607
1998	1 095.00	1 171.74	1 199 025	1 372 975	1 283 055
1999	889.42	1 095.00	791 068	1 199 025	973 915
2000	1 069.59	889.42	1 144 023	791 068	951 315
2001	1 657.80	1 069.59	2 748 301	1 144 023	1 773 166
合　计	18 294.51	16 636.71	16 897 106	14 179 542	15 166 207

表中当年生猪上市量系以生猪收购量代替，$\sum Y_t$ 为 1975～2001 年合计数。表中 Y_t 是实际数字，相当于公式中的 Y；表中 Y_{t-1} 是把 Y_t 的数字都错后一年，形成一个新的时间数列，Y_{t-1} 相当于公式中的 X。

L_{XX} 可以改写为 $L_{Y_{t-1}Y_{t-1}}$，

$$L_{Y_{t-1}Y_{t-1}} = \sum Y_{t-1}^2 - \frac{\left(\sum Y_{t-1} \right)^2}{n}$$

$$= 14\ 179\ 542 - \frac{16\ 636.71^2}{26}$$

$$= 3\ 534\ 152.79$$

L_{YY}可以改写为 $L_{Y_tY_t}$，$L_{Y_tY_t} = \sum Y_t^2 - \dfrac{(\sum Y_t)^2}{n}$

$$= 16\ 897\ 106 - \frac{18\ 294.51^2}{26}$$

$$= 4\ 024\ 448.46$$

L_{XY}可以改写为 $L_{Y_{t-1}Y_t}$，$L_{Y_{t-1}Y_t} = \sum Y_{t-1}Y_t - \dfrac{(\sum Y_{t-1})(\sum Y_t)}{n}$

$$= 15\ 166\ 207 - \frac{16\ 636.71 \times 18\ 294.51}{26}$$

$$= 3\ 460\ 035.57$$

$$r = \frac{L_{Y_{t-1}Y_t}}{\sqrt{L_{Y_{t-1}Y_{t-1}}L_{Y_tY_t}}} = \frac{3\ 460\ 035.57}{3\ 771\ 341.37} = 0.917\ 45$$

第三节　回　归　分　析

一、回归分析的特点

英国人口学家 Galton 首先提出了回归的概念，即一定身高的父母所生的子女的平均身高，有着朝整个总体平均身高移动（或回归）的倾向，即回归到中等水平。

现代回归的含义是指，研究一个应变量（因变量，被解释变量）对一个或多个其他变量（自变量，解释变量）的依存关系，其目的在于根据已知的解释变量之值来估计和预测因变量的总体均值。例如，在已知父亲身高的条件下，儿子们平均身高是怎样变动的。

回归分析的基本任务是在相关分析的基础上，具体描述因变量对自变量的线性依赖关系，即寻找能够清楚表明变量间相关关系的数学表达式，并根据这个表达式进行估计、预测。

与相关分析（指狭义的）对比，回归分析的特点有以下几点：

（1）两个变量不是对等的，要区分因变量与自变量。互为因果的情况下，要根据研究目的来确定因变量。

（2）相关系数只能观察相关关系的方向与紧密程度，不能估计推算具体数值；回归分析可以根据回归方程，用自变量的数值推算因变量的估计值。

（3）互为因果关系的两个变量（X、Y），可以编制两个回归方程，即 Y 倚 X 回归方程，Y 是因变量；X 倚 Y 回归方程，X 是因变量。两个方程是互相独立的，不能互相替换。也就是说，Y 倚 X 回归，方程只能用 X 推算 Y 的估计值，不能用 Y 推算 X 的估计值；X 倚 Y 回归，方程同样只能推算 X，不能推算 Y。

二、一元线性回归

这种回归方程只有一个因变量和一个自变量，是线性方程中变量最少、最简单的一种。它在平面坐标图上表现为一条直线，所以称为简单直线回归方程。回归方程可写为

$$Y = a + bX$$

这个方程式就是解析几何中的截斜式直线方程式。该方程式在时间数列的长期趋势一节中已经讲过。对参数 a、b 值的估计，也是用最小平方法，只是在时间数列中 X 是代表时间的，在这里 X 则是与 Y 有联系的任何自变量。

具体编制简单直线回归方程的问题，就是对参数 a、b 的估计问题。

求出 a、b 值以后的方程为

$$Y_c = a + bX$$

式中，Y_c 为估计值，也可写成 $\hat{Y}$。

根据最小平方法的基本要求：$\sum (Y - Y_c)^2 = \min$，求 a、b 值的标准方程组为

$$\begin{cases} na + b\sum X = \sum Y \\ a\sum X + b\sum X^2 = \sum XY \end{cases}$$

解联立方程得

$$\begin{cases} b = \dfrac{n\sum XY - \sum X \sum Y}{n\sum X^2 - (\sum X)^2} \\ a = \bar{Y} - b\bar{X} \end{cases}$$

在计算相关系数时，曾推导出以 L_{XX}、L_{YY} 和 L_{XY} 表示的公式。可以把 b 的公式也由 L 来表示。因为回归分析也要计算相关系数，改为都以 L 表示的公式，在计算时就方便多了。

改变数学表达式时，要注意以下关系：

$$\sum X = n\bar{X}, \sum Y = n\bar{Y}$$

b 的表达式的分子项为

$$n \sum XY - \sum X \sum Y$$

$$= n \sum XY - \sum X \sum Y - \sum X \sum Y + \sum X \sum Y$$

$$= n \left(\sum XY - \bar{X} \sum Y - \bar{Y} \sum X + n \bar{X} \bar{Y} \right)$$

$$= n \left(\sum XY - \sum \bar{X}Y - \sum \bar{Y}X + \sum \bar{X} \bar{Y} \right)$$

$$= n \sum \left(XY - \bar{X}Y - \bar{Y}X + \bar{X} \bar{Y} \right)$$

$$= n \sum \left(X - \bar{X} \right)\left(Y - \bar{Y} \right)$$

$$= nL_{XY}$$

b 的表达式的分母项为

$$n \sum X^2 - \left(\sum X \right)^2$$

$$= n \sum X^2 - \left(\sum X \right)^2 - \left(\sum X \right)^2 + \left(\sum X \right)^2$$

$$= n \left(\sum X^2 - \bar{X} \sum X - \bar{X} \sum X + n \bar{X}^2 \right)$$

$$= n \left(\sum X^2 - 2 \sum \bar{X}X + \sum \bar{X}^2 \right)$$

$$= n \sum \left(X^2 - 2\bar{X}X + \bar{X}^2 \right)$$

$$= n \sum \left(X - \bar{X} \right)^2$$

$$= nL_{XX}$$

a 和 b 的公式可改写为

$$\begin{cases} b = \dfrac{nL_{XY}}{nL_{XX}} = \dfrac{L_{XY}}{L_{XX}} \\ a = \bar{Y} - b\bar{X} \end{cases}$$

实际上回归系数 b 与相关系数 r 有着非常密切的数量关系，在计算中可以互相利用，证明如下：

$$r = \frac{L_{XY}}{\sqrt{L_{XX}L_{YY}}} = \frac{L_{XY}}{\sqrt{L_{XX}}} \times \frac{1}{\sqrt{L_{YY}}}$$

$$= \frac{L_{XY}}{\sqrt{L_{XX}}} \times \frac{\sqrt{L_{XX}}}{\sqrt{L_{XX}}} \times \frac{1}{\sqrt{L_{YY}}}$$

$$= \frac{L_{XY}}{L_{XX}} \sqrt{\frac{L_{XX}}{L_{YY}}}$$

$$= b\sqrt{\frac{L_{XX}}{L_{YY}}}$$

$$b = r\sqrt{\frac{L_{YY}}{L_{XX}}}$$

因为 $\sqrt{\frac{L_{YY}}{L_{XX}}}$ 恒为非负数，所以由此可知，b 与 r 同号且 b 正比于 r。这是一个很有用的结论，它为在某场合下依据 r 来推断 Y 随 X 变化的趋势提供了理论根据。不仅如此，由于 $\sqrt{\frac{L_{YY}}{L_{XX}}} = \frac{\sigma_Y}{\sigma_X}$ 在统计上为变异比，所以上面的公式还清楚地揭示了回归系数 b 的实质含义：它等于相关系数与变异比的乘积。

例9-4 某企业的产量与生产费用的资料情况如表9-7所示，计算回归系数。

表9-7 企业产量与生产费用回归计算表

企业编号	产量 X/kt	生产费用 Y/万元	X^2	Y^2	XY
1	1.2	62	1.44	3 844	74.4
2	2.0	86	4.0	7 396	172.0
3	3.1	80	9.61	6 400	248.0
4	3.8	110	14.44	12 100	418.0
5	5.0	115	25.00	13 225	575.0
6	6.1	132	37.21	17 424	805.2
7	7.2	135	51.84	18 225	972.0
8	8.0	160	64.00	25 600	1 280.0
合 计	36.4	880	207.54	104 214	4 544.6

解 $\sum X = 36.4, \sum Y = 880, n = 8, \sum X^2 = 207.54, \sum XY = 4\,544.6$

$$\begin{cases} b = \dfrac{8 \times 4\,544.6 - 36.4 \times 880}{8 \times 207.54 - 36.4^2} = 12.896 \\ a = \dfrac{880}{8} - 12.896 \times \dfrac{36.4}{8} = 51.323 \end{cases}$$

得到的回归方程为

$$Y_c = 51.323 + 12.896X$$

回归系数表示每增加一个单位 X，Y_c 平均增加多少个单位。本例中，每增加

1kt 产量，生产费用平均增加 12.896 万元，计算单位与 Y 一致。

我们再用 L_{XX}、L_{XY} 计算回归系数。

$$L_{XX} = 41.92, \quad L_{XY} = 540.6$$

$$\begin{cases} b = \dfrac{540.6}{41.92} = 12.896 \\ a = 110 - 12.896 \times 4.55 = 51.323 \end{cases}$$

与前面计算的结果完全一致。

应用回归分析时，先检验一下有无线性关系，可以计算直线相关系数 r。$|r|$ 在 0.5 左右为中等相关；在 0.3 以下是否可以应用直线回归分析，需要进行显著性检验。简便方法就是根据 Y、X 的实际数值，绘出散点图来判断。

三、估计标准误差

在求得简单直线回归方程之后，可以推算出各个估计值 Y_c，而这些估计值的可靠性如何呢？这需要计算估计标准误差。因变量估计值 Y_c 与实际观察值 Y 是不等的，其估计误差为：$Y - Y_c$。估计误差大小能反映估计值的准确性。我们要观察的不是某一个变量与估计值的误差，而是整体的情况。

（一）离差平方和（总变差）的分解

在直线回归中，实际观察值 Y 的大小是围绕其平均值 $\bar{Y}$ 上下波动的，Y 的这种波动现象称为变差。这种变差产生的原因有两个方面：①受自变量 X 的影响，X 取值不同会引起 Y 取值不同；②受其他因素（包括未知的因素和观测误差）的影响。

对每个观察值来说，变差的大小可以通过离差 $Y - \bar{Y}$ 来表示，而全部 n 个观察值的总变差则可由这些离差的平方和表示（见图9-3）。

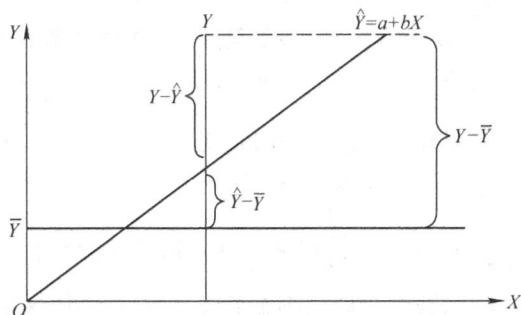

图9-3　离差平方和的分解

$$\sum (Y - \bar{Y})^2 = \sum (Y - \hat{Y})^2 + \sum (\hat{Y} - \bar{Y})^2$$

由于
$$(Y - \bar{Y}) = (Y - \bar{Y} + \hat{Y} - \hat{Y})$$
$$= (Y - \hat{Y}) + (\hat{Y} - \bar{Y})$$

两边同时求平方和有

$$\sum (Y - \bar{Y})^2 = \sum (Y - \hat{Y})^2 + 2 \sum (Y - \hat{Y})(\hat{Y} - \bar{Y}) + \sum (\hat{Y} - \bar{Y})^2$$

即
$$L_{YY} = \sum (Y - \hat{Y})^2 + 2 \sum (Y - \hat{Y})(\hat{Y} - \bar{Y}) + \sum (\hat{Y} - \bar{Y})^2$$

而中间项

$$2 \sum (Y - \hat{Y})(\hat{Y} - \bar{Y})$$

$$= 2 \sum (Y - a - bX)(a + bX - \bar{Y}) \quad (\text{把 } \hat{Y} = a + bX \text{ 代入})$$

$$= 2 \sum (Y - \bar{Y} + b\bar{X} - bX)(\bar{Y} - b\bar{X} + bX - \bar{Y}) \quad (\text{把 } a = \bar{Y} - b\bar{X} \text{ 代入})$$

$$= 2 \sum [(Y - \bar{Y}) - b(X - \bar{X})][b(X - \bar{X})]$$

$$= 2 \sum [(Y - \bar{Y})b(X - \bar{X}) - b^2(X - \bar{X})^2]$$

$$= 2b \sum [(Y - \bar{Y})(X - \bar{X}) - b \sum (X - \bar{X})^2]$$

$$= 2b(L_{XY} - \frac{L_{XY}}{L_{XX}}L_{XX})$$

$$= 2b(L_{XY} - L_{XY})$$

$$= 0$$

所以总变差 L_{YY} 可以分解为下式右边的两项

$$L_{YY} = \sum (Y - \hat{Y})^2 + \sum (\hat{Y} - \bar{Y})^2$$

可知 $\hat{Y} - \bar{Y} = b(X - \bar{X})$，即离差 $\hat{Y} - \bar{Y}$ 只是 $X - \bar{X}$ 的函数，可以认为是 X 的变动所引起的。这样 $\sum (\hat{Y} - \bar{Y})^2$ 就反映了在 Y 的总变差中由于 X 与 Y 的直线回归关系而引起的 Y 的变化部分，通常称为回归变差，以 U 表示。即

$$U = \sum (\hat{Y} - \bar{Y})^2 = bL_{XY}$$

在总变差 $L_{YY} = \sum (Y - \hat{Y})^2 + \sum (\hat{Y} - \bar{Y})^2$ 的两个影响因素中，减去 $\sum (\hat{Y} - \bar{Y})^2$，即在 X 变动对回归直线的影响之后，剩余的因素都反映在 $\sum (Y - \hat{Y})^2$ 之中，所以称它为剩余变差（或随机变差），以 Q 表示。即

$$Q = \sum (Y - \hat{Y})^2$$

在计算方法上，U 与 Q 也可以转化为 L 的形式。

$$U = \sum (\hat{Y} - \overline{Y})^2$$

$$= \sum (a + bX - a - b\overline{X})^2$$

$$= b^2 \sum (X - \overline{X})^2$$

$$= b \frac{\sum (X - \overline{X})(Y - \overline{Y})}{\sum (X - \overline{X})^2} \sum (X - \overline{X})^2$$

$$= b \sum (X - \overline{X})(Y - \overline{Y})$$

$$= bL_{XY}$$

$$Q = \sum (Y - \hat{Y})^2$$

$$= L_{YY} - U$$

$$= L_{YY} - bL_{XY}$$

以表 9-7 为例计算如下：

$$L_{YY} = \sum (Y - \overline{Y})^2 = \sum Y^2 - \frac{(\sum Y)^2}{n} = 104\ 214 - \frac{880^2}{8} = 7\ 414$$

$$L_{XY} = 540.6 \quad b = 12.896$$

$$U = bL_{XY} = 12.896 \times 540.6 = 6\ 971.578$$

$$Q = L_{YY} - U = 7\ 414 - 6\ 971.578 = 442.422$$

这种分解在相关分析中很重要，把各项影响因素的具体数量估算出来了。

（二）估计标准误差

这里的估计标准误差与第四章所讲的标准差非常类似。标准差是测定分布的离散程度。所谓离散，就是各变量值与平均数的离差，离差越大说明平均数的代表性越差。在这里则不是平均数了，而是一条直线，即把所有的估计值 $\hat{Y}$ 连接起来形成一条直线，或者说根据回归方程求出一条直线，所有的 $\hat{Y}$ 都落在这条直线上面。如果这条线是平行于 X 轴的，就与平均数一样了。而我们求得的都是以 b 为斜率的一条斜线，则其离差（又称偏差）为 $Y - \hat{Y}$，由于数列中各个离差之和为 0，所以用 $\sum (Y - \hat{Y})^2$ 表示，这个离差平方和就是上面分解出来的 Q，根据 Q 来求标准差，这个标准差不是对平均数而言，而是对平均线来说的。首先计算剩余方差 S_Y^2。

$$S_Y^2 = \frac{Q}{n-2} = \frac{\sum (Y - \hat{Y})^2}{n-2}$$

$n-2$ 为自由度，类似于抽样调查中以样本标准差推算总体标准差，因为一元线性回归方程有两个参数，所以自由度为 $n-2$。剩余方差开方得

$$S_Y = \sqrt{\frac{\sum (Y-\hat{Y})^2}{n-2}}$$

S_Y 就是剩余标准差，也称估计标准误差或回归标准差。S_Y 的数值越小，表示 Y 值与 $\hat{Y}$ 值越靠近，从而体现估计值 $\hat{Y}$ 与实际值 Y 接近，估计值的可靠性强，如图 9-4 所示。

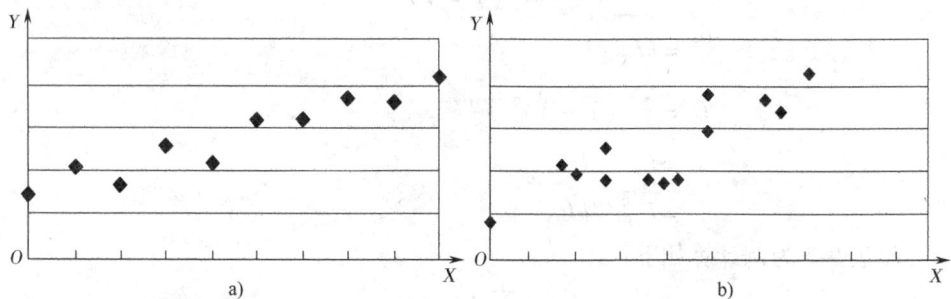

图 9-4　估计值与真实值的比较

从图 9-4 中看，在图 a 中作一条直线（直线回归）与各点的距离比图 b 要小，即图 a 的 S_Y 小于图 b 的 S_Y，所以图 a 的估计值比图 b 的估计值要可靠、精确。

在正常分布情况下，S_Y 与第四章的标准差起着同样的作用。

$\overline{X}$（平均数）$\pm\sigma$，有 68.27% 的单位落在这一范围之内。

$\overline{X}\pm2\sigma$，有 95.45% 的单位落在其内。

对 S_Y 来说也是如此：

$(a+bX)$（回归方程）$\pm S_Y$ 有 68.27% 的单位落在这一范围之内。

$(a+bX)$ $\pm2S_Y$，有 95.45% 的单位落在此范围内。

依此类推。

根据表 9-7 计算 S_Y。

$$S_Y = \sqrt{\frac{442.422}{8-2}} = 8.587$$

根据表 9-7 得到的直线回归方程作图，如图 9-5 所示。

在表 9-7 中，离差最大的是 3 号企业，它的 $Y-Y_c = 80$ 万元 -91.3 万元 $= -11.3$ 万元。如果在 $Y = 51.323 + 12.986X$ 直线的上下绘制两条平行线，与原直

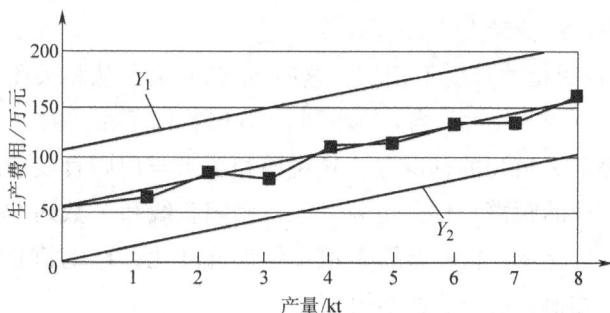

图 9-5　产量与生产费用回归图

线的距离为 $\pm 1.5\,S_Y = \pm 1.5 \times 8.587$ 万元 $= \pm 12.88$ 万元，得到两个新的简单直线回归方程为

$$Y_1 = 51.323 + 12.88 + 12.986X$$

$$Y_2 = 51.323 - 12.88 + 12.986X$$

即　　　　　　　　　　$$Y_1 = 64.203 + 12.986X$$

$$Y_2 = 38.443 + 12.986X$$

为什么要在回归方程的参数 a 上加减 $1.5S_Y$ 呢？因为是平行线，斜率不能变。a 为截距，它是要发生变动的，这就形成了图 9-5 中的 Y_1 和 Y_2 两条线。如果所有的观察值 Y 都落在两条线的范围之内，就可以认为集中性很强，准确性是高的。

（三）估计标准误差与相关系数的关系

这两个指标在数量上具有如下的关系

$$r = \sqrt{\frac{\sigma_Y^2 - S_Y^2}{\sigma_Y^2}} = \sqrt{1 - \frac{S_Y^2}{\sigma_Y^2}}$$

实际工作中常常根据相关系数去推算估计标准误差 S_Y。推算公式可以从上述关系公式推演出来

$$S_Y = \sigma_Y \sqrt{1 - r^2}$$

相关系数和估计标准误差在数值的大小上表现为相反的关系。

1. r 值越大，S_Y 值越小

r 值大，说明相关程度越密切，这时 S_Y 值越小，也就是相关点距离回归直线比较近。当 r 值大到 $r = \pm 1$ 时，即完全相关时，则 $S_Y = 0$，即估计标准误差等于 0。从相关图上看，就是说所有的相关点全在回归直线上，也就是完全

相关。

2. r 值越小，S_Y 值越大

r 值越小，说明相关程度不密切，这时 S_Y 值越大。从相关图上看，也就是相关点距离回归直线比较远。当 r 值小到 $r=0$ 时，即不相关时，则 $S_Y = \sigma_Y$，即估计标准误差等于 Y 数列的标准差，这说明相关点与回归直线的距离和相关点与 Y 数列的平均线的距离一样。也就是说，回归直线和 Y 数列的平均线是同一条直线。在这种情况下，相关点的 X 值不管怎样变化，Y_c 的值始终不变，永远等于 Y 数列的平均值，这当然就不相关了。

相关系数和估计标准误差可以从不同的角度说明相关关系的密切程度。由于相关系数表明关系程度比较明确，而且能直接辨别出是正相关还是负相关，所以一般情况下相关系数用得多。

四、简单自身回归

从回归方程看，自身回归方程仍为 $Y_c = a + bX$，只是 Y、X 代表的变量要明确。Y 代表原时间数列，如在表9-8中以 Y_t 表示，t 表示时间，在本表中 $t = 2$，3，$\cdots$，14；X 代表 Y_{t-d}，$d = 1$，2，3，$\cdots$，即在原时间数列的基础上向下移动一年、二年、三年等，本表中为向下移动一年，即 Y_{t-1}，以 X_t 表示。Y_c 为估计值，为了书写方便以 $\hat{Y}_t$ 表示，不写成 Y_{tc}。回归方程的形式改写为

$$\hat{Y}_t = a + bX_t$$

例9-5 某省出口总值的统计资料如表9-8所示，计算自相关系数，求解相关回归方程。

解
$$\sum X_t = 1\,093, \sum Y_t = 1\,145, n = 13$$

$$\sum X_t^2 = 97\,479, \sum Y_t^2 = 105\,695, \sum X_t Y_t = 101\,063$$

$$L_{X_t X_t} = 97\,479 - \frac{1\,093^2}{13} = 5\,582.923\,1$$

$$L_{Y_t Y_t} = 105\,695 - \frac{1\,145^2}{13} = 4\,846.923\,1$$

$$L_{X_t Y_t} = 101\,063 - \frac{1\,093 \times 1\,145}{13} = 4\,794.923\,1$$

$$r = \frac{4\,794.923\,1}{\sqrt{5\,582.923\,1 \times 4\,846.923\,1}} = 0.921\,759\,7 = 0.922$$

表 9-8　出口总值自回归计算表

单位：亿美元

t	Y_t	X_t	Y_t^2	X_t^2	$X_t Y_t$	$\hat{Y}_t$	$Y_t - \hat{Y}_t$	$(Y_t - \hat{Y}_t)^2$	$(\hat{Y}_t - \bar{Y}_t)^2$
1	53	—	2 809	—	—	—	—	—	
2	56	53	3 136	2 809	2 968	61. 4	− 5. 4	29. 16	712. 89
3	73	56	5 329	3 136	4 088	64. 0	9. 0	81. 00	580. 81
4	62	73	3 844	5 329	4 526	78. 6	− 16. 6	275. 56	90. 25
5	69	62	4 761	3 844	4 278	69. 1	− 0. 1	0. 01	361. 00
6	75	69	5 625	4 761	5 175	75. 1	− 0. 1	0. 01	169. 00
7	87	75	7 569	5 625	6 525	80. 3	6. 7	44. 89	60. 84
8	89	87	7 921	7 569	7 743	90. 6	− 1. 6	2. 56	6. 25
9	90	89	8 100	7 921	8 010	92. 3	− 2. 3	5. 29	17. 64
10	100	90	10 000	8 100	9 000	93. 2	6. 8	46. 24	26. 01
11	106	100	11 236	10 000	10 600	101. 8	5. 2	27. 04	187. 69
12	115	106	13 225	11 236	12 190	106. 9	8. 1	65. 61	353. 44
13	118	115	13 924	13 225	13 570	114. 6	3. 4	11. 56	702. 25
14	105	118	11 025	13 924	12 390	117. 2	− 12. 2	148. 84	846. 81
$\sum$	1 145	1 093	105 695	97 479	101 063		0. 9	737. 77	4 114. 88

$$\begin{cases} b = \dfrac{4\ 794.\ 923\ 1}{5\ 582.\ 923\ 1} = 0.\ 858\ 855\ 3 = 0.\ 859 \\[2mm] a = \dfrac{1\ 145}{13} - 0.\ 858\ 855\ 3 \times \dfrac{1\ 093}{13} = 15.\ 867\ 012 = 15.\ 87 \end{cases}$$

所以　　　　　$\hat{Y}_t = 15.\ 87 + 0.\ 859 X_t = 15.\ 87 + 0.\ 859\ Y_{t-1}$

将 Y_t 值填入第 7 列，然后计算 S_Y。

$$Q = \sum (Y_t - \hat{Y}_t)^2 = 737.\ 77$$

$$U = \sum (\hat{Y}_t - \bar{Y}_t)^2 = 4\ 114.\ 88$$

$$S_{Y_t} = \sqrt{\frac{Q}{n-2}} = \sqrt{\frac{737.77}{11}} = 8.19$$

Y_t 落在 $\hat{Y}_t' = 24.06 + 0.859X_t$，$\hat{Y}_t'' = 7.68 + 0.859X_t$ 之间的概率为 68.3%。

Y_t 落在 $\hat{Y}_t' = 32.25 + 0.859X_t$，$\hat{Y}_t'' = -0.51 + 0.859X_t$ 之间的概率为 95.45%。

根据 14 期的 Y_t 值预测 15 期的 Y_t 值，则有

$\hat{Y}_{15} = 15.87 + 0.859Y_{14} = （15.87 + 0.859 \times 105）$ 亿美元 = 106 亿美元

五、应用相关与回归分析时应注意的问题

（一）在定性分析的基础上进行定量分析

在定性分析的基础上进行定量分析，是保证正确运用相关和回归分析的必要条件。回归分析不同于相关分析，在相关分析中，两个变量的关系是对等的，而在回归相关分析中，需要确定哪些变量为自变量，哪些变量为因变量，因为变量之间的关系具有方向性。而相关分析又是回归分析的前提和基础，回归分析是相关分析的深化和发展。对所研究的现象进行充分认识，对现象进行定性分析，是进一步研究的前提条件。如果把本来没有内在关系的现象进行相关分析，将会导致虚假相关的错误。比如，研究某地区人口出生数量与该地区老年人口再婚数量之间的关系，显然是没有任何意义的，若据此进行回归分析推算预测，其结论也必然是荒谬的。

（二）要注意现象质的界限及相关关系作用的范围

在进行相关分析和回归分析时，要注意现象质的界限及相关关系作用的范围，尤其是在进行回归分析的基础上进行预测分析时，更应当注意这个问题，超出了作用范围的相关关系变量的分析结果将有悖于客观实际。例如我们用数学模型得到的回归方程，一般都是根据一定范围内的有限资料来计算的，其有效性一般只适用于该范围内，不适用于该范围外，也就是说利用回归方程，一般只适宜用于内插预测，不宜用于外推预测。这是由于最小平方法指的是对现有资料范围配合一条最佳线，如果外推到范围以外，就不一定是最佳线了。根据样本资料所配合的回归方程是在一定条件下建立的，因此也只能在一定条件下应用。如果忽视了这些条件，把这种关系无限制地向外推广是不正确的，由此得到的结论也是值得质疑的。例如，农作物生产量与施肥量只在一定的范围内才具有正相关关系，施肥量超过一定的限度，产量不但不会增加，反而会减少。因此，在运用相关分析、回归分析进行推算预测时，要注意它的作用范围。

（三）要将各种分析指标结合运用

相关分析与回归分析中的各种分析指标，既有区别又有联系。相关分析的相关系数，是反映现象之间直线关系密切程度的指标；回归分析的直线回归方程，反映了现象之间数量变化的联系；回归估计标准误差则表明了回归直线的代表性大小。它们分别从不同的侧面指出了现象之间数量联系上的特征，因而在进行相关分析、回归分析时，只有把这几者有机地结合起来，才能更加准确地描述相关现象之间数量变化的规律性。

本 章 小 结

（1）相关关系是变量间的一种不完全确定的关系，也称为统计相关关系，是一种非严格确定性的依存关系。

（2）相关分析的方法主要有相关表、相关图和相关系数的测定。

（3）现代回归是研究一个应变量对一个或多个其他变量的依存关系，其目的在于根据已知的解释变量估计和预测因变量的总体均值。

重 要 概 念

相关关系　单相关　复相关　线性相关　曲线相关　正相关　负相关
完全相关　不完全相关　自相关　线性回归　估计标准误差

练 习 题

一、简答题

1. 什么是函数关系？什么是相关关系？二者有什么区别与联系？

2. 什么是正相关、负相关、不相关？试举例说明。

3. 相关系数的意义是什么？怎样利用相关系数来判别现象之间的相关关系？

4. 回归分析与相关分析的联系和区别有哪些？

5. 配合回归直线方程有什么要求？方程中参数 a、b 的经济意义是什么？

6. 回归系数与相关系数之间的换算关系是什么？

7. 简述因变量总变差分解的意义。

8. 什么叫估计标准误差？它和相关系数的关系如何？

9. 简述估计标准误差在回归与相关分析中的意义。

10. 应用相关分析与回归分析应注意哪些问题？

二、计算题

1. 某工业企业上半年产品产量与单位成本资料如表9-9所示。

表 9-9　某工业企业上半年产品产量与单位成本资料

月　份	产品产量/千件	单位成本/（元/件）
1	2	73
2	3	72
3	4	71
4	3	73
5	4	69
6	5	68

根据表中资料：

（1）建立回归直线方程（单位成本为因变量），指出产量每增加 1 000 件时单位成本平均下降多少。

（2）假定产量为 4 600 件时，估计单位成本为多少元。

（3）若单位成本为 70 元/件时，估计产品生产量为多少。

2. 某地区 10 个同类企业的生产性固定资产年平均产值和工业增加值资料如表 9-10 所示。

表 9-10　有关资料

企 业 编 号	生产性固定资产价值/万元	工业增加值/万元
1	200	632
2	314	605
3	318	524
4	409	815
5	415	913
6	502	928
7	910	1 019
8	1 022	1 219
9	1 210	1 516
10	1 225	1 624

根据表中资料：

（1）绘制 X 与 Y 的相关散点图，并观察相关关系的趋势。

（2）计算相关系数，说明 X 与 Y 之间关系的密切程度和方向。

（3）建立 Y 对 X 的回归直线方程，指出方程参数的经济意义。

（4）计算估计标准误差。

（5）估计生产性固定资产为 1 100 万元时的工业增加值。

3. 某汽车厂要分析汽车货运量与汽车拥有量之间的关系，选择部分地区进行调查，资料如表 9-11 所示。

表 9-11　有关资料

年　份	汽车货运量/（10^8 t/km）	汽车拥有量/万辆
1989	4.1	0.27
1990	4.5	0.31
1991	5.6	0.35
1992	6.0	0.40
1993	6.4	0.52
1994	6.8	0.55
1995	7.5	0.58
1996	8.5	0.60
1997	9.8	0.65
1998	11.0	0.73

要求：

（1）根据资料作散布图。

（2）求相关系数。

（3）配合简单线性回归方程。

4. 某市电子工业公司有 15 个所属企业，其中 14 个企业 1998 年的设备能力和劳动生产率统计数据如表 9-12 所示。

表 9-12　有关统计数据

企 业 编 号	设备能力/（kW/h）	劳动生产率/（千元/人）
1	2.8	6.7
2	2.8	6.9
3	3.0	7.2
4	2.9	7.3
5	3.4	8.4
6	3.9	8.8
7	4.0	9.1
8	4.8	9.8

（续）

企 业 编 号	设备能力/（kW/h）	劳动生产率/（千元/人）
9	4.9	10.6
10	5.2	10.7
11	5.4	11.1
12	5.5	11.8
13	6.2	12.1
14	7.0	12.4

要求：

（1）绘出散点图，并且建立直线回归方程。

（2）计算估计标准误差。

（3）当某一企业的年设备能力达到 6.0kW/h 时，试预测其劳动生产率。

三、案例分析

鲁斯的盗窃罪⊖

　　James Balcom 又检查了一遍截至 1997 年 11 月 4 日初步的会计报告，失望地摇了摇头。作为位于英国莱斯特郡博澳莱县一个小型商场的所有者，他对前一个会计年度以来生意的显著下降并不特别奇怪，但是，他感到惊奇的是，最近的初步会计结果如此糟糕，如果没有大的变动的话，他怀疑他的生意能否继续下去。唯一使他欣慰的是至少有一种情况有所缓解，他知道有些去年的收入被他的雇员偷去了，说不定那些损失比他最初想象的要大，他有些证据支持他的怀疑，但是，怎样用有限的信息资料研究这一问题呢？

　　Mr. Balcom 最初筹建他的小型商场是在 1992 年 11 月，商店经营包括烟草、报纸、流行食品、杂货和一些特殊的商品，最开始几年，生意还是成功的。1997 年 4 月中旬，审计人员报告，出现了非常的情况，刚刚结束的一季度，收入非常糟，更令人不安的是，审计人员相信有人经常从公司偷窃，不是现金就是商品。

　　Mr. Balcom 让审计人员留心，并且开始观察他的雇员不诚实的迹象。5 月初，他发现在他商店帮忙的一个叫鲁斯·弗林汉姆的人，以 1 便士和 2 便士（100 便士等于 1 英镑）的价格登记在记录簿上，由于商店不卖任何少于 5 便士的商品，Mr. Balcom 马上起了疑心，他通知了警察，于是便衣警察扮作顾客在商场购买商品以进行调查。警察观察到弗林汉姆在卖出商品时，有两次在现金记录簿上进行了不实记录，包括敲进价值比实际价值小的记录，并在以后偷取商店现金抽屉里（多出）的钱。1997 年 6 月 16 日，鲁斯·弗林汉姆因偷窃被逮捕。在接下来的开庭审讯中，鲁斯·弗林汉姆承认被发现的两次分别偷窃了 6 英镑和 8 英镑，他

⊖ 摘自《管理统计案例》，（加）Peter C. Bell 编，机械工业出版社，1999。

还承认，从 1997 年 2 月到被逮捕总共从商店偷窃了 250 英镑。根据警察证词和他自己的供述，鲁斯·弗林汉姆的罪状是偷窃 250 英镑。

Mr. Balcom 对审判结果非常不满意，因为他怀疑被偷窃的数量要比弗林汉姆承认的大得多。自从 1992 年开业以来，他保留了每星期的消费者数量的记录、被输入现金记录机的金额的记录以及销售额记录比实际收到的现金差额的记录。他想：能否通过仔细查阅这些历史记录，更切实地估价总共有多少钱被偷窃？

为了估计他的实际损失数量，Mr. Balcom 请教了一位在调查欺诈行为方面有经验的审计员，他介绍说不实记录做得很谨慎的话，是很难被发现的。有四种情况可以被作为典型征兆。首先，不实记录往往被掩饰为"无销售"或给予顾客的小额优惠（不正确的销售），顾客很少注意这种错误的登记。这样，每个顾客带来的平均收入下降了，因此，在顾客数量增加的同时，总收入却减少了。第二种可能的迹象就是由上面原因形成的顾客数量的膨胀。第三种迹象来源于第一种，如果"无销售"记录被使用以消除不实记录的规律性，这样，"无销售"或小额（销售）也会膨胀。最后一种，在大规模偷窃的情况下，钱经常被放进现金抽屉，等到没有顾客注意时取走，窃贼必须记住每笔不实记录的金额，并掌握抽屉里多出来的"未付的"总量。窃贼很容易忘记偷窃的精确总量，并且有一种趋势，即窃贼由于过于小心，往往他从抽屉里拿走的钱少于实际的不实记录量，结果，抽屉里剩下的钱比现金记录机实际记录的钱要多，产生了一个正的差额。一般地，人们总是希望这个差额是由于日常工作的失误造成的，随着时间过去最终会达到平衡。但是不断的不实记录经常导致不断的正的差额。

从 1996 年 11 月开始的每星期的记录显示在表 9-13 中，每个顾客的收入数字也计算在内。Mr. Balcom 认识到，在进行任何对比之前，这些数据应该加以调整，以排除季节和通货膨胀的影响。他用 6 年来每个顾客平均收入和顾客数的记录，计算了两者每周的季节指数，他还得到了这段时间每周的通货膨胀数字，为了进一步调整收入数据，这些指数提供在表 9-14 中。

虽然有了这些数据信息，Mr. Balcom 却不知怎样进行。如果使用弗林汉姆的供词估计偷窃的时期，他应该检查 2 月 24 日（第 17 周，弗林汉姆声称他偷窃的开始）到 6 月 16 日（第 32 周，弗林汉姆被捕）的数据。但是他怀疑偷窃在这之前就开始了，只是不知怎样鉴别真正的日期，他更无法明确怎样去估计他的全部损失。他唯一肯定的是要坐下来再次检查这些数据并且尽快得到答案。

表 9-13

星 期	每个顾客平均进款/便士	顾客数量/人次	记录与实际差额/便士
1	70	1 164	15
2	70	1 339	-183
3	85	1 198	-820

（续）

星　期	每个顾客平均进款/便士	顾客数量/人次	记录与实际差额/便士
4	97	1 489	− 438
5	115	1 524	463
6	132	2 041	− 116
7	160	3 441	410
8	85	1 294	− 538
9	60	1 511	− 149
10	64	1 119	281
11	59	1 180	12
12	58	1 335	− 185
13	58	1 349	57
14	60	1 409	230
15	59	1 216	24
16	60	1 422	72
17	55	1 475	158
18	49	1 294	395
19	54	1 187	223
20	64	1 379	19
21	54	1 397	333
22	53	1 458	− 165
23	59	1 418	715
24	59	1 470	903
25	55	1 229	− 159
26	61	1 307	− 83
27	56	1 423	11
28	59	1 421	− 8
29	63	1 314	167
30	53	1 358	− 156
31	59	1 239	392
32	65	1 354	15
33	73	1 216	− 117
34	68	1 205	− 39
35	76	1 247	− 1

（续）

星　期	每个顾客平均进款/便士	顾客数量/人次	记录与实际差额/便士
36	80	1 414	8
37	72	826	494
38	65	1 045	−28
39	73	1 060	38
40	71	1 053	−52
41	73	1 054	−147
42	73	1 090	−225
43	73	1 194	−194
44	74	1 118	−183
45	70	1 162	237
46	66	1 268	−71
47	66	1 110	169
48	48	1 232	1
49	67	1 257	71
50	76	1 244	−34
51	71	1 213	−80
52	77	1 312	95

表　9-14

星　期	通货膨胀指数	季节指数（收入额/顾客数）	季节指数（顾客数）
1	2.000	1.029	0.939
2	2.059	1.000	0.982
3	2.024	1.135	1.061
4	2.021	1.297	1.213
5	2.054	1.436	1.401
6	2.031	1.711	1.630
7	2.051	1.950	2.508
8	2.024	1.556	1.655
9	2.069	0.935	1.183
10	2.065	0.838	0.917
11	2.034	0.829	0.918
12	2.071	0.824	0.903

（续）

星　　期	通货膨胀指数	季节指数（收入额/顾客数）	季节指数（顾客数）
13	2.071	0.875	0.892
14	2.069	0.853	0.917
15	2.107	0.824	0.885
16	2.069	0.879	0.961
17	2.037	0.900	0.929
18	2.130	0.885	0.917
19	2.077	0.897	0.867
20	2.133	0.968	0.933
21	2.077	0.929	0.951
22	2.120	0.962	0.927
23	2.107	0.933	0.952
24	2.107	0.933	0.947
25	2.115	0.929	0.875
26	2.103	0.935	0.903
27	2.154	0.929	0.859
28	2.185	0.964	0.862
29	2.172	1.000	1.000
30	2.120	1.000	0.929
31	2.185	1.000	0.923
32	2.241	1.036	0.928
33	2.212	1.000	0.971
34	2.194	1.000	1.004
35	2.303	0.971	1.037
36	2.286	1.029	1.103
37	2.323	0.912	0.629
38	2.321	0.933	0.723
39	2.281	0.970	0.868
40	2.290	0.969	0.834
41	2.281	0.941	0.853
42	2.281	0.941	0.915
43	2.281	0.941	1.027

（续）

星　　期	通货膨胀指数	季节指数（收入额/顾客数）	季节指数（顾客数）
44	2.312	0.941	0.913
45	2.333	0.909	0.960
46	2.357	0.903	0.957
47	2.357	0.903	0.859
48	1.655	0.935	0.950
49	2.393	0.933	0.905
50	2.375	0.914	0.912
51	2.367	0.968	0.920
52	2.333	0.971	0.933

说明：

1. 这些数据是开始于 1996 年 11 月 11 日（第一周），并且贯穿全年。

2. 通货膨胀指数是普通零售价格指数，并且以 1994 年 1 月 1 日为 1。

3. 季节指数是利用商场保留的从 1992 年 11 月到 1997 年 11 月这段时间的记录计算的。两个指数是 1 年平均变动水平的反映。

要求：

1. 运用适当的统计分析方法，判断鲁斯偷窃的开始时间。

2. 试估算鲁斯偷窃的总金额。

第十章

国民经济核算体系

本章要点：了解国民经济核算体系的概念和作用，了解两大核算体系的形成和发展，掌握国民经济核算的原则和体系结构。

第一节　国民经济核算体系的概念和作用

一、国民经济核算体系的一般问题

（一）国民经济核算的概念

国民经济核算是以整个国民经济和社会再生产为对象的宏观核算。它以一定的经济理论为指导，综合应用统计、会计和数学等方法，对一国或一地区在一定时间内的经济活动及其结果进行全面、系统的计算、测定和描述。它通过具有内在联系的指标体系和科学的核算方法，从数量上反映国民经济运行状况及社会再生产过程中生产、分配、交换、使用各个环节之间以及国民经济各个部门之间的内在联系，为国家宏观经济管理和决策提供依据。

（二）国民经济核算体系的概念

国民经济核算体系是对国民经济运行或社会再生产过程进行全面、系统的计算、测定和描述的宏观经济信息系统，是整个经济信息系统的核心。

国民经济核算体系有两层含义。一是指为进行国民经济核算而制定的标准和规范。这个标准和规范是由国家和国际组织制定的，它以一定的经济理论为基

础，明确规定一系列核算概念、定义和核算原则，制定一套反映国民经济运行的指标体系、分类标准和核算方法以及相应的表现形式（平衡表、账户、矩阵等），形成一套逻辑一致和结构完整的核算框架。这些标准和规范是保证国民经济核算的科学性、统一性和可比性所不可缺少的，同时也是正确理解和使用国民经济核算资料并进行国际比较所必需的。二是指全面、系统地反映国民经济运行的数据体系。它是根据上述标准和规范对国民经济进行核算的结果，是一整套国民经济核算资料，形成宏观经济信息系统，成为国家宏观经济决策和调控的重要基础。

以上两层含义是统一的，第一层含义是前提，第二层含义是结果。

（三）国民经济核算体系的作用

国民经济核算体系是国家对国民经济进行现代化管理的重要工具。它的作用主要表现在以下几个方面：

（1）为宏观决策和制定国民经济发展计划提供科学依据。正确的决策和计划必须建立在对实际情况全面认识和对未来发展科学预测的基础上。国民经济核算体系既是全面、系统、综合地反映国民经济运行和结果的数据体系，又可为各项预测提供宏观经济模型。可见，国民经济核算体系为宏观决策和计划提供了科学依据。

（2）对国民经济运行进行监测。国民经济核算体系按年、季定时提供各种信息，能经常反映国民经济运行总体情况及各个环节、各个部门的动态，及时监测国民经济发展是否正常，以及哪些环节和部门有不协调的现象，从而能及时进行调控，促使国民经济持续、协调发展。

（3）为宏观经济分析提供基础数据。有关部门及研究人员根据国民经济核算体系资料，可以对整个国民经济发展的规模、速度、结构、比例及效益等进行分析和评价，并对宏观经济活动中各有关方面的平衡关系及各部门之间的相互依存关系进行定量和定性分析，为改善宏观经济管理提供依据。

（4）为国际对比提供依据。按照国际标准核算出来的数据具有广泛的可比性，是国际间进行经济交流的一种共同语言。

（四）国民经济核算体系在经济统计体系中的地位

经济统计体系包括四个体系内容，即统计指标体系、统计分类与编码标准体系、统计调查方法体系和国民经济核算体系。其中，国民经济核算体系在整个统计体系中处于核心地位，对其他体系发挥统帅和导向的作用，具体表现为：

（1）国民经济核算体系界定了社会生产的范围，包括货物和服务的生产，同时也就决定了分配、交换、消费的范围，这给经济统计提供了明确的界限，使

统计指标体系、统计分类与编码标准体系、统计调查方法体系有共同的研究范围。

（2）国民经济核算体系规定了国民经济核算的基本单位为常住单位，这也就相应决定了经济统计调查的基本单位。

（3）国民经济核算体系统一确定了从宏观上反映社会再生产全过程的指标体系，具体包括投入、产出、收入、分配、消费、积累、金融交易、国际收支、资产负债等，这些方面最重要的综合指标构成了各项经济统计指标体系的骨架。

（4）国民经济核算体系使用的协调一致的国民经济各项分类标准，为统计分类体系提供了统一的分类标准，包括机构部门分类、产业部门分类、产品分类、资产分类、居民消费按用途分类、政府职能分类、生产支出分类等。

（5）国民经济核算体系对经济统计的调查方法提出一定的要求，是由于其资料来源于各项经济统计和部分社会统计。

二、世界上两大核算体系的形成和发展

国民经济核算体系是 20 世纪 30 年代以来，随着国家对宏观经济管理的加强，在国民收入统计的基础上逐步发展起来的。国民经济核算体系作为国际标准是 20 世纪 50 年代才开始形成的。由于各国经济运行机制和经济管理体制不同，形成了两种不同的国民经济核算体系，即物质产品平衡表体系和国民账户体系。这两种体系都是依照一定的经济理论和经济管理职能的特点而建立的，它们曾在相当长的时期里并存发展。

（一）**物质产品平衡表体系**（The System of Materal Product Balances，简称 MPS）

从 20 世纪 20 年代中期开始，前苏联为适应高度集中的计划经济管理的需要，开始编制国民经济平衡表，在 30 年代初步形成了体系，到了 50 年代末基本定型。以后逐渐为东欧各国、古巴等国所采用。物质产品平衡表体系是以物质产品的生产、分配、交换和使用为主线，侧重反映物质产品再生产过程的主要方面。其核算范围主要包括农业、工业、建筑业、货物运输业及邮电业、商业等物质生产部门；核算方法主要采用平衡表法，由一系列平衡表所组成。MPS 的主要总量指标有社会总产品（社会总产值）、物质消耗和国民收入等。近年来，俄罗斯和东欧各国为适应向市场经济过渡，已放弃继续使用物质产品平衡表体系。

（二）**国民账户体系**（A System of National Accounts，简称 SNA）

国民账户体系是适用于市场经济条件下的国民经济核算体系，首创于英国，

继而在经济发达国家推行，现已为世界上绝大多数国家和地区所采用。国民账户体系以全面生产的概念为基础，把整个国民经济的各行各业都纳入核算范围，将社会产品分为货物和服务两种表现形态，完整地反映全社会生产活动的成果及其分配和使用的过程，并注重社会再生产过程中的投入产出核算、资金流量核算和资产负债核算。SNA 的核算方法是运用复式记账法的原理，建立一系列宏观经济循环账户和核算表式，组成结构严谨、逻辑严密的体系。SNA 的主要总量指标有总产出、国内生产总值、国民生产总值等。

（三）两大核算体系的比较

MPS 和 SNA 都是适应国家宏观经济管理需要而建立和发展起来的国民经济核算体系，但两者是不同的经济体制和经济运行机制下的产物。由上面的介绍可知，MPS 与前苏联和东欧各国高度集中的计划经济体制相适应，而 SNA 则与市场经济条件下的国家宏观管理要求相适应，因此，两者在核算的范围、内容和方法上都存在很大的差异，具体表现为：

（1）在核算范围上，MPS 只限于对物质产品的核算，而把非物质生产性质的服务活动排除在生产领域之外；SNA 的核算范围覆盖整个国民经济，不受物质生产领域的局限，所以，保证了对国民经济总量核算的完整性和再生产各环节核算的协调一致。

（2）在核算内容上，MPS 主要反映物质产品的生产、分配、交换和使用的实物运动；SNA 除了对货物和服务的实物流量进行核算外，还注重收入、支出和金融交易等资金流量以及资产负债存量的核算，因此，能更深入和更好地反映社会再生产中实物运动与价值运动交织在一起的复杂的运动过程。

（3）在核算方法上，MPS 主要采用平衡表法，侧重各平衡表内的平衡，而各平衡表之间缺乏有机的联系，整个结构不够紧密；SNA 主要采用复式记账法，通过账户体系把社会再生产各环节、国民经济各部门紧密衔接起来，能更好地反映国民经济运行中的内在联系，提高了国民经济核算的科学水平。

MPS 和 SNA 都是长期以来各国理论研究和实践经验的结晶，是国际性的科研成果。从各国的实际情况来看，SNA 的应用日益广泛。近几年来，随着世界市场经济的迅速发展，国际上加快了国民经济核算体系一体化的进程。1993 年，联合国统计委员会通过了新修订的 SNA，它将成为适用于世界各国的统一的国民经济核算国际标准。

三、建立我国新国民经济核算体系的必要性

建国以来，我国所采用的国民经济核算制度基本属于 MPS，而且很不完

整。它是与高度集中的计划管理体制相适应的，在过去的经济管理中曾发挥过重要的作用。但自改革开放以来，我国经济体制格局和经济运行机制发生了深刻变化，原有的核算制度的缺陷日益突出。为加强宏观决策和宏观调控，必须改革原有核算制度，建立新的国民经济核算体系。其必要性具体表现在以下几方面：

（一）原有的国民经济核算制度不能适应实现我国经济发展战略目标的要求

中共中央根据社会主义现代化建设的全局要求，科学地提出了我国经济发展的战略目标和分三步走的战略部署。它从整个国民经济的发展出发，包括物质生产活动和非物质生产活动两个方面。所以，以国内生产总值作为衡量指标，要求在不断促进物质生产增长的同时，加快发展以非物质生产活动为主要内容的第三产业。而我国原有的国民经济核算制度却主要反映物质产品的生产和使用，不能全面反映国民经济的发展情况，因而不能适应实现我国经济发展战略目标的要求，所以必须改革原有制度，建立新的国民经济核算体系。

（二）原有的国民经济核算制度不能适应深化改革的需要

随着社会主义市场经济体制的建立，我国所有制结构、分配方式、流通渠道以及整个经济管理体制和经济运行机制都发生了深刻的变化。国家管理经济主要是借助市场机制运用经济杠杆和经济政策，间接引导企业的决策和经营方向。为此，必须加强间接引导的作用，必须进行以价值形式表现的总量指标的核算，特别是反映社会资金运动的资金流量核算和资产负债核算。然而，原有的核算制度侧重于实物流量核算，不能完整地反映社会资金运动和社会分配、再分配的情况。因此，为了有利于国家通过财政、金融、物价、税收、工资等经济杠杆对经济运行进行调控，为了全面反映社会再生产的各个环节以及国民经济各个部门之间的衔接和总体的平衡，为了深化改革，必须建立符合实际需要的新的国民经济核算体系。

（三）原有的国民经济核算制度不能适应扩大对外开放的需要

我国实行对外开放以来，同世界各国的对外贸易、非贸易往来、资金融通和技术交流合作的规模日益扩大，这些对外交易活动对我国国民经济的促进作用和影响程度越来越明显，这就要求加强我国与其他国家和地区的经济技术往来的核算，以综合反映我国的国际收支状况，为制定对外经济政策和战略提供重要依据；同时，还要求将我国的核算体系与国际标准接轨，便于进行国际对比，有利于发展对外经济合作与国际市场的竞争。但原有的国民经济核算制度不能综合反映对外经济交往，因此，有必要建立新的国民经济核算体系，以适应扩大对外开放的需要。

（四）原有的国民经济核算制度不能适应对国民经济运行综合协调和总体平衡的需要

原有的核算制度的基本核算方法是平衡表法，它只注重于各个局部核算内容自身的平衡，各平衡表之间缺乏紧密的联系，所以，不能适应对国民经济运行综合协调和总体平衡的需要。国民经济是复杂的有机整体，社会再生产各环节之间、各部门之间存在着紧密的联系，为了全面反映社会主义市场经济条件下这些经济联系的数量表现，必须采用科学的核算方法，以国际上通用的国民账户方法为主，建立新的核算体系。这对于观察和研究社会总需求与总供给总量平衡和财政、信贷、国际收支平衡状况，以及社会再生产各环节之间的衔接和各部门之间的联系，促进国民经济协调发展，都具有重要的意义。

第二节　国民经济核算的原则及其体系结构

一、国民经济核算的核算规则

国民经济核算的核算规则主要涉及记账、记录时间和估价等。

（一）记账方式

SNA 采用复式记账方式。对一个机构单位而言，每一笔交易必须记录两次，一次作为资源（或者资产的变化），一次作为使用。通常，能够增加该单位经济价值量的记录放在右方，称为资源方；而减少该单位经济价值量的记录在左方，称为使用方。

由于大部分交易都涉及两个机构单位，而每笔此类交易都必须由两个有关机构单位分别记录两次，所以国民经济核算账户实际上是根据四式记账原则编制的。

复式记账或四式记账原则是国民经济核算保持一致性的方法基础。

（二）记录时间

由四式记账原则引申出来的一项规则是，相关的交易或其他流量必须在同一时间记入有关单位双方各自的账户。国民经济核算关于记录时间的总原则是权责发生制，即机构单位之间的交易必须是在债权和债务发生、转换或者取消时记录。

（三）估价

由四式记账原则引申出来的另一项规则是，一笔交易还必须在有关两个部门的所有账户中以相同的价格记录。

在 SNA 中，市场价格是估价的基准。在没有市场交易时，估价按照发生的费用，或者依据类似货物和服务的市场价格来进行。资产和负债按照编制资产负债时的当期价格来估价。

对产出的估价可以用基本价格或生产者价格，对货物和服务使用的估价则采用购买者价格。这几种市场价格间的基本关系为

$$基本价格 + 生产税 - 补贴 = 生产者价格$$
$$生产者价格 + 商业流通费 + 运费 = 购买者价格$$

二、国民经济核算体系结构

（一）国民经济核算中的分类

国民经济核算包括一系列的分类，这些分类支撑着国民经济核算体系结构。其中主要的有：机构部门划分、经济流量划分、资产分类、产业部门划分和目的分类等。

1. 机构部门划分

在 SNA 中，把能够出于自身利益拥有资产和负债并从事各种经济交易活动的单位称为机构单位。而机构单位按照其主要职能、行为和目的组合在一起，形成了机构部门。SNA 中的五大机构部门包括：①非金融公司：主要从事市场货物和非金融服务生产的机构单位。②金融公司：主要从事金融中介活动或辅助金融活动的机构单位。③一般政府：除负有政治责任和起经济调节作用外，主要生产用于个人和公共消费的非市场服务（可能包括货物），并对收入财富进行再分配的机构单位。④住户：包括经济中的所有自然人，住户部门中的机构单位是由单个人或一群人组成的。住户的主要职能是提供劳动力，进行最终消费；作为企业主，从事市场货物和非金融服务的生产。⑤为住户服务的非营利机构：主要为住户从事非市场服务生产的法律实体，住户的自愿捐赠是其主要资金来源。

2. 经济流量划分

机构单位从事大量的经济活动，这些活动产生了经济流量。SNA 将其所记录的经济流量分为交易和其他经济流量两大类。所谓交易，是指按照两个机构单位间的相互协议而进行的经济活动；那些不是由于交易而产生的流量则是其他经济流量。按照经济流量的性质，又可以将其分为四个大类：①货物和服务交易——涉及货物和服务的来源和使用；②分配交易——由增加值分配给劳动力、资本和政府的交易及涉及收入和财富的再分配的交易所组成；③金融手段交易——金融资产的净获得或负债的净发生；④其他积累——包括前三项没有涉及的改变资产负债数量或价值的各种交易和其他经济流量。

3. 资产分类

SNA 的资产类别主要有：

生产资产	货币、黄金和特别提款权
固定资产	通货和存款
存货	股票以外的证券
珍贵物品	贷款
非生产资产	股票和其他权益
有形非生产资产	保险专门准备金
无形非生产资产	其他应收、应付账款

4. 产业部门分类

SNA 把产业部门分为 17 个类别：①农业、狩猎业和林业；②渔业；③采矿及采石；④制造；⑤电、煤气和水的供应；⑥建筑；⑦批发和零售业，机动车辆和私人及家用物品的修理；⑧旅馆和餐馆；⑨仓储和通信；⑩金融中介；⑪房地产、租赁和经营活动；⑫公共管理和国防，强制性社会保障；⑬教育；⑭保健和社会工作；⑮其他团体、社会和个人的服务活动；⑯有雇工的个人家庭；⑰境外组织和机构。

5. 按支出目的分类

目的或功能这个概念涉及一笔（批）交易所要满足的需要类型或它所追求的目标类型。在国民经济核算中，进行这方面的分析是十分必要的。SNA 的目的分类包括：①按用途划分的个人消费分类；②政府职能分类；③为住户服务的非营利机构的目的分类；④按目的划分的生产者支出的分类。

（二）国民经济核算体系的基本结构

国民经济核算体系（SNA）的中心框架由五方面账户组成，其基本结构可以表示如下：

    1   生产账户

    2   收入分配和使用账户

    21   收入初次分配账户

    211   收入形成账户

    212   原始收入分配账户

    22   收入二次分配账户

    23   实物收入再分配账户

    24   收入使用账户

    241   可支配收入使用账户

　　经常账户记录了货物和服务的生产产生的收入，随后收入在机构单位之间的分配和再分配，以及收入作为消费或储蓄目的的使用。经常账户又分为生产账户、收入分配和使用账户两大块。生产账户记录 SNA 所界定的货物和服务的生产活动。收入分配和使用账户由一套环环相扣的账户组成，它们反映收入：①怎样在生产中形成；②如何分配给对生产创造的增加值享有权益的机构单位；③如何在机构单位之间进行再分配；④怎样被住户、政府单位和非营利机构最终使用。

积累账户记录机构单位通过交易或因为其他事件引起的金融、非金融资产和负债的获得和处置。引起这种获得和处置的原因有两个方面：①与其他单位进行交易；②与生产有关的内部记录交易（存货变化和固定资产消耗）。

金融账户记录金融资产的获得和处置。资产的其他变化账户又包括两个子账户：一个是资产物量的其他变化账户，记录由交易以外因素引起的机构单位或部门持有的资产和负债变化额；再一个是重估价账户，记录由价格变化引起的资产和负债价值的变化。

资产负债表主要反映机构单位或部门在核算期期初与期末的资产和负债的存量价值。资产负债表的子账户还包括资产负债变化账户，它概括记录了积累账户的主要内容，即资产和负债的变化，从而连接了期初、期末两个存量表。

国外账户包括常住单位与非常住单位之间的交易及有关资产和负债的存量。这里，国外是国民经济核算中的一个特定概念，特指与本国发生经济往来的所有常住机构单位的集合。由此，一国的国民经济核算取得了平衡所要求的系统边界的封闭性。这样，国外账户在核算结构中起着类似一个机构部门的作用。由于国民经济核算中账户的收支性质是由账户自身来确定的，国外的一笔资源就是本国的使用，反之亦然。如果平衡项是正数，就意味着国外是盈余，本国是赤字；如果平衡项是负数，则正好相反。从前面的列示可以看出，国外账户的基本内容与国内账户差不多，也由经常账户、积累账户和资产负债表三大部分组成。

除了中心框架的内容外，SNA 还包括其他核算内容：供给表和使用表；价格和物量核算；人口和劳动投入核算等。

本 章 小 结

（1）国民经济核算体系是以国民经济运行或对社会再生产过程进行全面、系统的计算、测定和描述的宏观经济信息系统。世界上两大核算体系是物质产品平衡表体系和国民账户体系。

（2）国民经济核算的核算规则主要涉及记账、记录时间和估价等。国民经济核算体系的基本结构由五方面的账户组成，即生产账户、收入分配和使用账户、积累账户、资产负债表、对外资产和负债账户等。

重 要 概 念

国民经济核算　国民经济核算体系　物质产品平衡表体系（MPS）　国民账户体系（SNA）

练 习 题

1. 什么是国民经济核算？
2. 国民经济核算体系的含义是什么？
3. 国民经济核算体系的作用是什么？
4. MPS 和 SNA 有哪些区别？
5. 国民经济核算体系的核算规则是什么？
6. 国民经济核算是如何分类的？
7. 国民经济核算体系的基本结构是什么？

第十一章

国民经济生产总量核算

本章要点：了解国民经济生产总量的含义、计算原则和作用，掌握国内生产总值和国内生产净值的含义和计算方法。

社会再生产是一个从生产经分配、交换到消费的循环往复、连续不断的过程。其中，生产是起点和基础。国民经济核算是从生产核算开始的。生产核算包括生产总量核算和生产结构核算。

本章通过阐述生产总量的核算，加深读者对国民经济核算的理解。鉴于篇幅，对于国民经济核算的其他内容，暂不在本书介绍。

第一节　国民经济生产总量及其统计指标体系

一、生产概念和核算范围

什么是生产？自从经济学产生以后，就存在着两种生产概念：狭义生产概念和广义生产概念。主张狭义生产概念的学者认为，只有物质产品才具有价值。只有为社会创造物质产品和增加产品价值的活动，才是生产活动。从事创造物质产品和增加产品价值活动的部门，属于生产部门。农业、工业和建筑业，是创造物质产品的生产部门。商业、运输和邮电业是从事流通活动的部门，它们虽然不创造物质产品，但是这些部门的劳动者的活动，对商品从生产进入消费是必要的。商品价值取决于社会必要劳动量。这些部门劳动者的活动，能增加商品的价值，

提供国民收入，也是生产活动，因此，商业、运输和邮电业也是生产部门。至于其他服务部门劳动者的活动，既不创造物质产品，也不增加商品价值，都不是生产活动。这些部门都不属于生产部门，也不提供国民收入。这些部门劳动者的收入，是国民收入的再分配收入。

主张广义生产概念的学者认为，生产活动既包括为社会创造物质产品的活动，也包括为社会提供服务的活动。创造物质产品的部门和提供服务的部门，都是生产部门，它们都能创造价值，提供国民收入。个人自产自用、自我服务的活动，不是为社会创造物质产品的生产活动。非法的和不道德的商品交易与服务活动，不属于生产活动。

生产概念不同，反映生产成果总量的指标口径和核算范围也不一样。

按照狭义生产的概念，只有农业、工业、建筑业、商业、运输和邮电业等创造物质产品和增加产品价值的部门，才核算总产值、销售产值和净产值（国民收入）等价值量指标。这些价值量指标，只限于对物质产品的核算。

按照广义生产概念，创造物质产品的部门和提供服务的部门，都核算总产出、销售值和增加恒等价值量指标。这些价值量指标，既对物质产品计算，也对劳务计算。国民经济核算体系中的生产核算，是根据广义生产概念来确定核算范围的。

二、国民经济生产总量的含义、计算原则和作用

生产总量，就是在一定时期（如一年）和一定范围（如一国、一省、一部门或一生产单位）内生产成果的合计数。各个生产单位或部门，创造各种不同的物质产品，提供形形色色的劳务，产品和劳务的实物量是无法合计的。但是，它们都具有以货币额表示的价值或收入，货币额是可以合计的。因此，国民经济生产总量，就是用货币额表示的一定时期内，整个国民经济范围内所有生产单位或部门的全部生产成果。

在计算反映国民经济生产总量的统计指标时，会涉及范围如何界定、各种不同的物质产品和劳务怎样相加等问题。为了解决这些问题，需要确定一些计算原则。

（一）生产总量计算范围的主体原则

社会生产活动总是在一定的空间范围内，由一定的生产人员参加的。因而这就产生了物质产品或劳务的计算，既可以空间范围为主体，也可以生产人员为主体，通常把前者称为"国土原则"，后者称为"国民原则"。

"国土原则"也称"地域原则"，它是以一国（地区）领土作为计算范围

的。凡是发生在本国（本地区）领土范围内的生产活动，不管由谁经营，产品归谁所有，一律计入本国的生产成果；反之，超出本国范围以外的生产活动，即使是本国居民或利用本国资金进行的生产活动成果，也不予计算。

"国民原则"则是以国民为主体计算生产活动成果。所谓"国民"，是指住在国内或住在国外的本国居民，以及常住本国但未加入本国国籍的居民。"国民原则"就是指凡是本国国民经营的生产活动，不管是在国内或在国外，其生产成果都要计入本国生产；相反，外国国民在本国经营，其生产成果不应计入本国生产，应该计入国外生产。

采用两种不同原则计算的生产成果，具有不同的意义和作用。

（二）生产总量计算方法的主体原则

这是指在具体计算生产总量时，要确定是以产品为主体，还是以经营单位为主体。以产品为主体，就叫"产品法"；以经营单位为主体，就叫"企业法"或"工厂法"。"产品法"要求在统计某种生产成果总量时，不管是什么单位生产的，只要认定该种产品，都予以计算。"企业法"或"工厂法"要求凡是本单位生产的活动成果，不管生产什么产品，都要予以计算，但在一个企业内部不允许重复计算。

上述计算生产总量的两种方法，主要有以下作用：①反映经济的规模和水平；②表示国民经济中的各种比例和结构；③分析经济效益；④比较国际经济。

三、反映生产总量的统计指标体系

以下一系列统计指标，可以形成生产总量的指标体系。

（一）国民经济总产出

国民经济总产出就是生产部门劳动者在一定时间（如一年）内，为市场所创造的物质产品以及所提供的劳务的总和。这个总和是用货币额表示的。

总产出的实物形态为各种物质产品和劳务，即各种生产资料和消费品以及各种为生产与为生活服务的项目。总产出的价值构成包括生产资料（劳动手段和劳动对象）的转移价值以及劳动者新创造的价值（具体表现为工资、利润、税金等）。

国民经济总产出的计算方法为

$$\text{各个经济活动单位的总产出} = \sum \text{该单位各种产品的产量} \times \text{单价} + \sum \text{该单位各项劳务的收入}$$

$$= \text{物质产品的总产值} + \text{劳务的总收入}$$

或　　　各个部门的总产出 $= \sum$ 该部门各个经济活动单位总产出

$$= \sum 该部门各单位产品总产值 + \sum 该部门各单位劳务总收入$$

国民经济总产出 $= \sum$ 各个部门的总产出

$$= \sum 各部门产品总产值 + \sum 各部门劳务总收入$$

在国民经济总产出中，由于各个部门具有各自的生产特点，它们的总产出的计算方法也就有所不同。在创造物质产品增加产品价值的部门，如工业、农业、建筑业、商业、运输业和邮电业等部门，它们的总产出就是总产值。在为生产和生活服务的部门，包括营利性服务业、非营利性服务业、金融保险业、个体服务业以及党政机关、社会团体、军队、公安等部门，它们的总产出就是劳务收入（劳务价值）。关于国民经济各个部门总产值和劳务收入的计算方法，分别阐述如下：

1. 总产值

长期以来，工业、农业、建筑业、商业、运输业和邮电业的生产总量是用总产值表示的。在这些部门中，总产值与总产出是同义的。由于部门特点不同，各个部门总产值的内容、范围和计算方法是不同的。

（1）工业总产值。工业总产值是工业企业或工业部门在一定时期内，以货币表现的工业生产活动的总成果。

工业总产值是根据"企业法"（工厂法）计算，也就是以工业企业为单位而计算总产值的方法。按工厂法，一个工业企业的总产值，应根据企业全部工业生产活动的最后成果来确定，不包括本企业生产而又消费于本企业生产过程中的产品价值，即产品的价值在企业内部不允许重复计算。但是，在计算一个部门的总产值时，如果把各个企业的总产值相加，就存在企业间产品价值的重复计算问题。当一个地区、部门所属的工业，专业化、协作化程度越高，或一个企业分为若干个企业，产品转移价值的重复计算次数就越多，工业总产值就越大。

（2）农业总产值。农业总产值是一定时期内，以货币表现的农业生产活动的总成果。

农业总产值的计算范围，一般包括按日历年度计算的种植业产值、林业产值、牧业产值、渔业产值和副业产值。对于有些作物收割期延长到下年初的农产品，仍然要把它的全部产值计算在本年农业总产值内。

农业总产值的计算方法是"产品法"，也就是计算农业总产值应将农业生产

的全部产品作价计算，包括农业生产单位内部本期生产又用于生产消耗的产品，如饲料、绿肥等。这种以产品为单位计算农业总产值的方法就叫做"产品法"。用"产品法"计算农业总产值，先要确定各种农产品的产量，并对它们一一作价，然后加总即得总产值。很多农产品可以直接根据产量乘价格计算产值，但有些农产品由于产量或价格不易确定，只能用间接或近似的方法来计算。

（3）建筑业总产值。建筑业总产值是指以货币额表现的施工部门在一定时期内所完成的各种建筑产品总量。它是反映一定时期内建筑和安装部门施工生产活动总成果的综合性指标。

建筑业总产值的主要内容包括建筑工程产值、安装工程产值、建筑物大修理工作价值和现场非标准设备制作工作价值。

（4）商业总产值。商业是从事商品流转的生产部门。商品流转活动包括组织商品的购进、保管、调拨、整理、分类、包装和销售等活动。这些活动是社会生产过程在流通过程中的继续。商业活动成果表现为对工业、农业、建筑业劳动成果的追加价值。

商业总产值就是商业企业从事商品流转活动而追加到物质产品中去的价值总量。它的计算方法有以下两种

$$\frac{商业}{总产值} = \frac{按销售价格计算}{已销商品的价值} - \frac{按购进价格计算}{已销商品的价值} - \frac{运输费和}{邮电费}$$

或

$$\frac{商业}{总产值} = \frac{本期}{流通费用} + \frac{本期}{缴纳税金} + \frac{本期}{利润} - \frac{运输费和}{邮电费}$$

（5）运输业和邮电业总产值。运输业所进行的作业主要是货物运送，即为完成货物运输而进行的装卸、仓储、保管以及旅客运输等业务活动。因此，运输业总产值是由货运收入、装卸收入、仓储保管业务收入以及客运收入等内容构成的。货物运输产值不包括工业、农业、建筑业生产单位内部运输活动的价值，因为这部分价值已计入它们生产的产品中了。

邮电业总产值是指邮电业在一定时期内为社会提供的各种邮政和电信业务的价值。它按营业收入和其他收入计算。

2. 劳务收入

服务部门的生产总量即服务部门的总产出，是用劳务收入表示的。劳务收入也就是服务部门的劳务价值。按服务性质不同，可以把服务部门分为以下几种：营利性服务业，非营利性服务业，金融、保险业，个体服务业，党政机关、社会团体、军事和公安部门。各类服务部门的劳务收入计算方法有所不同。

（1）营利性服务业的劳务收入。营利性服务业是指旅游、房地产、科技、

信息、咨询等以营利为目的的服务行业。商业、运输和邮电业，如不列入流通部门，也可作为营利性服务业。

营利性服务业的劳务收入主要是营业收入。如果在经营活动中发生一些其他收入，如利息、租金等收入，也应计入劳务收入总额中。计算公式如下

$$营业性服务业劳务收入 = 营业收入 + 其他收入$$

（2）非营利性服务业的劳务收入。非营利性服务业包含了不以营利为目的的单位，如学校、医院、科研院所和社会福利等事业单位。它们虽然有业务收入，但主要依靠国家或企业的拨款开展业务活动。非营利性服务业的劳务收入计算公式如下

$$非营利性服务业劳务收入 = 预算拨款收入 + 业务收入 + 其他收入$$

（3）金融、保险业的劳务收入。金融、保险业是聚集资金、支持经济发展的服务部门。它们的劳务收入的计算公式分别为

$$金融业劳务收入 = 手续费收入 + （利息收入 - 利息支出）$$

$$保险业劳务收入 = 保险费收入 + 其他业务收入 + 手续费收入 - 保险费支出 - 退休金$$

（4）个体服务业的劳务收入。个体服务业包括个人为居民服务的各种个体经营项目，如住房出租、家务、家教、诉讼服务等。它们的劳务收入就是包括租金、劳动报酬、手续费等在内的各种收入的总和。

（5）党政机关、社会团体、军事和公安部门的劳务收入，则为预算拨款收入与其他收入之和。

上述国民经济各个部门的总产值与劳务收入之和，就是整个国民经济的总产出。总产出和总产值是用生产法计算增加值或国内生产总值时的基础指标，也是开展投入产出分析时的必要指标。

（二）销售值

销售值是生产部门在一定时期内完成生产并销售出去的产品和劳务的价值总和。通过销售值指标，可以反映市场供求和生产单位经营状况。

销售值既可以是一个生产单位的，也可以是一个产业部门或整个国民经济的。它的计算公式为

$$单个生产单位销售额 = \sum\left(\begin{array}{c}该生产单位报告期内\\销售的各种产品数量\end{array} \times \begin{array}{c}平均销售\\单价\end{array}\right) \times \sum \begin{array}{c}该生产单位报告期内\\已实现的各种劳务收入\end{array}$$

$$各个部门销售值 = \sum 该部门各个生产单位的销售额$$

$$= \sum \frac{\text{该部门各个生产单位}}{\text{报告期内产品销售值}} + \sum \frac{\text{该部门各个生产单位}}{\text{报告期内已实现劳务收入}}$$

$$\frac{\text{整个国民}}{\text{经济销售值}} = \sum \text{各个部门的销售值}$$

$$= \sum \frac{\text{各个部门报告期内}}{\text{产品销售值}} + \sum \frac{\text{各个部门报告期内}}{\text{已实现劳务收入}}$$

计算销售额时，可以利用财务会计报表资料。它所用的单价是实际销售价格，即现行价格。当销售值和总产值所用的单价相同时，两者的关系为

$$\text{销售值} = \text{总产值} + \frac{\text{上期生产本期销售的}}{\text{产品价值}} - \frac{\text{本期生产尚未}}{\text{销售的产品价值}}$$

$$= \text{总产值} - \left(\frac{\text{期末库存}}{\text{商品产值}} - \frac{\text{期初库存}}{\text{商品产值}} \right)$$

商品产值是指为出售而生产的产品价值。它包括已经销售的和预期销售的产品价值。当生产单位的期末库存商品产值大于期初库存商品产值时，销售值就小于总产值；当期末库存商品产值小于期初库存商品产值时，销售产值就大于总产值。

在报告期的销售值中，产品的生产时期和产品的销售时期不完全一致。在本期销售的产品中，有一部分是上期生产的；而在本期生产的产品中，有一部分要留待下期销售。因此，销售值不能用来说明报告期产品的生产情况。

当期初库存商品产值与期末库存商品产值相差不大时，在核算中，为了方便起见，销售值与总产值可以互相代替。

当各个生产单位或各个生产部门的销售值相加时，与总产值一样，也存在中间产品（即原材料、能源）价值的重复计算问题。没有中间产品价值重复计算的生产总量指标有：增加值、净增加值和最终产值等。

（三）增加值和净增加值

一个经济活动单位（或经济活动部门），在一年内的总产出中，减去该年消耗的中间产品价值以后的余额（以货市额表示），就是该经济活动单位（或部门）一年内的增加值。所谓中间产品，就是还需要经过生产过程加工的产品，它们是原材料和能源。增加值的实物内容是：全部消费品和劳务，用于投资的生产资料以及用于出口的产品。增加值的价值构成为：固定资产的转移价值和劳动者新创造的价值，即增加值为固定资产折旧、劳动报酬、利润、税金之和。

把增加值中的固定资产折旧扣除掉以后的余额，就是净增加值。它的实物内容是：全部消费品和劳务、新增加的生产资料以及用于出口的产品。净增加值的价值构成为劳动者新创造的价值，即劳动报酬、利润、税金之和。

增加值的计算公式为

$$增加值 = 总产出 - 全部消耗的中间产品价值$$

全部消耗的中间产品价值也可称为中间投入。

各个部门具体计算增加值的方法有所不同：

（1）在农业、工业（采矿业和制造业）、建筑业等生产物质产品的部门，各个企业的增加值应该等于总产值减去实际消耗的中间产品支出以后的余额。但是，在一些国家的实际核算工作中，通常利用会计账户中的全部产品的销售收入（销售值）代替总产值，用购买中间产品的全部支出代替实际消耗的中间产品支出。

（2）在商业、运输业、生活服务业、金融业等不创造物质产品的营利性服务部门，各个企业的增加值，等于全部营业收入减去从事经营活动所需向其他企业购买的产品和劳务的全部支出以后所剩下来的纯收入。

（3）在卫生、教育、宗教团体、慈善机关、政府等非营利性服务部门，以各个单位的"劳务价值"作为增加值。非营利性服务单位的"劳务价值"是用职员薪金和工人工资的总额表示的。

（4）直接为个人或家庭提供劳务的个体，如房屋出租者、保姆、厨师、家庭教师和其他自由职业者等，他们的增加值也是用"劳务价值"来代替的。出租房屋的劳务价值，等于房租收入减去维修费用；个体服务者的劳务价值，就是他们工资或报酬的金额。

净增加值计算公式为

$$净增加值 = 增加值 - 固定资产折旧$$
$$= 总产出 - （中间投入 + 固定资产折旧）$$
$$= 总产出 - 消耗的全部生产资料价值$$

在净增加值中，扣除掉劳务价值以后就是物质产品的净产值。

（四）最终产值

最终产值是从使用角度表示的生产总量指标。在生产物质产品的部门，凡是本期生产、本期不再加工、可供社会最终消费和使用的产品，叫做最终产品。最终产品加上中间产品就是总产品。总产品的货币表现就是总产值。以货币额表示的最终产品价值，连同劳务收入，就是最终产值。它的实物内容包括用于生活消费的消费品和劳务，用于补偿消耗掉的固定资产，因扩大生产规模而增加的固定资产和流动资产，以及用于出口的产品。

最终产值的计算公式为

$$最终产值 = 全部消费品和劳务的价值 + 固定资产折旧$$
$$+ 新增的固定资产和流动资产价值 + 出口产品净值$$

在上式中，"新增的固定资产和流动资产价值"就是"净投资额"，"净投资额"加上"固定资产折旧"就是"总投资额"，"出口产品净值"等于"出口产品总值"减去"进口产品总值"。因此，上式也可写成

最终产值 = 全部消费品和劳务价值 + 总投资额 + （出口产品总值 - 进口产品总值）

= 总产出 - 全部消耗的中间产品价值

最终产值的实物内容与增加值的实物内容是一致的，两者的计算结果也是相等的。可以说，最终产值是增加值的使用，增加值是最终产值的生产。就整个国民经济而言，增加值的总和或者最终产值的总和，就是国内生产总值或国民生产总值。

每一个生产总量指标都有它的意义和作用，也各有各的局限性。从数量上研究各种问题时，如果了解各个指标的性质、特点而且选用恰当，就能发挥它们正确描述和分析的经济作用，避免消极影响。指标本身无罪，滥用指标则有过。

第二节　国内生产总值核算

一、国内生产总值的含义和计算方法

我国的经济发展目标是以人均国内生产总值的增长作为依据的，因此，国内生产总值是全国人民关心的总量指标，也是国民经济核算体系的中心指标。

国内生产总值（Gross Domestic Product，GDP），就是在一个国家的领土范围内，所有常住单位，在一定时期内所生产的最终产品和劳务的总和。在以上定义中，生产的主体是在本国领土上的"常住单位"，它既包括本国的企业、政府和个人，也包括居住一年以上的外国的企业和个人；时间界限："一定时期"，通常是一年；地域范围，只限于本国领土境内生产的产品和劳务；这个总量是以市场价格估价的货币额表示的。

国内生产总值表示国民经济生产的成果，它也是国民经济分配的来源和国民经济使用的基础。国内生产总值可以分别从生产、分配和使用三个方面加以表现，相应地可以分别用三种方法——生产法、收入法和支出法进行计算。从生产方面来看，国内生产总值是国内总产出的一部分，它的生产指标体系可以用图11-1表示。

图11-1表示，物质产品生产部门的活动成果主要是社会产品，它的总量指标是总产值。服务部门的活动成果是劳务，它的总量指标是总收入，两者合计就

是总产出。从总产出的转移价值构成来看，它包括中间投入和增加值。中间投入应该用在生产过程中实际消耗的产品和劳务的货币额表示。如用会计数据，则可用购买的产品和劳务的支出总额来代替。在增加值中，包含全社会的固定资产折旧以及物质产品生产部门的全部净产值和服务部门的全部净收入。整个国民经济的增加值总和就是国内生产总值。

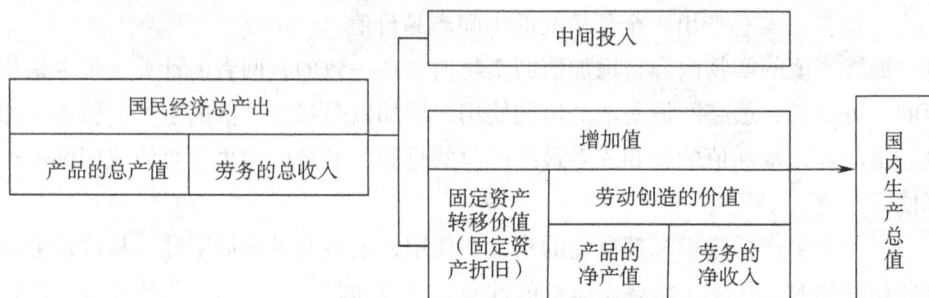

图 11-1　国民经济生产指标体系

计算国内生产总值的生产法为

$$\sum 增加值 = 国民经济总产出 - 全部中间投入$$

$$= 全部劳动者新创造的价值 + 全部固定资产折旧$$

用生产法计算的国内生产总值，可以定义为增加值的总和。国内生产总值是按国土原则计算的。如果按国民原则计算，则是国民生产总值。

国民生产总值（Gross National Product，GNP），就是一个国家的国民在一定时期内所生产的最终产品和劳务的总量。在上述定义中，生产的主体是"一个国家的国民"，它包括该国的企业、政府和个人；时间界限："一定时期"，通常是一年；地域跨度，既包括国民在国内生产的产品和劳务，又包括国民在国外生产的产品和劳务；这个总量也是以市场价格估价的货币额表示的。

国内生产总值与国民生产总值之间相差一个"国外要素收入净额"，它等于"本国投在国外的资本和劳动的收入"减去"外国投在本国的资本和劳动的收入"以后的余额。因此，只要掌握了"国外要素收入净额"数据，国内生产总值与国民生产总值是可以互相换算的。即

$$GDP = GNP - 国外要素收入净额$$

或

$$GNP = GDP + 国外要素收入净额$$

根据国民在国内和国外投资、投入的劳动所计算的国民生产总值，较适宜于反映国民的收入。如果把国民生产总值看作国民的收入指标，它就成为国民总收入（Gross National Income，GNI）。

二、国内生产净值的含义和计算方法

国内生产净值（Net Domestic Product，NDP），就是一个国家领土范围内的常住单位，在一定时期内所生产的不包含生产资料转移价值的产品和劳务的货币净额（它按市场价格估价）。它等于 GDP 扣除当年固定资产消耗价值（即折旧）后的那部分货币额。它表示能够用于消费以及追加固定资产和流动资产（即净投资）的产品与劳务的总量。

$$NDP = DNP - 固定资产折旧$$

$$= \sum 净增加值$$

$$= 物质产品生产部门的净产值 + 服务部门的净收入$$

按国民原则计算的净增加值总和，就是国民生产净值（Net National Product，NNP）。

$$NNP = NDP + 国外要素收入净额$$

把 NNP 也看作国民的收入指标，它就是国民净收入（Net National Income，NNI）。

三、国内生产总值及其相关指标的数据应用

根据 GDP 和 NDP 等总量指标的数据，可以作以下主要的统计分析：

（一）一国（或一地区）的经济水平

各国（或各地区）的经济水平通常通过计算人均指标加以反映和比较。

$$\frac{每人平均 GNP}{（GDP 或 NDP）} = \frac{全年 GNP（GDP 或 NDP）}{年平均人口数}$$

表 11-1 中的指标是按各年的当年价格计算的。如要确切反映各年的增长情况，各年的指标应按同一年的可比价格计算，然后计算各年的增长率或一段时期的平均增长率。

表 11-1　我国 2001~2006 年的经济水平[①]

年　份	GDP/亿元	人均 GDP/元	年　份	GDP/亿元	人均 GDP/元
2001	109 655.2	8 622	2004	159 878.3	12 336
2002	120 332.7	9 398	2005	183 867.9	14 103
2003	135 822.8	10 542	2006	210 871.0	16 084

① 资料来源：《中国统计年鉴 2007》。

若进行国际比较，各国的人均 GDP 必须统一折算为某一国的货币额。

（二）产业结构

研究产业结构，可通过计算各个产业的增加值占 GDP 的比重（见表 11-2），进而作动态或国际（地区）间比较。

表 11-2 我国三大产业增加值占 GDP 的比重（按当年价格计算）[①]

年　份	第一产业（％）	第二产业（％）	第三产业（％）	年　份	第一产业（％）	第二产业（％）	第三产业（％）
2001	14.4	45.1	40.5	2004	13.4	46.2	40.4
2002	13.7	44.8	41.5	2005	12.5	47.5	40.0
2003	12.8	46.0	41.2	2006	11.7	48.9	39.4

① 资料来源：《中国统计年鉴 2007》。

从表 11-2 各个产业增加值占 GDP 的比重看，我国第一产业的比重下降为 20% 不到；第二产业占 50% 左右；第三产业占 30% 多一些。

（三）经济增长情况

分析经济增长情况，一般需要计算 GDP 的增长率（增长速度）。

$$某年 GDP 的增长率 = \frac{某年 GDP}{前一年 GDP} - 1$$

利用 GDP 的时间序列数据时，如各年 GDP 是按现价计算的，则必须将各年的指标值按同一年的可比价格加以调整。

我国 2001～2006 年间经济增长情况如表 11-3 所示。

表 11-3 2001～2006 年我国 GDP 和人均 GDP 的增长率[①]

年　份	GDP（％）	人均 GDP（％）	年　份	GDP（％）	人均 GDP（％）
2001	8.3	7.5	2004	10.1	9.4
2002	9.1	8.4	2005	10.4	9.8
2003	10.0	9.3	2006	11.1	10.5

注：本表资料按可比价格计算。

① 资料来源：根据《中国统计年鉴 2007》有关数字计算。

在 2001～2006 年间，各年的人均 GDP 增长率都低于 GDP 增长率，这是由于各年的人口增长率高于 GDP 增长率。

四、生产账户

在国民经济核算体系中，需要设置国民经济范围的生产收入分配、消费、投

资和国际经济往来（国外）等综合性账户，编制"T"字式和矩阵式平衡表，利用会计中的借贷原理和复式记账方法，系统地记录国内生产总值和国民收入，从生产，经分配，到使用过程中的各种流量以及资产、负债的存量等。这种建立在账户体系基础上的国内生产总值和国民收入统计，使数据更加系统、深入和正确。

根据会计原则，在"T"字式账户平衡表中，借方和贷方的主要内容如表11-4 所示。

表11-4　"T"字式账户平衡表

贷　　方	借　　方
收入增加	支出增加
资金来源	资金使用（去向）
负债增加	资产增加

生产账户是综合性账户体系中的第一个账户。它的设置可以反映生产成果的来源和使用。生产账户可以分别以总产出、国内生产总值（增加值总和或最终产值总和）和销售值作为起点。起点不同，生产账户的内容和形式不同。以总产出作为起点的生产账户如表11-5 所示。其中，总产出 = 中间投入 + 增加值。

表11-5　生产账户　　　　　　　　　　单位：亿元

使　　用		来　　源	
中间投入	3 775	总产出	8 854
增加值总和（GDP）	5 079	—	—
合　　计	8 854	合　　计	8 854

以增加值作为起点的生产账户如表11-6 所示。其中，增加值总和 GDP = 固定资产折旧 + 净增加值。

表11-6　生产账户　　　　　　　　　　单位：亿元

使　　用		来　　源	
固定资产折旧	598	增加值总和（GDP）	5 079
净增加值	4 491	—	—
合　　计	5 079	合　　计	5 079

以最终产值作为起点的生产账户如表 11-7 所示。其中，最终产值总和 GDP = 消费支出 + 总投资支出 + 出口净值，消费支出 = 消费品支出 + 劳务支出，总投资支出 = 固定资产折旧 + 净投资支出，出口产品净值 = 出口总值 – 进口总值。

表 11-7　生产账户　　　　　　　　　　　单位：亿元

使　　用		来　　源	
消费品和劳务	4 058	最终产值总和（即 GDP）	5 079
固定资产折旧	598		
净投资	391		
出口产品净值	32		
合　　计	5 079		5 079

以销售值作为起点的生产账户如表 11-8 所示。其中，$\dfrac{消费品和劳务}{销售收入}$ + $\dfrac{生产资料}{销售收入}$ + $\dfrac{出口产品}{销售收入}$ = $\dfrac{国内生产}{总支付}$ + $\dfrac{进口产品}{总支付}$，国内生产总支付 = 国内生产总值。

表 11-8　生产账户　　　　　　　　　　　单位：亿元

使　　用		来　　源	
国内生产总支付	5 079	消费品和劳务销售收入	4 058
进口产品总支付	1 093	生产资料销售收入	989
—	—	出口产品销售收入	1 125
合　　计	6 172	合　　计	6 172

不同起点的生产账户，分别反映各组指标之间的相互平衡关系。这些关系与前面所讲的一系列生产总量指标计算公式中所反映的关系是一致的。

本 章 小 结

（1）国民经济生产总量由以下指标构成：国民经济总产出、销售值、增加值、净增加值、最终产值等。

（2）国内生产总值可以采用生产法、分配法和使用法三种方法来计算。

重 要 概 念

生产总量　国民经济总产出　增加值　净增加值　国内生产总值（GDP）
国民生产总值（GNP）　国内生产净值（NDP）　国民生产净值（NNP）
国民净收入（NNI）

练 习 题

1. 狭义生产和广义生产的概念是什么？

2. 国民经济生产总量的含义是什么？

3. 国民经济生产总量的计算主体范围和计算方法的主体原则是什么？

4. 反映生产总量的指标有哪些？如何计算？

5. 国内生产总值和国内生产净值的含义和计算方法是什么？

附录

常用统计表

表1 正态分布概率表

t	$F(t)$	t	$F(t)$	t	$F(t)$	t	$F(t)$
0.00	0.000 0	0.31	0.243 4	0.62	0.464 7	0.93	0.647 6
0.01	0.008 0	0.32	0.251 0	0.63	0.471 3	0.94	0.652 8
0.02	0.016 0	0.33	0.258 6	0.64	0.477 8	0.95	0.657 9
0.03	0.023 9	0.34	0.266 1	0.65	0.484 3	0.96	0.692 9
0.04	0.031 9	0.35	0.273 7	0.66	0.490 7	0.97	0.668 0
0.05	0.039 9	0.36	0.281 2	0.67	0.497 1	0.98	0.672 9
0.06	0.047 8	0.37	0.288 6	0.68	0.503 5	0.99	0.677 8
0.07	0.055 8	0.38	0.296 1	0.69	0.509 8	1.00	0.682 7
0.08	0.063 8	0.39	0.303 5	0.70	0.516 1	1.01	0.687 5
0.09	0.071 7	0.40	0.310 8	0.71	0.522 3	1.02	0.692 3
0.10	0.079 7	0.41	0.318 2	0.72	0.528 5	1.03	0.697 0
0.11	0.087 6	0.42	0.325 5	0.73	0.534 6	1.04	0.701 7
0.12	0.095 5	0.43	0.332 8	0.74	0.540 7	1.05	0.706 3
0.13	0.103 4	0.44	0.340 1	0.75	0.546 7	1.06	0.710 9
0.14	0.111 3	0.45	0.347 3	0.76	0.552 7	1.07	0.715 4
0.15	0.119 2	0.46	0.354 5	0.77	0.558 7	1.08	0.719 9
0.16	0.127 1	0.47	0.361 6	0.78	0.564 6	1.09	0.724 3
0.17	0.135 0	0.48	0.368 8	0.79	0.570 5	1.10	0.728 7
0.18	0.142 8	0.49	0.375 9	0.80	0.576 3	1.11	0.733 0
0.19	0.150 7	0.50	0.382 9	0.81	0.582 1	1.12	0.737 3
0.20	0.158 5	0.51	0.389 9	0.82	0.587 8	1.13	0.741 5
0.21	0.166 3	0.52	0.396 9	0.83	0.593 5	1.14	0.745 7
0.22	0.174 1	0.53	0.403 9	0.84	0.599 1	1.15	0.749 9
0.23	0.181 9	0.54	0.410 8	0.85	0.604 7	1.16	0.754 0
0.24	0.189 7	0.55	0.417 7	0.86	0.610 2	1.17	0.758 0
0.25	0.197 4	0.56	0.424 5	0.87	0.615 7	1.18	0.762 0
0.26	0.205 1	0.57	0.431 3	0.88	0.621 1	1.19	0.766 0
0.27	0.212 8	0.58	0.438 1	0.89	0.626 5	1.20	0.769 9
0.28	0.220 5	0.59	0.444 8	0.90	0.631 9	1.21	0.773 7
0.29	0.228 2	0.60	0.451 5	0.91	0.637 2	1.22	0.777 5
0.30	0.235 8	0.61	0.458 1	0.92	0.642 4	1.23	0.781 3

（续）

t	$F(t)$	t	$F(t)$	t	$F(t)$	t	$F(t)$
1.24	0.785 0	1.58	0.885 9	1.92	0.945 1	2.52	0.988 3
1.25	0.788 7	1.59	0.888 2	1.93	0.946 4	2.54	0.988 9
1.26	0.792 3	1.60	0.890 4	1.94	0.947 6	2.56	0.989 5
1.27	0.795 9	1.61	0.892 6	1.95	0.948 8	2.58	0.990 1
1.28	0.799 5	1.62	0.894 8	1.96	0.950 0	2.60	0.990 7
1.29	0.803 0	1.63	0.896 9	1.97	0.951 2	2.62	0.991 2
1.30	0.806 4	1.64	0.899 0	1.98	0.952 3	2.64	0.991 7
1.31	0.809 8	1.65	0.901 1	1.99	0.953 4	2.66	0.992 2
1.32	0.813 2	1.66	0.903 1	2.00	0.954 5	2.68	0.992 6
1.33	0.816 5	1.67	0.905 1	2.02	0.956 6	2.70	0.993 1
1.34	0.819 8	1.68	0.907 0	2.04	0.958 7	2.72	0.993 5
1.35	0.823 0	1.69	0.909 0	2.06	0.960 6	2.74	0.993 9
1.36	0.826 2	1.70	0.909 9	2.08	0.962 5	2.76	0.994 2
1.37	0.829 3	1.71	0.912 7	2.10	0.964 3	2.78	0.994 6
1.38	0.832 4	1.72	0.914 6	2.12	0.966 0	2.80	0.994 9
1.39	0.835 5	1.73	0.916 4	2.14	0.967 6	2.82	0.995 2
1.40	0.838 5	1.74	0.918 1	2.16	0.969 2	2.84	0.995 5
1.41	0.841 5	1.75	0.919 9	2.18	0.970 7	2.86	0.995 8
1.42	0.844 4	1.76	0.921 6	2.20	0.972 2	2.88	0.996 0
1.43	0.847 3	1.77	0.923 3	2.22	0.973 6	2.90	0.996 2
1.44	0.850 1	1.78	0.924 9	2.24	0.974 9	2.92	0.996 5
1.45	0.852 9	1.79	0.926 5	2.26	0.976 2	2.94	0.996 7
1.46	0.855 7	1.80	0.928 1	2.28	0.977 4	2.96	0.996 9
1.47	0.858 4	1.81	0.929 7	2.30	0.978 6	2.98	0.997 1
1.48	0.861 1	1.82	0.931 2	2.32	0.979 7	3.00	0.997 3
1.49	0.863 8	1.83	0.932 8	2.34	0.980 7	3.20	0.993 6
1.50	0.866 4	1.84	0.934 2	2.36	0.981 7	3.40	0.999 3
1.51	0.869 0	1.85	0.935 7	2.38	0.982 7	3.60	0.999 68
1.52	0.871 5	1.86	0.937 1	2.40	0.983 6	3.80	0.999 86
1.53	0.874 0	1.87	0.938 5	2.42	0.984 5	4.00	0.999 94
1.54	0.876 4	1.88	0.939 9	2.44	0.985 3	4.50	0.999 993
1.55	0.878 9	1.89	0.941 2	2.46	0.986 1	5.00	0.999 999
1.56	0.881 2	1.90	0.942 6	2.48	0.986 9		
1.57	0.883 6	1.91	0.943 9	2.50	0.987 6		

表2 χ^2 分布表

n	$\alpha=0.995$	$\alpha=0.99$	$\alpha=0.975$	$\alpha=0.95$	$\alpha=0.05$	$\alpha=0.025$	$\alpha=0.01$	$\alpha=0.005$	n
1	0.000 039 3	0.000 157	0.000 982	0.003 93	3.841	5.024	6.635	7.879	1
2	0.100	0.020 1	0.050 6	0.103	5.991	7.378	9.210	10.579	2
3	0.007 17	0.115	0.216	0.352	7.815	9.348	11.345	12.838	3
4	0.207	0.297	0.484	0.711	9.488	11.143	13.277	14.860	4
5	0.412	0.554	0.831	1.145	11.070	12.832	15.086	16.750	5
6	0.676	0.872	1.237	1.635	12.592	14.449	16.812	18.548	6
7	0.989	1.239	1.690	2.167	14.067	16.013	18.475	20.278	7
8	1.344	1.646	2.180	2.733	15.507	17.535	20.090	21.955	8
9	1.735	2.088	2.700	3.325	16.919	19.023	21.666	23.589	9
10	2.156	2.558	3.247	3.940	18.307	20.483	23.209	25.188	10
11	2.603	3.053	3.186	4.575	19.675	21.920	24.725	26.757	11
12	3.074	3.571	4.404	5.226	21.026	23.337	26.217	28.300	12
13	3.565	4.107	5.009	5.892	22.362	24.736	27.688	29.819	13
14	4.076	4.660	5.629	6.571	23.685	26.119	29.141	31.319	14
15	4.601	5.229	6.262	7.261	24.996	27.488	30.578	32.801	15
16	5.142	5.812	6.908	7.962	26.296	28.845	32.000	34.267	16
17	5.697	6.408	7.564	8.672	27.587	30.191	33.409	35.718	17
18	6.265	7.015	8.231	9.390	28.869	31.526	34.805	37.156	18
19	6.844	7.633	8.907	10.117	30.144	32.852	36.191	38.582	19
20	7.434	8.260	9.591	10.851	31.410	34.170	37.566	39.997	20
21	8.034	8.897	10.283	11.591	32.671	35.479	38.932	41.401	21
22	8.643	9.542	10.982	12.338	33.924	36.781	40.289	42.796	22
23	9.260	10.196	11.689	13.091	35.172	38.076	41.638	44.181	23
24	9.886	10.856	12.401	13.848	36.415	39.364	42.980	45.558	24
25	10.520	11.524	13.120	14.611	37.652	40.646	44.314	46.928	25
26	11.160	12.198	13.844	15.379	38.885	41.923	45.642	48.290	26
27	11.808	12.879	14.573	16.151	40.113	43.194	46.963	49.645	27
28	12.461	13.565	15.308	16.928	41.337	44.461	48.278	50.993	28
29	13.121	14.256	16.047	17.708	42.557	45.722	49.588	52.336	29
30	13.787	14.953	16.791	18.493	43.773	46.979	50.892	53.672	30

表3　F分布表

例：自由度 $n_1 = 5$，$n_2 = 10$，$P(F > 3.33) = 0.05$

$P(F > 5.64) = 0.01$

注：n_2 中，下面的字是1%的显著水平，上面的为5%的显著水平。

n_2 \ n_1	分子的自由度 1	2	3	4	5	6	7	8	9	10	11	12
1	161	200	216	225	230	234	237	239	241	242	243	244
	4 052	4 999	5 403	5 625	5 764	5 859	5 928	5 981	6 022	6 056	6 082	6 106
2	18.51	19.00	19.16	19.25	19.30	19.33	19.36	19.37	19.38	19.39	19.40	19.41
	98.49	99.00	99.17	99.25	99.30	99.33	99.34	99.36	99.38	99.40	99.41	99.42
3	10.13	9.55	9.28	9.12	9.01	8.94	8.88	8.84	8.81	8.78	8.76	8.74
	34.12	30.82	29.46	28.71	28.24	27.91	27.67	27.49	27.34	27.23	27.13	27.05
4	7.71	6.94	6.59	6.39	6.26	6.16	6.09	6.04	6.00	5.96	5.93	5.91
	21.20	18.01	16.69	15.98	15.52	15.21	14.98	14.80	14.66	14.54	14.45	14.37
5	6.61	5.79	5.41	5.19	5.05	4.95	4.88	4.82	4.78	4.74	4.70	4.68
	16.26	13.27	12.06	11.39	10.97	10.67	10.45	10.27	20.15	10.05	9.96	9.89
6	5.99	5.14	4.76	4.53	4.39	4.28	4.21	4.15	4.10	4.06	4.03	4.00
	13.74	10.92	9.78	9.15	8.75	8.47	8.26	8.10	7.98	7.87	7.79	7.72
7	5.59	4.74	4.35	4.12	3.97	3.87	3.79	3.73	3.68	3.63	3.60	3.57
	12.25	9.55	8.45	7.85	7.46	7.19	7.00	6.84	6.71	6.62	6.54	6.47
8	5.32	4.46	4.07	3.84	3.69	3.58	3.50	3.44	3.39	3.34	3.31	3.28
	11.26	8.65	7.59	7.01	6.63	6.37	6.19	6.03	5.91	5.82	5.74	5.67
9	5.12	4.26	3.86	3.63	3.48	3.37	3.29	3.23	3.18	3.13	3.10	3.07
	10.56	8.02	6.99	6.42	6.06	5.80	5.62	5.47	5.35	5.26	5.18	5.11
10	4.96	4.10	3.71	3.48	3.33	3.22	3.14	3.07	3.02	2.97	2.94	2.91
	10.04	7.56	6.55	5.99	5.64	5.39	5.21	5.06	4.95	4.85	4.78	4.71
11	4.84	3.98	3.59	3.36	3.20	3.09	3.01	2.95	2.90	2.86	2.82	2.79
	9.65	7.20	6.22	5.67	5.32	5.07	4.88	4.74	4.63	4.54	4.46	4.40
12	4.75	3.88	3.49	3.26	3.11	3.00	2.92	2.85	2.80	2.76	2.72	2.69
	9.33	6.93	5.95	5.41	5.06	4.82	4.65	4.50	4.39	4.30	4.22	4.16
13	4.67	3.80	3.41	3.18	3.02	2.92	2.84	2.77	2.72	2.67	2.63	2.60
	9.07	6.70	5.74	5.20	4.86	4.62	4.44	4.30	4.19	4.10	4.02	3.96
14	4.60	3.74	3.24	3.11	2.96	2.85	2.77	2.70	2.65	2.60	2.56	2.53
	8.86	6.51	5.56	5.03	4.69	4.46	4.28	4.14	4.03	3.94	3.86	3.80
15	4.54	3.68	3.29	3.06	2.90	2.79	2.70	2.64	2.59	2.55	2.51	2.48
	8.68	6.36	5.42	4.89	4.56	4.32	4.14	4.00	3.89	3.80	3.73	3.67
16	4.49	3.63	3.34	3.01	2.85	2.74	2.66	2.59	2.54	2.49	2.45	2.42
	8.53	6.23	5.29	4.77	4.44	4.20	4.03	3.89	3.78	3.69	3.61	3.55
17	4.45	3.59	3.20	2.96	2.81	2.70	2.62	2.55	2.50	2.45	2.41	2.38
	8.40	6.11	5.18	4.67	4.34	4.10	3.93	3.79	3.68	3.59	3.52	3.45
18	4.41	3.55	3.16	2.93	2.77	2.66	2.58	2.51	2.46	2.41	2.37	2.34
	8.28	6.01	5.09	4.58	4.25	4.01	3.85	3.71	3.60	3.51	3.44	3.37
19	4.38	3.52	3.13	2.90	2.74	2.63	2.55	2.48	2.43	2.38	2.34	2.31
	8.18	5.93	5.01	4.50	4.17	3.94	3.77	3.63	3.52	3.43	3.36	3.30
20	4.35	3.49	3.10	2.87	2.71	2.60	2.52	2.45	2.40	2.35	2.31	2.28

（分母的自由度）

（续）

n_2 \ n_1	1	2	3	4	5	6	7	8	9	10	11	12
						分 子 的 自 由 度						
21	8.10	5.85	4.94	4.43	4.10	3.87	3.71	3.56	3.45	3.37	3.30	3.23
	4.32	3.47	3.07	2.84	2.68	2.57	2.49	2.42	2.37	2.32	2.23	2.25
22	8.02	5.78	4.87	4.37	4.04	3.81	3.65	3.51	3.40	3.31	3.24	3.17
	4.30	3.44	3.05	2.82	2.66	2.55	2.47	2.40	2.35	2.30	2.26	2.23
23	7.94	5.72	4.82	4.31	3.99	3.76	3.59	3.45	3.35	3.26	3.18	3.12
	4.28	3.42	3.03	2.80	2.64	2.53	2.45	2.38	2.32	2.28	2.24	2.20
24	7.88	5.66	4.76	4.26	3.94	3.71	3.54	3.41	3.30	3.21	3.14	3.07
	4.26	3.40	3.01	2.78	2.62	2.51	2.43	2.36	2.30	2.26	2.22	2.18
25	7.82	5.61	4.72	4.22	3.90	3.67	3.50	3.36	3.25	3.17	3.09	3.03
	4.24	3.38	2.99	2.76	2.60	2.49	2.41	2.32	2.28	2.24	2.20	2.16
26	7.77	5.57	4.68	4.18	3.86	3.63	3.46	3.34	3.21	3.13	3.05	2.99
	4.22	3.37	2.98	2.74	2.59	2.47	2.39	2.32	2.27	2.22	2.18	2.15
27	7.72	5.53	4.64	4.14	3.82	3.59	3.42	3.29	3.17	3.09	3.02	2.96
	4.21	3.35	2.96	2.73	2.57	2.46	2.37	2.30	2.25	2.20	2.16	2.13
28	7.68	5.49	4.60	4.11	3.79	3.56	3.39	3.26	3.14	3.06	2.98	2.93
	4.20	3.34	2.95	2.71	2.56	2.44	2.36	2.29	2.24	2.19	2.15	2.12
29	7.64	5.45	4.57	4.07	3.76	3.53	3.36	3.23	3.11	3.03	2.95	2.90
	4.18	3.33	2.93	2.70	2.54	2.43	2.35	2.28	2.22	2.18	2.14	2.10
30	7.60	5.42	4.54	4.04	3.73	3.50	3.33	3.20	3.08	3.00	2.92	2.87
	4.17	3.32	2.92	2.69	2.53	2.42	2.34	2.27	2.21	2.16	2.12	2.09
32	7.56	5.39	4.51	4.02	3.70	3.47	3.30	3.17	3.06	2.98	2.90	2.84
	4.15	3.30	2.90	2.67	2.51	2.40	2.32	2.25	2.19	2.14	2.10	2.07
34	7.50	5.34	4.46	3.97	3.66	3.42	3.25	3.12	3.01	2.94	2.86	2.80
	4.13	3.28	2.88	2.65	2.49	2.38	2.30	2.23	2.17	2.12	2.08	2.50
36	7.44	5.29	4.42	3.93	6.61	3.38	3.21	3.08	2.97	2.89	2.82	2.76
	4.11	3.26	2.86	2.63	2.48	2.36	2.28	2.21	2.15	2.10	2.06	2.03
38	7.39	5.25	4.38	3.80	3.58	3.35	3.18	3.04	2.94	2.86	2.78	2.72
	4.10	3.25	2.85	2.62	2.46	2.35	2.26	2.19	2.14	2.09	2.05	2.02
40	7.35	5.21	4.34	3.86	3.54	3.32	3.15	3.02	2.91	2.82	2.75	2.69
	4.08	3.23	2.84	2.61	2.45	2.34	2.25	2.18	2.12	2.07	2.04	2.00
42	7.31	5.18	4.31	3.83	3.51	3.29	3.12	2.99	2.88	2.80	2.73	2.66
	4.07	3.22	2.83	2.59	2.44	2.32	2.24	2.17	2.11	2.06	2.02	1.99
44	7.27	5.15	4.29	3.80	3.49	3.26	3.10	2.96	2.86	2.77	2.70	2.64
	4.06	3.21	2.82	2.58	2.43	2.31	2.23	2.16	2.10	2.05	2.01	1.98
46	7.24	5.12	4.26	3.78	3.46	3.24	3.07	2.94	2.84	2.75	2.68	2.62
	4.05	3.20	2.81	2.57	2.42	2.30	2.22	2.14	2.09	2.04	2.00	1.97
48	7.21	5.10	4.24	3.76	3.44	3.22	3.05	2.92	2.82	2.73	2.66	2.60
	4.04	3.19	2.80	2.56	2.41	2.30	2.21	2.14	2.08	2.03	1.99	1.96
50	7.19	5.08	4.22	3.74	3.42	3.20	3.04	2.90	2.80	2.71	2.64	2.58
	4.03	3.18	2.79	2.56	2.40	2.29	2.20	2.13	2.07	2.02	1.98	1.95
55	7.17	5.06	4.20	3.72	3.41	3.18	3.02	2.88	2.78	2.70	2.62	2.56
	4.02	3.17	2.78	2.54	2.38	2.27	2.18	2.11	2.05	2.00	1.97	1.93

分母的自由度

（续）

n_2 \ n_1	分子的自由度											
	1	2	3	4	5	6	7	8	9	10	11	12
	7.12	5.01	4.16	3.68	3.37	3.15	2.98	2.85	2.75	2.66	2.59	2.53
60	4.00	3.15	2.76	2.52	2.37	2.25	2.17	2.10	2.04	1.99	1.95	1.92
	7.08	4.98	4.13	3.65	3.24	3.12	2.95	2.82	2.72	2.63	2.56	2.50
65	3.99	3.14	2.75	2.51	2.36	2.24	2.15	2.08	2.02	1.98	1.94	1.90
	7.04	4.95	4.10	3.62	3.31	3.09	2.93	2.79	2.70	2.61	2.54	2.47
70	3.98	3.13	2.74	2.50	2.35	2.23	2.14	2.07	2.01	1.97	1.93	1.89
	7.01	4.92	4.08	3.60	3.29	3.07	2.91	2.77	2.67	2.59	2.51	2.45
80	3.96	3.11	2.72	2.48	2.33	2.21	2.12	2.05	1.99	1.95	1.91	1.88
	6.96	4.88	4.04	3.56	3.25	3.04	2.87	2.74	2.64	2.55	2.48	2.41
100	3.94	3.09	2.70	2.46	2.30	2.19	2.10	2.03	1.97	1.92	1.88	1.85
	6.90	4.82	3.98	3.51	3.20	2.99	2.82	2.69	2.59	2.51	2.43	2.36
125	3.92	3.07	2.68	2.44	2.29	2.17	2.08	2.01	1.95	1.90	1.86	1.83
	6.84	4.78	3.94	3.47	3.17	2.95	2.79	2.65	2.56	2.47	2.40	2.33
150	3.91	3.06	2.67	2.43	2.27	2.16	2.07	2.00	1.94	1.89	1.85	1.82
	6.81	4.75	3.91	3.44	3.14	2.92	2.76	2.62	2.53	2.44	2.37	2.30
200	3.89	3.04	2.65	2.41	2.26	2.14	2.05	1.98	1.92	1.87	1.83	1.80
	6.76	4.71	3.88	3.41	3.11	2.90	2.73	2.60	2.50	2.41	2.34	2.28
400	3.86	3.02	2.62	2.39	2.23	2.12	2.03	1.96	1.90	1.85	1.81	1.78
	6.70	4.66	3.83	3.36	3.06	2.85	2.69	2.55	2.46	2.37	2.29	2.33
1 000	3.85	3.00	1.61	2.38	2.22	2.10	2.02	1.95	1.89	1.84	1.80	1.76
	6.66	4.62	3.80	3.34	3.04	2.82	2.66	2.53	2.43	2.34	2.26	2.20
∞	3.84	2.99	2.60	2.37	2.21	2.09	2.01	1.94	1.88	1.83	1.79	1.75
	6.64	4.60	3.78	3.32	3.02	2.80	2.64	2.51	2.41	2.32	2.24	2.18

分母的自由度

n_2 \ n_1	分子的自由度											
	14	16	20	24	30	40	50	75	100	200	500	∞
1	245	246	248	249	250	251	252	253	253	254	254	254
	6 142	6 169	6 208	6 234	6 258	6 286	6 302	6 323	6 334	6 352	6 361	6 366
2	19.42	19.43	19.44	19.45	19.46	19.47	19.47	19.48	19.49	19.49	19.50	19.50
	99.43	99.44	99.45	99.46	99.47	99.48	99.48	99.49	99.49	99.49	99.50	99.50
3	8.71	8.69	8.66	8.64	8.62	8.60	8.58	8.57	8.56	8.54	8.54	8.53
	26.92	26.83	26.69	26.60	26.50	26.41	26.35	26.27	26.23	26.18	26.14	26.12
4	5.87	5.84	5.80	5.77	5.74	5.71	5.70	5.68	5.66	5.65	5.64	5.63
	14.24	14.15	14.02	13.93	13.83	13.74	13.69	13.61	13.57	13.52	13.48	13.46
5	4.64	4.60	4.56	4.53	4.50	4.46	4.44	4.42	4.40	4.38	4.37	4.36
	9.77	9.68	9.55	9.47	9.38	9.29	9.24	9.17	9.13	9.07	9.04	9.02
6	3.96	3.92	3.87	3.84	3.81	3.77	3.75	3.72	3.71	3.69	3.68	3.67
	7.60	7.52	7.39	7.31	7.23	7.14	7.09	7.02	6.99	6.94	6.90	6.88
7	3.52	3.49	3.44	3.41	3.38	3.34	3.32	3.29	3.28	3.25	3.24	3.23
	6.35	6.27	6.15	6.07	5.98	5.90	5.85	5.78	5.75	5.70	5.67	5.65
8	3.23	3.20	3.15	3.12	3.08	3.05	3.03	3.00	2.98	2.96	2.94	2.93
	5.56	5.48	5.36	5.28	5.20	5.11	5.06	5.00	4.96	4.91	4.88	4.86
9	3.02	2.98	2.93	2.90	2.86	2.82	2.80	2.77	2.76	2.73	2.72	2.71

分母的自由度

（续）

n_2 \ n_1	14	16	20	24	30	40	50	75	100	200	500	∞
10	5.00	4.92	4.80	4.73	4.64	4.56	4.51	4.45	4.41	4.36	4.33	4.31
	2.86	2.82	2.77	2.74	2.70	2.67	2.64	2.61	2.59	2.56	2.55	2.54
11	4.60	4.52	4.41	4.33	4.25	4.17	4.12	4.05	4.01	3.96	3.93	3.94
	2.74	2.70	2.65	2.61	2.57	2.53	2.50	2.47	2.45	2.42	2.41	2.40
12	4.29	4.21	4.10	4.02	3.94	3.86	3.80	3.74	3.70	3.66	3.62	3.60
	2.64	2.60	2.54	2.50	2.46	2.42	2.40	2.36	2.35	2.32	2.31	2.30
13	4.05	3.98	3.86	3.78	3.70	3.61	3.56	3.49	3.46	3.41	3.38	3.36
	2.55	2.51	2.46	2.42	2.38	2.34	2.32	2.28	2.26	1.24	2.22	2.21
14	3.85	3.78	3.67	3.59	3.15	3.42	3.37	3.30	3.27	3.21	3.18	3.16
	2.48	2.44	2.39	2.35	2.31	2.27	2.24	2.21	2.19	2.16	2.14	2.13
15	3.70	3.62	3.51	3.43	3.34	3.26	3.21	3.14	3.11	3.06	3.02	3.00
	2.43	2.39	2.33	2.29	2.25	2.21	2.18	2.15	2.12	2.10	2.08	2.07
16	3.56	3.48	3.36	3.29	3.20	3.12	3.07	3.00	2.97	2.92	2.89	2.87
	2.37	2.33	2.28	2.24	2.20	2.16	2.13	2.09	2.07	2.04	2.02	2.01
17	3.45	3.37	3.25	3.18	3.10	3.01	2.96	2.89	2.86	2.80	2.77	2.75
	2.33	2.29	2.23	2.19	2.15	2.11	2.08	2.04	2.02	1.99	1.97	1.96
18	3.35	3.27	3.16	3.08	3.00	2.92	2.86	2.79	2.76	2.70	2.67	2.65
	2.29	2.25	2.19	2.15	2.11	2.07	2.04	2.00	1.98	1.95	1.93	1.92
19	3.27	3.19	3.07	3.00	2.91	2.83	2.78	2.71	2.68	2.62	2.59	2.57
	2.26	2.21	2.15	2.11	2.07	2.02	2.00	1.96	1.94	1.91	1.90	1.88
20	3.19	3.12	3.00	2.92	2.84	2.76	2.70	2.63	2.60	2.54	2.51	2.49
	2.23	2.18	2.12	2.08	2.04	1.99	1.96	1.92	1.90	1.87	1.85	1.84
21	3.13	3.05	2.94	2.86	2.77	2.69	2.63	2.56	2.53	2.47	2.44	2.42
	2.20	2.15	2.09	2.05	2.00	1.96	1.93	1.89	1.87	1.84	1.82	1.81
22	3.07	2.99	2.88	2.80	2.72	2.63	2.58	2.51	2.47	2.42	2.38	2.36
	2.18	2.13	2.07	2.03	1.98	1.93	1.91	1.87	1.84	1.81	1.80	1.78
23	3.02	2.94	2.83	2.75	2.67	2.58	2.53	2.46	2.42	2.37	2.33	2.31
	2.14	2.10	2.04	2.00	1.96	1.91	1.88	1.84	1.82	1.79	1.77	1.76
24	2.97	2.89	2.78	2.79	2.62	2.53	2.48	2.41	2.37	2.32	2.28	2.26
	2.13	2.09	2.02	1.98	1.94	1.89	1.86	1.82	1.80	1.76	1.74	1.73
25	2.93	2.85	2.74	2.66	2.58	2.49	2.44	2.36	2.33	2.27	2.23	2.21
	2.11	2.06	2.00	1.96	1.92	1.87	1.84	1.80	1.77	1.74	1.72	1.71
26	2.89	2.81	2.70	2.62	2.54	2.45	2.40	2.32	2.29	2.23	2.19	2.17
	2.10	2.05	1.99	1.95	1.90	1.85	1.82	1.78	1.76	1.72	1.70	1.69
27	2.86	2.77	2.66	2.58	2.50	2.41	2.36	2.28	2.25	2.19	2.15	2.13
	2.08	2.03	1.97	1.93	1.88	1.84	1.80	1.76	1.74	1.71	1.68	1.67
28	2.83	2.74	2.63	2.55	2.47	2.38	2.33	2.25	2.21	2.16	2.12	2.10
	2.06	2.02	1.96	1.91	1.87	1.81	1.78	1.75	1.72	1.69	1.67	1.65
29	2.80	2.71	2.60	2.52	2.44	2.35	2.30	2.22	2.18	2.13	2.09	2.06
	2.05	2.00	1.94	1.90	1.85	1.80	1.77	1.73	1.71	1.68	1.65	1.64
30	2.77	2.68	2.57	2.49	2.41	2.32	2.27	2.19	2.15	2.10	2.06	2.03
	2.04	1.99	1.93	1.89	1.84	1.79	1.76	1.72	1.69	1.66	1.64	1.62

分子的自由度 （ n_1 ）；分母的自由度 （ n_2 ）

（续）

分母的自由度

n_2 \ n_1	分子的自由度											
	14	16	20	24	30	40	50	75	100	200	500	∞
32	2.74	2.66	2.55	2.47	2.38	2.29	2.24	2.16	2.13	2.07	2.03	2.01
	2.02	1.97	1.91	1.86	1.82	1.76	1.74	1.69	1.67	1.64	1.61	1.59
34	2.70	2.62	2.51	2.42	2.34	2.25	2.20	2.12	2.08	2.02	1.98	1.96
	2.00	1.95	1.89	1.84	1.80	1.74	1.71	1.67	1.64	1.61	1.59	1.57
36	2.66	2.58	2.47	2.38	2.30	2.21	2.15	2.08	2.04	1.98	1.94	1.91
	1.98	1.93	1.87	1.82	1.78	1.72	1.69	1.65	1.62	1.59	1.56	1.55
38	2.62	3.54	2.43	2.35	2.26	2.17	2.12	2.04	2.00	1.94	1.90	1.87
	1.96	1.92	1.85	1.80	1.76	1.71	1.67	1.63	1.60	1.57	1.54	1.53
40	2.59	2.51	2.40	2.32	2.22	2.14	2.08	2.00	1.97	1.90	1.86	1.84
	1.95	1.90	1.84	1.79	1.74	1.69	1.66	1.61	1.59	1.55	1.53	1.51
42	2.56	2.49	2.37	2.29	2.20	2.11	2.05	1.97	1.94	1.88	1.84	1.81
	1.94	1.89	1.82	1.78	1.73	1.68	1.64	1.60	1.57	1.54	1.51	1.49
44	2.54	2.46	2.35	2.26	2.17	2.08	2.02	1.94	1.91	1.85	1.80	1.78
	1.92	1.88	1.81	1.76	1.72	1.66	1.63	1.58	1.56	1.52	1.50	1.48
46	2.52	2.44	2.32	2.24	2.15	2.06	2.00	1.92	1.88	1.82	1.78	1.75
	1.91	1.87	1.80	1.75	1.71	1.65	1.62	1.57	1.54	1.51	1.48	1.46
48	2.50	2.42	2.30	2.22	2.13	2.04	1.98	1.90	1.86	1.80	1.76	1.72
	1.90	1.86	1.79	1.74	1.70	1.64	1.61	1.56	1.53	1.50	1.47	1.45
50	2.48	2.40	2.28	2.20	2.11	2.02	1.96	1.88	1.84	1.78	1.73	1.70
	1.90	1.85	1.78	1.74	1.69	1.63	1.60	1.55	1.52	1.48	1.46	1.44
55	2.46	2.39	2.26	2.18	2.10	2.00	1.94	1.86	1.82	1.76	1.71	1.68
	1.88	1.83	1.76	1.72	1.67	1.61	1.58	1.52	1.50	1.46	1.43	1.41
60	2.43	2.35	2.23	2.15	2.06	1.96	1.90	1.82	1.78	1.71	1.66	1.64
	1.86	1.81	1.75	1.70	1.65	1.59	1.56	1.50	1.48	1.44	1.41	1.39
65	2.40	2.32	2.20	2.12	2.03	1.93	1.87	1.79	1.74	1.68	1.63	1.60
	1.85	1.80	1.73	1.68	1.63	1.57	1.54	1.49	1.46	1.42	1.39	1.37
70	2.37	2.30	2.18	2.09	2.00	1.90	1.84	1.76	1.71	1.64	1.60	1.56
	1.84	1.79	1.72	1.67	1.62	1.56	1.53	1.47	1.45	1.40	1.37	1.35
80	2.35	2.28	2.15	2.07	1.98	1.88	1.82	1.74	1.69	1.62	1.56	1.53
	1.82	1.77	1.70	1.65	1.60	1.54	1.51	1.45	1.42	1.38	1.35	1.32
100	2.32	2.24	2.11	2.03	1.94	1.84	1.78	1.70	1.65	1.57	1.52	1.49
	1.79	1.75	1.68	1.63	1.57	1.51	1.48	1.42	1.39	1.34	1.30	1.28
125	2.26	2.19	2.06	1.98	1.89	1.79	1.73	1.64	1.59	1.51	1.46	1.43
	1.77	1.72	1.65	1.60	1.55	1.49	1.45	1.39	1.36	1.31	1.27	1.25
150	2.23	2.15	2.03	1.94	1.85	1.75	1.68	1.59	1.54	1.46	1.40	1.37
	1.76	1.71	1.64	1.59	1.54	1.47	1.44	1.37	1.34	1.29	1.26	1.22
200	2.20	2.12	2.00	1.91	1.83	1.72	1.66	1.56	1.51	1.43	1.37	1.33
	1.74	1.69	1.62	1.57	1.52	1.45	1.42	1.35	1.32	1.26	1.22	1.19
400	2.17	2.09	1.97	1.88	1.79	1.69	1.62	1.53	1.48	1.39	1.33	1.28
	1.72	1.67	1.60	1.54	1.49	1.42	1.38	1.32	1.28	1.22	1.16	1.13
1 000	2.12	2.04	1.92	1.84	1.74	1.64	1.57	1.47	1.42	1.32	1.24	1.19
	1.70	1.65	1.58	1.53	1.47	1.41	1.36	1.30	1.26	1.19	1.13	1.08
∞	2.09	2.01	1.89	1.81	1.71	1.61	1.54	1.44	1.38	1.28	1.19	1.11
	1.67	1.64	1.57	1.52	1.46	1.40	1.35	1.28	1.24	1.17	1.11	1.00
	2.07	1.99	1.87	1.79	1.69	1.59	1.52	1.41	1.36	1.25	1.15	1.00

表4 t分布的临界点

例：自由度 $t=10$，$P(t>1.812)=0.05$，$P(t<-1.812)=0.05$

t \ α	0.25	0.20	0.15	0.10	0.05	0.025	0.01	0.005	0.000 5
1	0.100	1.376	1.963	3.076	6.314	12.706	31.821	63.657	636.619
2	0.816	1.061	1.386	1.886	2.920	4.303	6.965	9.925	31.598
3	0.765	0.978	1.250	1.638	2.353	3.182	4.541	5.841	12.941
4	0.741	0.941	1.190	1.533	2.132	2.776	3.747	4.604	8.610
5	0.727	0.920	1.156	1.476	2.015	2.571	3.365	4.032	6.859
6	0.718	0.906	1.134	1.440	1.943	2.447	3.143	3.707	5.959
7	0.711	0.896	1.119	1.415	1.895	2.365	2.998	3.499	5.405
8	0.706	0.889	1.108	1.397	1.860	2.306	2.896	3.355	5.041
9	0.703	0.883	1.100	1.383	1.833	2.262	2.821	3.250	4.781
10	0.700	0.879	1.093	1.372	1.812	2.228	2.764	3.169	4.587
11	0.697	0.876	1.088	1.363	1.796	2.201	2.718	3.106	4.437
12	0.695	0.873	1.083	1.356	1.782	2.179	2.681	3.055	4.318
13	0.694	0.870	1.079	1.350	1.771	2.160	2.650	3.012	4.221
14	0.692	0.868	1.076	1.345	1.761	2.145	2.624	2.977	4.140
15	0.691	0.866	1.074	1.341	1.753	2.131	2.602	2.947	4.073
16	0.690	0.865	1.071	1.337	1.746	2.120	2.583	2.921	4.015
17	0.689	0.863	1.069	1.333	1.740	2.110	2.567	2.898	3.965
18	0.688	0.862	1.067	1.330	1.734	2.101	2.552	2.878	3.922
19	0.688	0.861	1.066	1.328	1.729	2.093	2.539	2.861	3.883
20	0.687	0.860	1.064	1.325	1.725	2.086	2.528	2.845	3.850
21	0.686	0.859	1.063	1.323	1.721	2.080	2.518	2.831	3.819
22	0.686	0.858	1.061	1.321	1.717	2.074	2.508	2.819	3.792
23	0.685	0.858	1.060	1.319	1.714	2.069	2.500	2.807	3.767
24	0.685	0.857	1.059	1.318	1.711	2.064	2.492	2.397	3.745
25	0.684	0.856	1.058	1.316	1.708	2.060	2.485	2.787	3.725
26	0.684	0.856	1.058	1.315	1.706	2.056	2.479	2.779	3.707
27	0.684	0.855	1.057	1.314	1.703	2.052	2.473	2.771	3.690
28	0.683	0.855	1.056	1.313	1.701	2.048	2.467	2.733	3.674
29	0.683	0.854	1.055	1.311	1.699	2.045	2.462	2.756	3.659
30	0.683	0.854	1.055	1.310	1.697	2.042	2.457	2.750	3.646
40	0.681	0.851	1.050	1.303	1.684	2.021	2.423	2.704	3.551
60	0.679	0.848	1.046	1.296	1.671	2.000	2.390	2.660	3.460
120	0.677	0.845	1.041	1.289	1.658	1.980	2.358	2.617	3.373
∞	0.674	0.848	1.036	1.282	1.645	1.960	2.326	2.576	3.291

参 考 文 献

［1］李洁明，祁新娥. 统计学原理［M］. 2 版. 上海：复旦大学出版社，2001.

［2］黄丽华，贾迪. 统计学原理［M］. 长春：吉林科学技术出版社，2002.

［3］董逢谷，等. 企业统计学［M］. 上海：上海财经大学出版社，1999.

［4］胡学锋. 统计学［M］. 广州：中山大学出版社，2000.

［5］教育部高等教育司. 统计学［M］. 北京：高等教育出版社，2001.

［6］肖智明，凌玮. 新编经济统计学原理［M］. 上海：同济大学出版社，2000.

［7］戴维 R 安德森（David R Anderson），等. 商务与经济统计［M］. 7 版. 北京：机械工业
出版社，2000.

［8］王莹，杨刚. 经济统计学［M］. 长春：吉林科学技术出版社，1998.

［9］钟彼德（Peter C Bell）. 管理统计案例［M］. 温厉，等译. 北京：机械工业出版社，
1999.

［10］于涛. 社会经济统计原理［M］. 武汉：武汉大学出版社，1992.

［11］William J Adams, Irwin Kabus, Mitchell P Preiss. Statistics—Basic Principles and Applica-
tions［M］. Dubuque：Kendall/Hunt Publishing Company，1996.

［12］A Koutsoyiannis. Theory of Econometrics—An Introductory E Xposition of Econometric Method
［M］. London：the Macmilian Press Ltd，1997.

［13］Paul G Hoel, Ragmond J Jessen. Basic Statistics for Business and Economics［M］. New
York：John Wiley & Sons, Inc，1982.